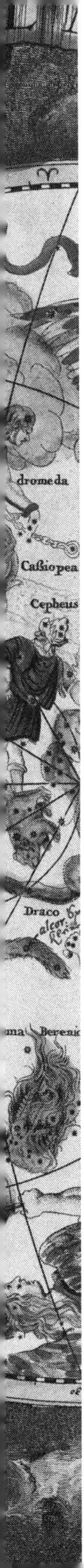

基礎からわかる伝統的占星術

福本基 著

太玄社

書籍化を待ち望んでいるうちに
天寿を全うした祖父、
福本博に本書を捧げます。

はじめに

求めよ、さらば与えられん。探せよ、さらば見つからん。叩けよ、さらば開かれん。

——新約聖書　マタイによる福音書——

この本をご購入いただき、ありがとうございます。
恐らくあなたがこの本を手に取ろうと思ったきっかけは、伝統的占星術についてもっと知りたいという欲求でしょう。まさか書店で無理矢理買わされたという方はいらっしゃらないでしょうから、それは紛れもなくあなたの自由意志です。
何事かをなさんとして自らの意志で扉を叩く人間には、天は助力とともに試練を与えるものです。伝統的占星術を学んでいくには、どうしてもあなた自身の努力という試練が必要です。ところが残念なことに、初学者向けに伝統的占星術の内容を簡単にわかりやすく書かれた書物はあまりありません。

ここ数年でようやく和書でも伝統的占星術の内容を扱った書籍が出始めました。しかしその内容は、少なからず西洋占星術をかじったことがある人でも、理解が難しいものが少なく無いのではないでしょうか？

私自身も伝統的占星術の難解さに困惑した一人でした。現代占星術の書籍を購入し（和書ですが）、ある程度読み尽くした後にウィリアム・リリー William Lilly の『クリスチャン・アストロロジー *Christian Astrology*』の原書を購入しましたが、読んでみたところで何のことだか全く理解できませんでした。誰からも学ばずに自力で出来るほど、伝統的占星術は甘くはありません。

普通であれば諦めてしまうでしょうが、運良く私の場合はお二人の先生との出会いがあり、直接学ぶ機会に恵まれました。そのおかげで、今でも伝統的占星術を続けることが出来ています。私自身が先生方の助力を得たように、私もこの本を通してあなたの助力になりたいと考えています。この伝統的占星術という素晴らしい知識を知らずに、占星術の学びを諦めてしまうのはどう考えてももったいないと思います。なぜなら、伝統的占星術は、現代科学が発達する以前の人類の英知や哲学が詰まっているものであり、単に占いが出来るようになるだけではなく、あなたの生き方そのものにも影響を与えうるものだからです。

この本は初学者の方に向けて、なるべくわかりやすく書きましたが、そうはいっても一人で読み進めていくのは大変でしょう。

ですから、あなたが伝統的占星術を学ぶ上で、無料メール講座をしています。http://bit.do/learning-astrology からご登録いただければ、一章につき三日間のペースで問題と解答をお送りします（迷惑フォルダに入らないように注意して下さい）。

つい学ぶのを諦めがちな時に、杖のような役割を果たせれば幸いです。

それではご一緒に、伝統的占星術の世界への入り口の扉を開けましょう。

CONTENTS

◇目次

第一章　西洋占星術の歴史

伝統的占星術のテクニックについて早く色々知りたいというお気持ちがあるかと思います。しかし、はやる気持ちを少し抑えてみましょう。そのお話をする前に、まずは占星術の歴史を知る必要があります。なぜなら西洋占星術と言っても、〝いつの時代なのか〟、〝どんな背景で生まれたのか〟といった事がわからなければ、私達はついつい現代人の感覚で占星術を考えてしまうからです。

少し古代の人達の感覚を想像してみましょう。

恐らく占星術が成立する遙か昔から人類は、天から何らかのエネルギーが来ていると考えていたのでは無いでしょうか。古今東西を問わず、ちょうど太陽が東から昇る時に一日が始まり、天頂に達する頃に昼休みをし、西に沈むまで働くという自然なリズムがしっくりくるでしょう。

これは単に太陽が昼の明るさを与えているというだけではなく、天からのエネルギーが一日のリズムに影響を与えているからだ、と考えてもおかしくはないでしょう。そしてそのエネルギーは、単に一日のリズムに影響するだけではありません。一日よりもさらに長い時の流れである季節にも影響します。

一日のリズムは地球の自転で起こりますが、一年のリズムは地球の公転で起こるとも言えます。地球が自転することで昼と夜が生まれます。地球が公転することで季節が生まれます。

もし地球が自転や公転をしなければ、一日のリズムはもちろん、一年のリズムも無く、作物は育ちません。

ですから、星が天から何らかのエネルギーを地球上に降り注いでいるという古代の人達が考える感覚は、我々現代人の感覚からしても、あながち的はずれな話でないことが想像できるかと思います。そして、古代の人達はこのエネルギーは太陽や月だけではなく、太陽系の惑星や夜空に輝く恒星も地球に向けて降り注いでいると考えました。

このエネルギーが人々の運命に影響していると考えるのも、ごく自然なことでしょう。その法則を解き明かしたくて、夜空を彩る星々の観察を始めた……。

私の想像ですが、占星術のスタートはこういった単純な肌感覚から始まったのではないでしょうか。

さて、ここからは想像を離れて、具体的に占星術の歴史を少し振り返ってみましょう。

ギリシャの哲学者**アリストテレス Aristotle** はその著書である『自然学』の中で、西洋占星術の考え方を持ち出しています。

例えば、西洋占星術で重要な概念であるエレメントの説明で、それまで三つであったのを、四つにしたのはエンペドクロス Empedocles だと書いています。また、西洋占星術の天球体系を用いて、神の存在を証明しようともしました。

逆に言えばこの頃には既に西洋占星術は存在しており、紀元前四〇〇年前後のヘレニズム期にはその基礎が出来上がっていたであろうことが推測されます。実際に、世界最古のホロスコープには、紀元前四一〇年のバビロニア生まれのものが残っています。

そして、西洋占星術の基礎的な概念が出来た後、西洋ではとてつもなく大きな変化が起こります。それは、紀元前三三四年のアレキサンダー大王のペルシャ侵攻です！

これにより、今まで別々だった国々がたった一つの国に統一されます。そのため人の移動とともに、多文化の混合があらゆる分野で半ば強制的に行われました。

これがヘレニズム文化の始まりです。このヘレニズム文化の開始は、強制的に国境を崩された出来事とも言えます。そのため、とてつもない変化を人々にもたらしました。

例えば宗教（神）に対する信仰一つとってみてもそうです。多神教を信じていた人々は、混乱は少なかったでしょうが、一神教を信じていた人々は、「本当の神様って何だろう？」と疑問に思ってもおかしくはないでしょう。

それまでは別々の国々であったため神様は一つであり、宗教生活にはなんの問題はありませんでした。ところが、それらが一つの国に強制的になったわけですから、矛盾に対する解決策が必要になってきます。

日本に仏教が伝来して以降、先人たちがいろいろ悩んで神道と仏教の融合のために、本地垂迹説[1]などを生み出したのと似ているでしょう。そのため、宗教の中でも色々な融合が起こりました。仏像もその一つです。原始仏教ではブッタの偶像を作ることはありませんでした。畏れ多いことですし、なにより神は形にできるものではないからです。

しかし、ギリシャ彫刻を見ると、あちこちに神々の彫刻があります。ギリシャの文化がインドにもたらされ、仏像が作られるようになります。ですから、初期の仏像は日本の仏像とはちょっと見た目が異なり、どこかギリシャ人っぽいお顔立ちをされています。

こういった国の盛衰による宗教観の変化や融合は、ずっと後の時代にもありました。例えば十二月二十五日と言えば、ご存じの通りクリスマスです。この日はイエス・キリストの誕生日とされていますが、それ以前の宗教でも重要な意味がありました。

インド・イランのミトラ神、エジプトのオシリス神、ギリシャのディオニュソニス神の誕生日も同様に十二月二十五日なのです。更に掘り下げると、この頃は太陽が山羊サインの始めの方にあり、季節で言うとちょうど冬が始まる時期でもあるのです。厳しい冬が始まる前にお祭りをする習慣が、色々な宗教に取り入れられています。重要な日であることを強調するために、様々な国々で神様の誕生日とされ、特別な日とされても何の不思議もありません。

このように人々は国の盛衰によって、自分の価値観や考え方をドラスティックに変化させていきました。もちろん、そういった変化に耐えられない人もいました。

ヘレニズム時代にはそういった悩みに対する答えとして、新しい哲学が生まれるようになりまし

一　日本古来の神様とインドから伝来した仏や菩薩は本来同一であり、人々を救うために、日本古来の神様の姿で現れているという説。

た。それ以前の哲学は知識欲や善といったものが何なのか、という議論を深めていました。しかし、それでは頼るべきものがわからなくなった人々の悩みは解決できません。そのため、新しい哲学では幸せを探求するようになりました。

こういったドラスティックな変化は占星術も例外ではなく、色々な文化の占星術がぶつかり合いました。そしてそれらが混ざり合い融合することで、占星術が更に発展し体系付けられました。

メソポタミアからは黄道十二サイン、天体、天文学。
エジプトからはハウス。
ギリシャからは占星術用語とその概念。

主にこれら三ヶ所の知識が絶妙に結合し、西洋占星術が誕生しました。このような激動の時代に、西洋占星術の基礎が誕生した訳です。大きな変化は人々には苦難を与えますが、同時に新しい概念を誕生させました。そしてこの頃から始まった西洋占星術のことを伝統的占星術 Traditional Astrology と呼びます。

その後、占星術は主にエジプトで研究され、紀元前一世紀頃には基礎的なものが確立されました。この頃には**ヘルメス文書**やアレキサンドリアの神官（Nechepso、Petosiris など）の文書が編纂されます。ヘルメス文書を書いたとされる**ヘルメス・トリスメギストス Hermes Trismegistus** は、十二の錬金術の奥義が記されているとされる〝エメラルド板〟を書き残し、〝賢者の石〟を初めて手にしたとされる人物としても有名です。

占星術が西洋世界で広く用いられるようになったのは、ローマ時代と推察されます。その理由は、現存するホロスコープは、紀元後一〇〇年に最多であるためです。

もちろんホロスコープと言っても、多くの方がなれ親しんでいるものは図ですが、この頃はまだ単純に文字だけでした。[二] ここにはどの惑星がどの場所にあるのかが書いてありますが、重要な概念であるハウスへの言及はありません。

更に時代が下り、一世紀にはマニリウスが『アストロノミカ *Astronomica*』（アストロノミコンとも呼ばれる）を書きます。彼は奴隷としてローマに連れて来られた後、解放されて抒情詩家として名を上げた人物です。

その本の中には、現代の我々にもなじみの深いサインの概念、ハウスに関する解説やアスペクトといった占星術にお馴染みの記述があります。もちろん彼は抒情詩家ですから、アストロノミカの内容をそのまま占断に使うわけには行きませんが、その頃の知識人の常識としてこのような概念が浸透していたことがわかって非常に面白いです。

そして二世紀には、ある意味で悪名高い**トレミー**（Claudius Ptolemy プトレマイオスとも呼ばれる）が『テトラビブロス *Tetrabiblos*』を記します。彼はエジプト最後の王朝プトレマイオス朝の王家の末裔の一人として誕生し、生涯の大半をエジプトのアレキサンドリアで過ごしました。カノープス

二 P.Oxy. 1564, No. 283, trans. Neugebauer & van Hoesen, *Greek Horoscopes*, pg. 62

の神殿で天体観測を行い、図書館で死蔵されていたギリシャ天文学書を調査し、体系化させます。いわゆる〝悪名高い〟とされるのは二つの理由からです。

ひとつめの理由は天動説の理論を確立したことです。現代において天動説を信じている人は少数派ですが、その理論をまとめてアルマゲストという本に記したのがトレミーでした。

もうひとつの理由は『テトラビブロス』に間違いが多数認められる点です。誕生日占いを重視した点、様々な占星術のテクニックを誤って記述している点で、後世の占星術師を大いに迷わせました。古今問わず「偉大なるトレミーが言うのだから」ということで彼を妄信してしまった占星術師が少なからずいました。

しかし、彼自身が悪いというのも酷な話です。なぜなら、彼は当時の科学者であって占星術師ではなかったからです。多くの場合、占星術師は自分の師匠の名前を記しますが、彼は自分の師匠の名前を記していません。トレミーが「私は占星術師である」と名乗って書いているならば、問題ですが、そういった事はないのです。後の世の人が偉大な科学者だから、占星術の知識も間違いないに決まっていると勝手に解釈してしまったというのも誤解の一端でしょう。

更に三世紀にはテュロスのポルピュリオス Porphyry of Tyre がテトラビブロスの解説本を書きます。アストロノミカよりもテトラビブロスが重視されたのは、アストロノミカがラテン語で書かれたのに対して、テトラビブロスはギリシャ語で書かれていた経緯があります。その結果、この書はギリシャの学者達にとって、テトラビブロスが非常に親しみやすかったわけです。

西洋占星術は更にはインドへも伝播します。

ギリシャ起源のYavanajataka（Yavanaギリシャの＋jataka誕生日占い）として二世紀にエジプトで編纂され、その後、サンスクリット語へ翻訳されます（一四九年頃）。

インド占星術の方が西洋占星術よりも古いイメージがありますが、それは必ずしも正しくありません。実はインド占星術の用語は、ギリシャ語が語源であるものがほとんどだからです。

例えば、ケンドラKendraハウスという言葉があります。これは第一、四、七、十ハウスを意味します。しかし、ちょっと西洋占星術をかじった方であれば、どこか聞き覚えのある発音ではないでしょうか。そうです、西洋占星術ではカージナルCardinalサインと同じなのです。ケンドラにしてもカージナルにしても、ギリシャ語のKentronから由来し、中央という意味を持ちます。サインとハウスでちょっと異なりますが、似たような配置、場所ということでは同じです。実際に占断において重要で、物事の始まりを示すのはカージナル・サインです。また、北インド方式のホロスコープでは、中央に位置するのはケンドラハウスです。

他にも、インド占星術独自の技術と誤解されがちな、分割図というものがあります。この中にドレッカーナDrekanasチャートと言って一サイン三十度を十度ずつに三分割して作成するホロスコープがあります。この本はインド占星術の本ではないので詳細の説明は省きますが、サインを十度ずつに分けるというのがポイントです。西洋占星術でも同じようにサインを十度ずつに三分割するものに、**デカンDecan**というものがあります。これはデカがギリシャ語で十を意味することからもわかるように、ギリシャ語のDekanosから由来します。

こういった事実から考えると、西洋占星術がインド占星術よりも早くから存在していた可能性はあったとしても、逆にインド占星術が西洋占星術よりも古いと主張するには疑問が残ります。もちろん、これらは時代と共に独自の発展を遂げ、全く異なった占いになっていますので、古いほうが良いわけではありません。

逆に、西洋占星術自体もインド占星術から思想を取り入れています。それは**ドラゴン・ヘッド ☊**や**ドラゴン・テイル ☋**と呼ばれる、太陽と月の軌道から割り出される感受点です。インド占星術では、ラーフ、ケートゥと呼ばれますが、これらの考えは西洋占星術へと輸出されました。

西洋占星術とインド占星術は相互に影響を与えあっていたため、これらの優劣を競うのはバカバカしいことではないでしょうか。その後七世紀に入り、西洋世界では西洋占星術は徐々に衰退していきます。その理由は西ローマ帝国の衰退、キリスト教徒（東ローマ帝国）からの占星術への異端視などが挙げられます。

しかし、ローマ帝国の衰退とともに西洋占星術は中東イスラム世界で発展することになります。そのきっかけは六三九年に正統カリフ軍の将軍アムル・イブン・アル・アース 'Amr ibn al-'As によるエジプト占領です。

その後、西洋占星術はアラビア語、サンスクリット語に翻訳され、八世紀にはバグダットで西洋占星術は最盛期を迎えます。初期のイスラム帝国の統治者たちは、イスラム教徒以外の人も占星術師として登用しました。例えば、アブ・マシャラー Abu Ma'shar やウマル・アル・タバリ Umar al-Tabari はペルシャ人であり、バグダッドの建設についてイレクション（吉日を選ぶ占星術）を行いました。バグダッドが砂漠の真ん中にある都市にもかかわらず、現代においても残っているのは占星術のおかげかもしれません。また、彼らの著作は英語に翻訳され、伝統的占星術を現代に伝える貴重な資料になっています。

西洋占星術が誕生した初期の頃の書物である、『テトラビブロス』の翻訳には面白い経緯があります。始めにギリシャ語からシリア語に訳されましたが、やがて九世紀に入ってイサク・ベン・フナイン Hunayn ibn Ishaq によってアラビア語に訳されます。現存する最古の『テトラビブロス』の写本は、このアラビア語の本となります。

西洋世界に残る現存する最古の『テトラビブロス』は、一一三八年にプラト・ティブリティヌス Plato Tiburtinus によってアラビア語からラテン語に訳されたものになります。つまりイスラム圏を経由してヨーロッパに逆輸入されたわけですね。西洋世界で『テトラビブロス』が再注目を集めるのは、ルネサンスに入ってからになります。

西洋世界に再び占星術の技術が広がった大きなきっかけは一二四〇年からのモンゴル帝国のヨーロッパ侵攻です。

では、欧州での西洋占星術の研究はどうだったのでしょうか？　キリスト教によって支配されていたため、おおっぴらではありませんでしたが、ヨーロッパのエリートたちは、占星術に多大な興味をもちました。その一つの原因が、十二世紀にアラビア語の占星術の書が翻訳されたからです。十三世紀に活躍した著明な占星術師ではボナタス Guido Bonatti がいます。彼はイタリアの占星術師で、戦争のアドバイスをしました。彼と『神曲』で著名なダンテ Dante Alighieri の関係も興味深いです。

ボナタスが活躍していた当時のイタリアは、ギベリン党とゲルフ党という二つの勢力が対立していました。この二つの党の対立に絡み、ギベリン党員のボナタスは占星術を使い政治的なイベントの時期を決定しました。対立していたゲルフ党員のダンテは、未来を詮索する占い師を神曲の中[三]で批判し、そこにボナタスの名前も加えています。

そしてルネサンス期に入ると、キリスト教からの自立が促され、その機運と共に占星術は西洋世界でも再び見直されるようになります。しかし、それと同時に自然科学も発達し、次第に占星術は端に追いやられることになります。

また一部の占星術師によって占星術が簡略化されることで現代占星術の基礎が確立されていき、伝統的占星術の技術は徐々に衰退していくことになります。

この当時の著名な占星術師には、ハウス・システムの考案者である**レギオモンタナス Regiomontanus**や**プラシーダス Placidus de Tito**がいます。そしてイギリスでは『クリスチャン・アストロロジー *Christian Astrology*』で有名な**ウィリアム・リリー William Lilly**が活躍しました。しかしこの時代は伝統的占星術の転換期でもありました。大衆に占星術が広く浸透し、特に医療の質問で占星術師へ受診に行くことが一般的になりました。

しかし、学問の分野では占星術は科学の発展とともに駆逐され、オックスフォード大学が占星術の講義を廃止したのが一六八〇年でした。占星術が大衆化した反面、学問としての研究対象からは外れていくことになり、次第に大衆からの支持も伝統的占星術から現代占星術に移ることになりました。

三　「地獄編」第二十歌一一八

伝統的占星術が再び注目されるようになったきっかけは、なんといっても一九八五年に**オリビア・バークレー Olivia Barclay** により、クリスチャン・アストロロジーが再版されたことでしょう。これにより、現代占星術一辺倒だった西洋占星術の歩みを修正しただけでなく、ホラリー占星術を現代に伝えることになりました。また、オリヴィア・バークレーは優秀な弟子を輩出しました。デボラ・ホールディング Deborah Houlding、ジョン・フローリー John Frawley などがそうです。

また一九八〇年代には、ロバート・ゾラー Robert Zoller が中世のネイタル占星術（特にボナタス）を広めました。彼の弟子には、ベンジャミン・ダイクス Benjamin Dykes などがおり、数多くの古典が現代語に訳されるようになりました。こうして少しずつですが、伝統的占星術が現代にリバイバルしてきました。

まとめ

・占星術はアレキサンダー大王の東方遠征により半ば強制的に文化の融合が起こり飛躍的に発展した
・キリスト教の普及とともにヨーロッパでは衰退するが、イスラム世界で大きく発展した
・ルネサンス期に再び脚光を浴びるが、現代科学の発展とともに学問の分野からは閉め出されることとなった

第二章　現代占星術の歴史

現代では、雑誌だけでなく新聞やＴＶでも、今日の運勢などが紹介されています。ちょっとインターネットで調べても、すぐにそういった情報に行き当たります。その中でも最もポピュラーなのは〝今日の○○座のあなたの運勢〟ではないでしょうか。

血液型占いか星座占いかというのと同じくらい、星座占いは流行っていますし、自分の星座を知らない人は皆無と言ってよいのではないでしょうか。自分で占ってみようというほどは西洋占星術に興味のない方には、星占いについて深く考えたことはないでしょう。

しかし現在、一般的によく知られている星占いは、前章でお話ししたヘレニズム時代にまとめられた、古来の西洋占星術とは全く別物なのです。そこで、特に伝統的占星術に携わる人は、それらを区別するために現代の星占いのことを〝現代占星術〟と呼びます。

〝現代〟と聞くと、昔の占星術よりも進化もしくは改良したもののように思われるかもしれません。

しかし、実際は前章に少し触れたとおり、簡略化されたものでした。ここの理解がなければ、伝統的占星術を学びたいと思って勉強を始めたら、実は現代占星術だった、ということにもなりかねないので、この章では現代占星術の歴史についてお話ししていきましょう。

現代占星術が盛んになった理由、その一つの大きなきっかけは、現代科学に対抗するためでした。でも疑問があります。対抗と言っても、こんなに現代科学が進んで、どんどん治る病気も増えているのに、現代科学のどこに弱点があるのでしょうか。

けれども、実は現代科学にも弱点は確かにあるのです。そしてそれは、あなたも感じたことはあると思います。

現代科学の問題点、それは〝観察可能なものしか対処できない〟ということです。例えば、「神は存在するのか」「来世はあるのか」といった質問には現代科学は答えられません。

人は誰しも最終的には死にます。ですから、神の存在や来世に関して全く興味のない人はいないはずです。興味がないように見えても、それは考えないようにしているだけではないでしょうか。

そんな現代科学に失望し、目に見えるものだけでなく目に見えないものも研究したいという人たちが二十世紀初頭に現れました。

実際どのように研究するかですが、そのアプローチ方法はご想像の通り魔術的な、まじないめいたものでした。そういった流れの中で新たに作り出されたのが現代占星術なのです。

現代の占い師でも人によっては、カルマとか輪廻転生などを、占断に持ち出す占い師もいらっしゃいます。でも、カルマとか輪廻転生という概念は、インド思想からの影響であって、元々、西欧人には無い考え方です。輪廻転生がないのですから、伝統的占星術には前世という概念もありません。

「あなたが今苦しいのは前世のせい」などという占い師がいたならば、そもそも古来の西洋占星術とはかなり違った考えですし、古代の占星術師は、物事の原因を前世のせいであるとは説明していません。

初期の伝統的占星術から時代はくだりますが、キリスト教では人間は生まれながらに神に似せて創られ、最後の審判で天国行きか地獄行きかが決まるという考え方をしています。つまり、前世という概念はありません。

占いをしていると他人に話をすると、霊感とかスピリチュアルといったちょっと不思議で怪しいイメージを持たれますが、それは現代占星術が伝統的占星術とは全く異なるものであるからです。

前置きが長くなりましたが、ここからは**アラン・レオ Alan Leo** を中心に現代占星術について少しお話をしていきます。始めに申し上げておきますが、私個人はアラン・レオ個人を好きでも嫌いでもありません。そして、彼の生きた時代を考えれば、彼の考えもわからなくはないかなとすら思いますが、面白さという点では現代占星術よりも伝統的占星術の方が遥かに面白い、そう考えています。

さて、そのアラン・レオですが、本名をウィリアム・フレデリック・アラン William Frederick Allan といいます。アラン・レオというペンネームからもおわかりのように、獅子サインと関係しています。それは彼のネイタルの太陽及びアセンダントが獅子サインだからです。

アラン・レオは一八六〇年八月七日にロンドンで生まれました。貧しい母子家庭の育ちで、小学校卒業後は自動販売機の販売員、雑貨屋の主人など職業を転々とします。占星術と自動販売機というのがなんとなくイメージしにくいですが、宮沢賢治も化学肥料の販売員をしていましたから、物事は違和感のある組み合わせが普通なのかもしれません。そして、雑貨屋の主人をしている時に占星術を学び、一八八八年にF・W・レイシー（F. W. Lacy 占い師名 Aphorel）という占星術師と知り合います。さらにその縁で一八九〇年にW・ゴーン・オールド（Walter Gorn Old 占い師名 Sephariel）と出会い、それをきっかけに神智学協会に入会することになります。

ここで〝神智学〟とは何かという疑問を持たれるでしょう。**神智学**とは単純すぎるくらいの表現をするならば、神に結びついた知識を瞑想や啓示、思弁的[一]に得ることです。いまひとつピンとこないかもしれませんが、チャネリングもその一種です。

大雑把な説明をするならばチャネリングとは、神などの自分よりも高次の存在と同じ波長になるようにチャンネル合わせをすることと言えます。そのことで、その高次の存在の知識を得られると考えるわけです。残念ながら、私はチャネリングが出来ませんしオーラも感じませんので、詳しく説明することは出来ません。

神智学では、〝時代や地域や民族や国や文化を越えて普遍的に存在する神聖な智慧〟があると考えます。神話や教義というのは表面上のもので、実はその裏には人類共通のものがあり、それが神の知恵であるということになります。ですから、西洋だけでなく東洋、特にインドの考えを取り入れます。ここから輪廻転生やアセンションなどといった、本来は西洋にはなかった考え方が持ち込まれることになります。オカルティズムというものは現代でもありますが、元々は科学に対抗する

一　経験を抜きに理性のみで考えること。経験はいわゆる〝世俗の垢〟にまみれているため。

ために生まれました。しかし実は、その内容は単純に科学に反するものではありません。科学は基本的には物質を研究します。しかし、世界は物質だけで説明することが不可能です。

例えば、宇宙の構成しているもので、我々が物質として認識できるのはたったの四パーセントに過ぎません。残りの約二十三パーセントはダークマター、約七十三パーセントはダークエネルギーと名付けられているものです。ダークというと悪そうなイメージですが、現在の我々では観測不能なものという意味で使用されている科学用語です。

つまり、我々はどんなに頑張っても宇宙の四パーセント程度のものしか、直接観測は出来ていないのです。そして科学では、観測不能なものは観測不能と言い切ってしまいます。しかし、オカルティストたちは違います。それらにも物質と同様に法則がありそれは隠されたものであると考えます。

オカルトと聞くと怪しい雰囲気がありますが、オカルト Occult とは〝隠されたもの〟という意味です。医学でもオカルトという言葉を使用します。例えばオカルト癌というものがあります。原発巣では症状が出ず、転移巣で症状が出て先に発見された場合、原発巣のことをオカルト癌と言います。これはそんなに珍しいことではありません。

話を戻しますが、目に見えないけれども宇宙を支配する何らかの法則を探求するのが、本来のオカルティズムです。ですから、オカルト・サイエンスという言葉もあります。ちょっと現代のオカルティストのイメージとは違いますね。その手法をざっくばらんに言うならば、洋の東西を問わず古今の神話や宗教の統合をはかること、とも言えます。

その動きの話をする上で欠かせないのが**ヘレナ・ペトローヴナ・ブラヴァツキー Helena**

Petrovna Blavatsky です。もちろん彼女以前に同じような事をしようとした人もいますが、彼女は現在も残る神智学協会という〝団体〟を作ったのです。

Ｈ・Ｐ・ブラヴァツキーはブラヴァツキー夫人と呼ばれることが一般的で、一八三一年八月十一日にロシア統治下のウクライナに生まれ、幼いときから霊能力があり精霊などと話をしていたようです。〝夫人〟とつくように、彼女は十七歳で結婚をしています。

お相手は二十歳以上も年の離れた軍政長官で、幸せな結婚生活と思いきや、わずか数週間後に出奔し、そのまま世界を放浪する生活をします。よほど精神世界に興味があったのか、エジプトではコプト教徒（原始キリスト教のひとつ）の魔術師に教えを受けたり、フランスでは催眠術者のもとで水晶占いや霊体離脱を学んだりします。

一八五一年八月にロンドンに行き、カシミール生まれのインド人のクート・フーミと出会い、その叡智を授けられたとされています。しかし手紙は多数残っているものの、この人物が実在したかどうかは不明です。権威付けのためにブラヴァツキー夫人が、架空の偉い人をでっち上げた可能性は残念ながらあります。

いずれにせよ、彼女は彼から使命を受けたと主張し、チベットへ修行に向かいます。修業を終え、さらに大師の使命を受けたとして渡米した彼女は、ヘンリー・オルコット Henry Steel Olcott に出会い、その二年後の一八七五年に「神智学協会」を設立します。

結成当初は人気低調であったものの、一八七七年に『ヴェールを剥がれたイシス』を出版しヒットとなります。この本には、占星術的記述があるのですが、どちらかと言うと東洋思想、特にインド思想との融合を目指していたようです。どうしてインド思想なのかという疑問が起こるかもしれませんが、西洋人が東洋の思想や技法を取り入れようというブームは、単にスピリチュアリズムのブームではなく、絵画などでも起こっています。

例えば歌川広重の『名所江戸百景』を模写したゴッホやクロード・モネの着物を着た少女の絵は、なんだか日本画でも見たことがあるような構図だなと思われる方も多いでしょう。これは気のせいではなく、西洋の画家が日本絵画に強く影響されて、真似をしたためです。しかも元々その輸出された絵は、日本からの輸出品（陶器など）が破損しないようにするための包み紙に使用されていました。浮世絵の販売目的ではなく、日本絵画が海外に輸出されていたわけですね。

その包み紙を見て外国人が影響を受けるというのも、なかなか面白い話ですが、このように十九世紀に西欧では、オリエンタリズムと呼ばれる東洋への憧憬が起こります。思想家の中には「科学技術は進んだけれど、我々は何か大切なものを忘れているのではないだろうか？　それは東洋にあるのではないだろうか？」と考える人が西欧人の中にはいたわけです。

アラン・レオに戻りますが、一八八五年にはマンチェスターで雑貨屋の主人をしており、薬草家のリチャードソン博士 Dr. Richardson と出会います。この人物から本格的に西洋占星術を学ぶことになります。一八九〇年に彼にとって大きな転機が二つ訪れます。

一つめが、先述の通り神智学協会への入会です。ブラヴァツキー夫人の『ヴェールを剥がれたイシス』にも、多くの占星術的記述があるようですが、間違いも散見されるようです。これは仕方がないことです。というのも夫人は東洋思想については詳しいものの、西洋占星術についてはあまり詳しくなかったようです。しかし、西洋占星術の叡智を神智学に取り込みたいという考えはありました。その為、アラン・レオの入会は神智学協会にとっても歓迎すべきものでした。

そして二つめが『占星術マガジン』の発刊です。この雑誌は年間購読者に無料でホロスコープを作成しホロスコープ診断を行なうサービスが付いていました。このサービスが好評で、雑誌はバカ売れします。実はアラン・レオは妻のベイシーとも、このサービスがきっかけに知り合います。

そのホロスコープを見た時に、将来の伴侶になる人と確信したそうです。さらに共同編集者のF・W・レイシーが雑誌から離れたため、一八九五年に雑誌名を『モダン・アストロロジー *Modern Astrology*』に変更します。

この雑誌のお陰で三十冊の著作を記し、神智学協会での評判も上々となります。一九一五年には神智学協会に〝占星術ロッジ〟を開設することになります。ロッジとは山荘とか山小屋という意味ですが、そのことに興味をもつ人たちが集まる場も意味します。このロッジは後に英国占星学協会となっていきます。このように紆余曲折があり貧乏暮しが長かったアラン・レオですが、ようやく安定した生活を手に入れました。しかし、成功という光に伴う影もありました。一九一四年（アラン・レオ五十四歳）に裁判を起こされてしまいます。その告訴の内容は「非合法的な占星術による占いを行った」でした。

どうしてこんなことで訴えられるのだろうか、と思われるかもしれません。しかし当時のイギリスには「魔女術禁止法」が存在しており、占いで未来を予知することは法的に禁じられていたのです。結局、この訴えは事実に反するということで棄却されます。しかし同じように活動していては、また訴えられ、いつかは違法行為として捕まる可能性があります。そこで、アラン・レオは、従来の占星術の形を変える必要性を強く感じます。そして占星術を学ぶ人達にある提言をしました。

「我々は未来を予知することに頑張る占星術とは一線を画するべきである。彼らは未来とは占星術によって予知可能であると考え、そのことに価値を見出している。我々はそのことについて議論する必要はない。しかし、我々は占星術とは性格を読み取る科学であるということを世界に知らしめることを切望すべきである。」[二]

これはある意味、画期的な考え方の転換とも言えます。確かに伝統的占星術は、星の動きから未来を当てる技術です。しかし、そのような事を当時のイギリスで行なっていては、いずれ捕まります。〝あくまでも占星術は性格や傾向を示すだけである〟という考え方に急速に転換していったのは当然かもしれません。もちろん、彼は神智学協会の会員でしたから〝自由意志〟を尊重したということもあるでしょう。運命は決まっているものではなく、決めていくものだという考えです。

しかし、アラン・レオの改革にも関わらず一九一七年に彼は再び同じような罪状で法廷に呼び出されることになります。この弁論で彼は、占星術によって予知ではなく性格分析をしているのだと主張します。

「私がきっぱり申し上げたいのは、私は未来予知をしているわけではないということです。私は

二　http://www.skyscript.co.uk/horary_prediction.html

その人の傾向をホロスコープから読み取っているのです。そして私の出した鑑定は全てそのようにしています。」

しかし、彼の出していた鑑定に問題がありました。彼は鑑定書の中にこういったことも書いていました。「その時あなたの家族の死によって悲しみに暮れるかもしれません。」そこに指摘が入ります。「この死というのは傾向なのか？　それとも死にやすい傾向を指しているのか？」

当然ながらこれは傾向とは呼べず、予知としか言いようがありませんでした。これにより彼の主張は崩壊し、未来予知をしようとした罪で三ヶ月の懲役を言い渡されます。（最終的にはわずか五ポンドと裁判費用を支払ったのみで赦されることになります。）

裁判のストレスが非常に大きかったのでしょう。彼は有罪判決を受けた、まさにその年に脳出血で死亡します。ただし、この判決はアラン・レオを個人攻撃しようという目的ではなく、世間でスピリチュアルに対する関心が高まっており、それに対して英国司法がはっきりした判決を下す必要性があったためとされます。なかなか難しい判断だったと思いますが、結果としてアラン・レオに最悪の結果となりました。

アラン・レオは神智学思想の学習と裁判を通じて、占星術を未来予知の道具としては使うべきではないと主張しました。その為、基本的には現在でも現代占星術では未来を予知するのではなく、その人の傾向や性格分析を行うようになっています。そして、心ある現代占星術師は「（現代）占星術は当て物ではありません」とも主張します。しかし残念ながら、時代とともに現代占星術も大きく変化しています。そのため、占いの話題になると必ず話題になるのが「あの占い師はよく当たりますか」です。でも、アラン・レオの考えを突き詰めると、現代占星術では占いが外れる方が良いことではないでしょうか。なぜなら、占いが外れると言うことは生まれ持った性格が変わり、自分の傾向が自由意志により変わったからです。このような論理はあまり正しいとは私は思いません。良い方に運命が変わっているならばそう思ってもよいでしょう。しかし、悪い方に変わったとしても、果たしてそう言えるのでしょうか。この議論については、悪いと思われるものでも後の糧になる可能性もある、そもそも良い悪いとはなにか、などと言い出せば切りがありません。

少なくともアラン・レオの作り出した現代占星術は、当てることに興味を持つことが社会的にも許されなかった、ということになります。そのため、伝統的占星術とは全く異なったものが出来上がることになりました。そうして、手法の変更も模索されました。

・トリプリシティ、ターム、フェース、などのエッセンシャル・ディグニティの概念がなくなった
・各惑星が支配するサインが一つまでとされた
・ホラリー占星術[三]が否定された

エッセンシャル・ディグニティについては後の章で説明しますが、ここでは、ホラリー占星術の否定についてお話ししましょう。一般的に占星術と言われて思いつくのは、ネイタル占星術 Natal

三　占い師が質問をもらった時間と場所での占い。

Astrology[四]でしょう。

しかし、実際は占星術とはひとことで言っても、マンデン Mundane Astrology[五]もホラリー Horary Astrology もイレクショショナル Electional Astrology[六]もあります。それぞれの説明は省きますが、占星術はネイタル占星術一本槍では無いはずなのに、アラン・レオが「想像できうる限り最も卑しいゴミであり、その名前に何の価値もない」[七]とホラリー占星術を明確に否定したことには理由があります。

ホラリー占星術はある質問に対する答えを、占い師が質問をもらった時間と場所のホロスコープから読取ります。そこには、何がどうなるのかということが如実に描かれています。

ウィリアム・リリーの『クリスチャン・アストロロジー』を見て頂ければわかりますが、「彼の心を射止めるために、知り合いのあの人に頼みなさい」とか、「逃げ出した弟子はいつごろ戻ってきます」など、ホラリー占星術では「誰がどうした」という具体的なことがわかります。

しかし、誕生日占いをかじった人であればおわかりかと思いますが、ネイタル占星術だけでは「こういった出来事が、いついつ起こりそうだ」という話はできても、「誰がどうした」と言うことはなかなか難しいです。そこで考えて貰いたいことが「どうしてホラリー占星術でそのようなことが出来るのか?」ということです。どうして具体的な出来事がホロスコープに描かれるのかを、突き

四　誕生日占いのこと。
五　国の趨勢を占う。
六　良い日時を選ぶ。
七　Modern Astrology, Vol. X, 1896.

詰めて考えて頂きたいのです。

占いが当たる理由、それは取りも直さず〝決まっている未来がある〟ということです。

先述の通り紆余曲折の上、アラン・レオはその考えを否定することにしました。だからこそ、伝統的占星術を嫌い、その中でも特にはっきりと占断結果が出るホラリー占星術は、目の敵にされています。

「ここで私がはっきりさせておきたいのは、ホラリー占星術という役に立たないものを、真に役立つ占星術から排除するためである」

「それは科学の呪いであり、占星術師としての破滅を意味する」などと激しく非難します。

しかし面白いことに、アラン・レオ自身が書いていることと、考えていることが別であった可能性があります。実はアラン・レオ自身が、役に立たないと言っているホラリー占星術についての著作を残しているのです。

恐らく、彼はこう考えていたのではないでしょうか。

「ホラリー占星術は確かに具体的な出来事を当てるには有効だ。でも、これを広めることは私が大事だと思っている自由意志を弱めてしまうことになる。」

裁判を通しての苦悩、神智学協会での影響を考えると、アラン・レオがどうしてそのように考えたかもおかしくはないでしょう。

では実際にアラン・レオの言うとおり、ホラリー占星術は自由意志を弱めてしまうのでしょうか。

私はこれについては明確に否定します。確かにホラリー占星術は質問によっては、明確な結果を答えてくれます。これにおいて、未来は決まっていると考えていいでしょう。

例えば全く勉強していなかったのに、「明日の試験で私は受かりますか？」などという質問をされても、自由意志ではどうにもなりません。しかし質問によっては、「この選択をすればこうなりますが、別の選択をすればこうなります」など、選択肢を明確に教えてくれます。

転職しようかと考えている人がいたとして、「今のままだとやりがいはないけれど給料は良いよ。転職したらやりがいはあるけれど給料は安いよ。」などです。これも未来が決まっているともいえますが、自由意志が働きます。ホラリー占星術を行ったとしても、自由意志は否定されないのです。

私の意見としては、ネイタル占星術も大事ですが、ホラリー占星術は同じくらい大事だということです。ネイタル占星術だけをして、ちょっとモヤッとしたものしか読み取れないならば、逆に何でもかんでも自由意志でなんとか出来ると勘違いしかねません。そういった意味でも、占星術はネイタルもホラリーも両方やったほうがよいでしょう。もちろん、どちらが先でも構いません。

ネイタル占星術から学ぶ利点は、なんと言っても馴染みやすいということです。現代占星術ではアラン・レオの影響から、ネイタル占星術ばかりです。逆にネイタル占星術以外の占星術を探すほうが難しいくらいです。占星術をやっているというと、聞きもしないのに生年月日を言われますし、自分の生まれの太陽星座を知らない人はいないでしょう。それくらい、ネイタル占星術はスッと入りやすい環境であります。

一方のホラリー占星術から学ぶ利点は、モチベーションが続きやすいということです。

「こんなにハッキリわかるのか！」という驚きはホラリー占星術では毎回体験できます。この素晴らしい天体のショーを身近に見ると、人智を超えた大いなるものの存在を感じずにはいられません。すると、もっともっと学びたいという気持ちが自然と起きます。

ホラリー占星術には馴染みがなくても挑戦してみると、とても良い経験が出来ると思いますし、何より私がずっと占星術を続けているのも、こういった新鮮な驚きを毎回感じるからです。

まとめ

・現代占星術はスピリチュアリズムをベースに、近代になり誕生したものである
・伝統的占星術は、古代からあった占星術である
・アラン・レオの主張にも一理あるが、彼自身の考え方はまとまっていなかった

第三章　伝統的占星術と現代占星術の違い

これまでの歴史の話で、伝統的占星術と現代占星術の成り立ちの違いがわかって頂けたかと思います。けれども、まだその違いについてはきちんと説明していませんね。この章ではその点についてお話ししていきます。

そのお話をする前に。

突然ですが、あなたはコーヒーをお好きですか？　私は好きで、毎日飲んでいます。でも、嫌いなコーヒーもあります。それは、インスタントや缶コーヒーです。

同じコーヒーでも味といい香りといい、違いすぎてとてもじゃないですが、毎日飲むのはちょっときついです。私の好みは脇に置きますが、伝統的占星術と現代占星術の違いも似たようなものがあります。

伝統的占星術は言うなれば、ハンドドリップコーヒーです。

現代占星術は残念ながら、インスタントコーヒーです。

両者の大きな違いは、お手軽かどうかという点です。別の言い方で言えば、本格的かどうかとも言えます。味はどうでもいいから、手軽に楽しみたいという方はそれで結構です。けれども、本格料理を楽しみたいと言うならば、ちょっと手のこんだ事をします。伝統的占星術が本格料理で、現代占星術がインスタント料理という例えをしましたが、一体どういったところがその違いなのでしょうか？

これはズバリ、〝当てる〟ということです。

先述の通り、元々の現代占星術は当ててはいけません。これは現代の現代占星術師がやりがちな間違いですが、アラン・レオはきっぱりと否定していました。そして現代占星術の目的は自己の性格を見つめ直し、変革することです。

一方の伝統的占星術は当てることが重要です。そして、当たるということは、天からのメッセージを正確に読み取れたということであり、真理の法則に近づいた証拠でもあります。

伝統的占星術で当てることが重要なのは、なにも金儲けのためではなく、天の意志を正しく読み取る修行の一環でもあるのです。伝統的占星術の目的は人智を超えた大いなる存在に敬意を払い、その法則を読み取るということです。

さて、ここまで読まれた方であれば、実際に伝統的占星術を勉強したいと思っているでしょう。しかし、両者の違いがわからなければ、どの本から、誰から学んでよいのかもわかりません。そこで、伝統的占星術と現代占星術での九つの違いについて説明していきましょう。

1. 天体の数が違う（トランス・サタニアン、小惑星）

現代占星術では、十の天体を使用します。つまり、冥王星、海王星、天王星、土星、木星、火星、太陽、金星、水星、月です。

一方、伝統的占星術では三つ少なく、七つの惑星だけを使用します。土星より遠い星である冥王星、海王星、天王星は、ごく例外的な場合を除いて使用しません。また、ジュノー、ベスタ、セレス、パラスなどの小惑星はもちろん使用しません。新しい天体が発見されたら、それを付け加えていくほうが合理的ではないかという意見もあるでしょう。しかし古代の人々は、光とともに星からのエネルギーが伝わると考えました。逆に言えば、目に見えないくらいの光しかない天体には、重要性がないと考えたのです。

太陽や月は他の天体に比べてやはり特別です。その理由は太陽のない昼はあり得ないですし、月のない夜は暗すぎることからもわかります。特に理由を示さなくても、太陽と月の特別さは誰の目から見ても明らかでしょう。それは太陽と月の明るさゆえであり、光はエネルギーとも言えるのです。

天王星が発見されたのは、二十世紀に入ってからです。望遠鏡が発達するまでは見ることが出来ないものだったのです。目に見えないくらい遠いところにある惑星にどれだけの影響力があるというのでしょうか。

ですから伝統的占星術では、目に見えない惑星よりもむしろ恒星を重視します。獅子座のレグルスや、乙女座のスピカなどです。

もちろん、光の弱いペルセウス座のアルゴルも重視されますが、これはいわゆる凶星ですから、暗いゆえに悪い意味を持つということですから、納得しやすいのではないでしょうか。また科学的な視点からも、トランス・サタニアンなどの天体を使用することには疑問があります。

例えば冥王星です。冥王星（オーストラリア大陸よりも小さい）が、二〇〇六年に惑星から外れた後も、現代占星術では冥王星を頻用します。

現代占星術が出来た当初、冥王星は使用されていませんでした。しかし、その発見後から主要十天体の一つに加えられました。新しく惑星が発見されたため、惑星に加えられた。そうであれば、惑星でなくなった場合はそれを外すのがしっくりくるはずです。しかし、未だに冥王星を外して九天体にするという流れはありません。

また、新しく天体が発見されたから、新たに天体を加えるというルール変更自体が私は問題なのではないかと思います。なぜならば、天体の発見前後でその人のホロスコープの解釈が変わってしまうことになってしまうからです。実際はそんなことはありえません。現代の私たちと古代の人類でそれほど大きな違いはないでしょう。

数多くの宗教の中で七は神聖な数字であり、古代のヘブライ人にとって〝七〟は七つの惑星、プリズムを通した七色、音階の七つの旋律に通じていました。そのほかにも七つの惑星を受け持つ七人の大天使を意味し、世界を司る七つの副次要素や七つの基本的徳義にも応用されました。そして何より大事なのは、曜日です。一週間は七日間で曜日の名称は決まっています。これらは、太陽の曜日だから日曜日、月の曜日だから月曜日などと決まっています。天王星の曜日だから天曜日のように、勝手に作るわけにはいかないのです。

私としては、変なルール変更はせずに、古代から行われているように、七天体だけ使用すればよいと考えています。

2. ハウスがメイン、サインはスパイス

現代占星術では、〝○○座の運勢〟のようなフレーズをよく使います。しかし伝統的占星術では、生まれの星座だけからわかることは少しだけです。

後ほど説明しますが、サインと天体の位置からわかることは、エッセンシャル・ディグニティと呼ばれるものになります。それは星の生まれ持った強さを表しますが、必ずしも良さとは限りません。実際、医療占星術においては、エッセンシャル・ディグニティの高い星が病気の原因のこともあります。

言うならばサインからわかることは、そのホロスコープにおける惑星の強さです。逆に、ハウスから読み取れることは、その惑星がどの場面で出てくるか、どんな状況にあるか、などです。物事がどうなっていくのかを決めるのは、ハウスの方が遙かに重要となります。サインから得られる情報はあくまでもスパイスであり、メインディッシュはハウスからの情報です。

3．アスペクトが少ない

アスペクト Aspect とは、方向という意味です。

地球を中心にして、二つの惑星の角度差が何度あるのかが、アスペクトです。惑星間にアスペクトが存在すると、その惑星同士は連絡手段を持つと考えます。わかりやすく言い直すならば、天体間でお互いの気持を伝えることが出来るのです。このアスペクトを考慮できるのは、七惑星と Lots of Fortune などの特別なものだけです。ドラゴン・ヘッドやドラゴン・テイルといったノードや恒星ではアスペクトを考慮しません。これらの効力はコンジャンクション Conjunction までです。

コンジャンクションとは、角度差が0度のことを言いますが、アスペクトの章でご説明するように、伝統的占星術ではコンジャンクションとその他のアスペクトは別物とされます。

そして、伝統的占星術で用いるアスペクトには以下のものがあります。

- **トライン** Trine　120度
- **セクスタイル** Sextile　60度
- **オポジション** Opposition　180度
- **スクエア** Square　90度

現代占星術ではこれらのアスペクトとコンジャンクションをひっくるめて、メジャー・アスペクトと言います。お気づきの通り、メジャーということは、マイナーと呼ばれるものもあります。例えば、60度や90度を二で割った、30度や45度というものを使用します。これらはマイナー・アスペクトと言います。

現代占星術ではこういった場合は、緩いながら星同士に何らかの連絡が可能であると考えます。一見すると、現代占星術には連絡手段が多そうに見え、その分だけ色々なことが読み取れそうです。それでは、伝統的占星術ではその分だけ読みが浅くなってしまうのでしょうか。

決してそのようにはなりません。

例えば30度の関係を考えてみます。現代占星術ではセミセクスタイルなどと呼び、セクスタイルよりも少し劣るが良い関係とされます。

一方の伝統的占星術では天体同士が30度の関係にある場合、お互いが見えない状態と考えます。この状態を〝**アバージョン aversion**〟といい、日本語では〝嫌悪〟という意味になります。現代占星術とは打って変わって、悪い意味を持ちます。つまり伝統的占星術では、アスペクトを取れないこと自体が悪い状態であることを意味します。

惑星同士が連絡を取りたくても取れない、意思疎通が出来ずに困っている、そんな状態は悪い状態と考えるわけです。現代占星術では悪いとされるオポジションがありますが、伝統的占星術では、アバージョンよりは連絡がとれるだけましであると考えられます。

伝統的占星術にアスペクトの種類が少ないことは、判断方法が少ないということではなく、きちんとした意味があるのです。

4. オーブを惑星に持たせている

占星術にはオーブOrbというものがあります。これは、正確な角度ではなくてもアスペクトを形成しているとみなす〝許容範囲〟のことです。

現代占星術では、これをアスペクトに持たせています。一方の伝統的占星術では、惑星そのものにオーブを持たせています。

具体的に言うと、現代占星術ではコンジャンクションの場合、8度前後のオーブを持たせることが多いです。そうすると、8度以内であれば、どんな惑星でもコンジャンクションとなるのです。

一方の伝統的占星術は、惑星によってコンジャンクションの範囲が違います。太陽が15度、月が12度などです。

太陽と月の場合、15プラス12の27度以内であれば、コンジャンクションをしているとされるのです。そんなに広いオーブをとると考えると、現代占星術をされている方からはびっくりされるかもしれません。でもご安心ください。伝統的占星術では0度でアスペクトを形成するのと、20度でアスペクトを形成するのでは意味合いが違うのです。もちろん、角度差が少なければ少ないほど、その関係性は濃くなります。

一方、現代占星術では0度だろうが8度だろうが、伝統的占星術ほど関係性の濃さについてシビアには考えません。

では、なぜ伝統的占星術では角度差の幅によって意味合いが違うのでしょうか？

実は、オーブの語源はオーラ aura から来ているという説があります。これは紛れもなく〝惑星〟の持つ影響力であり、決してアスペクトの影響力ではありません。例えてみるならば、惑星は人間、アスペクトは関係性とも言えます。影響力は明らかに人間に帰属するものです。

ですからアスペクトにオーブをもたせる行為は、あまり根拠のあるものとは言えないのではないでしょうか。

5. スピリチュアルは不要

占星術と聞いてあまりよく知らない人からよく勘違いされるのが、宗教と混同されることです。もしかすると怪しいまじないの一種や、魔術と思っている方もいらっしゃるかも知れません。しかし未だかつて、占星術は国の宗教になったことはありません。そうです、本来の占星術は本来、宗教やスピリチュアルなどとは無関係のものであり、学問なのです。

現代占星術では、月はカルマ（原罪）と関係していると考える人もいますが、そのようなものは本来の占星術からは無関係です。現代占星術の歴史で書きましたように、カルマという考え方はインドからもたらされたものであり、西欧世界ではそのような考え方はなかったからです。死んでしまってその霊魂が他の人の中に入るなどという考え方はありませんでした。

伝統的占星術では、宝石処方やハーブの処方は、惑星やエレメントと呼ばれるものを考慮してアドバイスします。しかしそれらを使う時に、何らかの儀式は不要です。もちろん、特定の時間にハーブを採取する、摂取するなどの効力を高めるためのテクニックはありますが、なんとなくこれが良いと感じるといった感覚のものではなく、全て緻密な理詰めで成り立っているので説明可能ですし伝えることが可能です。占星術は本来、スピリチュアルとは無縁のものです。

6．「良い日かどうか？」よりも、「そもそもどうなるか？」が重要

現代占星術は、良い日か悪い日かといったものを重視しているように思えます。例えば、毎朝の占いです。今日はラッキーとか、今日はアンラッキーとか。

もちろんそのようなものは、伝統的占星術にもあるにはあります。しかし、その重要性はかなり低いです。どんなに良い日に行動したとしても、上手くいかないものは上手くいきません。

おみくじで大吉が出た日だからといって、勉強もしていないのに難関校に合格することは不可能でしょう。

伝統的占星術では、まず始めにその行動が上手くいくのかいかないのかの判断からスタートします。良い日を選び出すのは、その次です。

良い日を選んだとしても、上手くいかないものは上手くいきませんし、日を選ばなくても上手くいくものは上手くいきます。

そうであるならば、良い日を選ぶということは、良いことをより良くする、もしくは悪いことを和らげる行為であることがわかります。

そもそも、物事がどうなるかが大事で、良い日かどうかというのは小事なのです。

7. 心の動き以外もみる

現代占星術は、心の動きを非常に重視します。どのように心が動いたのか、どのような場面で、どんな気持ちになりやすいか、今、どのような気持ちになるのか。

心の動きは性格に密接に関連しています。人の性格がホロスコープに表されていると考える現代占星術では、どこの星座やどこのハウスに惑星が入っていると、どんな気持ちになるのかということが占断のメインテーマです。

例えば、第十一ハウスという場所があります。ここは、友人のハウスです。

現代占星術では第十一ハウスはどのサインなのか、そしてどのような星が入っているかをみて、友人関係についてどのような気持ちになりやすいのかという傾向を読み取ります。

伝統的占星術は異なります。心の動きはあくまでもホロスコープから読み取れる一つの要素に過ぎません。伝統的占星術での第十一ハウスは友人に対する気持ちではなく、友人そのものを示します。友人に付随するものとして友人の気持ちがあります。当然ながらそういう考えの方が、より客観的に友人の存在を捉えることが出来るのではないでしょうか。

そして、私は現代占星術の最大の問題点のひとつは、自分中心になり過ぎて、過度にその人の内面にフォーカスしすぎる傾向だと思います。

友人に対する〝自分〟の気持ちを読み取るというのは、友人の存在を軽んじる、あまりに自分中心の考え方ではないでしょうか。あくまでも友人の存在が重要で、それに対する自分の気持ちは二次的なものではないでしょうか。

そして自分の内面に注目し過ぎると、物事への〝こだわり〟に繋がります。

例えば悩みがあるとしても、意識が〝自分中心〟でいる限りは、物事に対して視野が狭窄しているために周りが見えづらくなり、物事の解決から遠ざけている事はよくあることです。

アルバート・アインシュタイン Albert Einstein は、「今日、我々の直面する重要な問題は、その問題を作り出したときと同じ思考のレベルでは解決することはできない」と述べています。

つまり、新たな問題に直面したときは、自分中心の考え方では解決できないということです。

私は、伝統的占星術のような客観的視点を持たなくては、せっかく占いをしても逆効果のように思うのです。なぜなら、問題を解決できないだけではなく、問題を作り出した原因の一つに主観で凝り固まってしまったという現状があると思うからです。

8. ルールが有る

これは伝統的占星術において、私が特に強調したいことです。

現代占星術ではホロスコープの読みは、占星術師によってまちまちです。しかし、伝統的占星術にはルールが有ります。ですから、正しく読めば全員が同じ答えになります。

そして、さらに素晴らしいことは、このルールは他人に伝えることが可能です。古代の占星術師達が経験してきたことだけでなく、現代の我々が経験した読み方も伝えることが可能です。伝統的占星術は常に進化を続けているのです。

9．はっきりしている

私自身が現代占星術を学んでいた時に、一番悩んだのがここです。

現代占星術をしていても、それが「あっているのかどうかわからない」という事です。あっているような気もするし、あっていないような気もする。心の動きというものは、特に顕著でしょう。「あなたはこのような気持ちになりやすい傾向にあります」と言われても、完全には否定できないことは誰もが認めるところでしょう。昨日と今日で思っている気持ちが違うのはざらです。ですから、心の動きに関しては、何を言っても当たらずとも遠からずといった感じです。

現代占星術のリーディングは、あたかも当たっているかのように思わせるコールドリーディングのテクニックや、誰でも当てはまることを言ってあたったように見せるバーナム効果が散見されます。

しかし、伝統的占星術では、客観的な出来事を当てます。それは答えがはっきりと出るということです。「実際にどうなるの？」ということが分かるのです。

そのようなことが可能になる一つの違いが、伝統的占星術には優先順位があるということです。

現代占星術では全てのハウスに意味があり、全ての惑星にも意味があります。しかし、実際の物事には優先順位があります。仕事の質問をされて、恋愛のことを考慮する必要はないでしょう。仕事に強く関わる場所と惑星を見ればよいのです。

その結果、伝統的占星術ではコンピューター占いでありがちな、情報が多すぎて何が言いたいのかよくわからないということにはなりません。

また、はっきりしているということは、当たったか外れたかもはっきりわかるということです。それは非常に面白いことですし、正しく読めるということは、天の意志を正しく汲み取ったという達成感にも繋がります。

本来、占星術が目指すものとはこうしたことだと思います。自分よりも大いなる存在に敬意を払い、その意志を汲み取るということです。

まとめ

・伝統的占星術では、トランス・サタニアンを重視しない（七天体とトランス・サタニアンは同列には扱わない）

・自分の内面を大事にする現代占星術。気持ちだけではなく客観的事実を大事にする伝統的占星術

第四章　ホロスコープに描かれているもの

ホロスコープを作るためには、色々複雑な計算が必要でした。しかし現代ではパソコンが誕生し、時間と場所さえ入力すれば誰でも手軽に作ることができるようになりました。これは、とても素晴らしいことです。昔の人々は、まずホロスコープを描くことが大変でした。

天文暦を見ながらいろいろな惑星の場所を確認し、時間によって月の場所を計算し、ハウスのカスプを計算する。私も初めて占星術を学んだ時には、すべて手計算でホロスコープを書いていました。それはそれで勉強になったのですが、今はそのようなことをしなくてもパソコンやスマホで入力するだけで簡単に、そして何より短時間にホロスコープを作ることが出来ます。

古代の占星術師の大事な仕事の一つは、正確な天文暦を作ることでしたが、現代ではそういった古代の人達が苦労した、第一段階は簡単にクリアできるような時代なのです。しかもこういったソフトは無料で手に入れられるものも多いのです。

では、このホロスコープとは何なのでしょうか？　ホロスコープは別名、**チャートChart**と呼んだりもします。

そして、ホロスコープとは、その時その場所においてどのような惑星がどの方向にあるのかが主に描かれています。

すでに占星術に慣れ親しんでいる方には、いまさらという感があるかと思いますが、全くはじめての方には馴染みがないどころか、訳がわからないでしょう。まずはこの図（左頁）がどのような意味を持っているのかを説明していきましょう。

地球から宇宙を見た場合、天はまるでドーム状になっているようにみえます（天球）。プラネタリウムでは、自分の真上は大きな半円があるように出来ています。なぜこの形をしているかというと、星の動きはまるでこの半円にへばりついて動いているように見えるからです。そこで、古代の人達は次のような天球構造を考えました。

この中で月や太陽のマークなど、七層の惑星層があります。この理由は、七つの星はその他の恒星と違って、スピードや動きが異なるため、恒星とは別の層にあると考えたからです。

アパタイト apatite と呼ばれる鉱物があります。これはギリシャ語の apate から来ており、〝騙す〟とか〝ごまかす〟といった意味です。これはアクアマリンやペリドットといった他の宝石と騙されやすいため、この名前が付きました。同じ語源を持つのが、惑星 planet です。あっちに行くと思ったらこっちに行く。ゆっくり進むかと思いきや、ギュンと進み出す。

このように夜空に見える大多数の恒星たちとは違って、その動きは一定せず騙されやすいということなのです。古代の人達は、この特別な動きをする星たちに人の運命を左右する何らかの力があるのだろうと考えたわけです。

これらの場所をわかりやすく表現するには、太陽の通り道（黄道）をベースにすればよいことがわかります。なぜなら、これらは全て太陽系の星だからです。そして本来、三次元にある空の星を平面上に表現すると、このような**ホロスコープ**（チャートとも呼ぶ）が出来るわけです。

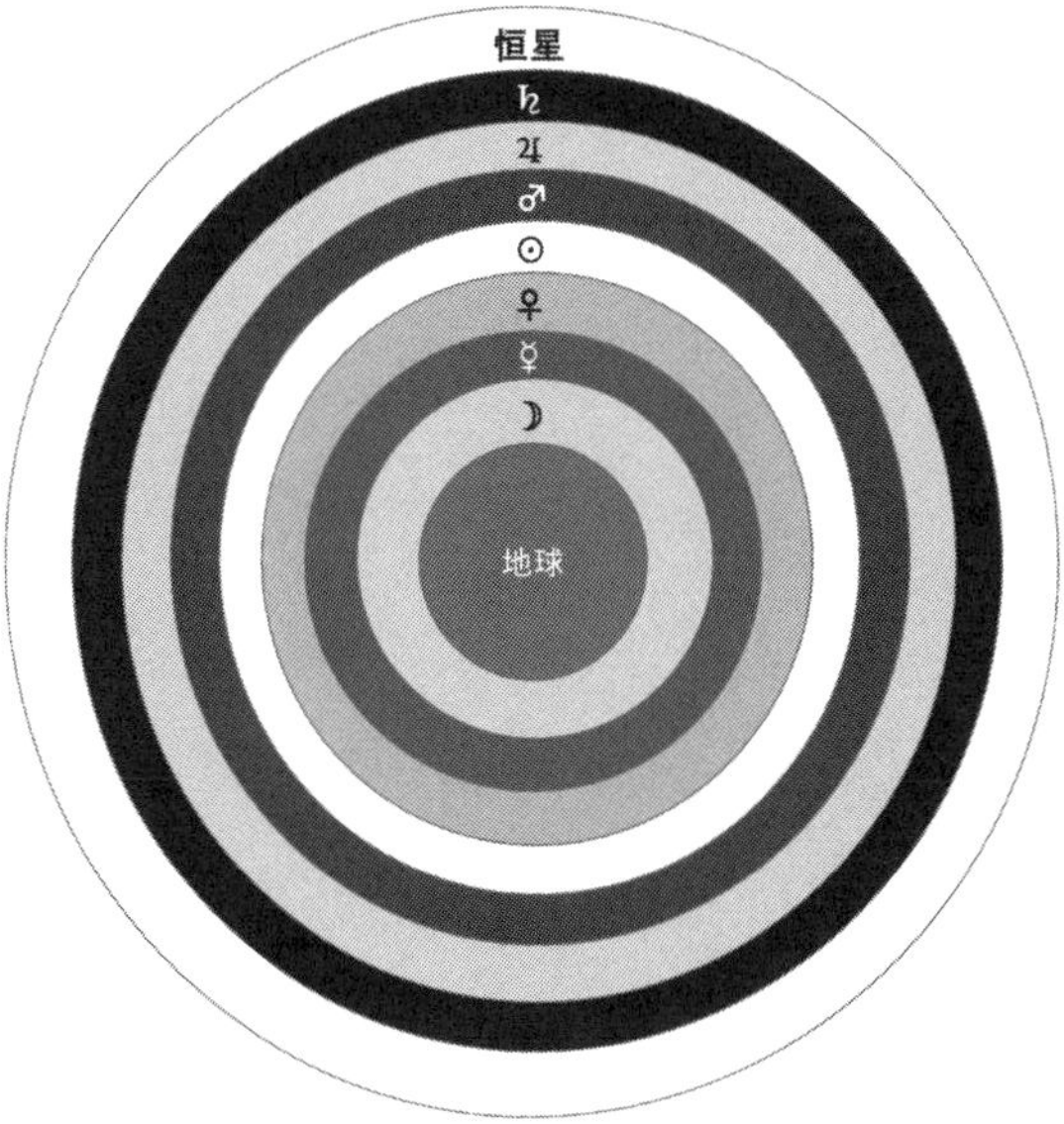

ホロスコープには主に次の三つが描かれています。

・惑星
・サイン（いわゆる○○座）
・ハウス

まずは惑星から説明していきましょう。

天文学上は、惑星には太陽(恒星)と月(衛星)は含まれませんが、占星術上は太陽、月、水星、金星、火星、木星、土星の七天体のことを惑星と言います。また、現代占星術では七天体に加えて、天王星、海王星、冥王星（天文学上は準惑星）の十天体のことを惑星と言います。天文学では太陽と月は惑星ではないので、それらをひっくるめて惑星と呼ぶことに現代人には少し違和感があるかもしれません。

特に太陽と月を含むときは「天体」や「星」と、含まないときは「惑星」と表記するのが

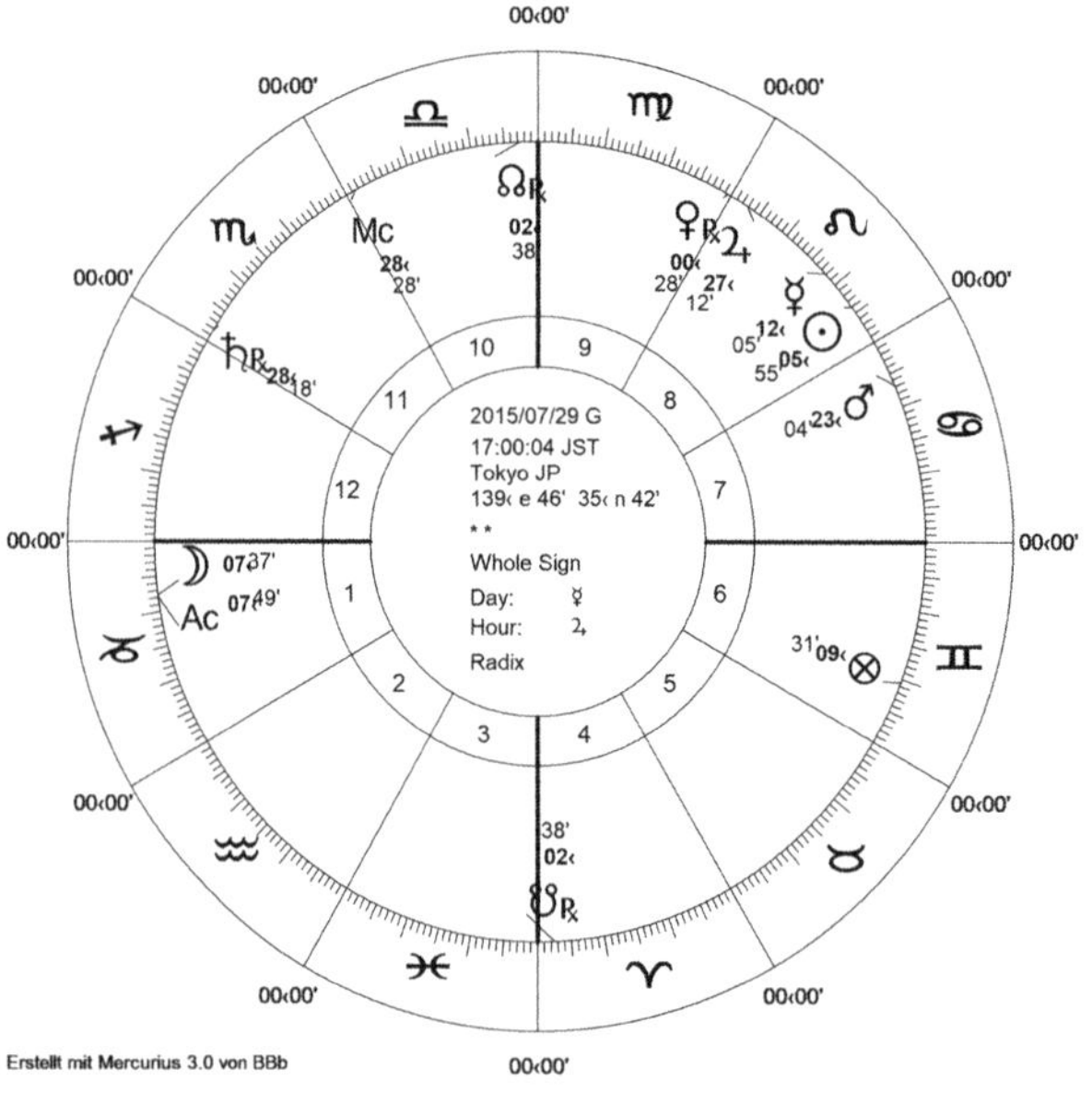

Erstellt mit Mercurius 3.0 von BBb

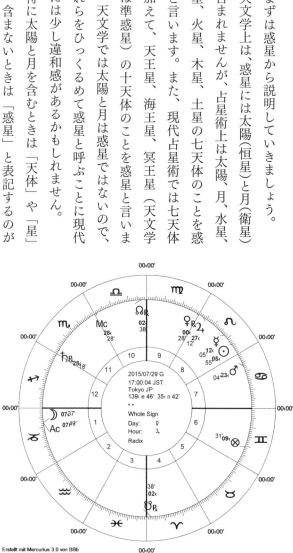

よいのかもしれないかと思いますが、あまり厳密には使い分けをしていません。

さて、惑星のマークはそれぞれ表のようになっています。

月	水星	金星	太陽	火星	木星	土星
☽	☿	♀	☉	♂	♃	♄

太陽と月は直感で理解しやすいと思いますが、その他の星はちょっと分かりづらいですね。しかし、これらの形はバラバラに見えて、たった三つの要素から出来上がっています。それは、＋、○、）及び（で、それぞれには意味があります。

①　）・（＝心
②　○＝魂
③　＋＝物質

このままでは分かりづらいので惑星ごとに具体的に説明して行きましょう。

月　☽

これはカッコが二つ組み合わさっています。

）＋）＝☽

つまり心を表しているのが、月なのです。月と心には共通点があります。月は毎日形を変えます。同じように、人の心ほど移り変わりの激しいものはありません。

ですから、月は心のナチュラル・ルーラーNatural rulerとも呼ばれます。ナチュラル・ルーラーとはあまり馴染みのない言葉かも知れませんが、現代占星術をされている方であればピンとくると思います。

戦いと言えば火星、恋愛と言えば金星のように、惑星と物事を一対一に結びつけるものです。このナチュラル・ルーラーは現代占星術ほどではありませんが、伝統的占星術でも使います。その中でも月は非常に多様な意味を持ちます。

気持ちの質問をされた場合には心を示しますし、妊娠の質問をされた場合は子供を表したり、選挙の質問では大衆を表したりすることがあります。もちろん、必ず月がそれらの役割を担うわけではないのですが、月ほど形を変えてホロスコープ上で表現を変える星はありません。

太陽☉

円形は〝1〟の数字の象徴であると同時に、天国と永遠または霊魂の象徴でもあり、逆に正方形は大地または地球を象徴しています。太陽の記号は、魂を表す○のなかに・があります。

この点は各個人を示すものでもあり、真実を求める種でもあります。また、円の中心でもありますし、誰しもが魂の中に持っている種とも言えるでしょう。

世界の指導者の中には、ある種の〝使命〟をもって行動している人たちがいます。そういった人たちの行動の指針は、レストランで注文する時や買い物をする時の行動の根拠とはちょっと違います。注文や買い物はどちらかというと気分とか心がそこに左右しますが、何かしらの強い決断をする場合には、使命に沿っているのかどうかで行動します。それは魂の働きであり、太陽は魂のナチュラル・ルーラーでもあります。

土星 ♄

土星は＋の下に⌒があります。これは物質が心を支配している状態です。

心では嫌でも報酬や対価をくれるとなれば、「まあいいか」と従うこともあるでしょう。〝札束で頬を張る〟という表現がありますが、それに近いことをされても我慢できるのはこの状態だからです。また、神話や伝説ではこの手法は悪魔がよく使います。悟りを開こうとした釈尊の邪魔する手法は、物質的な誘惑でした。釈尊はそんな誘惑にはびくともせず、悟りを開いたわけですが普通の人にとって、物質とはとても魅力的なものです。

しかし、この状態は自分の心を偽っているわけですから、健全な状態ではありません。ですから、土星は最強の凶星とされます。

木星 ♃

こちらは配置が土星と真逆ですので、土星とセットで考えると覚えやすいです。

木星のマークでは)の下に+がついています。つまり、〝心が物質を支配〟しています。自分の心に従って、物質を利用している状態です。

土星の状態がブラック企業とするならば、木星は自分のやりたいことのために起業することに似ているでしょう。この状態は物質に支配されること無く、心に従っているため非常に健全です。そのため、木星は土星の逆で最強の吉星とされます。

火星 ♂

火星は見るからにオスのマークですね。ですから、現代占星術では男性や彼氏を占う時に火星を見ることが多いようです。しかし、伝統的占星術では火星は男性とは限りません。恋愛のチャートでは、火星は女性を表すことが頻繁にあります。

火星=男性のイメージは矢印のように尖った形が、男性器に似ているからかもしれません。しかしこの矢印は元々、+のマークでした。

つまり火星のマークでは、+の下に○があります。これは〝物質が魂を支配している〟状態です。魂を物質で支配するというのは、恐怖で相手をコントロールするのに似ています。凶器で相手を脅して従わせようとする。そういった脅しは心や気持ちを越えて、相手の信念を無理矢理曲げる行為とも言えます。

これは土星よりも強力な強制力ではありますが、された方は好んで従っているわけではありません。つまり、土星に比べて不完全にコントロールしている状態です。

どれだけ脅されて従っていたとしても、信念を支配することは出来ません。しかし、心や気持ちを支配することは出来ます。ですから、火星は凶星の一つとされますが、その不完全な分だけ土星よりは弱い凶星とされます。

金星♀

金星は火星とセットにすると覚えやすいです。

火星と同じ要素でできていますが、配置が逆で〇の下に＋があります。これは、〃魂で物質を支配している〃ということです。

これは木星に似ていて一見良さげですが、魂と物質はあまりにもかけ離れています。魂から心、心から物質という繋がりはある意味、スムーズな階層構造のようになっていると考えられます。魂から物質という繋がりは、一足飛びで無理があるものだからです。ですから火星と同様、物質を支配したつもりでも長続きしづらいのです。

使命で支配できるのは、賛同者の心です。その人たちの持ち物ではありません。ですから金星は木星よりも弱い吉星とされます。

水星☿

水星は今までの三要素)、〇、＋を併せ持ちます。

水星の頭についているのはツノではなくて、二つの心〃)と(〃なのです。全ての要素を持ち合わせているということは、一見すると最強の惑星に見えます。

しかし、そうではありません。水星は全ての要素を持っているため、他の星に成り代われる分、自分というものを持たない星なのです。

あらゆる知識を身につければ、さぞかし素晴らしい人間になれるかと思いがちですが、そうではありません。

それは北欧神話の最高の神とされるオーディンを見れば端的にわかります。オーディン Odin は水星と結び付けられる神の一柱で、水星の曜日である水曜日 Wednesday の語源はオーディンの日から来ています。

オーディンは非常に賢いのですが、その知識欲も並外れており、自分の片目と交換に最高の叡智と魔術を手に入れます。それだけの能力があれば幸せかと思いきや、その能力で見通した未来は神々の死でした。

それを防ぐためにあれこれ頑張るのですが、ついつい嘘をついてしまったり、気軽に約束して失敗してしまったり、軽薄さも目立つ神様でもあります。悪い言い方をすると、やや頭でっかちな神様とも言えます。もちろんその分、愛嬌があって人間臭くて良いと私は思います。ご興味のある方は、是非、北欧神話を読まれると面白いです。

水星は器用でどんな惑星にも成り代わりますから、吉星でも凶星でもありません。成り代わった相手の影響を受けて、吉星にも凶星にもなりうる存在です。

次に**サイン**（いわゆる〇〇座）について説明しましょう。
それぞれのサインのマークと名称は次のとおりです。

牡羊サイン	双子サイン	獅子サイン	天秤サイン	射手サイン	水瓶サイン
♈	♊	♌	♎	♐	♒

牡牛サイン	蟹サイン	乙女サイン	蠍サイン	山羊サイン	魚サイン
♉	♏	♋	♍	♑	♓

惑星たちがどのサインにいるのかは、季節によって見える星座が違うのと同じで地球の公転と関連しています。そしてこのいわゆる黄道十二星座はZodiac（獣帯）とも呼ばれます。

黄道とは太陽の年周運動の通り道で南北八度ずつ、幅十六度あり、帯状になっていると考えます。言うなれば黄道とは地球から見た太陽の動きを天空に線で描いたものであり、それには幅があります。

幅がある理由は、地球、月と全ての惑星たちとが、太陽に対して同じ平面上で回っておらず、重なることが滅多にないからです。月食や日食が、満月や新月の時に必ず起こるわけではないのと同じです。太陽、地球、月が同じ平面上に乗ることは滅多にないからです。

そして西洋占星術では春分の日の太陽の場所を牡羊サインの０度として、30度毎で合計十二（３６０÷30＝12）のサインという区切りをつけました。

そしてちょうど黄道に重なる星座（へびつかい座は除く）が十二種類あったため、それらの名前を借りてサインにも名前をつけました。

駅名を例に挙げると、大抵はその近くの地域名が由来ですが、その駅がある住所地は本来の地域名ではないことも多いのと似ています。

例えば、新函館北斗駅は北斗市にありますが、函館に近いので〝函館〟という名前を借りていますし、東京ディズニーランドは千葉にありますが〝東京〟の名前を借りています。

ですから、いわゆる○○座と○○サインは大きさが違います。

乙女座のように大きな星座もあれば、てんびん座のように小さな星座もありますから、黄道に占める大きさは最大のもので40度、最小で5度です。しかし、サインの大きさは30度で全て同じです。

そして大きさだけでなく、春分の日の太陽の位置（春分点）と牡羊座の0度にはズレがあります。春分点が牡羊座0度にあったのは紀元前二世紀ころで、現在の春分点は魚座にあります。

ここで占星術には二つ違いが出ます。

一つはトロピカル式の占星術と、もう一つはサイデリアル式の占星術です。

- **春分点を固定**＝牡羊サインと牡羊座でスタートが異なる＝トロピカル式 tropical ＝西洋占星術
- **サインを固定**＝牡羊サインと牡羊座のスタートは同じ＝サイデリアル式 sidereal ＝インド占星術

すると、インド占星術の方が実際の星座に合わせていて正しいように思えますが、西洋占星術にもきちんと理由があります。

それは西洋占星術ではサインを、神々の住んでいるところと考えるからです。神々の住んでいるところが、星座に合わせて移動するはずがありません。また、トロピカル方式では、春分の日（牡羊サインの0度）という実際の季節がスタートとして固定されているとも言えます。ですからトロピカルでもサイデリアルでも一理ずつあるのです。そして、西洋占星術では占断手法によってはサイデリアル式を採用する場合もあります。ですから、一概にどちらの手法が優れているということはありません。

次にハウスの説明をしましょう。

ホロスコープではサインの内側に書いてある数字がそれです。サインと同じく十二のハウスがありますが、サインとハウスは別物です。十二サインは、「春分点」がスタート地点ですが、ハウスは、「東の地平線」がスタート地点です。

サインは地球の公転と関連しており、牡羊サインの0度から黄道をきっちり30度ずつ、十二サインで分けていました。

一方のハウスは地球の自転と関連しており、自分自身が立っている場所での真東（東の地平線）を第一ハウスとして空間を分割したものです。例えば、どのような時間であっても、自分から見て真東はアセンダントAscendantと呼ばれるもので、第一ハウスとなります。また、真西はディセンダントDescendantと呼ばれるもので、第七ハウスとなります。

しかし、ここで問題なのは地球の自転軸が公転軸（黄道）に対して傾いているということです。

ですから、サインとハウスは同じような大きさには等分できません。

もちろん、やや無理矢理にハウスをサインの30度毎に分けたイコール・ハウス・システムEqual house systemなどもありますが、ホロスコープではサインという円上にハウスを収める事が多いため、現代占星術でよく用いられているプラシーダス方式などの四分円方式という手法で作成した場合、ハウスが歪んでしまう事が多いです。

歪んでまでハウスを使わないといけないのか、という疑問もあるでしょうが、サインとハウスの区別には重要な意味があります。

サインは、天から降り注ぐエネルギーの質や量を左右します。

ハウスは、地上のどのような場面でそのエネルギーを受け取るかを左右します。

現代占星術ではどこのサインにどんな星があるのか、ということが重要です。その傾向が端的にわかるのが、太陽星座占いです。

太陽のいる〝サインだけ〟で占いが出来るということは、裏を返せばハウスを重要視していないということです。

しかし、伝統的占星術ではサインよりもむしろハウスのほうが重要です。実際に地上でどのようなことが起きるのかは、ハウスを見なければ全くわからないからです。

この章では単にホロスコープにどのような情報が載っているのかというお話をしました。

次章から、それらの具体的なお話をしていきましょう。

第五章　サインの区分

ホロスコープに描かれている大まかなことがおわかり頂けたと思いますので、それぞれについてもう少し細かく見ていきましょう。サインには二区分、三区分、四区分があり、これらについては、現代占星術を学ばれた方は、ほとんど復習になりますので、軽く読み飛ばして頂ければ結構です。

二区分 Sect

いわゆる男性格（宮）と女性格（宮）のことです。

男性格とは男らしさ、女性格は女らしさということではなく、端的に言えば男性格とは能動的、女性格とは受動的及びそれに派生したものを示します。

- **男性宮** masculine sign　奇数、活動的、論理的、衝動的、積極的、外向的、抽象的、陽性
- **女性宮** feminine sign　偶数、受動的、直感的、感情的、消極的、内向的、具体的、陰性

そして、これらの区分に属するサインは次のとおりです。

男性宮HOT　▼牡羊サイン、双子サイン、獅子サイン、天秤サイン、射手サイン、水瓶サイン

牡羊サイン	双子サイン	獅子サイン	天秤サイン	射手サイン	水瓶サイン
♈	♊	♌	♎	♐	♒

女性宮COLD▼牡牛サイン、蟹サイン、乙女サイン、蠍サイン、山羊サイン、魚サイン

牡牛サイン	蟹サイン	乙女サイン	蠍サイン	山羊サイン	魚サイン
♉	♋	♍	♏	♑	♓

また、アル・カビタス（Alcha-bitius もしくは al-Qabisi）によれば、プラネタリー・アワー（惑星時間）にも男性格と女性格があるとされます。簡単にいえば、奇数の惑星時間は男性格、偶数の惑星時間は女性格ということです。[1]

身体にも男性格女性格があり、頭は男性格で暑く、しっぽは女性格で寒いとされます。

三区分 Quadruplicity

これらは四季を三つに区分したものとなります。

1 “*Introduction to Traditional Astrology*” Benjamin Dykes

例えば、夏は太陽が蟹サイン、獅子サイン、乙女サインに在住している時期と言えます。
そして、夏は春から夏に変わったばかりの初夏、最も夏らしい暑中、徐々に暑さも薄れていく残暑があります。このように、ひとことで夏と言っても、色々な様相があります。
これらには、占星術にもそれぞれの名前があり、初夏は活動宮、暑中は固定宮、残暑は柔軟宮と呼ばれる場所に太陽が在住します。

三区分の一覧は次のとおりです。

活動宮　牡羊サイン、蟹サイン、天秤サイン、山羊サイン
固定宮　牡牛サイン、獅子サイン、蠍サイン、水瓶サイン
柔軟宮　双子サイン、乙女サイン、射手サイン、魚サイン

牡羊サイン	♈
牡牛サイン	♉
双子サイン	♊
蟹サイン	♋
獅子サイン	♌
乙女サイン	♍

天秤サイン	♎
蠍サイン	♏
射手サイン	♐
山羊サイン	♑
水瓶サイン	♒
魚サイン	♓

活動宮、カージナル・サイン cardinal, convertible sign

素早く形作る（活動的だが飽きっぽい）、季節のスタート

固定宮、フィクスト・サイン fixed, firm sign

そのまま維持する（持久力があるが頑固）、季節の真っ盛り

柔軟宮、ミュータブル・サイン mutable, bicorporal sign

移行もしくは兼ね備える（臨機応変だが不安定）季節の終わり

伝統的占星術では、これら三区分を非常に重視します。

例えばホラリーの質問で、**アンギュラー・ハウス**[二] **Angular house** がどの三区分なのかということだけで、その質問がどの程度の期間のテーマなのかがわかります。

また、**トランスファー・オブ・ライト** Transfer of light などにより、惑星間の仲立ちがされる場合、仲立ちをする星がどの区分かによって実現のスピードが変化します。

他にも時期を選ぶ時には、**活動宮**の時に、種を蒔く、売買する、婚約するといった、物事をスタートする時期には良いでしょう。

固定宮の時に行動すると元には戻らないわけですから、結婚のお祝いや離婚の時期には良いでしょう。

二　第一、四、七、十ハウスのこと。

柔軟宮は、手紙やメールのやり取り、金銀の精錬や日々のトレーニングといった繰り返し行われるものや交換の時期に良いでしょう。

四区分 Elements, Triplicity

アリストテレス Aristoteles は、その著書『自然学』において、古代ギリシャの**エンペドクレス Empedocles** により、火、水、風という三元素に土を加えて〝四元素〟が考案されたと言及しています。**四元素**は別名**エレメント Elements** とも呼ばれ、古代の人々はこの世界は全てその四つの元素の組み合わせで成り立っていると考えられました。そう聞くと、現代人にとっては、突拍子のない考え方に聞こえるでしょう。

しかし、これら四元素を物質変換の要素（火＝熱）と物質の三種類の状態である、液体（水）、固体（地）、気体（空気）と理解すれば、納得できるでしょう。また、エレメントの事を医療占星術では特に〝気質〟とも呼びます。

アリストテレスは四つのエレメントに加えて、五つ目のエレメントであるエーテル Ether にも言及しています。このエーテルの説明は後ほどしますが、神々の領域にあるため人間には扱えないものとされます。四つのエレメントで区分すると、十二サインは次の通りになります。

火　牡羊サイン、獅子サイン、射手サイン

地　牡牛サイン、乙女サイン、山羊サイン

風　双子サイン、天秤サイン、水瓶サイン

水　蟹サイン、蠍サイン、魚サイン

牡羊サイン	牡牛サイン	双子サイン	蟹サイン	獅子サイン	乙女サイン
♈	♉	♊	♋	♌	♍

天秤サイン	蠍サイン	射手サイン	山羊サイン	水瓶サイン	魚サイン
♎	♏	♐	♑	♒	♓

そしてそれぞれのエレメントは、更に寒熱と乾湿により細分化する事ができます。

寒熱は**HOT**と**COLD**のことであり、暖めたり冷ましたりという元々の意味だけでなく、暖まることによる上昇、冷まされることによる下降する〝動き〟も含みます。

乾湿は**DRY**と**MOIST**のことであり、乾燥することや潤うことだけでなく、乾燥によりばらばらになること、潤うことによる粘着性も含みます。

火のエレメントは**HOT**と**DRY**の組み合わせであり、しがらみを断ち切って上昇するエネル

ギーとなります。水が沸騰して蒸気となり、拡散するような働きです。

これが人間の活気となり、味では辛味や塩味、季節では夏となります。唐辛子も油で炒めるほうがそのままよりも辛くなります。つまり、加熱によりＨＯＴとＤＲＹが更に強まることとなります。

また、火のエレメントの過剰によって引き起こされる病気や、火のエレメントが特徴的な人の事を黄胆汁質と呼びます。

胆汁質の病気としては、急性炎症、発熱、機能亢進症(甲状腺など)、ドライスキン、燃え尽き症候群、粗暴性などが挙げられ、火照ったイメージです。

風のエレメントは**HOT**と**MOIST**の組み合わせであり、熱によって結合する働きをします。酸素と炭素が熱せられて二酸化炭素が出来るような働きです。

人間活動で言えば交渉やコンサルティングなどの外向的コミュニケーションであり、細胞分裂を繰り返して大きくなる肉体の動き（成長期）を示し、季節は春となります。

また、風のエレメントの過剰によって引き起こされる病気や、風のエレメントが特徴的な人の事を多血質と呼びます。

多血質の病気には鼻出血、痔、循環器疾患、低酸素による疾患、発熱疾患、心臓病、神経症、躁病があり、圧力がかかっているイメージです。

子供の頃は鼻血を出す事が多いですが、成長期はＨＯＴでＭＯＩＳＴな時期だからでもあります。

水のエレメントは**COLD**と**MOIST**の組み合わせであり、風とは逆に冷まされることによって結合する働きのことをいいます。

風も結合する働きですが、水の場合は拡散した水蒸気が冷まされて水滴になるような働きです。人間活動で言えば共感や同情（内向的コミュニケーション）であり、味では水っぽいものです。

また、水のエレメントの過剰によって引き起こされる病気や、水のエレメントが特徴的な人の事を粘液質と呼びます。

粘液質の病気には、風邪、インフルエンザ、気管支炎、慢性炎症、肥満、臓器不全、糖尿病、乾癬、肺病変、下痢、無気力、認知症であり、水気のあるイメージです。

土のエレメントは**COLD**と**DRY**の組み合わせであり、冷やされてばらばらになる働きのことを言います。

フリーズドライというものがありますが、処理前よりももろくなります。

ＣＯＬＤでＤＲＹな行為とは水分を失い、ばらばらになったりもろくなったりすることに似た働きです。

人間活動で言えば現実的な実感を持つこと、地に足をつけた動き、肉体、味では酸味や苦味をもたらします。

また、土のエレメントの過剰によって引き起こされる病気や、土のエレメントが特徴的な人の事を黒胆汁質と呼びます。

単純に〝胆汁質〟と呼ぶ場合は黒ではなく、〝黄胆汁質〟の事を指すので注意が必要です。そのような場合は、黒胆汁質は憂鬱質と呼びます。

黒胆汁質の病気には、多発性硬化症、関節炎、便秘、結石、悪性腫瘍、麻痺、うつ病があり、寒気を伴うイメージです。

火（HOT & DRY）　▼熱意、精神性、活気、黄胆汁質、辛味・塩味
地（COLD & DRY）　▼実感、肉体、現実的、黒胆汁質、酸味・苦味
風（HOT & MOIST）　▼友愛、知性、コミュニケーション、多血質
水（COLD & MOIST）　▼情愛、共感、同情的、粘液質、水々しいもの

甘みはHOTの作用[三]

これらの気質が偏っている場合、その人の特性は他人の目から見てもわかりやすい傾向にあり、逆にバランスが良い場合は柔軟な人である傾向にあります。

そしてサインや人間だけでなく、季節もこれらのエレメントに関連しており、生物が育つ（拡大する）春はHOTでMOIST、日差しが強く乾燥する夏はHOTでDRY、夏の乾燥を引き継ぎながらも寒さをもたらす秋はCOLDでDRY、雪を降らす冬はCOLDでMOISTな季節となります。

三　味に関してはal-Qabisiは火のエレメントは苦味、地のサインは酸味、風のサインは甘み、水のサインは塩味となるとされる。しかし、体を温めるという点ではやはり塩味は火のサインがふさわしいであろうし、苦味は収斂作用があるため、地のサインがふさわしいだろう。ただし、塩味のものは吸湿性があり、水分をとどめる。そのため、ある程度水分を含んだ塩味のものはal-Qabisiの考えが正しいだろう。

これらの季節にとれる野菜や果物は、季節の行き過ぎを均衡させるように逆のエレメントを持ちます。

春野菜はCOLDでDRY、夏野菜はCOLDでMOIST、秋野菜はHOTでMOIST、冬野菜はHOTでDRYとなる傾向があります。

わかりやすいのが、夏野菜でしょう。スイカやキュウリ、トマトなど水っぽい食べ物は夏に収穫されます。火を通さず食べられるため、水気がそのまま保たれる食材が多いのも特徴です。また、βカロチン、ビタミンC、ビタミンE、カリウムなどが豊富であるため、夏バテを防ぐ効果があります。

このように、天は素晴らしいバランスで我々に食べ物を準備してくれており、旬のものを頂く大切さを実感します。

エレメントの最後に**エーテル**についても説明しておきましょう。四つのエレメントに加えて、第五のエレメントと呼ばれるのがエーテルです。エーテルとはどのようなものかについては、エレメントを分解していくとわかりやすいです。

例えば火のエレメントはHOTでDRYです。しかし、このままでは火のエレメントにはなれません。古代の人達は、そこには接着剤と核が必要と考えました。つまり**第一質料**という核があり、それにHOTやDRYといった寒熱乾湿が、エーテルの働きでくっつくことで火のエレメントが出来ると考えました。

第一質料＋ＨＯＴ＋ＤＲＹ　＝**火**
第一質料＋ＨＯＴ＋ＭＯＩＳＴ　＝**風**
第一質料＋ＣＯＬＤ＋ＤＲＹ　＝**土**
第一質料＋ＣＯＬＤ＋ＭＯＩＳＴ　＝**水**

＋（接着剤）は**エーテル**とも**プネウマ**とも呼びます。火地風水といったエレメントは扱えますが、エーテルを人間が扱うことは出来ません。しかし、それらが可能であると考え研究した人々もいます。それが、錬金術師たちです。

もしエーテルを扱うことが出来るならば、あらゆる物質を好きな配合割合でくっつけたり離したり出来るはずです。言い換えれば、鉛のようなものから金を作ることも出来ると考えたわけです。そして、それが出来たと言って大金をせしめる詐話師はいましたが、残念ながら科学的に考えて、それを出来る人間があろうはずがありません。

全ての核となる第一質料は**プリマ・マテリア**とも呼ばれます。これは万物の基で、何にでも変化しうる多様性を持ち合わせたものです。しかし、それだけではなにものでもありません。

第一質料にはＨＯＴやＤＲＹといったものが伴って初めてエレメントという形になります。これは生まれたての赤ん坊や種のようなものです。

無限の可能性を持っているわけですが、一人前になるには成長が必要であり、成長に伴って個性が出てくる代わりに可能性は狭まるということです。もっとわかりやすく言うならば、我々が〝命〟

と呼ぶものが第一質料です。生き物がただの物質ではなく、生き物たらしめている最大の理由が命です。死の直前と直後では物質的には何のかわりもありません。しかし、そこには大きな違いがあります。その一番の理由が命ではないでしょうか。

当然ながら生命もエーテル同様扱うことは出来ませんし、扱おうとする必要がないことはご理解いただけると思います。命とは神様から全ての生けるものに与えられたギフトなのですから。

ですから、エーテルを扱いたいという幻想に憧れる必要はなく、四つのエレメントを追求するほうが、より重要でそして役立つことになるでしょう。

第六章　ハウスの区分

サインと同様、ハウスにも区分があります。しかしサインの場合と異なり、重要になるのは次の三区分くらいです。

・アンギュラー Angular　1、4、7、10
・サクシダント Succedent　2、5、8、11
・ケーダント Cadent　3、6、9、12

現代占星術を学ばれてこられた方の中には、ハウスの概念に対して苦手意識をお持ちの方も多いと思います。私自身も現代占星術を学んでいたときは苦手でした。その一番の理由は、ハウスとサインの区別がわからない点です。

伝統的占星術を学んで始めてその違いがわかりましたが、現代占星術でその違いがわかりづらいことには理由がありました。

その理由とは、現代占星術ではハウスとサインは同じだからです。つまり、牡羊サイン＝第一ハウスであり、牡牛サイン＝第二ハウスです。ですから、牡羊サインの意味と第一ハウスの意味は、ほぼ同じ説明になります。現代占星術では、伝統的占星術を簡略化する過程で、このような事が行われました。しかし、このことが逆にサインとハウスの違いを分かりづらくする原因となりました。そのため、簡略化することによってかえって理解しづらくなるという残念な結果になっています。しかし、伝統的占星術ではそのようなことはありません。ハウスとサインには明確な区別があります。

後ほどエッセンシャル・ディグニティの章で説明しますが、主にサインでわかることは、そこにある星の元々持っている力が、強いか弱いかということです。一方のハウスでわかることは、そこにある星が目立つのか目立たないのか、行動力があるのかということです。

端的に言えば伝統的占星術でのハウスの強さというのは、目立つかどうかということになります。強いというのは目立つところにいるということです。弱いところにあるというのは、目立たないところにいるということです。基本的にはアンギュラー（アングルとも）強、サクシダント中、ケーダント弱となります。

アンギュラーは角という意味です。これは北インド方式のホロスコープを見るとよくわかります。

北インド方式のホロスコープでは、中心にアングルがあり外側に出っ張っています。アングルは、まさにホロスコープの中心というわけです。サクシダントとは、次に続くという意味で、アンギュラーの次ということです。ケーダントとは、落っこちるという意味ですが、角（アングル）から落っこちるという意味で、弱いハウスということがわかります。

例えば、第十ハウスにあるというのは目立つところです。チャートを見れば一目瞭然ですが、一番上にあります。ですから、アングルハウスの中でも特に目立つハウスとなります。

一方で第四ハウスというのはチャートで最も低いところです。一見すると、全然目立たないハウスに見えますが、これはここで目立つところです。何故ならば、チャートの〝根っこ〟に当たるからです。当然ながら、第十ハウスに比べれば目立ちませんので、第十ハウスよりは弱い場所となります。

逆に、第八ハウスや第六ハウスなどは弱い場所です。これらは目立たない場所です。また、第三ハウスや第九ハウスは本来弱い場所ですが、幾分良い意味を持ちます。その一番の理由というのは、アセンダントからのアスペクトがない（アバージョン）か、あるかということなのですが、これについてはアスペクトの章で説明します。

現代占星術を学ばれた方には、基本的にハウスの強弱はアングルが最強でケーダントが最弱である、と聞いてちょっと疑問に思うかも知れません。例えば、第三ハウスや第九ハウスはケーダントですが、あまり悪い意味はなく、むしろ幾分良い意味を持っています。むしろ第八ハウスはサクシダントですが、第八ハウスには〝死〟という意味があるので、良い意味を考えるほうが難しいくらいです。

第三や第九ハウスが良い意味を持つ理由は、これらのハウスが神に通じるハウスだからです。第九ハウスは神や学問のハウスであり、第三ハウスは日常の細々とした習慣などのハウスです。常日頃の行動が、神や心理へと通じるというのは納得できるでしょう。

そのような考えに立てば、ケーダントだからといって悪いことばかりではありません。実際に、アングルが良いというのは占星術師の中では一致した見解ですが、ケーダントが良いのか、サクシダントが良いのかは占星術師によって見解が異なります。

ドロセウス Dorotheus は以下のように考えました。

ハウスによる強弱

強いハウス ▼1、4、7、10
真ん中のハウス ▼2、3、5、9、11
弱いハウス ▼6、8、12

しかし、アブ・マシャラー、アル・カビタスは、第三ハウスや第九ハウスを含めて、ケーダントは弱いところとしました。これは混乱しがちなことですが、私はハウス・システムの違いによって使い分けるのがよいと思います。

これについてはハウスの個別の説明の章で行います。

また、ハウスの区分は強弱、目立つ目立たない以外に以下のようにも分けることが可能です。

自分自身のハウス　▼12、1、2
プライベート環境のハウス　▼3、4、5
他人のハウス　▼6、7、8
パブリック環境のハウス　▼9、10、11

これらの中で、どのハウスに惑星が偏っているかで、どのようなものを大切にするかという個性が出やすいでしょう。

まとめると次のようになります。

自分自身　▼自己実現、自己啓発、自己投資（自分そのもの）
プライベート環境　▼友人関係、家族関係、趣味（自分を取り巻く環境）
他人　▼パートナー・シップ（決まった相手との交流）
パブリック環境　▼仕事、学問、政治（不特定多数の人との交流）

やはり第九、十、十一ハウスに惑星の多い人は目立つ存在ですし、逆に第六、七、八ハウスに惑星の多い人は決まった交友関係のため、目立たないです。当然、これは良い悪いとかは関係ありません。不特定多数と付き合うということは気疲れもするでしょうし、決まった交友関係であれば、変化が少ない分、そういった気疲れは少ないでしょう。
これらからわかることはその人の傾向であって、良い悪いとはまた別のものです。

第七章　惑星の区分

次に惑星の区分についてお話をしていきましょう。惑星の区分も色々ありますが、まず始めにエレメントからお話ししましょう。サインの説明の際にエレメントの話をしましたが、実は惑星にもエレメントがあります。

1. 天体のエレメント（elements 元素）　火・地・風・水

火　HOT & DRY　▼太陽、火星

地　COLD & DRY　▼土星、水星

風　HOT & MOIST　▼木星

水　COLD & MOIST　▼月、金星

これを見ていると、なにか違和感を覚えます。

そうですね、風のエレメントだけ星が一つで不公平ですね。では、何を足せばいいでしょうか。

答えは、地球です。

地球を足すことでどのエレメントも二天体ずつでバランスよくなります。ただし、地球が風のエレメントであることで占い結果が変わるわけではありません。ただ、木星が吉星であるのは、地球と同じエレメントだからかもしれませんね。

さて、サインがエレメントを持ち、惑星もエレメントを持つことがわかりました。それでは、これらを使ってどのようなことが分かるでしょうか。

もし、惑星の気質とサインの気質が一致している場合は、その惑星に関することに対して迷うことは少ないでしょう。逆に二つの相反するものを持ち合わせると、強烈な個性と同時に葛藤が現れる傾向にあります。

例えば、カーペンターズ CARPENTERS のメンバーのカレン・カーペンターはとても才能あふれる音楽家でしたが、激しい拒食症のために三十二歳に亡くなっています。拒食症の要因は、自己の体型へのイメージと現実との葛藤ですが、彼女の太陽HOT ＆ DRYは魚サインCOLD ＆ MOISTにあり、月COLD ＆ MOISTは獅子サインHOT ＆ DRYにあります。

惑星のエレメントとサインのエレメントの違いは、医療占星術で特に重要となります。そして、HOTとCOLDはDRYとMOISTよりも優先されます。

HOTとCOLDの違いの方が、DRYとMOISTの違いよりも決定的ということです。その理由は、DRYやMOISTという気質はHOTやCOLDから派生するものだからです。

そして、このエレメントの理解がなければ、医療占星術でハーブを使いこなすことは出来ません。

2. 昼&夜ーセクトSect

天体には、昼の天体と夜の天体があります。

昼の惑星 ▼太陽、木星、土星
夜の惑星 ▼月、金星、火星
どちらにもなりうる ▼水星

テュロスのポルピュリオスによれば、セクトには太陽の光が関係していると説明しています。これは木星や土星が昼の惑星であるのは、太陽の光にさらされることが少ないためであり、金星や火星は昼の惑星よりも太陽の近くにいることが多いため、夜の惑星であることが心地よいというわけです。

ホラリー占星術では昼夜は物事の成就にあまり関係しませんが、ネイタル占星術ではその星の強さを見る時に使います。

もし生まれた時間が昼であれば、つまりホロスコープで太陽が地平線よりも上に太陽がある場合には、昼の惑星が力を発揮します。逆に夜生まれの人は夜の惑星が力を発揮します。これを良いセクトにある Sect in favor と言います。

セクトという言葉はサインの二区分でもありましたが、男女だけでなく昼夜で二つに分けることも占星術ではセクトと言います。セクトという言葉を占星術では、男女を分けるときよりも昼夜で分ける時に主に使います。

昼夜は太陽がホロスコープの上半球にあるのか、下半球にあるのかで判断します。太陽が最も高く昇るのは真南であり、そのときには上半球（地平線より上）にあります。

逆に太陽が最も沈むのは深夜0時で、そのとき太陽は下半球（地平線より下）にあります。そのため、昼夜の区別はホロスコープを見るだけで、すぐにわかるでしょう。

昼

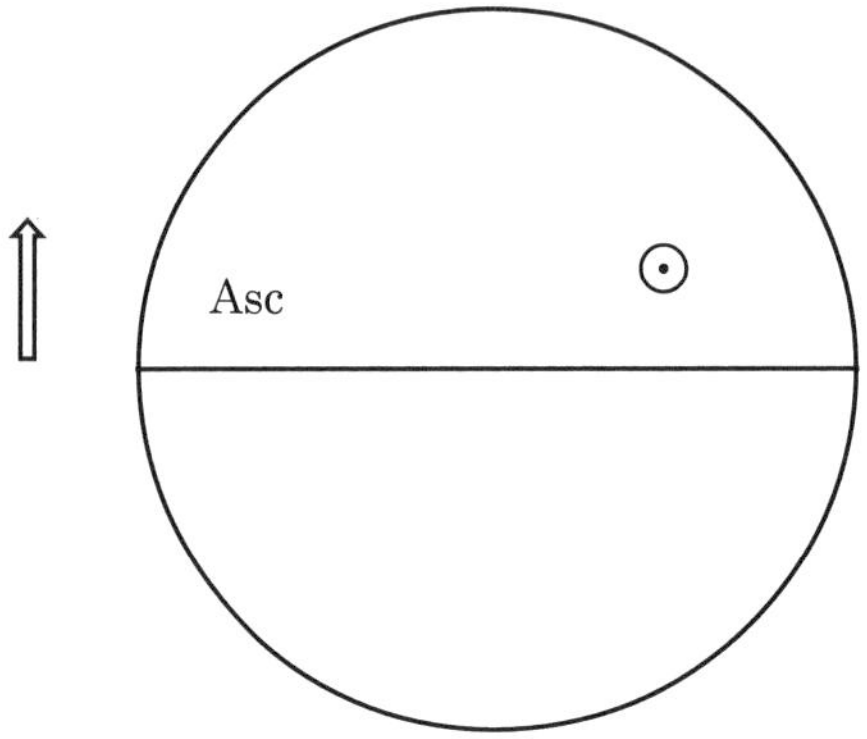

夜

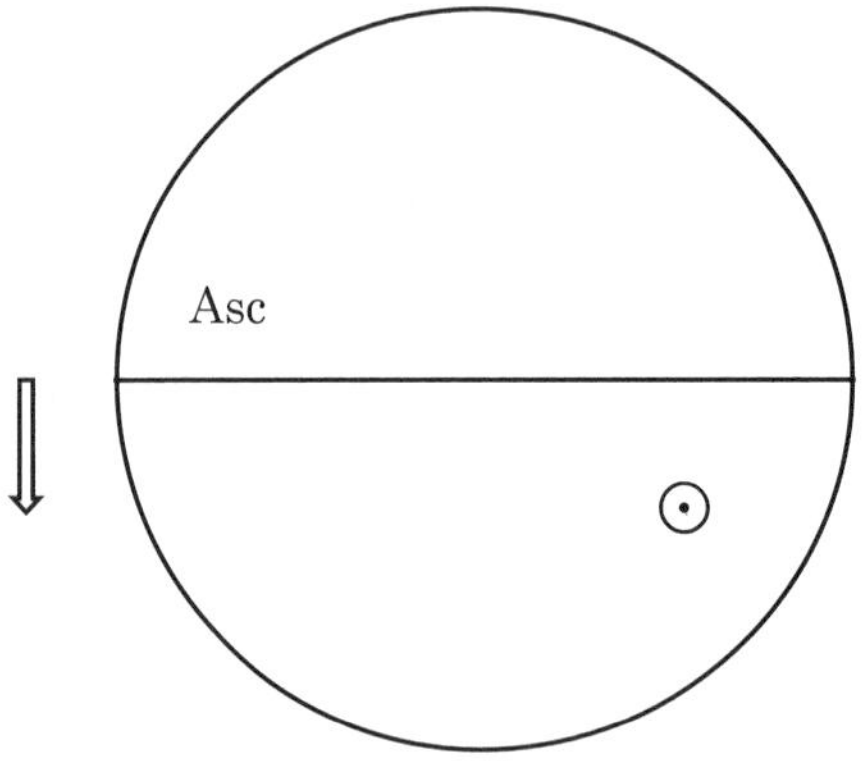

また、水星は、太陽よりも先に地平線から昇れば（オリエンタル Oriental）昼の惑星に、太陽よりも後から昇れば（オキシデンタル Occidental）夜の惑星となります。

現代占星術では、地平線より上に星が多い人は客観的な人、地平線より下に星が多い人は主観的な人とされます。しかし、伝統的占星術では単純にそうはなりません。

その人が昼生まれであり、地平線よりも上に星が多い方は確かに客観的な人とされます。逆に、夜生まれであり、地平線よりも下に星が多い方は主観的な人とされます。つまり、昼夜が重要となります。

セクトと似た概念に**ハルブ Halb**があります。昼の生まれで、昼の惑星（太陽、木星、土星）がホロスコープの上半球にある。または、夜の生まれで夜の惑星（月、金星、火星）が、下半球にある。これらをハルブと呼び更に良い状態であると考えます。

いずれにせよ、重要なのは昼の生まれであれば、吉星という意味では昼の惑星である木星が良さを発揮し、木星に関することがスムーズに進むということです。逆に、夜の生まれであれば、金星がその良さを発揮して、金星に関することが上手くいきます。

昼夜を凶星に当てはめると、火星は昼においてより凶意を発揮します。火星が夜の惑星であるのは、そのＨＯＴでＤＲＹな性質を夜が冷ましてくれるからです。同様に、土星が昼の惑星であるのは、そのＣＯＬＤでＤＲＹな性質を暖めてくれるからです。逆に、火星は昼において凶意を増し、土星は夜にその凶意を発揮します。昼生まれの人であれば火星が示すことが過剰に激しさを持ち、夜生まれの人では土星で示されることが必要以上に制限されるでしょう。

後の章で説明するアクシデンタル・ディグニティの項目にはジョイ Joy という概念がありますが、これは惑星の昼夜が深く関係しています。

太陽は第九ハウス、木星は第十一ハウス、土星は第十二ハウスがジョイとなります。これらのハウスは全て地上（ホロスコープの上半球側）ですので、昼の惑星が喜んで力を発揮します。

逆に夜の惑星である月は第三ハウス、金星は第五ハウス、火星は第六ハウスでジョイとなります。これらのハウスは逆に地下（ホロスコープの下半球側）となり、夜の惑星が力を発揮します。

昼夜に関して少しだけ注意点があります。あなたも日の出や日の入りを見たことがあるでしょう。そのとき、空は日の出や日の入りの前から明るいことを実感します。同様に、ホロスコープではまだ地平線下にあったとしても、昼と捉える場合もあります。

つまり時間にするとほんの数分、角度でいうと五度ぐらいですが、そのぐらいの角度の範囲内であれば、昼夜では昼を採用するというわけです。では、きっちり五度かどうかで区切るかというと、そういうものでもないのです。

あくまでも、ホロスコープと実際の出来事とを比べて、どちらに当てはめた方がよいのかを考えながらやっていくしかないでしょう。ここらの曖昧さが、コンピューター占いが出来ない一つの理由です。

3. 男性&女性

ホラリー占星術で妊娠中の子供の性別を知りたい時などに使います。

男性格 ▼土星、木星、火星、太陽
女性格 ▼金星、月
どちらでもない ▼水星（ただし普段は男性格）

基本的に男性格は昼の惑星が多く、女性格は夜の惑星が多いですが、火星が夜の惑星でありながら男性格であることが重要です。

昼夜と同様、その性別によって強い場所というものが存在します。

そうはいっても、性別は昼夜ほどの決定力はありません。そのため、大前提として先述の〝ハルブである必要〟があります。そして更に男性格の惑星が男性格のサイン（牡羊、双子、獅子、天秤、射手、水瓶）に入っている。または、女性格の惑星が女性格のサイン（牡牛、蟹、乙女、蠍、山羊、魚）に入っている。

この状態を**ヘイズ**（Hayyiz や Hayz など）もしくは**ドメイン** Domain と言います。

例えば昼生まれの人で、木星が牡羊サインにあり、更には木星が上半球にあり、男性のサインにある場合には**ヘイズ Hayz** と呼ばれ、とても強いとされます。しかしこれは昼夜の違い程は、その人に影響力は強くありません。また、昼夜と同じくホラリー占星術ではあまり重要視されません。

4．ナチュラル・ルーラー Natural ruler

惑星の区分とはちょっと違うかもしれませんが、ナチュラル・ルーラーのお話もしておく必要があります。ナチュラル・ルーラーによる分類は現代占星術をされている方であれば、かなり馴染み深いものだと思います。男性は火星、恋愛は金星、父親は土星などです。伝統的占星術でも使いますが、より総合的に判断することが多いです。

例えば恋愛の質問をもらったとしても、現代占星術のように一直線に金星を見ることはありません。恋愛についての質問をもらった場合、伝統的占星術の考えから行けば、恋愛対象の人とは何をおいても第七ハウスを見ます。そしてその人そのものを、第七ハウスのルーラー（Ruler、Lord や支配星とも）が示します。

例えば第七ハウスのカスプ[一]が牡羊のサインであれば、火星がルーラーですから、質問者の恋愛対象者そのものを火星が示すわけです。[二]その付加情報として、恋愛のナチュラル・ルーラーである金星も見ます。つまり恋愛の質問において、ナチュラル・ルーラーの金星よりも、圧倒的にハウス・ルーラーである火星が重要となります。しかし、実際に恋愛の質問でいつも金星を見るのかというと、その必要はありません。特にホラリー占星術では、第七ハウスのルーラーの次に注目すべ

一　ハウスの境界線のこと。
二　注意！　仮に男性からの恋愛の質問であったとして、第七ハウスのルーラーが火星であるからとしても、質問者が同性愛者であるというわけではない。恋愛対象が男性であっても女性であっても、第七ハウスのルーラーが火星であれば、そのまま火星を使用する。

きは後に説明しますが、ロッツ Lots と呼ばれるものであり、ナチュラル・ルーラーの優先順位はさらにその後となります。

私の印象ですが、ナチュラル・ルーラーが最も活躍するのは、探し物の質問の場合であることが多いです。探し物の質問では、その星が何ハウスのルーラーであるか、と同時にナチュラル・ルーラーも可能性に入れておかないと全く当たりません。

例えば、探し物が銀の指輪の場合は、持ち物を示す第二ハウスのルーラー、隠されたものを示す第四ハウスのルーラー、そして銀のナチュラル・ルーラーである月の三つは同等の可能性を持ちます。どの星を採用するかで、かなり悩むことが多いです。そして、これをどうやって絞り込んでいくのかが、占星術師の腕の見せ所となります。

惑星の区分はここまでです。ここからはそれぞれの惑星の説明を詳しくしていきましょう。

♄ 土星

29・5年でホロスコープを一周
イングレス[三]の期間約2・4年
逆行[四]140日間（一年に一回）

三　Ingress　次のサインに移動すること。

四　地球は太陽を中心にして左回転で公転しているため、全天の星は約一度／日ずつ西から東に向かって動いて見え、一年でちょうど360度移動するため、季節ごとに見える星座が決まっている。しかし、惑星は地球から見ると東から西へ移動する時期があり、これを逆行 Retrograde と呼ぶ。

オーブ　・ＣＯＬＤ＆ＤＲＹ
・昼
・男性天体
期間　9度
色　465、57、43・5、30
金属　暗い色、黒
鉛、亜鉛、アンチモン、リチウム、シリシウム、カルシウム、ベリリウム、ビスマス、ナトリウム、ストロンチウム
宝石　サファイア、ラピスラズリ、オニキス、ブラック・トルマリン
植物　ベラドンナ、ヒヨス、マンドレーク、土筆、ジャガイモ
身体　脾臓、右耳、骨、歯、膀胱、皮膚

古代において、土星は熱を放つ太陽から最も離れているように見えたのでＣＯＬＤ（冷たい）とされました。

また地球が最もＭＯＩＳＴ（みずみずしい）な星であり、そこからも一番離れているように見えたので、土星はＤＲＹも併せ持つことになりました。

乾燥により多くのものはバラバラとなります。

ＤＲＹは他との関わりを断ち切る作用であり、そのため土星は孤独、悲しみなどのどちらかと言うとネガティブな意味をもちます。

孤独は他人と関わらないというポジティブな意味もありますが、他人と喜びや心の痛みを共有できないことで起こるためネガティブな意味ももちます。

また、太陽から最も離れているため、七天体の中では最も暗くなります。それ故、黒い物や闇を表します。

そして七天体の中で最も動きが遅いため、土星は古いもの、重いもの、固いものを表します。逆に月は満ち欠けを激しく繰り返し、動きも早いため、新しいもの、柔らかいもの、変化の激しいものを表します。

土星が良い意味で働くならば、おばあさんの知恵袋のように古い叡智を持つ人、硬派な人、口数は少ないけど正しいことを言う人となります。

悪い状態の土星は、悩みを増やす考えを持つ人、邪悪な考えを持つ人、狭い視野しか持たない頑迷な人です。

また、土星には死という意味があります。

それは古代の人々が、受胎するときに神々の世界（恒星の天球）から土星の天球を通って魂を入れ込まれ、死ぬ時は土星を通じて抜けていくと考えたからです。そして死に伴う変化である腐食や腐敗も土星が表します。

また、入り口と出口という境界を支配しているのでドアの神と呼ばれます。

境界という意味では他と遮られた状態を作り出すので檻、コンテナ、囲い、荷物を閉じ込めるカバン、荷物を縛る紐、そして結界、国境も土星です。

体では皮膚は土星です。

皮膚とは、自己と非自己を分けるまさに〝境界線〟だからです。

収監されることも土星の属性ですが、これは娑婆の世界に出ないように塀の中という境界内に閉じ込めることと同じだからです。

現代占星術師の中には、「土星は主観的な意識の境界線を表す」という考え方がありますが、同じ境界でも、伝統的占星術では土星は物質と非物質の境界線です。

伝統的占星術において土星には、意識と無意識といった形而上の境界線という意味は、全くありません。

ここからも伝統的占星術で、天王星などの土星以遠の惑星を使わない理由がわかります。伝統的占星術では、土星以遠は恒星やサインとなり、土星は惑星とその他を分ける境界です。

もし、現代占星術のように天王星などを用いるならば、土星の表す〝境界〟の意味も無くなってしまうのではないでしょうか。

植物としては丈夫で、暗く、ゆっくり育つ特徴があります。ジャガイモやサツマイモといった根菜類や、土からそのまま生えている土筆、マンドレークのような毒性の強いものも含まれます。これらは、土星が土だけでなく、毒を示すものでもあるからです。また、麻薬やタバコはやめることの難しい習慣性（依存性）を持つため土星です。

土星の金属としては重く、放射線防護材にも使用される鉛があります。色が黒くて透けてない、もしくは黒いものは全て土星です。

そのため、黒っぽい磁鉄鉱（マグネタイト）や不純物を含んだすべての金属が含まれます。宝石にはサファイア、ラピスラズリ、オニキスがあります。サファイアは適度に鉄成分が入っているため青色となります。

ラピスラズリは木星の属性も持ちますが、特に色の濃いものでは土星の属性が強くなります。黒色から転じて黒い服を着る職業の人も土星です。炭焼き人、お坊さんなどがそうです。特に修行中のお坊さんは浮世と隔絶されているため、土星にふさわしいでしょう。

土星には時間という意味もありますし、大神ゼウスの父であるクロノスという神様は土星の神とされ、時間の神様でもあります。

クロノスは同時に農業の神様でもあり、土星は農業も表します。ひいてはモグラやヒミズ、ミミズのように土の中に住む生き物は土星の属性をもちます。

身体では皮膚の他に右耳（伝統的に聴力を土星が担っていたのと、重要なのは右であるため）、骨（骨格は構造と硬さをもたらすため）、歯、関節（境界も意味するため）、膀胱（水分を貯め込む）そして土星の最も重要な臓器として脾臓（黒胆汁を蓄えて処理する）が挙げられます。

リシア雲母は関節痛、神経痛の緩和に効果があるとされるため、土星の鉱物です。

イエロー・サファイアは脾臓の強化に効果があるとされ、やはり土星の宝石です。

土星の病気としては、便秘も表します。

これは、水分が少なく、おなかが冷えており、消化に時間がかかる状態だかからです。逆に水分が多く、時に発熱をする下痢は木星の病気です。

最後に惑星の持つ期間について説明しましょう。

これは時期を予測する時に用いられたりしますが、特に人の場合は寿命、国家の場合はその王朝の続く年数を見たり出来ます。

そのためには**ロード・オブ・ザ・ジェニチャー Load of the Geniture**（ジョン・フローリーによれば、寿命を決定する星は**ハイレグ Hyleg** と呼ばれ、必ずしも強い星である必要は無い）を導く必要があります。

残念ながらウィリアム・リリーははっきりとは書いていないですが、これはチャートにおける最も重要な星のことです。

重要な星というのはアングルにあったり、後に説明するエッセンシャル・ディグニティが高かったりする星のことです。

ロード・オブ・ザ・ジェニチャーが土星で山羊のサインや水瓶のサインにあるならばエッセンシャル・ディグニティではドミサイルであり、その人は長生きで五十七歳まで生きることになります。

もし天秤のサインならばエッセンシャル・ディグニティではイグザルテーションとなり、（57＋30）÷2＝43・5歳となります。

もちろん、このように単純には予想は出来ないのですが、おおよその目安で長寿かどうかの予想はできます。

　また、その人のセクトのトリプリシティに最小の惑星時間を足すことでそのトリプリシティが効果をもたらす時期の予測が出来たりします。

　これについてはエッセンシャル・ディグニティのトリプリシティの章でご説明します。

♃木星

11・9年でホロスコープを一周
イングレスの期間約1年
逆行120日間（1・1年に1回）
・HOT＆MOIST
・昼
・男性天体

オーブ　9度
期間　428、79、45、12
色　輝かしい色（黄色）、クリアな色、青色
金属　錫、ジルコニウム
宝石　ターコイズ、ブルー・トパーズ、ラリマー

植物　タンポポ、コケ類、オリーブ

身体　肝臓、肺、軟骨、血液、精子

木星は土星と対比されることが多いです。

土星は縮小を、木星は拡張を表します。

土星は廉価なものを、木星は高価なものを表します。

土星は暗くて不透明なものを、木星は輝かしくクリアなものを表します。

土星は制限を、木星は寛容さを表します。

土星はＣＯＬＤでＤＲＹなものを、木星はＨＯＴでＭＯＩＳＴなものを示すため、真逆の性質を持ちます。

土星の支配する水瓶サインと山羊サインは太陽の支配する獅子サインと月の支配する蟹サインと正反対の場所にあります。

一方で、木星の支配する射手サインと獅子サインは１２０度という調和の取れた場所に位置します。

木星の寛容さは自由を許容するため、自由という意味があります。また、人生をより豊かにするお金や所有物もまた木星です。

小麦など日々食べるもの（いわゆる主食）も木星の属性となります。

羊、馬、牛のような、おとなしく人の役に立つ家畜は財産でもあるため木星です。

現代占星術ではお金を金星の属性としますが、これはほとんどの人には当てはまらないでしょう。

日々の生活を営むために使うお金は木星であり、豪華さや贅沢もまた木星の働きだからです。もちろん伝統的占星術でも金星は美と結び付けられますが、お金と美、豪華さと美はイコールではないのです。

木星は拡大の星であり、それゆえ大きなものも表します。

しかし、大きいと言ってもランドマークのような〝誰でも知っている有名な〟建物などは太陽です。奈良や鎌倉の大仏も太陽の属性です。

なぜなら、空を見上げて木星がどれかわからない人がいたとしても、太陽がわからない人はいません。誰でも知っているものは太陽になります。

宗教や高度な学問は木星の属性です。

また、宗教には布教活動がつきものですが、これは自らの教えを広めるという拡大する活動ということもあるでしょう。その活動をする宣教師や導師、教える教師や先生も木星です。そして彼らの教える真理、誠実さなどもまた木星です。

最も典型的な木星の植物はタンポポです。

タンポポは木星の属性である黄色であり、沢山の種をつけますし、あちこちに飛んでいき広がっていきます。そしてタンポポは肝臓（木星の臓器）に良いです。コケ類は大きな塊となって一面に広がります。オリーブなど栄養となる果実もまた木星です。

木星はＨＯＴでＭＯＩＳＴなので雨を表します。天気の質問をして、木星が影響力を与えているならば、雨をもたらします。

普通に考えれば、お出かけの際に晴れている方が良いですし、晴れ男は喜ばれる傾向にありますから、雨よりも晴れの方が良いと感じるかもしれません。しかし、雨は恵みの雨とも言う通り、動植物の成長には欠かせません。成長することや人生の成長期も木星の属性です。木星はそういった成長するものの味方なのです。

逆にＣＯＬＤでＤＲＹな土星は成長を妨げるため、制限を表します。

体の中では血液は栄養分を運び、身体を維持するという意味で木星です。しかし、火星も血液です。傷ついて出血する場合は火星ですが、そうでない時は木星です。成長期は鼻をぶつけていなくても、鼻血を出す子供が多いです。それは成長期がＨＯＴでＭＯＩＳＴな時期であり、木星とよく似た状態だからです。

ＨＯＴでＭＯＩＳＴは風のエレメントであるため、それが行き来する肺は木星です。軟骨は少し硬いですが、水を含んで柔軟性があるため木星です。精子は子孫を増やす行動に繋がりますから、木星です。

そして、最も重要な木星の臓器が肝臓です。暖かく湿潤で体内で最も大きな内臓であり、解毒器官です。

医療占星術において、リチャード・サウンダース Richard Saunders はその強弱が命を左右するほど重要な臓器であると考えました。

♂ 火星

６８７日でホロスコープを一周

イングレスの期間約43日
逆行80日間（2・1年に1回）
・HOT & DRY
・夜
・男性天体

オーブ　8度
期間　264、66、40、15
色　赤、鉄の色
金属　鉄、コバルト
宝石　ヘマタイト、カーネリアン、ガーネット、ロードナイト、ブラッドストーン
植物　ヒイラギ、メギ、マリアアザミ、にんにく、マスタード
身体　左耳、胆嚢、男性器、流血

火星は土星と並ぶ凶星です。凶星は我々に苦痛を味合わせるため良くないとされています。しかし、その作用自体に良い悪いはありません。

刃物は火星ですが、その作用の切ることも火星です。手術、断捨離といった物質的な切断だけでなく、我々の心の粗雑不要なものを取り除くことも火星です。火星は切ることや、やめることの働きをします。土星は制限することや控える作用をします。

せっかく楽しんでいるのに「やめなさい」とか「控えなさい」と言うわけですから、嫌な気持ちになります。しかし、そういった作用が悪いことではありません。

痛いことが嫌だからと言って、手術を避けて死んでしまっては元も子もないでしょう。危険な遊びを子供がしているのに、制限しない親は問題でしょう。

このように、我々の気持ちとして心地よい、良くないという違いはありますが、善悪というカテゴリとはちょっと違うものとなります。

火星も太陽もＨＯＴでＤＲＹな星です。太陽がじんわり遠赤外線のような恒常的なエネルギーを表すため、発芽、孵卵のための熱のような熱です。成長のために殻を破るときのエネルギーのようなイメージです。

一方の火星はレーザービームのような一点集中の激しいエネルギーで、切る働きをもちます。間違えがちですが、火星は男性天体ですが夜の天体でもあります。

火星は凶星ですから、昼の天体であればそのＨＯＴでＤＲＹな作用が行き過ぎるため、夜の方がその激しさが緩和されて丁度よいからです。また、男性天体ですが、しばしば女性を示します。

ホラリーにおいて不倫を示すチャートにしばしば火星は登場しますが、そこで示される人物は男性の場合も女性の場合もあります。

火星は赤い色をした星なので、赤いものや火を表します。短時間でエネルギーに変わるもの、急進的なもの、集中力のあるもの、瞬発力のあるものを表します。

人間であれば積極性、興奮、情欲も火星です。つまり火星の特徴は、持続的なものではなくその瞬間のもの、ということになります。

鉄は火星ですし、刀、ナイフ、ハサミ、といった切るための道具や武器一般は火星です。しかし、伝統的占星術では針は水星が担当し、それに伴う刺青も水星です。これらは傷つけることはあっても、切って分離することはないからでしょう。火星の道具を使う兵士、肉屋、外科医、美容師、理容師は火星の職業です。

火星は当然、火に関連しますから、料理人や消防士も火星の職業です。悪い意味では、強盗、略奪者、放火魔も火星で表されます。

もしもこれらの職業の人で火星が良い状態であれば、良い腕をもった職人となるでしょう。

このように火星の職業には色々ありますが、全ての人がこれらと関わった仕事をするとは限りません。そういった特性をもつというだけです。

ですから、ホロスコープを見てその人の職業を当てることは不可能ですし、当てようとも思わないことです。

そうではなく、クライアントの話をよく聞いて、その人にとっての火星がどのような意味を持つのかを考えるのが、良い占星術師になる近道でしょう。

火星を示す宝石は赤いものや鉄が含まれるものとなります。ヘマタイトは勝利を導く石として兵士が身につけたとされます。同様に、血の色のガーネットは怪我を防ぐお守りとして兵士が身に着けたとされます。

火星の植物には見た目にトゲトゲしたものだけでなく、辛さや刺激的な匂いといった作用も含みます。栗の木やタラの木や薔薇はトゲが多いので火星です。もちろん、美しさに注目するならば薔薇は金星です。

とうがらし、わさび、たまねぎ、マスタード、大根おろし、胡椒、生姜などの刺激的な調味料は火星です。

また、このような食品は身体をＨＯＴでＤＲＹにし、発汗作用をもたらす点でも火星の作用を示します。

身体では、土星に並ぶものとして左耳を表します。

重要な火星の臓器は胆嚢です。

胆嚢は脂肪を分解、吸収しやすくするための胆汁を蓄え、分泌時は膵液と混じり、食べ物を分解します。これはまさにＨＯＴでＤＲＹな行為と言えるでしょう。

また、大腸で胆汁酸が増加すると、そのＨＯＴでＤＲＹな性質を中和するようにＣＯＬＤでＭＯＩＳＴな水分が分泌され、また消化管運動及び排便が促進され、腸を綺麗にする作用を持ちます。この作用を利用した下剤もあります。

☉太陽

365日でホロスコープを一周
イングレスの期間約30日
逆行なし

・HOT & DRY
・昼
・男性天体

オーブ	15度
期間	1460、120、69、19
色	黄色、金色、オレンジ色
金属	金、チタン
宝石	琥珀、シトリン、クリソベリル、ルビー、インペリアル・トパーズ、ダイヤモンド
植物	アンジェリカ、カモミール、アイブライト、エキナセア
身体	眼（特に男性の右眼、女性の左眼）、頭、脳、中枢神経、心臓

太陽は他の天体とは格が全く異なり、洋の東西を問わず王様に例えられます。地球上から見た七天体の動きを遅いものから順に並べると、土星、木星、火星、〝太陽〟、金星、水星、月となります。

それ故、最も早い近い月が最も地球に近く、最も遅い土星が地球から最も遠いと考えられていました。

これは**カルディアン・オーダー**と呼ばれる非常に重要な並び方で、私の前著にも説明があるように、曜日の順番の由来もここから来ています。このカルディアン・オーダーにおいて、真ん中に太陽があります。そして、左右に三つの惑星を従えているように見えます。

曜日の並びに関連しますが、カレンダーでは日曜始まりのものと、月曜始まりのものがあります。どちらが正しいのかを疑問に思ったことがあるかもしれません。

日曜始まりであれば太陽が曜日の中心であると考えられますし、月曜始まりであれば月が中心であると考えられます。この答えは旧約聖書のなかにあります。旧約聖書では休息日は土曜日です。日曜日に一週間が始まり、土曜日に終わることが元々の一週間の流れでした。このことからも、太陽がスタートであることがわかります。

太陽はほとんどスピードを変えずに十二のサインを毎日約一度ずつ進んでいきます。そしてほぼ毎年同じ日に同じような場所に存在します。そのため、太陽星座占いは生まれた年を見ないでも、月日だけである程度は可能です。この一貫性からも、太陽は変わらぬ意志を持つ神に相応しいとされました。

また、太陽と月以外の惑星は逆行する点が、神に相応しくありません。そして、月は逆行しませんが満ち欠けをします。そのため、太陽が最も神の概念に相応しいとされました。

太陽は王であるが故に他の星では行わない事をします。太陽は自分の側に近づく星たちに対して、王権を奪いに来る敵と見なして焼き殺そうとします。これを**コンバスト combust**と言い、古来、コンバストになっている惑星は死にかけの人にたとえられてきました。Combustとは燃え尽きることを意味します。

余りなじみのない単語かもしれませんが、そこから派生してゴミの分別で、combustibleとは可燃性のゴミ、incombustibleは不燃ゴミのことです。占星術上で最も悪い状態で、その星は本来の力を発揮することが出来ません。そのため、質問においてその表示星がコンバストであれば、多くの場合はうまくいかない、もしくは困難を伴う表示となります。

現代占星術では逆に、太陽という多少の吉意をもつ惑星からのコンジャンクションということで、

カルディアン・オーダー

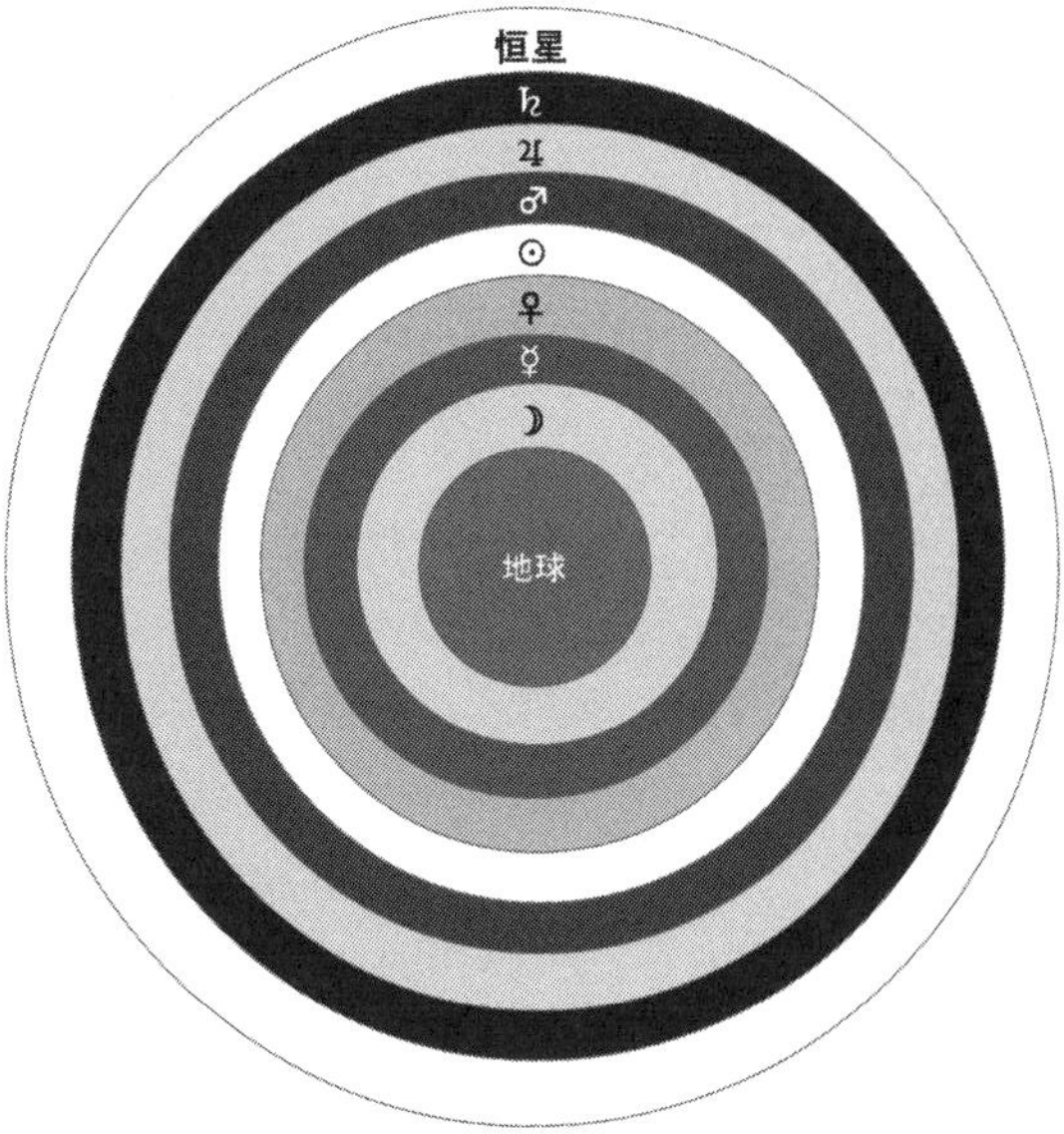

良い意味に捉えられる傾向にあります。

伝統的占星術師により異なりますが、惑星が太陽とコンジャンクションで8・5度以内に在るときに**コンバスト**にあると言われます。つまり、アンダー・ザ・レイのちょうど半分です。

太陽に対して近づいていっても離れていってもコンバストと呼ばれますが、その効果は近づいている方が強くなります。

ただし太陽とのコンジャンクションは、常にコンバストとは限りません。太陽の17分[五]以内にある惑星が、王と一緒の椅子に座っている状態（**カジミ**）だとして強くなれる位置です。この大きさは肉眼で見て、ちょうど太陽の大きさと同じで、その惑星が太陽の中に包まれているような状態です。この時の惑星は、虎の威を借る狐もしくは、台風の目（台風の中心地なのに穏やかな）の状態です。これはコンバストとは逆に、通常以上に力を発揮することができます。

また、太陽のサインである獅子サインや太陽がイグザルテーションとなる牡羊のサインなどではコンバストにはなりません。そこは太陽の支配する土地であり、何人も彼の権力を脅かすことはないからです。このようなコンバストの考え方一つとっても、私には伝統的占星術は星が生き生きとしたものに思えます。

どのサインにどんな星があるからどんな性格といった占いは、その背景には理屈とか考え方はあまりないように思います。

五　分数とは度数よりも一つ小さい単位のこと。1度は60分にあたる。時間の単位でないことに注意。

その星をまるで人間のように捉え、どんな状態でどのようなことをしているのかを考える伝統的占星術の方が、もっと楽しいと私は思いますし、もっとその魅力を伝えたいです。

さて、太陽にふさわしい職業としては、王様のような地位にある人、つまり会社の社長や教授や所長、その道の巨匠といった名誉ある地位にある人が挙げられます。

また、太陽は地球上の生命にエネルギーを与えるものですから、多くの人を養うような立場の人もふさわしいでしょう。

太陽の植物は木星と同じく黄色のものや、オレンジ色のもので、幹がまっすぐしており、花は丸く、日当たりの良いところを好む特徴があります。

太陽の植物にはアイブライトのように眼病に効果のあるものや、エキナセアのように免疫力を高めるものなどがあります。

セイヨウオトギリソウは抗うつ薬としても使用されることから月桂樹は編んで王冠の代わりに使用されることもありますから、太陽にふさわしい植物です。

ヒノキは日の木とも呼ばれ神聖視されており、神社を建てるときに使用され、良い香りがし、明らかに太陽の植物です。

鳥の王様は鷹や鷲であり、百獣の王はライオンであり、金属の王はゴールドでこれらもまた太陽の属性です。

銀色の金属は多いですが、合金を除いて金色に輝く金属は金以外に思いつきません。そして腐食を許さない永遠性は太陽そのものと言えます。

また、最も硬いダイヤモンド、コランダムの王様であるルビー、トパーズの王様であるインペリアル・トパーズ、太陽のように黄色い琥珀やシトリンは太陽の宝石です。

我々は光がなければ何も見ることは出来ません。暗黒の中にあって、誰もが渇望するものは光明でしょう。

太陽は光に通じますから、見るという行為や眼そのものを示します。特に男性の右眼、女性の左眼を表し、その逆は月が表します。また、身体の動きを支配する脳や中枢神経は太陽の属性となります。命を支える心臓もまた太陽の臓器です。

♀ 金 星

224・5日でホロスコープを一周
イングレスの期間約25日
逆行43日間（1・6年に1回）

・COLD & MOIST
・夜
・女性天体

オーブ　7度

六　酸化アルミニウムの結晶からなる鉱物。赤いものはルビーと呼ばれるが、それ以外はピンクを含めて全てサファイアと呼ばれる。

期間	151、82、45、8
色	緑
金属	銅、マンガン、クロム、ニッケル
宝石	孔雀石、ヒスイ、エメラルド、ローズクオーツ、珊瑚、アレキサンドライト
植物	バーチ、ゴボウ、薔薇、クローバー
身体	泌尿器、喉、女性器

金星は美と共に楽しみの星でもあります。しかし、楽しいことばかりではありません。楽しみが行き過ぎると自己堕落になります。

ですから、人生を楽しむことは金星の働きですが、暴飲暴食による糖尿病もまた金星の働きです。

金星は喜びや安らぎを与えるものですから、綺麗なものや、良い香りのするもの、魅力的なもの、楽しいものなどが含まれます。木星が大吉星とするならば、金星は小吉星です。

その一つの理由は、太陽や月が支配する獅子サインや蟹サインから60度（セキスタイルと呼ばれる）離れた天秤サインや牡牛サインを支配するのが金星だからです。

しかし、金星は完全に良い星かというとそうではありません。

明けの明星、宵の明星と呼ばれますが、これらは金星が夜明け前と日没後に最も煌く星であることを表しています。明けの明星のことをラテン語でルキフェルと呼ばれ「光を帯びるもの」が由来です。これは英語ではルシファーLuciferですから、悪魔サタンのこととなります。

どうして金星がサタンなのかという疑問が残るかと思います。新月の夜の金星は、日が昇るまで、もしくは日が沈んでから最も輝く星です。つまり、太陽に取って代わろうとする存在として悪魔に結び付けられたようです。確かに、金星と悪魔の共通点として〝誘惑〟が挙げられます。

もう一つ面白いのが、ルシファーが天使から悪魔になる時に、神様から授けられた王冠を取り上げられるのですが、そこにはエメラルドがはめ込まれていたとされます。しかし、取り上げられる際に、そのエメラルドが大地に落ちたために傷が付きます。

実はエメラルドには傷がつきもので、古代からオイリングと言って、油に漬けてその傷を隠すことがごく普通に行われていましたし、現在でもエメラルドは宝石の中でも例外的に傷を隠す処理をしてもあまり価値が下がりません。もしルビーなどでこのような処理をされた場合、ほとんど無価値となります。

エメラルドの効能としては、口にくわえると空を飛べるとか、エメラルドを通して空を見れば天国が見えるなどと言われます。

金星の植物は百合のようなエレガントで心地よいものです。

利尿を促し尿道炎を改善するとされるバーチや、硬い便に水分を与えることで便秘を改善したり血糖を抑制したりするとされるゴボウなどが挙げられます。

また、多くの果物は金星の属性です。

金星はCOLDでMOISTなので水の属性ですから、水っぽい植物も表します。同じ水のエレメントでも、月は金星よりももっと水っぽいものが表されます。そのため、月の植物は池や水中で育つようなものや、形が一定しないようなものとなります。

金星は楽しみを示しますが、洋服もそれに挙げられます。

しかし、いわゆる既成品はどちらかと言うと量産品ということで水星の属性が強く、オーダーメイドのものは金星に近いでしょう。

動物では猫や犬といった愛玩動物が挙げられます。

職業としては楽しみや美に関することで、芸術家や音楽家、宝石商などがふさわしいです。

身体では腎臓を含めた泌尿器があり、これらは水分を調節することにより、我々の身体に潤いを保つ働きがあります。女性生殖器も、もちろん金星の属性です。

妊婦さんの体は、出血を伴うお産に備えて血液量が増すと同時に成分は薄くなり、体も幾分水っぽくなります。これはＣＯＬＤでＭＯＩＳＴな金星の働きゆえと言えるでしょう。

☿ 水　星

88日でホロスコープを一周
イングレスの期間約19日
逆行19～24日間（一年に三回）

・ＣＯＬＤ ＆ ＤＲＹ
・昼夜なし

・基本は男性天体

オーブ　7度
期間　450、76、48、20
色　変色、多色
金属　水銀
宝石　エメラルド（金星の性質も持つ）、アクアマリン（月の性質も持つ）、ベリル宝石、オパール、瑪瑙、トルマリン
植物　甘草、センナ、ニガハッカ、ハシバミ
身体　末梢神経系、頭、肺

水星はどっちつかずの惑星なので、昼の惑星になったり夜の惑星になったり、男性格になったり女性格になったりします（基本は男性格）。

男性天体とアスペクトしている時、水星が男性サインにいる時などは男性格となり、女性天体とアスペクトしている時、水星が女性サインにいる時などは女性格となります。

たとえば女性格である月がアスペクトしたりコンジャンクションしたりすれば水星も女性格に傾きます。

また前述の通り、太陽との位置関係によって昼夜が異なります。七
なぜこのような「どっちつかず」という特徴を与えられたのでしょうか？
それは水星の動きに理由があります。月と太陽以外の惑星は逆行します。普通の惑星は多くても年に一回程度ですが、水星は年に三回順行と逆行を繰り返します。

太陽の周りをあっちへウロウロ、こっちへウロウロ。太陽の足元にまとわりつく子犬のような存在です。そのため水星は、ころころ変化するものを表します。

月も形を変えるので変化するものを表しますが、月の変化は水や粘土のように〝形を変える〟という単純な変化です。

水星の表す変化は牛乳からチーズやヨーグルトに変わるといった〝性質の変化〟です。

そのため、水星は曖昧、器用、嘘つきといった意味や、真似をする、コピーするということで、複製を表します。

複製という意味では小さく同じような実が多く実る麦の穂、稲穂も水星です。これら穀物の特徴は、小さくたくさんとれることです。また、種子だけではなく、イノンド（ディルとも）のような葉っぱが小さくいっぱいあるものも含まれます。さまざまな色を持つもの、多くのバリエーションがあるものも水星の属性です。

不毛の大地に始めに生え始める草（先駆植物）も水星です。それにはカバノキ科の植物が多いの

七　オリエンタルの時に昼の惑星となり、オキシデンタルの時に夜の惑星となる。オリエンタル、オキシデンタルについてはアクシデンタル・ディグニティの章を参照。

ですが、その中にハシバミがあります。日本橋三越にはマーキュリー像（水星の神）がありますが、その手には杖があります。

この杖は、異母兄弟のアポロンとの仲直りの印に交換したものなのですが、カデュケウスcaduceusとよばれ、ハシバミの枝で出来ています。

そのため、ハシバミは水星の植物であり、花言葉は〝仲直り〟です。古代ローマでは平和と幸福をもたらす木として結婚式の夜に焚く松明として使われました。

また、ヘーゼルナッツと呼ばれるものは、セイヨウハシバミの実の仁であり、ナッツは水星の食べ物です。

これらは小さく同じような形のものがたくさんありますので、そういった観点からもやはり水星にふさわしいです。

デラウェアなどは複製したような同じ形の粒がたくさん集まっているため水星でしょう。しかし、色が黒っぽい点でいえば土星、食べると美味しい点で言えば金星、干しブドウにすることも多いので太陽で表すこともあります。また、効能の点ではワインは木星の属性を持ちます。

水星の属性の色は多色性もしくは変色性を持ちますが、しばしば青や紫色を伴います。ですから、色々な飲料を混ぜ合わせたカクテルや、色々な食材が載っているピザなどは水星です。人真似をする猿やオウムも水星です。面白いものではハイエナも水星です。

これは人のように笑った表情をしたり、人のように鳴いたりするからです（どちらかと言うと猿の鳴き声に似ています）。

水星の職業としては詐欺師のように口達者な人、鍵を表すため泥棒（土星の錠前を開ける）、コンピューターを使った仕事、会計士を表します。

ギリシャ神話のヘルメスは神々の代理人でしたが、同様に水星はメッセンジャー、交渉人、弁護士も担当します。

メディアの人、出版業者なども情報の複製という点で水星です。

金属では液体や固体に簡単に変化する水銀です。

宝石では遊色効果をもつオパールが特徴的です。複数の色に分かれた、パーティー・カラー・トルマリンも水星の宝石です。

宝石業者でもしばしば誤解していますが、パーティー・カラーとはparty（パーティ）で映えるような楽しい色という意味ではなく、partly（部分的）という意味ですから、複数の色が組み合わさっているという意味です。

水星の表す身体は末梢神経系、頭、肺などです。

頭と言っても、深い思考をするものではなく、感情を伴わない理知的な脳や話し言葉と書き言葉を支配します（いわゆる左脳的）。

木星同様、水星が肺を担当するのは、排泄物と清浄な空気との〝交換〟をし、空気が行き来するためです。しかし、木星のほうがより大きな役割を果たします。

☽ 月

27・3日でホロスコープを一周
イングレスの期間約2・5日
逆行なし

・COLD & MOIST
・夜
・女性天体

オーブ 12度
期間 320、108、66、25
色 銀色、白色、ライトブルー、ピンク
金属 銀、アルミニウム、マグネシウム、カリウム
宝石 クンツァイト、真珠、ムーンストーン
植物 セリ、ポピー、かぼちゃの種、ホップ
身体 子宮、膀胱

月はCOLDでMOISTな水が豊富な星ですから、柔らかく水っぽいものを表します。

月の植物はメロンのように水分を豊富に含むもの、浮き草のように水中で育つもの、睡眠や夢に関連するものも含まれます。また、白いものや丸いものも表しますから、ウリ科の植物は月です。キャベツのジュースなどは月の飲み物です。

月は急速に形を変える、溶ける作用をもつことから、キノコといった成長の早いものも表します。特に白っぽいマッシュルームは、月の属性が強いです。

また、月は満ちるだけでなく欠けていきますから、急速にしぼむものとして、ポピー（一日でしぼむ）も月の属性となります。

ホラリー占星術では月は多くのものを表します。子供だけでなく、心の移り変わりが早いという意味で大衆（選挙の質問）、足が速いので居なくなったものや失くし物でもナチュラル・ルーラーとなります。

また、ほとんどの質問において月はアセンダントのロードと共に、質問者を表す共同表示星とされます。

国民は国王の子供ですから月ですし、王様に対して女王も月です。

水の仕事である船乗りやバーテンダーも月です。

同じ水の惑星である金星よりもより水っぽいのが月です。

金属では金と並ぶ銀であり、宝石ではピンク色が可愛らしいクンツァイトや月にそっくりなムーンストーンが月です。真珠は海の貝から取り出されるので月の属性です。

同じ真珠に見えても中国などで量産されている湖水真珠は、海で育てられたアコヤ真珠とは価値はもちろん、占星術的な効果も低いと考えられます。

身体では子宮、膀胱、胸、腹部、腸ですが、これらは洗い流すもしくは分泌機能として月とされます。

女性の月経も月のものと言いますが、毎月古いものを洗い流して新しいものを作る準備をする作用とも言えるでしょう。

月は太陽と対で眼を表し、男性の左目と女性の右目を表します。また、水星との対で頭を表し、右脳的、感情的、直感的な作用をします。

月は他の星と異なり見た目でもわかる満ち欠けをするため、太陽との角度によって力が強弱します。月が太陽によって力を得るのは、120度（トライン）のときです。

また、月は光を増していくほうが強いとされるため、新月を過ぎて太陽と120度になり徐々に満月に向けて光を増していく月が良い月です。

バイアコンバスタ Via Combusta と呼ばれる天秤サインの15度から蠍サインの15度の場所は月には危険な場所です。

ここは人の体で言えば性器にあたり、月経と関連する月にとっては血を流すことと関連するため、傷つく思いをすることがあります。

また、現代占星術でもおなじみの月のボイドは重要です。**ボイド**とは、他の惑星と関係性（アスペクト）がない状態のことです。ちょうど、他の惑星と連絡する手段がないもしくは見えない状態と思ってください。そのため、一般的にボイドタイム中に始めたことは、うまく進まない（現状が変わらない）ことが多いとされています。

要するに、ボイドタイムに何かを〝始めよう〟とするのは良くないとされています。また、ボイドタイムには〝占いを受け付けない〟という人もいます。

しかし、これは大きな誤解です。質問には、ボイドが効く質問とボイドが効かない質問があるのです。ボイドのたびに失敗していたら、世の中は回りません。

ボイドの効く物事というのは〝期限の決まっている物事〟です。

〝何月何日までに〟という計画は、月のボイドの時にはなかなか完成しません。

しかし期限が決まっているものといっても、「来年までに結婚できますか？」という質問にボイドは効きません。なぜなら、本人が勝手に決めている期限だからです。

「私は来年までに結婚できますか？」という質問をされたとしても、その真意では時期ではなく「私は結婚できますか？」ということを聞いています。

そして結婚というのは、その一年間を逃せば一生できないというものではありません。

来年、というのは〝希望〟であって〝絶対ではない〟のです。ですから、そういった質問が来た時にボイドであっても、もし表示があれば結婚できます。

逆にボイドタイムに行動を開始した方がいいものもあります。それは、期限があって〝現状維持が望ましいこと〟です。

ボイドタイムには、今のまま変わらないことが望ましいことをするのがよいのです。

一番わかり易いのが、ボクシングのチャンピオン戦です。チャンピオン戦では、チャンピオンと挑戦者が戦います。ボイドタイムに開始された試合は、チャンピオンが勝つ強い表示です。

なぜなら、現状維持だからです。

このことから、ボイドタイムは単純に良い悪いではないこともわかります。質問によっては良い場合もありますし、悪い場合もあります。また、質問者によっても良い悪いが変わるのです。

ここまで、それぞれの惑星の特徴から説明してきましたが、ひとつだけ注意点があります。

それは、ナチュラル・ルーラーの考え方は一つではないということです。

薔薇でもそうですが、棘に注目すれば火星でしょうし、美しさに注目すれば金星です。また、薔薇の種類によって赤い薔薇は木星、白い薔薇は月、ダマスカスローズは金星となったりします。ですから、占星術師によって、主張するナチュラル・ルーラーが異なります。

しかし、それらに何らかの根拠があるならば、全て正しいということになります。

つまり、ナチュラル・ルーラーを覚えるということにはあまり意味がなく、それぞれの惑星の理解をする方が重要なのです。

コラム　「五臓六腑」の五臓ってなんだ？

「五臓六腑」という言葉を聞いたことがある方は多いでしょう。

その中の〝臓〟とは現代で言えば実質臓器[一]のことで、肝臓、心臓、脾臓、肺臓、腎臓が五臓となります。

その中に入っていないけれども、みんな知っている臓器は何でしょう？

答えはそう、膵臓です。

しかし、なぜ膵臓は五臓に含まれないのでしょうか。

膵臓の重要な働きを考えた場合、それは消化活動があります。

アミラーゼ、トリプシン、リパーゼなどの消化酵素を産生し、三大栄養素の全ての吸収に関わる

一　中身の詰まっている臓器のこと。反対に腑とは管腔臓器と呼ばれる中身に空間がある管状、袋状の臓器のこと。

からです。

翻って漢方における五臓の主な働きを見ると、以下のようである[二]ことが分かります。

心臓：精神活動を支配する、血液を全身に送る

肝臓：全身の臓腑の働きを円滑にする、感情をコントロールして謀慮を生む、胆汁を排泄し解毒を行う、血液を貯蔵し供給を調節する、筋肉及び腱を栄養して運動を支配する

脾臓：飲食物の消化を行う、水分の吸収を行う、血液を統御する

肺臓：呼吸作用を行う、気血生成の場である、水分を全身に配布する

腎臓：生殖・成長・発育など人の一生の過程を支配する、人の陰陽の基本・生命力の根本である、水分代謝を支配する中枢である

この中で違和感があるのは何でしょう？

そうです、脾臓です。

脾臓は古くなった血球成分の処理を行いますが、消化には関係がありません。

むしろ膵臓こそが消化にふさわしい臓器です。

では、なぜ脾臓に膵臓の意味が含まれてしまったのでしょうか。

二 『漢方の基礎と臨床』高山宏世　参照。

膵臓の〝膵〟という言葉は慣れ親しんでいるため、全く違和感を覚えませんが、実は国字[三]です。

膵という言葉は一八〇五年（江戸時代）に発刊の宇田川玄真の『医模堤綱』に初めて出てきます。

あの有名な『解体新書』が発刊されたのが一七七四年ですから、それよりも新しい本です。


では解体新書では膵臓はどのように書かれていたのでしょうか？

実は「大機里爾」と表現されています。[四]

膵臓を表わすpancreasはオランダ語では“Groot Klier”となり、Grootとは英語のGreatと同じ〝大きい〟という意味です。

しかし、残念ながらKlierは訳せる日本語がなく、泣く泣く音読みで〝キリニ〟と表わしました。

更に面白いのが、日本における〝現代医学〟の始まりとされる解体新書の中では、医学の徒が学ぶべき古典医学は、（伝統的西洋医学の父ともいえる）ガレノスGalenであると紹介しています。

つまりガレノス医学は、解剖が明らかになってきた時点でも、その有効性が認められていたことになります。


ではどうして東洋医学では膵臓の存在にそれまで気づかなかったのでしょうか？

三　日本で作られた漢字。
四　京都大学貴重資料デジタルアーカイブ https://rmda.kulib.kyoto-u.ac.jp/ 『解体新書』四巻附序図一巻参照。

それは、解剖するタイミングにあります。

死後、お通夜、お葬式を経て焼き場に向かいます。

元はといえばお線香は、その間に腐敗が進み悪臭が漂うため、匂い消しとして使用されていました。

腐敗が進む間に膵臓は自己融解と言って、自分自身の消化酵素で元の形から崩れていきます。

解剖をしていたタイミングは、ちょうどお葬式から焼き場に向かうまでの間でしたから、その間に自己融解によって膵臓が無くなっていたわけです。

その時に解剖した人の目には膵臓ではなく脾臓が目に留まっていた、そして脾臓にはとても重要な働きを持つのだろうと考えたことは想像に難くありません。

その為、膵臓の本来の働きである消化は脾臓に属する事になったのではないかと、漢方勉強会である先生がご講演されていたのを伺い、納得しましたのを覚えています。

このように膵臓の発見はその他の臓器に比べて遅れていたわけですが、これは東洋だけで無く西洋でも似たり寄ったりの状況でした。
西洋において膵臓 Pancreas[五] という単語が初めて登場したのはアリストテレスの『動物誌』の中ですが、残念ながら場所についての説明はあっても、その働きについては書かれていません。[六]

五　ギリシャ語で全ての pan 肉 kreas という意味。
六　『胆と膵』第33巻第6号参照。

そして、伝統的西洋医学を確立したガレノスは膵臓をカリクレアス Kalikreas 七 と呼びました。その働きとしては後ろに大動脈が走っているため、その分岐部を保護する役割を持つと考えました。この誤った考えはヴェサリウス Andreas Vesalius などが登場する十六世紀まで受け継がれます。

では、伝統的占星術で膵臓疾患はどのように考えればよいでしょうか。

漢方医学と同様に考えるならば、脾臓ということになります。すると、土星の働きということになります。でも、あまりこれはふさわしいとは思えません。

膵臓の作用と土星の作用は共通点が見い出せないからです。

ですから、私が提案するのは、膵臓の働きに注目して考えるということです。膵臓には消化作用ともう一つ重要な作用に、血糖を細胞の中へ取り込むインスリンを分泌する作用があります。

伝統的西洋医学において消化は胆汁すなわち火星の働きとされます。それは、ものを切り刻む分解作用はＨＯＴ＆ＤＲＹな作用だからです。ですから、消化に関する作用は火星と考えてよいでしょう。

七　ギリシャ語で良い kali 肉 kreas という意味。

ではインスリン分泌作用はどうでしょうか。

これはインスリンがどのようなときに分泌されるかで考えてみましょう。

インスリンが上昇するのは、食事などで血糖が上昇するときです。

すると、体を形作る栄養という点で木星の働きのようですが、もう少し極端に考えてみましょう。

食事を食べ過ぎるとどうなるか。これは高脂血症や糖尿病になりますね。糖尿病とはインスリンは密接に関連しています。

そして病気という概念で考えた場合、それは行き過ぎを想定すべきですし、その場合は贅沢や楽しみを示す金星がふさわしい惑星と考えられます。

つまり、膵臓の病気とひとことで言っても、消化の病気に関しては火星を、糖尿病などであれば金星を頭に入れておくべきでしょう。

もちろん、伝統的西洋医学では、膵臓がどの星の属性かとは考えていなかったでしょう。

ただ、現代人にわかりやすく考えるとこのように説明できるのではないでしょうか。

第八章　アスペクト Aspect

この章ではアスペクトについて説明しましょう。占星術におけるアスペクトの概念は、ヘレニズム期に生まれました。それ以前は惑星とか、サインとかハウスというのがバラバラの概念としてあったわけですが、これをうまい具合に統合することができたのが、アスペクトという概念ができてからなのです。

伝統的占星術で用いるアスペクト Ptolemaic aspects

☌コンジャンクション Conjunction	0度	同じサイン	
⚹セクスタイル Sextile	60度	二つ隣のサイン	同じ性別
□スクエア Square	90度	三つ隣のサイン	同じ三区分
△トライン Trine	120度	四つ隣のサイン	同じ性別・エレメント
☍オポジション Opposition	180度	六つ隣のサイン（正反対）	同じ性別・三区分

アスペクトというと、恐らくメジャー・アスペクトとか、マイナー・アスペクトという言葉をすでに現代占星術を勉強された方だとご存知かもしれません。

しかし伝統的占星術では、まずそもそもアスペクトというものの考え方が少し違います。現代占星術で、メジャー・アスペクトというものの中には、セクスタイル、スクエア、トライン、オポジション、コンジャンクションというものが含まれます。

ところが伝統的占星術では、アスペクトにはコンジャンクションを含みません。

つまり、コンジャンクションだけは、ちょっと特別な関係を表していることになります。

具体的にこれらがどういった関係なのかというのを、ここから説明していきますが、一番わかりやすいのが**コンジャンクション**でしょう。コンジャンクションは同じサインにいるということです。

例えば牡羊サインであれば、牡羊サインにある星は全てコンジャンクションしています。例えば牡羊サインに木星と土星があれば、〝角度がどれだけ離れていようとも〟コンジャ

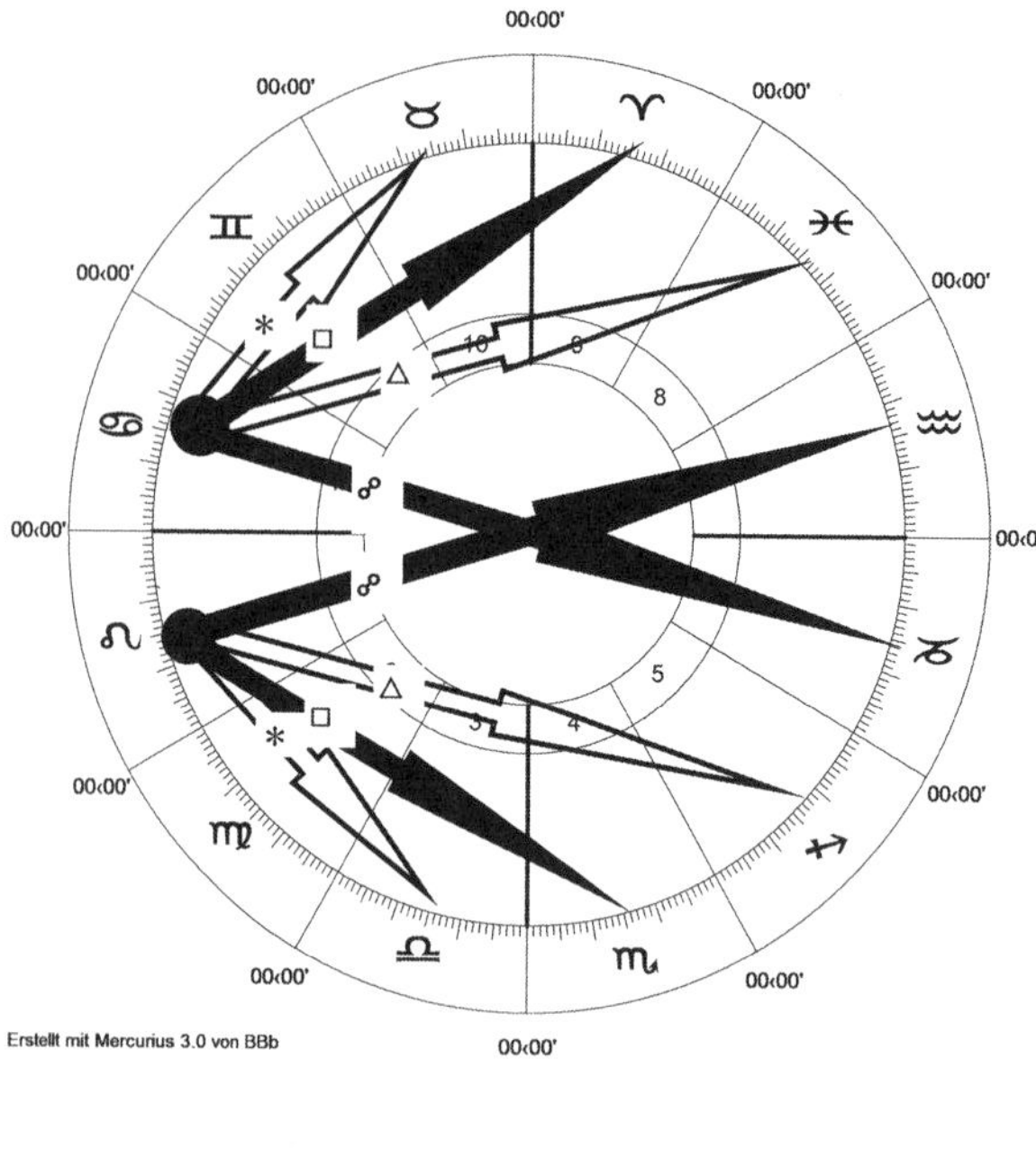

ンクションということになります。

度数がどれだけ離れていたかということは重要ですが、その大前提として、同じサインに入っているかどうかが非常に大事になるわけです。

コンジャンクションでもアスペクトでも共通していますが、これらの関係性は全てサイン同士の位置関係性がベースになります。

一方の現代占星術は、角度が近ければサインを超えていてもコンジャンクションやアスペクトが出来ると考えます。しかし、伝統的占星術からするとおかしな考えです。

サイン同士の区切りというのは、まるで巨大な壁のようであり、気軽に連絡手段をとったり行き来したりが出来ないからです。隣同士であっても別の国といったイメージです。

ですから、コンジャンクションやアスペクトでは天体同士の角度差ではなく、あくまでもサイン同士の位置関係が重要ということになります。

アスペクトに話を移しますが、伝統的占星術で用いるアスペクトを**トレミック・アスペクト**と呼んだりします。これらにはセクスタイル、スクエア、トライン、オポジションの四つが含まれます。

そしてこれらの中でオポジション、スクエアのことを**ハード・アスペクト** Hard aspect と、セクスタイル、トラインのことを**ソフト・アスペクト** Soft aspect と呼びます。

ソフト・アスペクトは親和性が高く、ハード・アスペクトは親和性が低い状態なのですが、それについての説明は追ってしていきましょう。

まず**セクスタイル**ですが、３６０度の六分の一という意味で、お互いがサイン二つ分離れている状態を言います。

例えば牡羊サインであれば、その二つ隣というのは双子のサインか水瓶サインです。そしてコンジャンクションと同じく、サイン同士の関係が大前提となります。もし牡羊サインに木星があって、双子のサインに土星があるならば、「木星と土星はセクスタイルである」と言います。

スクエアは90度の意味で、三つ隣のサインになります。

牡羊サインから見ると、蟹サインや山羊サインがスクエアのサインになります。

トラインは360度の三分の一で120度であり、四つ隣のサインになります。

牡羊サインから見ると、射手サインとか獅子サインがトライン・アスペクトになります。

オポジションは反対側という意味ですが、180度つまり六つ隣のサインです。

牡羊サインにとってのオポジションは天秤サインしかありません。

アスペクトには共通点があり、大原則として基本的には同じ性別のものは仲が良いと考えます。現代占星術とは異なりますが、基本的に良い悪いという考え方でいうならば、セクスタイル、トラインというのは良い関係と考え、これらのサインは同じ性別です。その中でさらにエレメントが同じであれば、共通点がより多い分だけセクスタイルよりトラインの方がより親和性が高いと考えます。

ではスクエアとオポジションはどうでしょうか。

まず**スクエア**ですが、これは性別も違いますしエレメントも違います。同じなのは三区分の活動・固定・柔軟だけです。そのため、これらは親和性があるものの、ソフト・アスペクトよりも低いものとなります。性別が違う点で西洋占星術では、根っこの部分が別物と考えるようです。一方、**オ**

ポジションは同じ性別なのですが、位置関係が正反対の側にいるため、あまり良くないとされます。

しかし、全てのスクエアが、良くない意味を持つわけではありません。

レトリウス[一]は、スクエアの中には〝お互い親和性があるものがある〟と言及しています。

牡牛サインと獅子サイン、及び蠍サインと水瓶サインはスクエア同士ですが、アンティッション[二]の関係です。

そして、牡牛サインと水瓶サイン、及び獅子サインと蠍サインは太陽の昇るスピード Ascentional Times が同じ関係[三]です。

また、双子サインと乙女サイン、及び射手サインと魚サインは同じ星が支配星となります。

そのため、これらのサインにある惑星同士は通常のスクエアよりも親和性が高くなり、物事の完成はよりスムーズになります。

最後にコンジャンクションの関係性はどうでしょうか？　これは言わずもがなではありますが、全て同じ要素となります。性別、エレメント、三区分、全て一緒です。

コンジャンクションというのは、現代占星術では良い関係となるのですが、伝統的占星術ではこれは必ずしも良いとはなりません。あえて言うなら〝極端〟という意味になります。このあたりの良い悪いという概念が、伝統的なものと現代では全く違いますね。

一　“*Rhetorius the Egyptian*” James H. Holden

二　本書第十三章参照。アンティッション Antiscion とは昼の時間及び夜の時間が同じ場所同士のこと。

三　なお、これらのサインはコントラ・アンティッション Contra-antiscion 同士でもある。

始めに話は戻りますが、アスペクトとコンジャンクションとは別物です、という話をしました。コンジャンクションはどういう状態かというと、まさに抱き合った状態です。これはお互いを見ているわけではないのですが、触れ合っているという関係です。ですから一番近い関係です。一つ屋根の下という表現がありますが、極めて近い関係ということになります。

アスペクトは英語の語源からいうと、spect というのは見るという意味になります。例えば Perspective という言葉がありますが、per というのは外側に向かってという意味で、そうすると「外に向かって見る」ですから「見通し」ということになります。

inspect は、in は中ということですから、中を見るということは「調べる」。このようにアスペクトには天体同士が目配せをできる状態ということになります。

コンジャンクションというのは抱き合っている状態ですから、目配せとは全く違います。コンジャンクションというのはくっついているわけなので、お互いを見ることはできません。この状態はある意味では、冷静ではないとも言えます。

しかし、アスペクトはお互いの良い点、悪い点を見ることができる、そういった距離感があるものになります。ですから、コンジャンクションの場合に、それが良い影響を与えるのか、悪い影響を与えるのかというのは、コンジャンクションの内容次第ということになります。

ただし、コンジャンクションというのは、非常に強い関係です。関係性としてはアスペクトに比べて遥かに近いです。アスペクトは他人同士のような感じがありますが、コンジャンクションは家族同士のような感じになります。逆にそれぐらい近い関係でないと、恒星やノードは天体に対して影響を与えられないということになります。

さて、サイン同士のアスペクトと惑星同士のアスペクトは別物ということをもう少し詳しくお話ししましょう。

まず大前提として、サイン同士のアスペクトというのが非常に大事であることを再度強調しておきます。

例えばオポジションを例にとって説明しましょう。

伝統的占星術では牡羊サインのどこに天体があっても、天秤サインにある天体とはオポジションであるといいます。

例えば、牡羊のサインの0度に木星があって、天秤のサインの29度に太陽があるとしたらこれは151度ですが、オポジションというわけです。

現代占星術ではそのようには考えず、天体同士の角度差が重要になります。

例えば牡羊サインの29度のところに木星があり、天秤のサインの隣である蠍サインの5度に太陽があったとします。すると、角度としては175度ですので、だいたい180度になります。

現代占星術ではこれもオポジションと言います。

このように現代占星術では、サイン同士の関係よりも、天体同士の角度差が重要ということになります。しかし、これは良い考えではありません。

始めに説明したサインの関係性、男性性同士、女性性同士というのは全てサイン同士の関係性です。どんなサインにいるのかということは、どんな土地にいるかということであり、その星がどういった環境に置かれているか、というのが天体同士の関係にとても重要なのです。

そして伝統的占星術では天体が自分自身のサインを見られるかどうか、というのが非常に大事になります。

例えば牡羊サインですと、その支配星は火星です。

その火星が例えば双子サインにあれば、火星は自分のサインがセクスタイルで見えるわけです。

そして火星が獅子サインとか射手サインにあると、それはトラインのアスペクトによって自分のサインである牡羊サインを見ることができます。

しかし、もし蠍のサインにあれば、牡羊サインと蠍サインでは150度の関係ですから、火星は自分のサインである牡羊サインを見ることができません。

もちろん蠍サインに居るわけですから、もう一つの自分のサインである蠍サインについてはわかります。

基本的には見ることができないというのは、面倒を見られないということです。どんな惑星でも自分のサインというのはいつも気にしています。ちょうど仕事に出かけた時に似ていて、家のことを心配しない人はいないでしょう。しかし、四六時中心配しているというよりも、心のどこかに留めている状態です。

それと同じで、離れて連絡手段が取れない状態でも、いつでも支配星である星は自分の家であるサインを気にしています。蠍サインに火星がある場合は、牡羊サインのことは気にしていますが見えません。しかし、もう一つの家である蠍サインについては、まさにそこにいるので自由にできるわけです。

次にアスペクトに本来は、良悪はないという話に入って行きましょう。

現代占星術では、アスペクトというものの良し悪しというのを、かなり重視します。例えば、占いをして、「この願いはうまくいきますか」という質問で、木星がトラインの状態で恋愛を示す星にアスペクトしていたら、「良いですよ、うまくいきますよ」と答えたりします。

これは土星のような凶星でも、忍耐が発揮されて良いと考える人もいます。逆に、スクエアだったら悪いと考えたりします。一方、伝統的占星術ではアスペクトだけで、吉凶を判断しません。良い悪いという意味では、確かにハード・アスペクトは悪いですし、ソフト・アスペクトは良いです。しかし伝統的占星術では、そこはむしろ連絡の取りやすさや、物事の完成に努力を要するかどうか、を表しています。例えば、意思疎通が良いということは、良さの一つです。仲の悪い人でも、連絡がうまくいけばなんとかうまくいくものもあります。

一方で仲の良い人同士でも意思疎通が悪ければ、例えばたまたま電波状態が悪いところで電話をしているようなことがあれば、それは悪さとは言えますが、仲の良さということから言えばそれはかなり外れます。

伝統的占星術では物事がうまくいくかどうかというのは、惑星が左右しますが、現代占星術ではうまくいくかというところを、アスペクトが左右します。ですから現代占星術では本来は悪い星、例えば凶星である土星がトラインであったり、火星がセクスタイルだったりしても良いと考えたりします。

しかし、伝統的占星術ではそうは考えません。アスペクトというのはあくまでも連絡の取りやすさです。

仮にホラリーで、恋愛の質問をもらって、関連ある天体同士がアスペクトを形成するとしましょう。ソフト・アスペクトを形成するというのは、簡単に会えるというコンタクトのしやすさを示しています。そしてうまくいくかどうかは、天体同士のディグニティが左右することになります。

さらにアスペクトの意味について掘り下げていきましょう。うまくいくかどうかは、ディグニティが左右し、アスペクトはコンタクトの機会を示します。しかし、物事がうまく行ったとして、最終的にどうなるかはアスペクトが大きく左右します。

トラインというのは、簡単に、そしてやってよかったことになります。

例えば賭け事をして、トライン・アスペクトで勝ったとしたら、それはやって良かったということになります。勝負に勝って、ちゃんと支払いもしてくれる状態です。

ただこのトラインというのは〝簡単に〟ですから、例えば車を表す星があって、それが破壊の星とトライン・アスペクトを形成するなら、車が簡単に壊れるということになります。

これは良くないことと言えます。

ですから〝簡単に〟という概念が単純に良いというわけではないということが、非常に重要です。

セクスタイルはトラインに似ていますが、トラインよりはやや困難さが出ます。

スクエアは難しいけど、なんとかできるということです。

あまり良いことがないように思えますが、苦労して得たほうが、後々良いことはいっぱいあります。苦労したものは記憶に残り、学びとなるからです。

ですから難しいけどできるということは、必ずしも悪いわけではないです。

スクエアは悪いことのほうが多いといえば多いですが、これもまた単純に悪いとは言えないわけです。

オポジションは、なんとかできたけどやめときゃよかったみたいなニュアンスです。

例えば賭け事で、私が勝って相手が負けたとします。でも、私がイギリスにいて相手がアメリカにいるとします。勝ったのは良いのですが、その商品をイギリスまで取りに来てくれと言われた場合、よっぽどの価値がない限り行きたくないでしょう。

つまり、勝ったのは良いけれどもやめときゃよかった、それがオポジションで完成する場合です。

オポジションそのものは、うまくいく、うまくいかないには関係がありません。しかし、その後どうなるかというのは、オポジションで示される場合があります。

最後にコンジャンクションは、すごく良くなるか、ものすごく悪くなるかのどちらかとなります。

世の中にはハイリスク・ハイリターンという言葉があります。宝くじは滅多に当たりませんが、当たればでかいです。これがちょうどコンジャンクションの状態と似ています。

コンジャンクションの状態で、何かうまくいったという時には、それがものすごくうまくいくか、ものすごく悪くなるかのどちらかです。

補足で、**マイナー・アスペクト**の話をしましょう。

マイナー・アスペクトという言葉をおそらく聞いたことがある方も多いでしょう。

インコンジャンクトとか、セミセクスタイルといったものです。

伝統的占星術ではこのような、いわゆるマイナー・アスペクトは使用しません。

その理由についてはセミセクスタイルを例に上げてお話ししてみましょう。

現代占星術ではセミセクスタイルは天体同士が30度の関係になっていることを指します。

その意味はセクスタイルよりも一段落ちるけれども、ちょっと良い関係とされます。

しかし、伝統的占星術では全く逆で、**アバージョン Aversion** と呼ばれる非常に悪い状態とされます。アバージョンは〝嫌悪〟という意味になります。

アバージョンは、アセンダントもしくはその星がある場所から見ようとしても見えない場所のことを言います。難しそうに思うかもしれませんが、ごくごく単純です。

コンジャンクションでもないし、アスペクトでもない状態、そこに星が置かれていたらアバージョンですよというわけです。

例えばこのホロスコープでは、アセンダントから見ると第六ハウスの場所はアバージョンの

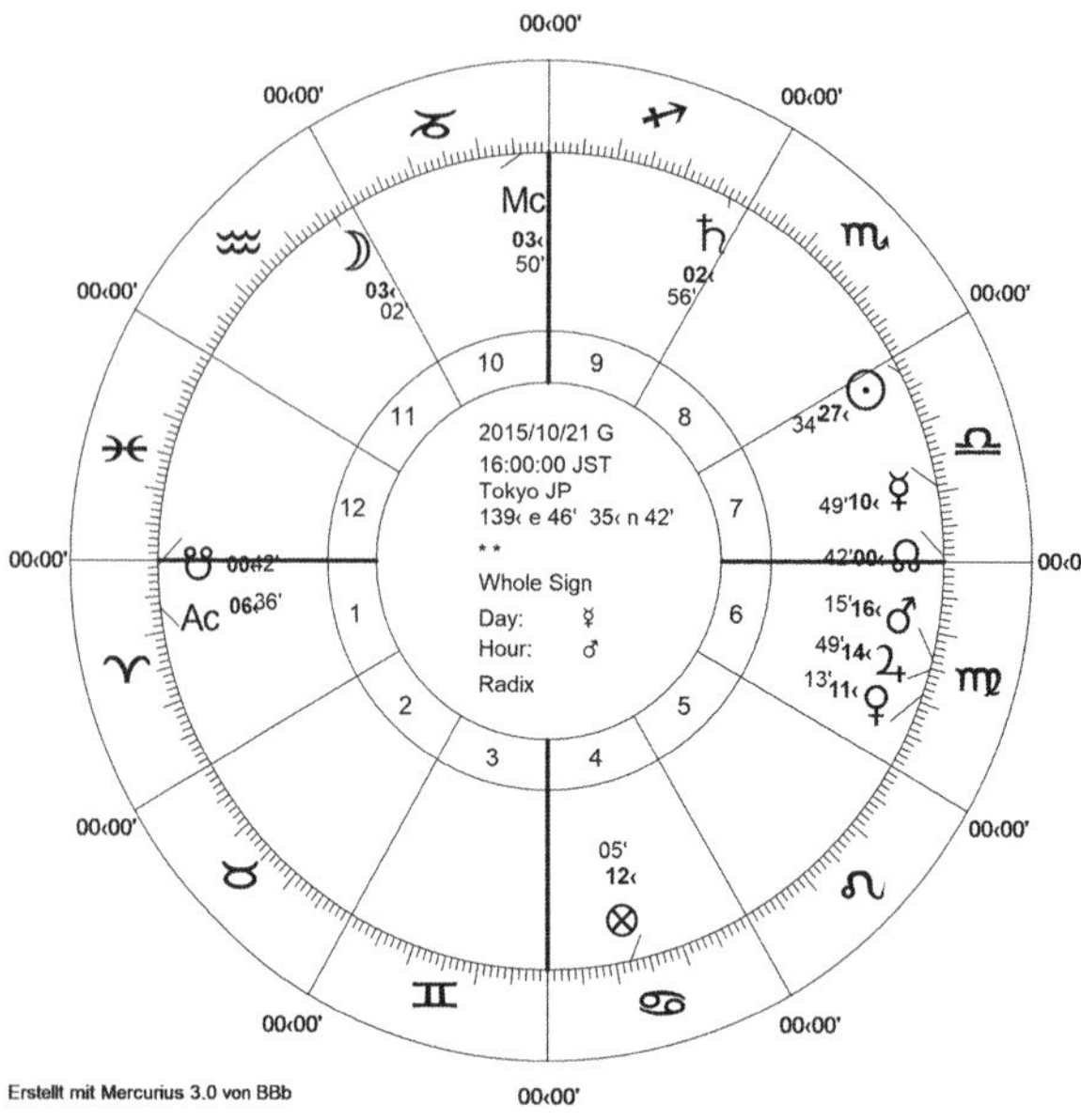

Erstellt mit Mercurius 3.0 von BBb

場所です。

第六ハウスの中には金星、木星、火星が入っています。これらの星はアセンダントにアスペクトがないわけですから、アセンダントのことを見ることができません。つまり、アセンダントの中で、何が起こっているのかわからないという状態になります。

特に火星は牡羊サインのドミサイルにもかかわらず、アセンダントのことを見えない、つまり自分で自分のことがわからないことになります。

もう少し詳しく考えてみると、第二、第六、第八、第十二ハウスがアセンダントに対してアバージョンとなります。これらの場所のサインと、アセンダントでのサインは、全て性別が異なります。このホロスコープでは、アセンダントは牡羊サインで男性サインですが、アバージョンのサインは全て女性サインです。

逆に、もしアセンダントが牡牛サインであれば、牡羊サインと双子サイン、天秤サイン、射手サインがアバージョンになります。

牡牛サインは女性サインですが、アバージョンの場所は男性サインです。

アバージョンがお互いを見づらい理由の一つには、性別の違いがあるわけです。

そして、性別が違うということはアバージョン以外にもスクエアの場所もそうです。

ですから、やはり性別が異なるということは完全には理解し合えない、一種の困難さがつきまとうことになります。

伝統的占星術を全く知らない人は、現代占星術の方がいろんなアスペクトがあって、色とりどりで楽しそうだし、いろいろわかるのではないかと思うかもしれませんが、そんなことは全くありません。

セミセクスタイルのような名前が付いてなくても、それはそれできちんと意味があるのが伝統的占星術です。そしてその中でもアバージョンという考え方は非常に重要です。

天体は、ホロスコープ上をまるで旅しているようなものです。

そして旅をしていても、やはり常に自分の家を気にしているのです。

自分の家を見られないというのは、あまり良い状態ではないです。

例えばこのホロスコープでは、火星は乙女サインに入っています。

乙女サインに入っているということは、アセンダントにアバージョンです。

蠍サインに対してはセクスタイルだから見えています。

一方の家（蠍サイン）は見えていて、一方の家（牡羊サイン）は見えないわけですが、牡羊サインを見られないという状態は、そのサインにとっては良くない状態です。

万一家に泥棒が入っても、わからないわけです。

火星にとっては気が気じゃない状態でしょう。

それ以上に気が気でないのは実はお家の方です。

だから主人のいないお家というのは、やはり問題があるということで、アバージョンというのは非常に重要になることがあります。

例えば、この場合はアセンダントのロードがアセンダントにアバージョンですから、健康や自分自身と行った第一ハウスに関するテーマについてよくわからないということになり、その人にとって悩みが深い、もしくは気づかないテーマとなります。

伝統的占星術を少しかじられた方は、ここまでの話で少し疑問に思われるかもしれません。ウィリアム・リリーの『クリスチャン・アストロロジー第三書』ではマイナー・アスペクトができます。そのため「ウィリアム・リリーも、マイナー・アスペクトを使っているのだから、伝統的占星術ではマイナー・アスペクトを使っていいのだ」と思われると困ります。

どうしてリリーがマイナー・アスペクトを載せているのかというと、それは単純に当時の流行りだっただけです。

実際、リリー自身がマイナー・アスペクトというのをどうやって使うかというのを全然わかっていません。

その根拠は第一書と第二書には、マイナー・アスペクトというものは全く出てきませんが、第三書になって突如としてマイナー・アスペクトを使い出すからです。

ですからリリー自身も使い方がまだよくわかってないのだけれど、今の流行りだから入れておこうといった感じで入れた部分があると私は考えます。

その他にも根拠はあります。リリーの友人のニコラス・カルペパー Nicholas Culpeper という人物がいます。

アロマテラピーを勉強された方は、どこかでその名前を聞いたことがあると思います。

ハーバリストとして日本では有名な人物ですが、実は医療占星術を使って治療をしていました。

そして彼自身がセミセクスタイルの話にちょっと言及している文章があり、それは伝統的占星術の意味として使っています。

牡羊サインに居る星と魚サインに居る星では、現代占星術ではセミセクスタイルで若干良いという考え方があるのだけども、実はこれは明らかに悪いですよ、と書いているわけです。

その理由は男性サインと女性サインの違いもあるし、火のサインと水のサインでエレメントが真逆ですから関係性としては悪いからです。

このような理由からも、『クリスチャン・アストロロジー』にマイナー・アスペクトについて言及があったとしても、伝統的占星術では安心してアバージョンとして扱えばよいでしょう。

ここで再度、**オーブ Orb** についての話をしていきます。

オーブは惑星の章でもお話ししましたが、オーラから派生した言葉でした。

語源の似た言葉にはオービット（orbit 勢力圏）とか、オーロラ aurora などがあります。

つまり、オーブとは自分を包んでいるオーラとか、殻とかそういったものに近い考え方ですね。

オーブより内側は惑星にとっての陣地みたいなものです。その範囲は自分の影響力を行使できる所となります。

惑星のオーブ（片側）

☉15度　☽12度　☿7度　♀7度　♂8度　♃9度　♄9度

（アル・ビルニ Al Biruni による）

オーブについては、伝統的占星術と現代占星術で用語の使い方も厳密に言えば異なりますが、混乱を避けるためにここでは現代占星術と同じ書き方をします。

オーブの考え方で重要なのは、伝統的占星術では惑星にオーブをもたせているところです。

一方の現代占星術はアスペクトにオーブをもたせています。

しかし、アスペクトとは連絡の取りやすさを表しているわけですから、それらにオーブをもたせるのはおかしな話です。

電話連絡を考えてもわかるように、物事を左右する力を持つのは電話の繋がりやすさではなく、電話している本人だからです。

そして3度以内のコンジャンクションもしくはアスペクトの場合、特に〝**エンゲージメント Engagement**〟と呼ばれます。

月だけは例外的に13度までで、エンゲージメントと呼びます。

エンゲージメントは交戦や関与という意味ですが、この場合の星のつながりは特に強調されることになります。

また、次に話をするアプローチでのエンゲージメントは特に効力を発揮します。

さて、アスペクトについての説明を続けていきます。

ホロスコープとは静止画のようなものではなく、その瞬間の動き（動画）のほんの一コマのようなものです。つまり、ひとつの大きな流れの瞬間を見ているだけに過ぎません。

その瞬間のアスペクトも重要ですが、今後、星同士がアスペクトするのかどうかという、〝**時間経過によるアスペクト degree by degree aspect**〟はより重要です。

そしてアスペクトには近づき方によって大きく二種類に分けられます。

ひとつは**アプローチ Approach**、もうひとつは**セパレート Separate** と言います。

アプローチというのは、近づくということです。

日常用語でも、彼女にアプローチするといえば、彼女に声をかけるという意味ですよね。

それと同じで、星も近づいていくことをアプローチすると言います。

ホロスコープ上では星は逆行しない限り、基本的には反時計回りに動いています。

そして、スピードの遅い土星に対して、スピードの速い水星がアプローチするということはよくあります。

もちろん、逆行でもアプローチをすることがあるので、反時計回りと時計回りと両方のアプローチの方法があるのですが、基本的には順行していれば、スピードの速い星がスピードの遅い星に向かって、反時計回りにアプローチしていくというのが普通になります。

セパレートとはアプローチとは逆で、星が離れていくことになります。

もし太陽と木星がコンジャンクションしていたとしましょう。

すると、太陽の方が木星よりもスピードが常に速いですから、コンジャンクションを形成後、太陽は木星から離れていくことになります。それを太陽は木星からセパレートしていくと言います。

アプローチは近づいていく、セパレートは離れていくことになります。

アプローチとセパレートという、二つのアスペクトを区別するのはきちんと意味があります。コンバストの話をしましたけれども、太陽に近づけば近づくほどその暑さで焼かれていくわけです。

太陽に対してアプローチしていくということは、太陽に焼かれてしまうということです。ですからホラリー占星術では、アプローチでのコンバストは、だんだん悪くなるという意味になります。逆に、コンバストになった状態からセパレートしていくのであれば、それは段々良い状態になるということになります。

実占では今は傷ついているけれども、だんだん良くなるよ、最悪期は脱しましたよと言えます。ですからアプローチとセパレートでは大きな違いがあるわけです。

こういったことを大事にし、星をまるで生きている人間のように扱うのが伝統的占星術の魅力だと私は思います。

このアプローチ、セパレートの概念は、ネイタル占星術でも重要です。

ファーミカス Firmicus という占星術師は、その著作にスクエアの症例が書いてあります。

例えば図1（**ロビン・ウィリアムズ**）の状態の時は、「名声を得て、良い政治家になって、

【図1】

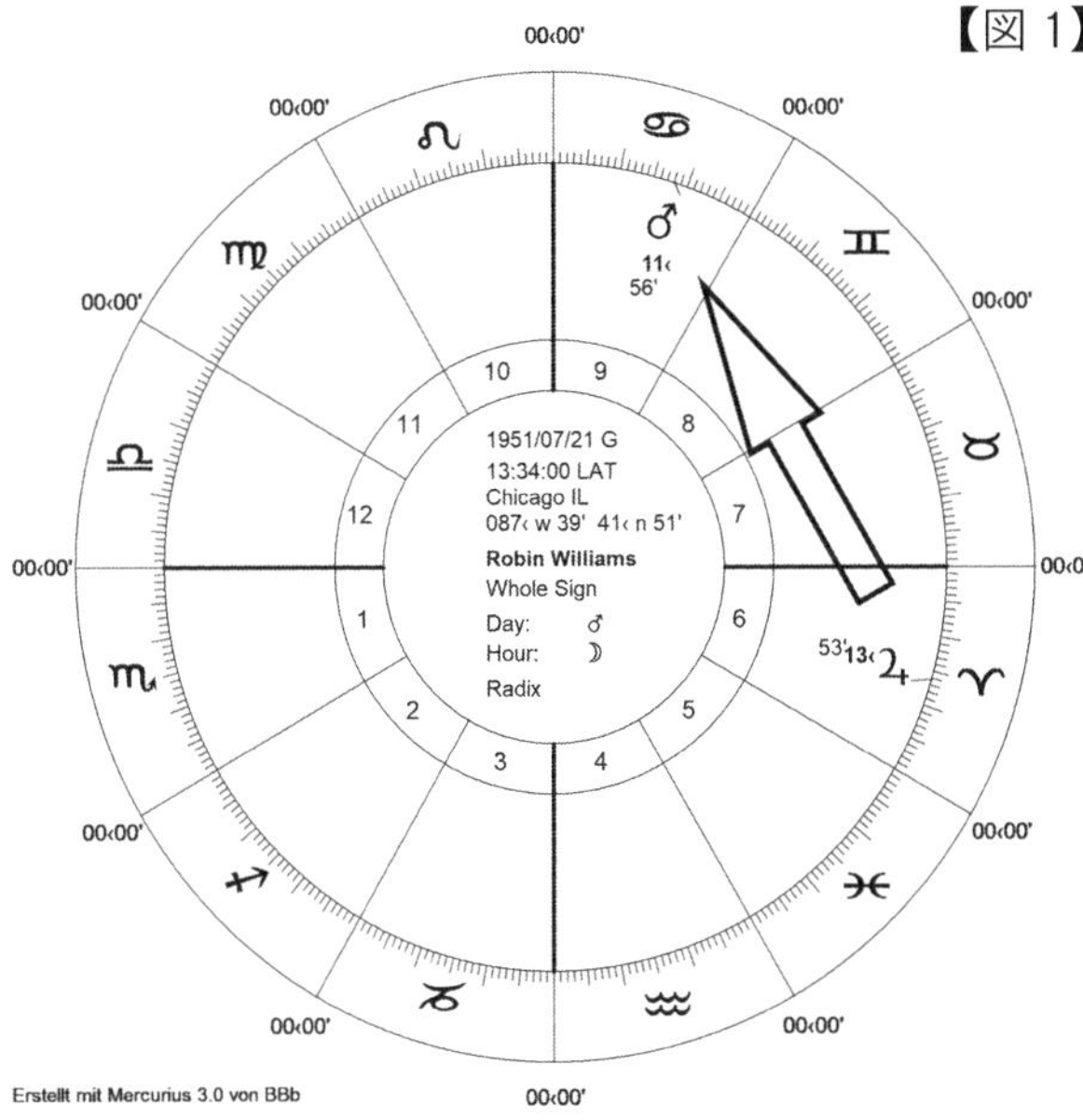

戦士になれる」のですが、図２（**サルコジ元大統領**）は「不安定で危機的状況になる」となります。

確かにロビン・ウィリアムズはアルコール依存症と覚醒剤依存症でしたが、名優として名を残しています。

一方のサルコジ元大統領は大統領にはなったものの再選はされず、二〇一八年にはカダフィ大佐からの違法献金の有無について捜査を受けています。同じ木星と火星のスクエアにもかかわらず、どうしてこんな正反対の意味を持つのでしょうか。

エッセンシャル・ディグニティを抜きに考えてみましょう。

まず、図１の場合。

これは木星が火星に対して時計回り側つまり前方のサインに居ます。大原則として、前方のサインにある星が、後方のサインに対して優位な位置を持つというものがあります。

すると、木星の方が前方のサインにあって優位であるため、図１は木星の良い影響が火星に与え

【図２】

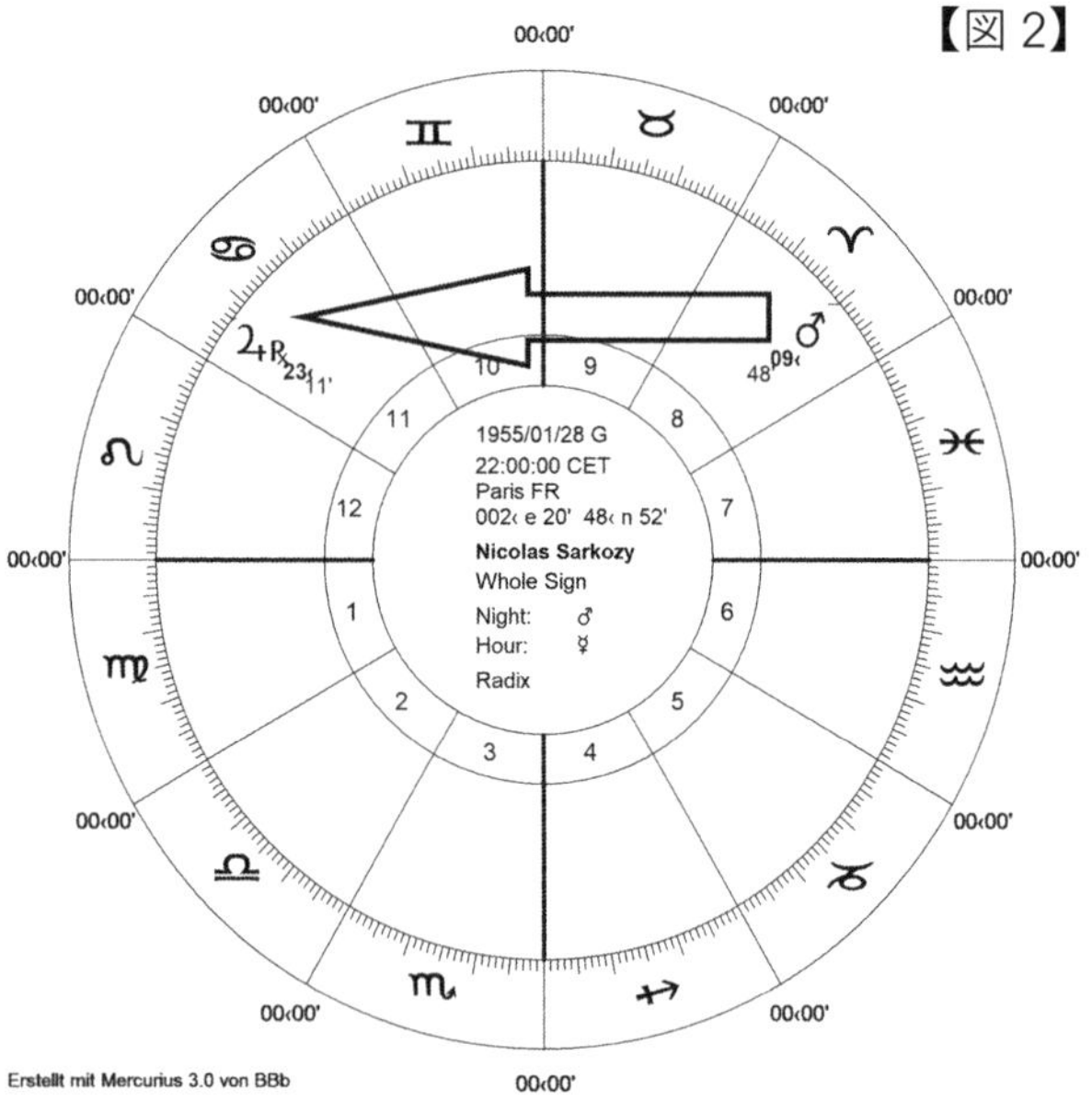

られるということになります。一方の図2は火星の悪影響が木星に与えられることになります。

図1であれば、木星の良い影響を、戦士とか戦いなどを表す火星に影響を与えることになります。

政治家でしたら他の人と争って、選挙に勝たないといけません。

そう考えれば、火星が強くなるというのは、政治家には向いており、それに木星が良い影響力を与えることで名声を得ることができるわけです。

一方で、図2では木星が火星の悪影響を受けています。ですから、本来良いはずの木星がいじめられている状態です。どんなに出来が良い子でも、いじめられたら本来の力を発揮できません。だから不安定とか、危険な状態になるということになります。

もちろんこの説明はエッセンシャル・ディグニティを抜きにお話ししていますから、必ずそうなるとは限りません。

しかし、アプローチしようとしている側が強くなるということがわかります。

そして、ホロスコープを読む場合も、どちらがアプローチしているかに注目することで、どういったものがその人に出やすいかがわかります。

この話をもう少し詳しく話していくと、サインの左右というものが大事になってきます。

サインの左右については、図で説明しましょう。

次頁の図には①と②の矢印があります。
①矢印は右回り（時計回り）です。

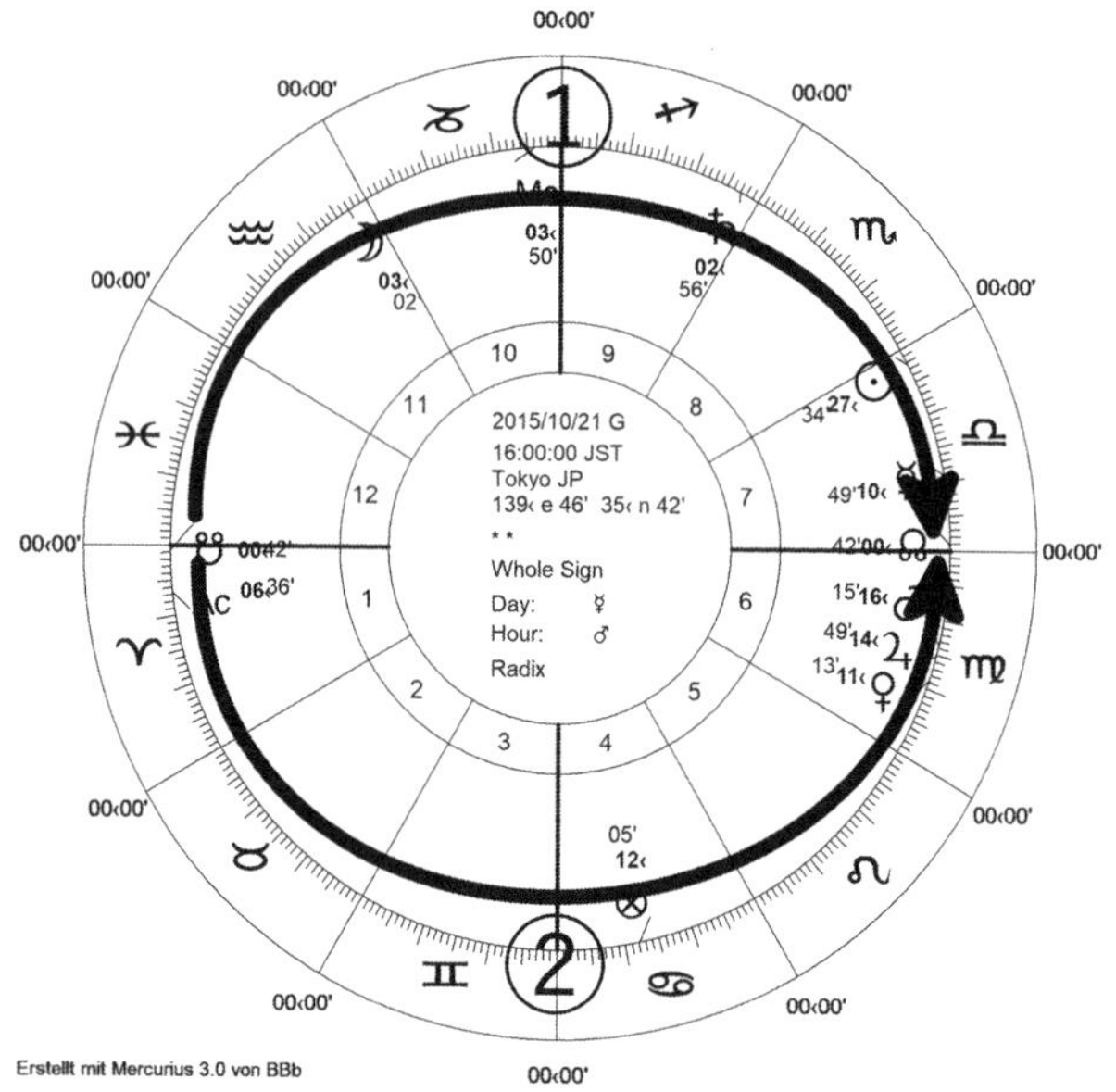

これは**デキスター** Dexter と言い、ラテン語から由来しており、右側という意味です。

牡羊サインに入っている惑星が、山羊や射手サインにある惑星に向かう方向がデキスターです。

デキスターの方向からアスペクトする場合、それは〝不利〟なポジションとなります。

左回りのことを**シニスター** Sinister と言い、ラテン語の左側が由来です。

牡羊サインに入っている惑星が、双子や獅子サインにある惑星に向かう方向がシニスターです。

この方向でアスペクトする場合、その星は有利なポジションとなります。

まさに地球（ホロスコープの中心）からそのサインをみたときの右側、左側ということになります。

シニスターには不吉や邪悪という意味があり、デキスターには器用という意味がありますが、これは右利きの人にとって右手は扱いやすく、左手は扱いにくいということのようです。

転じて右側は健全であり、左側は悪霊が宿るとされていたようです。

しかし、この話は占星術とは関係がありません。

惑星が動くのは反時計回り（左回り）が基本ですから、占星術では左回りからのアスペクトが優位だからです。

基本的に逆行しない限り、惑星は反時計回りに回ります。

つまり、白矢印の方向にぐるぐる回るわけです。

追う立場か追われる立場か、どっちの方が強いかと考えると、普通に考えれば追う立場の方が強いです。

追われる立場というのは、後はひきずり降ろされるだけですが、追う立場というのはそれ以上、下がることはあまりなく、むしろ追い上げていくだけなので強いことの方が多いです。

また、追いかけられている方が勝つ場合は、逃げ切りと言ったりして、あまりポジティブではない言い方をします。

星も同じで、追いかけている方が強いです。

まさにホラリーにしても、ネイタルにしても、星が追っかけごっこをしていると考えてもらえたらよいです。

どっちが後ろを取るか、どっちが相手の後ろを取るかというのが大事なわけです。

ゴルゴ13も話すときはなるべく壁に背をくっつけていますが、背中を取られないためです。

星も後ろを取られると、弱いということになります。これが大原則です。

この追いかける方が追われる方よりも優位になることを、伝統的占星術は**オーバーカミング**

Overcoming と言います。

オーバーカミングは圧倒や制圧という意味です。

テュロスのポルピュリオスは、Introduction において「チャートの右側にある惑星はどのようなものであれ、左側にある惑星を圧倒する Overcome。それが、スクエアとトラインでアスペクトを形成する場合は特に強力になる」と述べています。

また、このルールは吉星の場合はトライン、スクエアでも効力を発揮しますが、凶星の場合はスクエアでしか悪影響を与えられません。

スクエアは吉凶に関係なく他の星を圧倒するため、スクエアによるオーバーカミングは特に〝十ハウス目にある Upon-the-tenth〟とか〝君臨 Domination〟とも呼ばれます。

では、オポジションやセクスタイルでは効力を発揮しないのかという疑問があるかと思いますが、もちろんこういったアスペクトの場合でもチャートに現れます。

ただし、セクスタイルやオポジションはそ

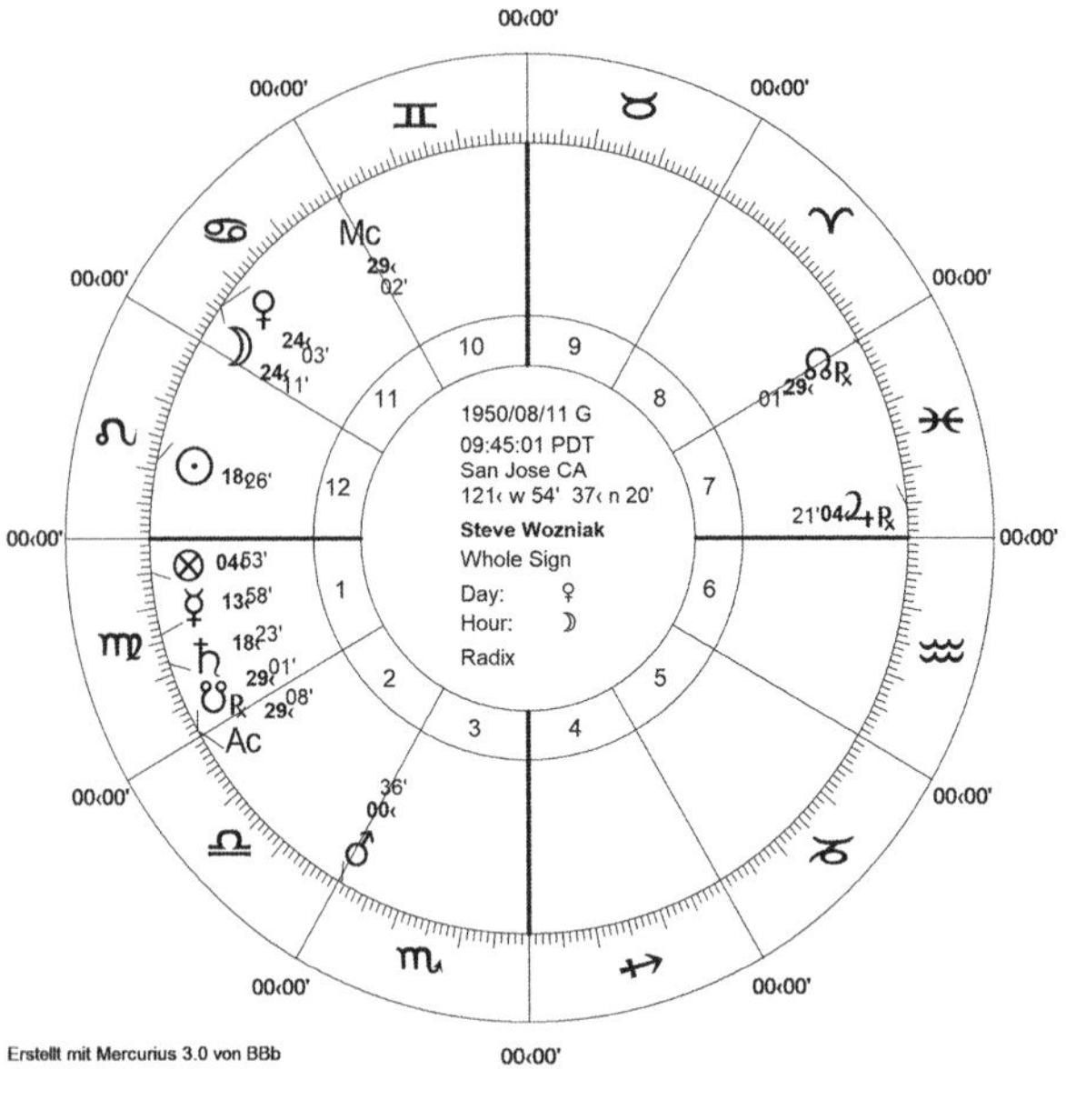

の他に比べると読み取りづらいです。

吉星のトラインによるオーバーカミングと凶星のスクエアによるオーバーカミングが一番わかりやすいことになります。

そして忘れてはならないのは、この配置はあくまでもサインでのアスペクトであり、角度ではないという点です。

伝統的占星術のアスペクトは全てサインでのアスペクトが優先されるからです。

それでは、ここで例を挙げましょう。


スティーブ・ウォズニアックはアップルの創始者の一人で、Apple I および Apple II をほぼ独力で開発し、ウォズの魔法使いともあだ名される人物です（チャートは右頁を参照）。

彼のお金である第二ハウスの支配星である金星が第十一ハウスにあることからも分かるように、彼は友人（第十一ハウス）のスティーブ・ジョブズとともにアップルを創業したことで、大金持ち（第二ハウス）となりました。しかし、彼の金星はタームですからそれほど強くはありません。普通に考えれば、そこそこのお金を得るように見えます。

ところが、ドミサイルの木星（しかも昼生まれ）がトラインで金星をオーバーカミングしていることが分かります。そのため、彼が大金持ちになった大きな理由は木星の影響が強いと考えられます。

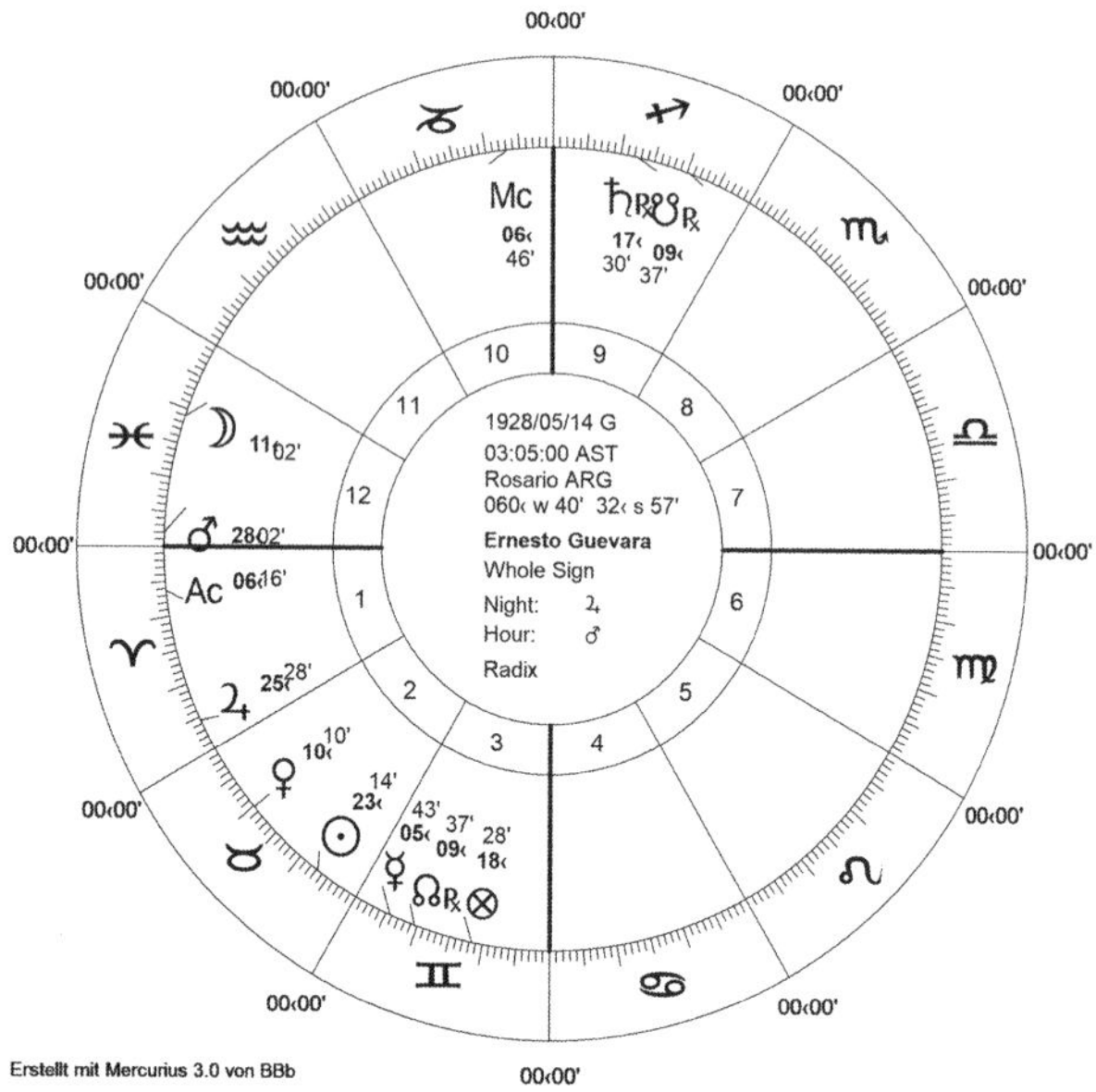

チェ・ゲバラはアルゼンチン生まれの革命家で、キューバ革命を成功させた人物です。最期は一九六七年に革命活動中のボリビアにおいて捕えられ、処刑されました。

彼の出生証明書では六月十四日生まれとされていますが Jon Lee Anderson の伝記によれば、彼の母はその後、友人の占星術師に相談に行き、本当の誕生日は五月十四日であったと述べています。そのため、五月十四日でチャートを作成します。

第十二ハウスの中の彼自身の表す火星が第九ハウスにある土星からオーバーカミングされていることが分かります。しかも、彼は夜生まれですから、土星の凶意は増しています。

彼（1L）[四]は敵（8L）により捕らえられ（第十二ハウス）、その後、外国（第九ハウス）において処刑されたことがよく分かります。

ただし、オーバーカミングには例外があります。

四　1Lとは第一ハウスの Lord の略。

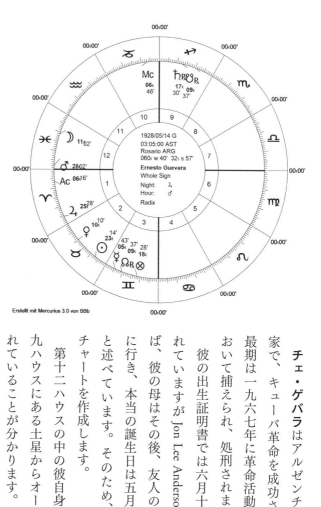

オーバーカミングしている惑星とオーバーカミングされる惑星の間の**〝角度差が3度以内〟**の場合はむしろ近づかれる惑星が強くなります。

本来であれば、追われる立場の星は、追う立場の星よりも弱いはずです。

しかし、遅いがゆえに、追われる側は罠を仕掛けることが可能です。

この罠に、追う側の惑星がかかることを、**〝ストライキング・ウィズ・ア・レイ Striking with a Ray〟**と言います。

日本語訳は難しいのですが、光による逆襲のような意味です。

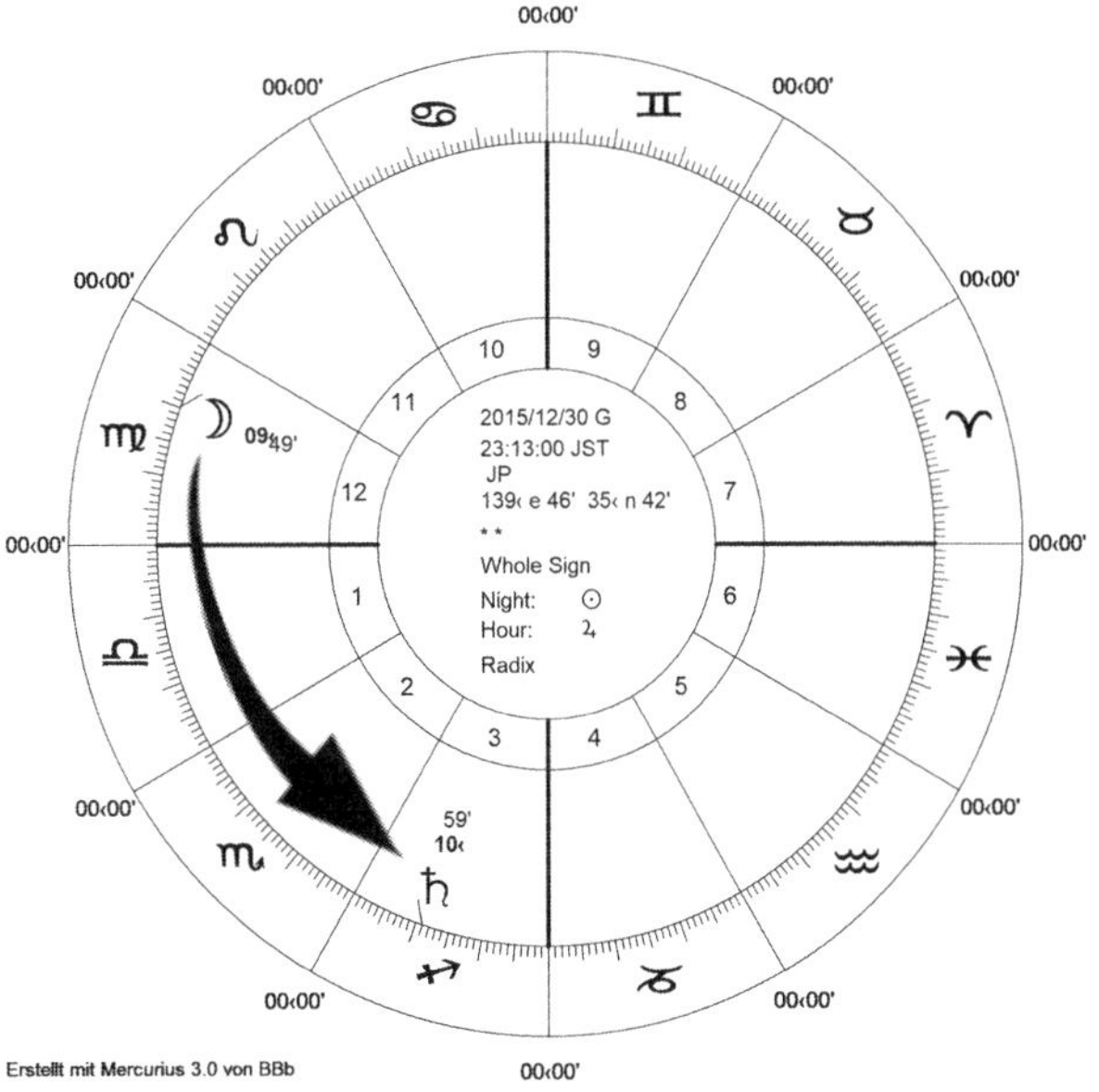

下の図であれば、月は追いかけている側ですから、基本原則から言えば強い（オーバーカミング）はずです。しかし、月と土星との角度差は1度10分（3度以内）です。この場合は例外的に土星の方が主導権を握ることになります。

但し、土星は昼の惑星ですから、これが昼のチャートである場合は月にそれほど悪さはしません。逆に夜のチャートであれば、土星は月にかなりの悪影響を及ぼします。つまり、セクトが重要となります。

もちろんストライキング・ウィズ・ア・レイは、吉星にも適応されます。追われる立場の木星が、他の星に対して良い影響を与えることがあります。

ストライキング・ウィズ・ア・レイの例として、上の**マーティン・ルーサー・キング・ジュニア**のチャートをみていきましょう。

彼はアメリカ合衆国のプロテスタントバプテスト派の牧師で、アフリカ系アメリカ人の差別撤廃のための指導者として活動しました。"I Have a Dream."で知られる演説は有名で、私も英語の教科書で学んだ記憶がありま

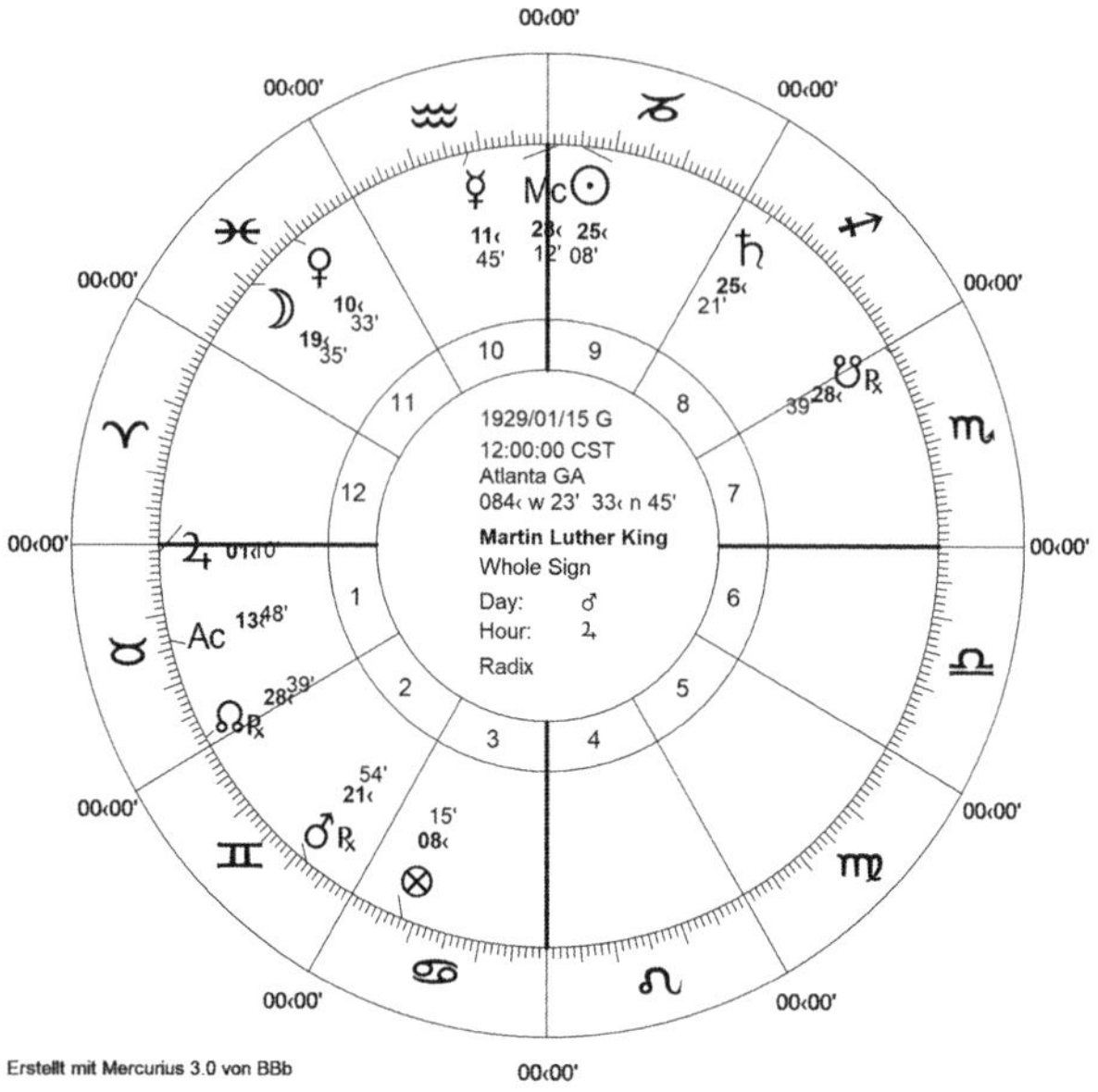

す。一九六四年のノーベル平和賞を受賞しました。
彼のチャートで注目すべきは月で、火星に対してオーバーカミングの場所にあります。しかし、月は火星との角度差が3度以内であるため、ストライキング・ウィズ・ア・レイとなり、セクトと逆の火星からの悪影響を受けます。
月は伝統的占星術では身体のナチュラル・ルーラーであり、後に説明するロッツ・オブ・フォー

チュンがあるのは蟹のサインですからその支配星も月です。そのため、三十九歳で凶弾（火星）に倒れることになりました。

最後に、この概念で占星術師の中で議論となっているのは、アプローチ（近づいていく）の場合のみに効力を発揮するのかどうかという点です。

凶星の場合で考えればわかりやすいのですが、アプローチの場合のみ効力を発揮するとするならば、最も遅い土星は全ての惑星に対してストライキング・ウィズ・ア・レイを引き起こしうることになります。しかし、火星の場合は木星や土星に対してストライキング・ウィズ・ア・レイを発揮できません。また、3度以内にあってもセパレート（離れていく）している場合は効力を発揮しないことになります。

恐らくセパレートでも効力は発揮するとは考えられますが、アプローチでのストライキング・ウィズ・ア・レイの方がより強力であることが予想されます。これらについてはまだまだ研究が必要です。

次に**ボイド Void** の話をしていきましょう。

Void とは空虚という意味ですが、現代占星術でもよく知られているものです。

ボイドとは、惑星（特に月）が現在居るサインで今後、他の惑星と誤差0度のアスペクトをしない状態のことです。

次頁のホロスコープでは月が水星からセパレートしています。

水星が天秤サインの19度15分、月は牡羊サインの22度35分にいます。つまり、このホロスコープ

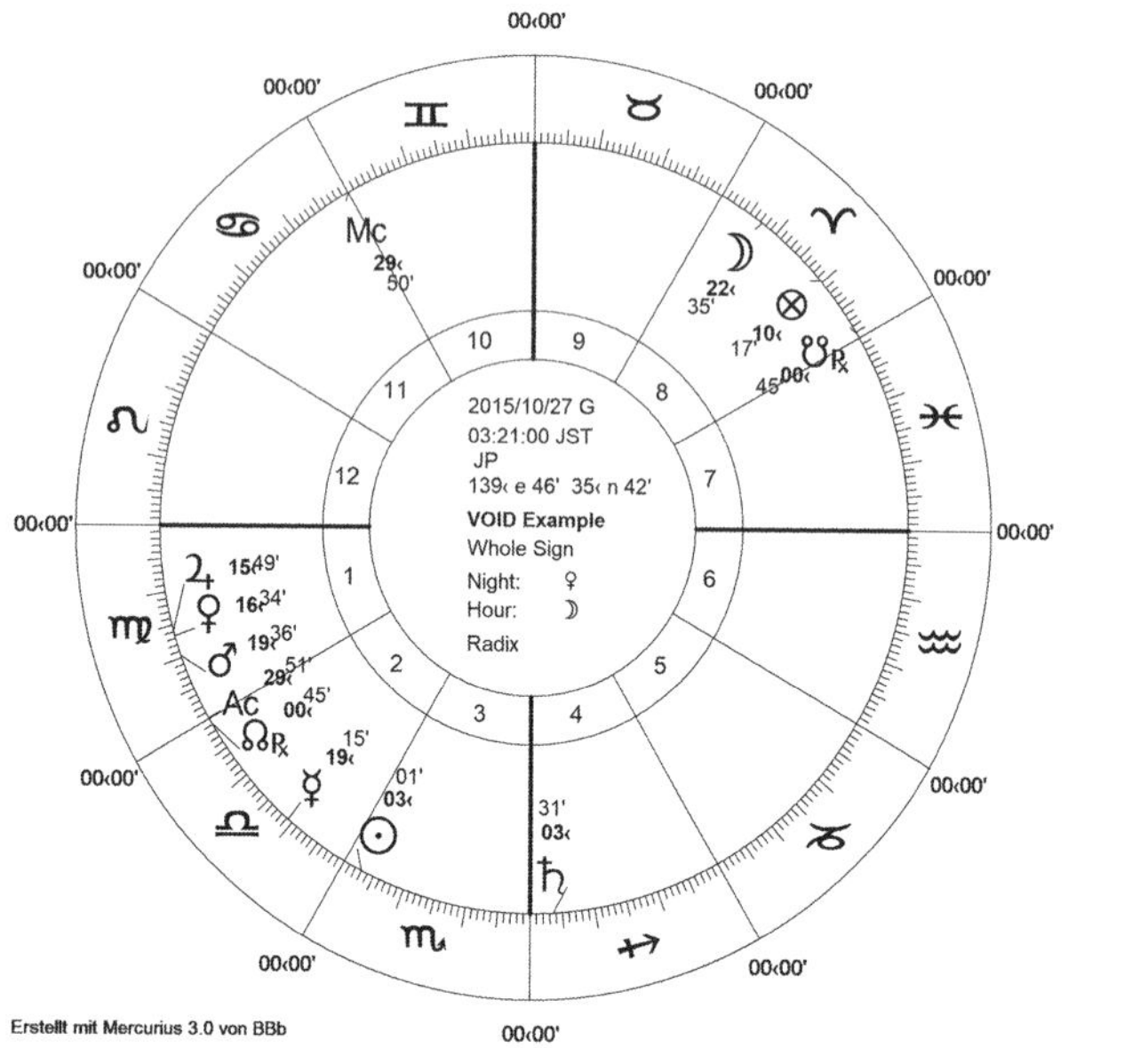

では月が水星からセパレート（離れていく）しています。

この後、月が牡羊のサイン内で時間経過によるアスペクトDegree by degree aspectを形成できる星はありません。これをボイド、正確にはVoid of courseと言います。このボイドが働くのは惑星同士だけです。

例えば恒星とか、ロッツ（アラビック・パーツ）とアスペクトしてもボイドの状態は回避されません。

ボイドという考え方は月だけではなくて、水星なり、太陽なり、その他の惑星にもありますが、特に月が重要ですし、これだけで占断出来る症例もあります。

現代占星術ではボイドの期間には、空虚の時間とか、何か新しいことをするには悪い時間で、避けておくべき時間といった意味で忌み日の一種として使用しているようです。

しかし、ボイドは悪いことばかりではなく、むしろボイドの期間（ボイド・タイム）に物事を始めたほうが良いことがあります。

伝統的占星術では、月のボイドとは〝何も起こらない〟ということを示します。これは良い意味にも悪い意味にもなりえます。ボイドとは現状維持であると考えて欲しいのですが、もし「仕事を得られますか」とか、「彼とさらに進展が得られますか」とか、「嫌な客は帰りますか」といった質問をされた場合、現状維持は嫌なことです。しかし、ボイドタイムにそういう質問をもらったとしたら、現状維持ということになります。

では、こういった質問であればどうでしょうか。

ボクシングのチャンピオンから「私はベルトを守れますか」とか、社長さんから「売り上げは保たれますか」とか、女性から「彼は今日も一緒にいますか」と質問されたとしたら、ボイドというのは喜ばしいことです。

チャンピオンはチャンピオンのままですし、売り上げは保たれますし、彼と今日も一緒です、となります。ですから、ボイドそのものが良い悪いということは全くなくて、ボイドを逆手に取る方法もあるということになります。

第九章　木星と土星の会合周期

会合周期とはコンジャンクション[一]する周期のことです。現代占星術では、トランス・サタニアン[二]を大きな時代の流れの指標とするようです。

その理由は、トランス・サタニアンが長い時間をかけてホロスコープ上を動いているからです。例えば冥王星などは隣のサインへイングレスするのに約十二年かかります。

これだけの長い期間がかかるため、トランス・サタニアンはまるでジェネレーション・ギャップのナチュラル・ルーラーのように扱われます。

しかし、冥王星が発見されたのは現代に入ってからのことですし、古代の占星術師たちはそのようなものがなくても長期予測をしていました。

その一つが木星と土星の会合周期です。

一　惑星同士が同じサインにあること。詳しくはアスペクトの章を参照。
二　天王星、海王星などの土星以遠の惑星のこと。

この手法は西洋占星術ではペルシャの占星術師達（マシャーラ、アブ・マシャラー）が広めましたが、その源流はインド占星術やゾロアスター教の歴史的な学説が元になっています。

木星と土星の会合周期は二十年周期なのですが、そこには面白い周期性があります。約二〇〇年周期で「火↓地↓風↓水」のサインを移りゆくのです。

ボナタスによれば、この変化は世界中に対して大きな影響を与えることになります[三]（Guido Bonatti, *The Book Of Astronomy*, trans, Benjamin N. Dykes）。

例えば一六〇三年十二月からは「火のサイン」での会合周期をする時代が続いて、一八〇二年七月からは次のエレメントである「地のサイン」で会合する時代が続きました。

そして最近の会合周期は次の通りになります。

一八四二年一月二十五日	山羊サイン
一八六一年十月二十一日	乙女サイン
一八八一年四月十八日	牡牛サイン
一九〇一年十一月二十八日	山羊サイン
一九二一年九月九日	乙女サイン
一九四〇年八月七日	牡牛サイン
一九四〇年十月十九日	牡牛サイン

三 "*The Book Of Astronomy*" Guido Bonatti, trans, Benjamin N. Dykes

一九四一年二月十四日　牡牛サイン
一九六一年二月十八日　山羊サイン

一九八〇年十二月三十一日　天秤サイン
一九八一年三月四日　天秤サイン
一九八一年七月二十三日　天秤サイン

二〇〇〇年五月二十八日　牡牛サイン

二〇二〇年十二月二十一日　水瓶サイン
二〇四〇年十月三十一日　天秤サイン
二〇六〇年四月七日　双子サイン

パッと見たところ、何の周期性もないように見えます。
しかし、サインのエレメントごとに分類するとこのようになります。

一八四二年一月二十五日　山羊サイン　**土のエレメント**
一八六一年十月二十一日　乙女サイン　**土のエレメント**

一八八一年四月十八日　牡牛サイン　**土のエレメント**
一九〇一年十一月二十八日　山羊サイン　**土のエレメント**
一九二一年九月九日　乙女サイン　**土のエレメント**
一九四〇年八月七日　牡牛サイン　**土のエレメント**
一九四一年十月十九日　牡牛サイン　**土のエレメント**
一九四一年二月十四日　牡牛サイン　**土のエレメント**
一九六一年二月十八日　山羊サイン　**土のエレメント**
一九八〇年十二月三十一日　天秤サイン　**風のエレメント**
一九八一年三月四日　天秤サイン　**風のエレメント**
一九八一年七月二十三日　天秤サイン　**風のエレメント**
二〇〇〇年五月二十八日　牡牛サイン　**土のエレメント**
二〇二〇年十二月二十一日　水瓶サイン　**風のエレメント**
二〇四〇年十月三十一日　天秤サイン　**風のエレメント**
二〇六〇年四月七日　双子サイン　**風のエレメント**

一九六一年二月十八日までは土のエレメントでの会合が続きました。

ところが、次の会合周期の一九八〇年十二月から風のエレメントがスタートします。しかし、ここはまだ移行期ですから、途中で土のエレメントに戻る時期が含まれます。

風のエレメントの本格的な開始は二〇二〇年十二月からです。ということは、今の我々の生きている時代は土のエレメントから風のエレメントへの大きな変化のときなのです。

単純に考えるならば、この二〇〇年間続いた物質主義的なものから、情報主義に変わるということかもしれません。実際に、そういった端緒は既に見られているでしょう。

例えば、以前は買い物といえば現金決済が喜ばれる時代でしたが、今や消費者にとっては小銭を持ち歩くのが面倒、売る側にとっては強盗のリスクがあるからということで、クレジット決済や電子マネー決済、それどころか暗号資産決済が当たり前になっています。現金という信用がなくても、情報が信用になりつつあるように感じます。

その流れが一九六一年から移行期を経て、二〇二〇年から本格的に始まろうとしていると考えられます。

時代の勢いは、更に細かく三区分で見ることが出来ます。

つまり、天秤サインのようなカージナル・サインではその勢いが強く、水瓶サインのようなフィクスト・サインでは地固め、双子サインのようなミュータブル・サインでは行ったり来たりということになります。

今後どのようなことが起こるかのヒントは、歴史を学ぶのが良いでしょう。

前回の土のエレメントから風のエレメントへの移行は十二世紀末から十三世紀初頭にかけてでした。日本ではこの時代、平清盛が日宋貿易を推進することで宋銭が大量に流入し貨幣経済が急速に発達しました。

一見これはお金＝物質で、土のエレメントのようにも見えますが、それ以前は物々交換が主流でしたから、よりお金という情報（風の性質）に置き換わっていったと考えられるでしょう。その後、宋が元に侵攻されることで日本と大陸との貿易は冷え込みました。

紙幣の歴史という点では、宋の時代に世界で初めて発行されました。その後、宋の北半分を奪った金の時代では紙幣の大量発行によるインフレーションもあり滅亡しましたが、その便利さは認められ、モンゴル帝国でも紙幣の発行上限を決めるなどの試行錯誤を行いながら紙幣発行は続きました。

貨幣から紙幣への変化は、明らかに物質から情報への変化です。

このように今後の時代にどのようなことが起こっていくのかを、歴史を踏まえて考えてみたい方は、会合周期をヒントに調べられると面白いかと思います。読み解くヒントとして、土星と木星の会合周期以外の会合周期も見るとよいでしょう。

アル・キンディ al-Kindi によれば、土星と火星の会合周期で蟹のサインにあるときは、特に重要となります。その理由はエッセンシャル・ディグニティの章を見て頂ければ分かりますが、土星と火星という二つの凶星は蟹のサインにおいて土星はデトリメントであり、火星はフォールであるため、凶意が強調されることになるからです。

また、毎月の見通しを立てるには、太陽と月のコンジャンクション（新月）の瞬間のチャートを読み取ることで可能となります。

アスペクトやコンジャンクションの周期をいちいち探すのは面倒ですが、SE_Aspectarian という

無料ソフトがありますので、それを使用して探し出すのもよいでしょう。[四]

最後に、この土星と木星の会合周期ですが、計算方法は一つではありません。ここでご紹介したものはトロピカル方式でのトゥルー・コンジャンクション True Conjunction と呼ばれるものです。つまり、トロピカル方式かつ実際にホロスコープ上で誤差なしでコンジャンクションするタイミングを計算したものです。

しかし、これには弱点があります。それは、コンジャンクションのタイミングが一定しないということです。

この理由についての詳細な話は難解になりますので省きますが、元々は土星と木星の会合周期はインド占星術などから援用した手法ですので、インド占星術に準じて計算する方がより一定のリズムでタイミングを計ることができます。

トロピカル方式ではなくサイデリアル方式の方が良いだろうということです。

さらに、トゥルー・コンジャンクションではなく、ミーン・コンジャンクション Mean Conjunction と呼ばれるもので計算する方がよいでしょう。

ミーン・コンジャンクションはトゥルー・コンジャンクションとは異なり、実際のホロスコープ上でのコンジャンクションではなく、離心円[五]の重なるポイントのことです。

四　https://se-aspectarian.informer.com/ などからダウンロード可能。

五　天動説で天球上の惑星の動きを説明するために導入された円のこと。地球近くに中心を持つ離心円 Eccentric circle があり、その円に中心を持つ周転円 Epicycle 上を惑星が回転していると考えた。この考え方の導入により、惑星の天球上の角速度の変化及び逆行現象を説明できた。

サイデリアル方式のミーン・コンジャンクションで出した土星と木星の会合周期は、ここで紹介したものの周期とは異なり、また、より規則的な動きをしているため、そこからより規則的な法則を見いだすことが期待出来るでしょう。

第十章　アンティッション

第八章の説明のように伝統的占星術では、現代占星術に比べてアスペクトの種類が少ないです。すると、なんとなく自分たちのやっていることが、現代占星術よりあんまり読めないのではないかと不安に思うかもしれません。けれども、そんな心配は全くありません。アスペクトの一種として現代占星術では使わないですが、伝統的占星術では使う重要なテクニックというものがあります。

それが**アンティッション Antiscion, Antiscia** と呼ばれるものです。アンティッションというのは、アスペクトとかコンジャンクションがなくても、星同士が連絡を取ることができる位置です。その場所はどういったところかというと、例えば牡羊サインの20度と乙女サインの10度です。

これまでの話では、これらのサインの間にはどのようなアスペクトも、コンジャンクションもないということに気づくと思います。しかし、実はこの牡羊サインの20度とは、乙女サインの10度以外にも魚サインの10度とも連絡を取り合うことができます。

どうしてこうなるのかというのが、なかなか分かりづらいと思いますので、この秘密についてお話ししようと思います。

この牡羊サインの20度と乙女サインの10度には、あるものが共通しています。それは、この場所に太陽が来た場合、昼の長さと夜の長さが同じであるということです。よく考えていただきますと、春分の日と秋分の日というのは、昼の長さと夜の長さは全く同じですよね。

春分の日であれば牡羊サインの0度であり、秋分の日であれば、天秤サインの0度になります。このように昼の長さと夜の長さが同じ日が、夏至と冬至を除けば一年に二回ずつあります。例えば、夏至の一日前と一日後は、昼の長さと夜の長さが同じ日どうしです。逆に一年を通して、これらの日以外で、同じ昼の長さと夜の長さを持つ日はありません。

そして、こういった昼の長さと夜の長さが同じ場所同士というのは、ちょうどコンジャンクションのように作用します。[一] これは図の黒矢印の〝サイン〟同士がそうです。

つまり、牡羊サインであれば、乙女サインに対応するわけです。

そして、牡牛サインであれば獅子サイン、双子サインであれば蟹サイン、天秤サインであれば魚サイン、蠍サインであれば水瓶サイン、射手サインであれば山羊サインということになるわけです。

この場所の出し方ですが、まず、蟹サインの0度（夏至点）と山羊サインの0度（冬至点）を結んだ線に対して垂直になるように線を引きます。そして、牡羊サインの10度から乙女のサインに向かって垂線を引いたとします。すると、牡羊サインの10度はちょうど乙女サインの20度に対応します。逆

一　但し、ウィリアム・リリーはセクスタイルまたはトラインと同じような作用があると述べている。

に牡羊サインの20度の場所では、乙女サインは10度にちょうど対応するわけです。

　つまり、牡羊サインと乙女サインのように、前提としてそれぞれ対応するサインというものがあるわけです。そして、更に対応する度数があります。どうやって出すかというと、30から元の度数を引きます。つまり、牡羊サインの10度であれば、30－10＝20度です。

　そのため、乙女サインの20度は、牡羊サインの10度とアンティッションであるというわけです。

　アンティッションの場所同士は、ちょうどお互いにコソコソ陰で会っていて、連絡を取り合っている状態です。

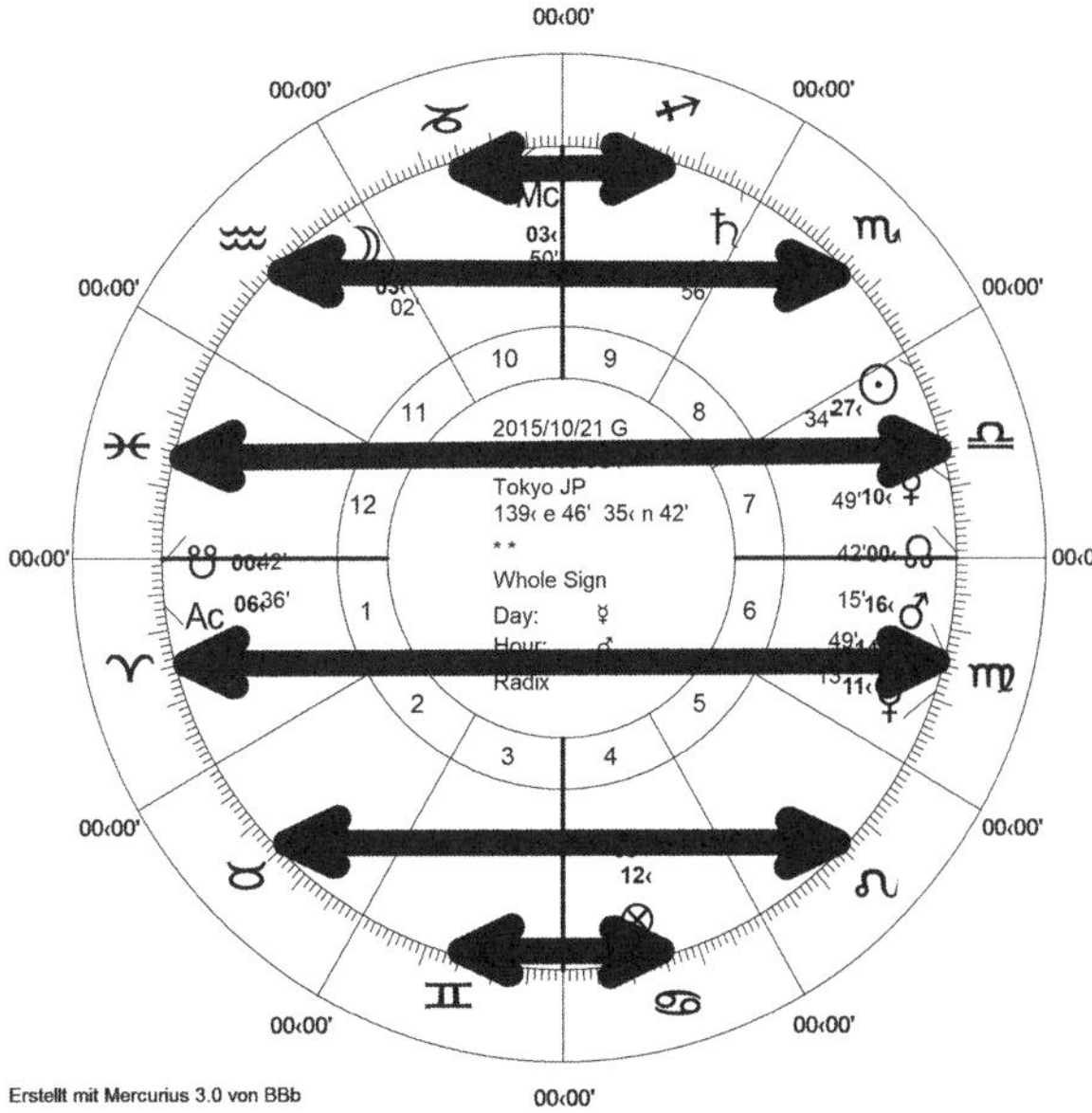

　コンジャンクションは吉凶混合でしたが、アンティッションはお互いの星にとってはトラインやセクスタイルのように、良好な関係であると言えます。

　そして更にこれから派生して、**コントラ・アンティッション** Contra-antiscion というものがあります。牡羊サインにとってのアンティッションは乙女サインでした。そして、乙女サインのオポジションの場所は魚のサインです。ちょうどここの部分が、コントラ・アンティッションのサインになります。そして、度数は乙女サインの度数と同じです。つまり、〝30度－牡羊サインの度数〟ということです。

単純にアンティッションのオポジションの場所がコントラ・アンティッションと考えていただいても大丈夫です。そしてコントラ・アンティッションはスクエアやオポジションのような関係になります。

更に例を出せば、牡牛サインにとってのアンティッションの場所というのは、獅子サインです。そのコントラ・アンティッションは、獅子サインにとってのオポジションである水瓶サインです。

度数は牡牛サインのアンティッションである獅子サインの度数と、牡牛のサインにとってのコントラ・アンティッションである水瓶サインの度数は同じになるわけです（30度－牡牛サインの度数）。

このように順序立てて考えれば、アンティッション及びコントラ・アンティッションはそれほど難しくはありません。

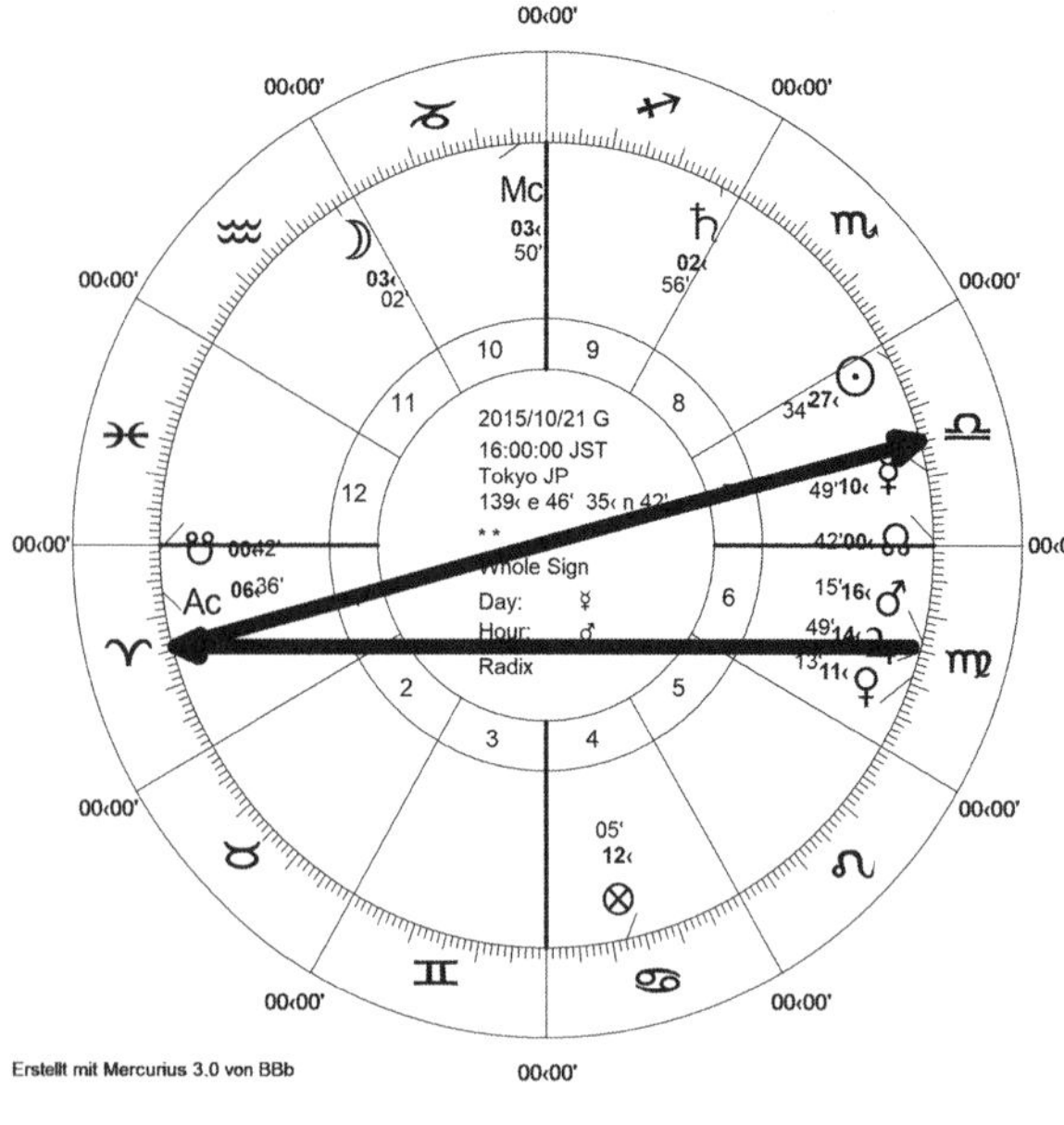

では、アンティッションやコントラ・アンティッションは実際にどういう意味を持つかということですが、これはただのアスペクトやコンジャンクションとは異なります。どのように異なるかというと、アスペクトやコンジャンクションは、どちらかというと、人目をはばからず日の当たるところできちんと会っている感じです。

ところがアンティッションは、陰でコソコソ会っているという感じです。コソコソ会っているわけですから当事者の星同士にとってはうれしいかもしれませんが、現実世界ではあまり良い意味はありません。例えば恋愛の質問では、不倫をしている場合にアンティッションで恋人同士が結びついていることがよくあります。もちろん、いつもそういう状況を示しているかというとそうではありません。

社会的な関係ではないということを示しているわけですから、私の頂いた質問の中には、同棲状態の方もこのようにアンティッションでした。同棲状態というのは確かに社会的な関係ではありません。ですから不適切といえば不適切かもしれませんが、いずれ結婚する約束をしているのであれば、少なくとも不義理なものではないと思います。実際、そのご質問の方はご結婚されました。

すると、アンティッションというのは、陰でコソコソ会っている不埒な行為かというと、必ずしもそうではなく、単純に社会的ではないということになります。そしてコントラ・アンティッションであればどうかというと、陰で喧嘩をしているような関係になります。

また、アンティッションは星だけでなくて、カスプにも関係します。もしカスプに惑星がアンティッションで重なった場合、ある星が例えばアセンダントに重なった場合、これは非常に強い意味を持ちます。アンティッションの惑星がそのハウスの事柄に対してなんらかの関心を強く持っている、もしくはそのハウス自体を支配している、そういったことを示すわけです。

注意点ですが、アンティッションはコンジャンクション以外、考慮に入れません。

つまり、アンティッションの場所に対してアスペクトをしているかどうかというのは、見る必要がないということです。

なぜ見る必要がないかというと、アンティッションは強力な場所ではありますが、陰でコソコソ会っている、つまりは光を放つ場所ではないわけです。

ですから、公然とした関係であるアスペクトというものは考慮しなくてよいということになります。

そして、このアンティッションのオーブはせいぜい二度で十分です。それ以上離れていれば、考慮に入れる必要はありません。

そして注意点の二つ目ですが、アンティッションが効かない質問もあります。

これはホラリーの質問ですが、ホラリーでこの患者さんは死にそうなのかどうかということを見るときに、第八ハウスのロードと患者さんの表示星の関係を見たりします。それらの間に時間経過によるアスペクトがあれば、死ぬ可能性が高いと考えます。こういった場合でも、アンティッションも効くのではないかと思うかもしれませんが、アンティッションは死の質問には効力を発揮しません。そして、妊娠の質問にもアンティッションは効果を持ちません。死ぬこと、そして妊娠することに関しては、アンティッションは効力を発揮しない、ということは覚えておくべき重要な注意点です。

第十一章　エッセンシャル・ディグニティ

エッセンシャル・ディグニティ Essential Dignity というのは、良い悪いで言うところの、〝良さ〟を表しますが、そもそも良いというのはどういったものなのでしょう?

まず始めに、〝良さ〟というものは文化によってもぜんぜん違います。

例えば日本人の思う良さというものと、外国人が思う良さというものは、全く別物です。

そこで、古代の西洋の人たちはどういう風に〝良さ〟について思っていたかということなのですが、万物は流転していると述べたことで著名なヘラクレイトス Heraclitus は、こう書いています。

“To God all things are beautiful and good adjust.
But for humans, somethings are just and others unjust.”
「神にとっては全てのものは美しく良くて正しくできている。
けれども、人間はあるものは正しくて、あるものは正しくないなどと思っている。」

神が作ったこの世の中に、良いとか悪いとか本来は無いはずです。

しかし、良いとか悪いという考えが起こるのは、人間の勝手な価値観で、神様の考えることとは別物だよ、という考えが古代西洋人の中にもありました。

では、伝統的占星術における、天体の良い悪いとはどういうことなのでしょうか。

これをわかりやすく理解するために、悪さを二つのパターンから考えてみましょう。

一つ目は、悪い星がきちんと働いている場合です。

土星や火星がきちんと働いていても、テーマとなる物事の表示星にアスペクトをしていると、それは悪いことと捉えられます。

その理由は、人間にとって〝痛みを伴う出来事は良い働きをしても受け入れがたいから〟です。

土星と火星は凶星と言われます。

つまり、元々の存在自体があんまり良いものではないという考えが根底にあります。

この理由は、どちらも人間に対して試練を与えるからです。

人に対して制限させることを土星はしますし、二者択一で切るか残すかを火星は迫ります。

何度も強調しますが、それは良いとか悪いとかいうものではないのです。

もし親が火遊びしている子供に注意しなければ、やけどすることになるでしょう。

土星や火星は、悪さをしようとして悪いわけでもありません。

では、土星や火星がどうして悪く見えるかというと、それは〝苦痛を伴っているから〟です。良い働きをしても苦痛を伴うと、自分の意思に反して強制されていると感じてしまいます。

二つ目は、良い星が良い働きをしてくれない場合です。

金星はナチュラル・ルーラーとして、甘いものや喜び、楽しみといった象意を持ち、それゆえに吉星とされます。しかし本来は吉星であるはずの金星が原因の病気もあります。

例えば、ソフトドリンクの飲み過ぎが原因の糖尿病です。

金星が本来吉星なのは、それは甘く、人間にとっては心地よいからです。

それはそれで良いことですが、行き過ぎると病気になるということがあります。

これは良いか悪いかと言ったら悪いです。

ですから、良さが結果として痛みを伴う場合も、悪いことを表すことになります。

非常に重要なことですが、私を含めて人間は自己都合で善悪を考えがちです。

しかし、人間の気持ちとは別に、すべての天体は自分の良さを発揮しようとして頑張っています。

伝統的占星術で言うところの天体の良い悪いとは、人間の都合とは別に、その星が本来の力を発揮するのかどうかということになります。

では、本来の力を発揮できる時と出来ない時の違いは何によって決まるのでしょうか。

それは〝環境〟によって決まります。

人間でも、得意なところと不得意なところがあります。

例えば仕事人間だったら、職場では生き生きとしているかもしれないですが、家に帰ったら奥さんに愚痴を言われているかもしれません。

一方、趣味に生きる人だったら、職場では早く仕事終わらないかなと思っているけれども、家に帰ってきたらウキウキ楽しく徹夜で趣味に打ち込んでいるのかもしれません。

気分や良さは、人それぞれ環境によって違うわけです。

この環境は西洋占星術では、その星がどのサインにあって、どのハウスにあるかということで表現されることになります。さらに言えば、他の星との関係がどのようになっているかということです。

星は皆、自分の良さを出そうと頑張っています。

頑張ろうとしているけれども、頑張れないというのは、自分らしさつまりは自由意志が働かない状態とも言えます。

現代では良いとか悪いというと、自由意志というよりも、心地よいとかはっきりしているとか、そういったものを良いことと考えがちではあります。

しかし、本来の西洋占星術はそういったものは必ずしも良いものではありませんから、場合によっては星占いがはずれることがあります。

西洋占星術において星が良い状態にもかかわらず、恋人にふられるという経験があったならば、それはふられた方が良かった可能性もあります。

極悪な女性だったかもしれないし、相手を騙すような男だったかもしれない。

そうであれば、ふられた方が良いのではないでしょうか。

やはり良い悪いは、自分の心地よさとは別物でしょう。

人間はやはり楽な方がいいですから、出来れば手術だってしたくないし、制限だってかけられたくないのです。

もし長い目で見たら、そして、ちょっと引いて考えれば、実現しない方が良いということがいくらでもあるわけです。

ですから、いわゆる社会的に、もしくは一般的に良いと考えられているものと、西洋占星術の良いというものは、全くの別物ということになります。

さて、エッセンシャル・ディグニティ Essential dignity ですが、エッセンシャルとはエッセンスと同じ語源でラテン語の esse（本質）です。

エッセンスとはなんだろうと考えるときに、つまりは、そのものが持つそのものらしさということにたどり着くでしょう。

端的なものがナチュラル・ルーラーかもしれません。

「あなたらしさは何ですか」という質問があったとしたら、それを説明するためにはいろいろな説明が必要になります。

日本人であるといった人種、男である女であるという性別、大きさですと身長が何センチ、髪の毛の色がどんな、どういう性格か、などです。

これらの中には、実体のあるものもありますけども、態度とか性格の良さとか雰囲気といった数値化できないものもあります。

同様に西洋占星術においては、良さでも数値で表せる良さと、数値で表せない良さがあります。

勘の良い方ならばお気づきだと思いますが、伝統的占星術において良さ（ディグニティ）にも二種類あります。

それは、**アクシデンタル・ディグニティ**と、**エッセンシャル・ディグニティ**です。

エッセンシャル・ディグニティとは、純粋さや正しさ、高貴な生まれかどうかとか、貧乏な生まれかどうかとかそういったものです。

持って生まれたその人の能力とも言えるでしょう。

一方のアクシデンタル・ディグニティは、行動力を示します。

この良さの違いをわかりやすくするために、裁判の例を挙げてみます。

裁判での勝利の条件は何かというと、それは裁判官や裁判員に対する心証でしょう。

もちろん事実関係も大事です。

しかし裁判に限らず、スポーツでも勝敗が微妙なジャッジ（裁判）次第で大きく変わります。

また、罪の重い軽いというのは、被告人の反省の念の有無もあるわけですが、それを判断するのは裁判官です。

エッセンシャル・ディグニティというのは、裁判における事実関係のようなものです。

被告が、より正しいかどうかというのは、エッセンシャル・ディグニティで示されます。

一方で、その心証、裁判に勝てるかどうかというのはアクシデンタル・ディグニティが示します。

非常に面白いのですが、裁判においてエッセンシャル・ディグニティというのは、良さは良さでも正しさだけなのです。

例えどんなにエッセンシャル・ディグニティが低かろうが、アクシデンタル・ディグニティが高ければ、裁判では勝てます。

アクシデンタル・ディグニティが同じくらいのときだけ、エッセンシャル・ディグニティが勝敗を決めます。

一方で、エッセンシャル・ディグニティの方が大事なものもあります。

例えばお付き合いできるかどうかというときに、依頼者と相手のエッセンシャル・ディグニティが釣り合っていれば、長続きするということになります。

もしお互い低ければ、もしくはお互い高ければ問題ありませんが、どちらかが高い、どちらかが低いというのは長続きしないことになります。

つまり、この良さというのは、実は質問によって全然違うことがわかります。

裁判の質問をされているのか、恋愛の質問をされているのか、それとも探し物の質問をされているのかで良さが異なります。

これが良さというものの一つの難しいところです。

どこに注目するかというのは質問によって異なります。

そして、これが伝統的占星術の非常に面白いところですし、惑星が人間と同じように個性があるというか、生き生きとした占星術だなと思います。

現代占星術ではコンピューター占いもある程度可能ですが、伝統的占星術ではそういったことは不可能であることがおわかりでしょう。

質問があって、その理解があって初めて答えができるというものなのです。

さて、エッセンシャル・ディグニティの捉え方は占星術師によっても異なります。

どんな凶星でも、エッセンシャル・ディグニティが良ければ、吉星である。

そして、どんな吉星でも、エッセンシャル・ディグニティが悪ければ凶星である、と主張する人もいます。

逆にウィリアム・リリーは、吉星はどんなにエッセンシャル・ディグニティが低くても、良い星は良い星なのだよ、と主張します。

腐っても鯛、痩せても枯れても武士は武士といったイメージでしょうか。

ジョン・フローリーは、この点ではウィリアム・リリーのことをむしろ批判しています。

その理由は、惑星というのは役者であって、大事なのはどんな〝役〟をしているかということであり、例えばマクベスを演じる人というのは、どんな人でも魅力的です。

でも、その人が本当はどんな人かというのはわからない、ということを書いています。

つまりどんなに中身が悪かろうが、良い役を演じている時は、他人から見れば良い人に見えますが、どんなに中身が良かろうが、悪い役を演じている時は悪い人に見えるということになります。

私はウィリアム・リリーの言うことの方に分があるのかなと思います。

木星が仮にアクシデンタル・ディグニティも悪い、エッセンシャル・ディグニティも最悪という状態であれば、いくらかの悪さはするかもしれません。

けれどもその悪さというのは、土星や火星の悪さではなくて、良い働きがここぞというときにできない悪さです。

サイン	ドミサイル (+5)	イグザルテーション (+4)	トリプリシティ (+3) 昼	トリプリシティ (+3) 夜	ターム (+2)					フェース (+1)			デトリメント (−5)	フォール (−4)
♈	♂	☉ 18~18.59	☉	♃	♃ 0~5.59	♀ 6~13.59	☿ 14~20.59	♂ 21~25.59	♄ 26~29.59	♂ 0~9.59	☉ 10~19.59	♀ 20~29.59	♀	♄
♉	♀	☽ 2~2.59	♀	☽	♀ 0~7.59	☿ 8~14.59	♃ 15~21.59	♄ 22~25.59	♂ 26~29.59	☿ 0~9.59	☽ 10~19.59	♄ 20~29.59	♂	
♊	☿	☊ 2~2.59	♄	☿	☿ 0~6.59	♃ 7~13.59	♀ 14~20.59	♄ 21~24.59	♂ 25~29.59	♃ 0~9.59	♂ 10~19.59	☉ 20~29.59	♃	
♋	☽	♃ 14~14.59	♂	♂	♂ 0~5.59	♃ 6~12.59	☿ 13~19.59	♀ 20~26.59	♄ 27~29.59	♀ 0~9.59	☿ 10~19.59	☽ 20~29.59	♄	♂
♌	☉		☉	♃	♄ 0~5.59	☿ 6~12.59	♀ 13~18.59	♃ 19~24.59	♂ 25~29.59	♄ 0~9.59	♃ 10~19.59	♂ 20~29.59	♄	
♍	☿	☿ 14~14.59	♀	☽	☿ 0~6.59	♀ 7~12.59	♃ 13~17.59	♄ 18~23.59	♂ 24~29.59	☉ 0~9.59	♀ 10~19.59	☿ 20~29.59	♃	♀
♎	♀	♄ 20~20.59	♄	☿	♄ 0~5.59	♀ 6~10.59	♃ 11~18.59	☿ 19~23.59	♂ 24~29.59	☽ 0~9.59	♄ 10~19.59	♃ 20~29.59	♂	☉
♏	♂		♂	♂	♂ 0~5.59	♃ 6~13.59	♀ 14~20.59	☿ 21~26.59	♄ 27~29.59	♂ 0~9.59	☉ 10~19.59	♀ 20~29.59	♀	☽
♐	♃	☋ 2~2.59	☉	♃	♃ 0~7.59	♀ 8~13.59	☿ 14~18.59	♄ 19~24.59	♂ 25~29.59	☿ 0~9.59	☽ 10~19.59	♄ 20~29.59	☿	
♑	♄	♂ 27~27.59	♀	☽	♀ 0~5.59	☿ 6~11.59	♃ 12~18.59	♂ 19~24.59	♄ 25~29.59	♃ 0~9.59	♂ 10~19.59	☉ 20~29.59	☽	♃
♒	♄		♄	☿	♄ 0~5.59	☿ 6~11.59	♀ 12~19.59	♃ 20~24.59	♂ 25~29.59	♀ 0~9.59	☿ 10~19.59	☽ 20~29.59	☉	
♓	♃	♀ 26~26.59	♂	♂	♀ 0~7.59	♃ 8~13.59	☿ 14~19.59	♂ 20~25.59	♄ 26~29.59	♄ 0~9.59	♃ 10~19.59	♂ 20~29.59	☿	☿

エッセンシャル・ディグニティの表

これは悪いというよりも良くないという言い方のほうがよいのではないでしょうか。

ここは捉え方の違いであると思います。

占星術においては、エッセンシャル・ディグニティというのはそのものの持つ才能みたいなもの、アクシデンタル・ディグニティというのは活動性とか行動力とか、そういうものであると捉えて頂ければよいでしょう。

それではまず始めに、エッセンシャル・ディグニティの点数について説明しようと思います。

表にはドミサイルが5点とか、デトリメントがマイナス5点とかが書いてあります。

実はエッセンシャル・ディグニティというのは、足し合わせることができるものです。

例えば水星は乙女のサインにいるだけで、ドミサイル5点を持っていて、さらにイグザルテーションの4点を持っていますので、合計は9点になることが確定します。

もし獅子サインの生まれで、水星が乙女座に入っていれば、その人の生まれの星の最低2つは非常に良くなります。

なぜなら獅子座生まれということは太陽が獅子サインですから、ドミサイル5点を得ます。

そして乙女サインの水星はドミサイルとイグザルテーションの両方を持ちます。

しかも、水星は太陽から約30度以上離れることが出来ないため、しばしばコンバストになりますが、この場合はお互いが別のサインにあり、それぞれのサインにありますから、コンバストになりません。

なんとなくご理解されたと思いますが、エッセンシャル・ディグニティの点数というのは、足し合わせることができるものということになります。

足し合わせる事のできる良さというのは、例えば年収です。

現代では一つの会社から収入を得ている方だけでなく、複数の会社から掛け持ちで給料をもらっている方もいます。

そういった方の場合、年収というのはメインの会社だけではなく、足し合わせたものになります。

エッセンシャル・ディグニティとはそういった良さになります。

では、ここからエッセンシャル・ディグニティの構成する要素を個別に説明していきましょう。

まず**ドミサイル Domicile** は5点です。

ドミサイルというのは、別の言葉で**ロード Lord** とか**ルーラー Ruler** とも言います。

Domicile とは居住地や家という意味であり、Lord と Ruler は主や支配者という意味です。

つまり、そのサインのことを自由にできる人たちのことをドミサイルと呼びます。

例えば獅子サインという場所を土地と考えてください。

獅子サインという土地は、太陽がその支配をしている場所です。

乙女サインというのは水星が支配しているということになります。

蟹サインとは月が支配しているということになります。

その土地に住んでいる人、もしくは自分の家にいるような状態、それがドミサイルの状態です。

実際の社会で例えて見るなら、ドミサイルの人は会社でいえば管理職のような人です。

研究室などでいうと、チーフの研究員みたいな人です。


そして、この例えは**イグザルテーション Exaltation** と比較するとわかりやすいです。

イグザルテーションは4点となりますが、会社の社長のような存在です。

そして研究室でいうと教授みたいなものです。

組織の中で権力を持っている人は誰かというと、社長なり教授です。

会社なり研究室の方針を決めて、予算をとってきてみんなを鼓舞するとか、そのようなことをするのが、社長であり教授の役割です。

確かに権力はありますが、実務能力はどうでしょうか。

会社がいくら社長の持ち物といっても、研究開発したりとか、販売したりとか、そういった実務の面では他の管理職の人の方がよく知っていますし、研究室ではチーフの研究員の方が知っているわけです。

社長とか教授は、会社や教室のどこに切手があるかとか、どうやって備品の代金を振り込むかとか、そういったことをあんまりわかっている人はいないわけです。

それではイグザルテーションは何もかもドミサイルよりも、劣っているのでしょうか。

一般的なイメージですが、社長と名前がつくだけでなんとなく偉いような感じがしませんか。

イグザルテーションは自尊心や名誉と関連が強く、その星は自尊心が満たされることとなります。

しかし、中小企業の社長であろうと、大企業の社長であろうと、社長と聞くとなんだかもの凄い人物のように聞こえるのですが、会社を作るのはそんなに難しいものではありません。

書類上の手続きが整えば、極端な話が商売をしていなくても、誰でも社長になることは可能ではあります。


でも飲み屋などに行ったら、社長さん社長さんともてはやされるかもしれません。

ですから見た目以上に評価されているという点で、まさにイグザルテーションの状態です。

もう少し例えを使って説明しましょう。

占星術で置き換えると、例えば牡羊サインではドミサイルの火星がその場所を持っています。

例えるならば、所有権というか借地権みたいなものを持っている感じです。

その土地を自由に使ってよい権利を持っている状態です。

しかし、自由にできるからと言って、この土地は本当に自分の持ち物なのでしょうか。

そうではありませんよね。

例えば、自分の土地にもかかわらず、毎年毎年、高い固定資産税を払う必要があります。

固定資産税を払えなくなると、最悪の場合、土地が差し押さえられてしまいます。

つまり、土地を持っているという所有権も、あくまでも日本国というところから、土地を借りているとも捉えられるでしょう。

国でわかりにくければ、本当に日本国を所有している人は誰なのかと考えた場合、異論はあるでしょうが、象徴的な方といえばやはり天皇陛下ではないでしょうか。

なぜなら、日本国と天皇陛下という存在は切り離せないからです。

そして、例え天皇陛下が日本国の真の所有者であったとしても、日本の全ての土地を自由に利用出来るということはありません。

ところが、天皇陛下があなたの家にご訪問された場合、おそらく歓待されるでしょう。

よっぽど天皇陛下が嫌いという方は邪険にするかもしれませんが、恐らく多くの日本国民だけでなく、日本に住んでいる外国人でも大歓迎するでしょう。

これがドミサイルとイグザルテーションの関係に似ています。

普段は土地を持っている人（ドミサイル）が自由に使えます。

ただ、本来の所有者もしくは象徴的な方（イグザルテーション）が来られると、その方を歓待します。

ドミサイルが、どうしてイグザルテーションの星を歓待するかという疑問があるかも知れません。

先ほどの例を使って日本国民に置き換えると、天皇陛下があなたのお家に来られても一年中ずっとあなたのお家に御逗留されることがないことはわかっています。

だからこそ一世一代の気持ちで歓待するわけです。

これがイグザルテーションとドミサイルの違いです。


でも、ただひとつだけ例外があります。

それは表のイグザルテーションの下の数字に秘密があります。

例えば牡羊サインですと太陽の下のところに18〜18・59と書いてあります。

これは何を示しているかというと、**イグザルテーション・ディグリー** Exaltation degree というものです。

この使い方は、ちょっと難しいですし私も完全には理解できていません。

あえて言うならば、家の所有者よりも象徴的な人の方の立場が強くなる状態、それがイグザルテーション・ディグリーです。

この度数（牡羊のサインですと18度から18・59度という角度でなければ意味をなさない）にイグザルテーションの星があれば、ドミサイルを打ち負かすことが出来ます。

このイグザルテーション・ディグリーというのは、インド占星術にもありますが、インド占星術の場合は少し西洋占星術よりは幅が広いです。

そして、どちらの占星術でも共通ですがイグザルテーション・ディグリーに近ければ近いほど、イグザルテーションの力が強くなります。

実際にイグザルテーション・ディグリーを使うことは滅多にないのですが、頭の片隅においておくとよいでしょう。

最後に附則があります。

ドミサイルのことを勉強していると、古いテキストには昼とか夜とかいうものがあります。しかし、これは現代において使うことは全くありません。

細かく書いてあるものもありますが、これについて明確にどのように使い分けるかというのは私もわかりません。

また、イグザルテーションの表には、射手サインと双子サインにドラゴン・テイルとドラゴン・ヘッドが書いてあります。

しかし、これは実際に使うかどう使うかというのは、これまた私は詳しくありません。

ジョン・フローリーは、このドラゴン・テイルやドラゴン・ヘッドのイグザルテーションはなんの意味をなさないと書いていますから、恐らく西洋占星術での占断には余り役に立たないのではないかと思います。

ただし、インド占星術では七天体と同じように、ドラゴン・ヘッド及びドラゴン・テイルを使用します。

そして、そのイグザルテーションとなる場所も異なり、ラーフ（ドラゴン・ヘッド）のイグザルテーションの星座は牡牛座、ケートゥ（ドラゴン・テイル）は蠍座です。

ご興味のある方は、是非、インド占星術を学んでみてください。

これらの使い方がわかる可能性があります。

次に**トリプリシティ Triplicity** の説明をします。

トリプリシティは3点を得ます。

そしてこのトリプリシティ以下のディグニティ、つまりトリプリシティ、ターム、フェースは、

エレメント	トリプリシティ		
	昼	夜	関与星
火	☉	♃	♄
地	♀	☽	♂
風	♄	☿	♃
水	♀	♂	☽

ひとまとめで**レッサー・ディグニティ** Lesser Dignity と呼ばれます。つまり、より小さいディグニティということです。

先述のドミサイルとかイグザルテーションは、そのサインにおいて支配的な力を持ちます。しかし、トリプリシティ、ターム、フェースは、そこまでの力は持ちません。

人間に例えるとトリプリシティは、管理職ではないけれども、ここにいて心地よさを感じる人、つまり係長みたいな人です。

この〝心地よさ〟というのがトリプリシティのキーワードです。

古代の占星術師だけでなく哲学者たちも〝3〟という数字には調和、完成といった神秘的な意味があると考えており、生体サイクルの中にも見出していました。どうしてそのような意味になるのか、と思われるでしょう。

ここで三角形を書いてみましょう。

・頂点から左下に向かうのが生誕を象徴します。

　つまり、天から魂が肉体に入ります。

・左下から右下に向かうのが人生を示します。

　地上での生活を表します。

・右下から頂点に向かうのが死を象徴します。
　死によって魂が肉体から離れます。


これはキリスト教圏だけではなく、広く共有されていた考え方でした。

バビロニア人達は神をアヌ（天）、エンリル（大気）、エア（水）と三つに分けていました。

また、御存知の通り占星術においてトラインは3から派生し、調和と完成を象徴するアスペクトになっています。

トレミーはこれについてハッキリと関係性を書いてはいませんが、トリプリシティはエレメントと深く結びついているということも、古代の人々には広く知られていたことでした。

その為、エレメントの象徴は三角形及び逆三角形をベースに描かれています。

つまり、トリプリシティにある星々は、エネルギーの調和をもたらすことになります。

そしてトリプリシティというのは、サインの区分でお話をしましたが、四区分の言い方もトリプリシティと言います。

つまりエレメントとトリプリシティというのは、言葉として同じ使い方をするわけです。

勘の良い方は気づいたかもしれませんが、実はエレメントによってトリプリシティは共通しています。

つまり、火のサインである牡羊、獅子、射手サインをみると、昼のトリプリシティは太陽、夜のトリプリシティは木星と書いてあることに気づきます。

地のサインは、昼は金星、夜は月ということになります。

風のサインは、昼が土星、夜が水星です。

例外が一つだけあって、それは水のサインです。

水のサインは、昼も夜も関係なく火星が担当することになります。

この昼とか夜というのは、昼の惑星夜の惑星でも説明しましたが、単純にホロスコープで太陽が地平線よりも上にあれば昼、地平線よりも下にあれば夜となります。

やりがちな間違いが、それぞれの惑星の場所で昼夜を考えることです。

例えば、木星が地平線の上にあり、太陽が地平線の下にある場合。

木星のトリプリシティを昼のカテゴリで見る必要はありません。太陽が地平線下にある時点で、木星がどこにあろうが夜のトリプリシティを見ればよいのです。

つまり、昼夜の決定は〝太陽の場所だけ〟で決まるわけです。

太陽以外の惑星が地平線の上にあろうが下にあろうが、昼夜には関係ありません。

太陽以外の星がどこにあろうとも、地平線よりも太陽が上に出ていれば昼、下にあれば夜ということで、これは日常生活と全く同じです。

さてトリプリシティは先程もお話ししましたが、心地よさを表します。

だからこそ、現代占星術において相性の良さというのは、それぞれのサインのトリプリシティを見ているわけです。

つまりエレメントを見ているわけですね。例えば、太陽星座占いで、男の人が牡羊座として、彼女が獅子座とします。そうすると、二人とも火のエレメントですら相性が良いと言ったりします。

他に、牡牛座生まれの男性がいて、乙女座生まれの彼女がいれば、二人の相性は良いと言ったりするわけです。

この現代占星術でいうところの相性の良さというのは、結局トリプリシティ、つまり心地よさということになるわけです。

確かに心地よさというのは、相性として良いと言えば良いのですが、成長は見込みにくいです。多少いがみ合う関係でもお互いを高めあえるのであれば、むしろ良いのではないかとも考えられます。

だからこそエッセンシャル・ディグニティのうちでは3点しかありません。

心地よさというのは強さの一つではありますけれども、トリプリシティのデメリットはぬるま湯に浸かっているみたいな感じになることです。

気持ちいいのだけれども、そこに浸かっていると成長はないのです。

例えば「転職しようと思うのですが、転職先はどうですか」といった転職の質問をホラリー占星術で占った場合、依頼者を示す星がトリプリシティに入るならば、心地よい仕事と言えるわけです。

つまり、安心して仕事ができそうということになるわけです。

しかし、稼ぎはどうなのかというと話は別で、別の指標を見る必要があります。

更にトリプリシティは、ウィリアム・リリーなどが用いた表に載せたようなものと、一世紀のシドンのドロセウス Dorotheus of Sidon の使用していたものとの二種類があります。

これはどういったものかというと、昼と夜に加えて関与星というものも使っていました。火のエレメントでいうと、太陽、木星、それに加えて土星があります。地のエレメントでいうと、金星、月、それに加えて火星があります。

どちらを使うかというふうに、ちょっと迷うかもしれないですが、基本的にエッセンシャル・ディグニティの足し算をする時は、ウィリアム・リリーのように昼と夜だけで良くて関与星というのは必要ありません。

しかし、ある種の占いをする時に関しては、関与星を使います。

例えばネイタルで使う時は、未来の予測法の時に使います。

ホラリーでは**ラジカリティー** Radicality というものを見たりします。

つまり、依頼者がちゃんと占い師に対して情報を開示しているかどうかという確からしさを見るわけです。

また、**レセプション** reception と言って、惑星同士が協力するかどうかもこれで判断したりします。

あまり複雑に考えたくない場合は、まずはウィリアム・リリーのものから馴れて行けば良いかと思います。

次に**ターム** Term の話をします。

タームはエッセンシャル・ディグニティの2点を得ています。

この2点というのは、正直言ってあまり高い点数ではありません。人間で例えると、管理職ではない平社員という感じです。仕事で決裁が出来るほど大きな権限がないけれども、力がないわけではない。肩書きはないのですが、仕事はとりあえず覚えて出来るようになった。新入社員を指導することができる三年目ぐらいの社員のような存在です。頼れるほどではないが、いた方が良いです。同様に、それほど良くはないけれども、ないよりもあったほうがはるかに良い、というのがタームです。このタームというのは、エッセンシャル・ディグニティの表をみて頂くと面白いのですが、それぞれ違う度数で区切られています。

一つのサインを五つに区切っていますから、単純に計算すると六度ずつに区切ればいいじゃないかと思われるでしょうが、なぜかこういう区切り方をしています。

タームには**エジプシャン・ターム** Egyptian Term、**トレミック・ターム** Ptolemaic Term、**カルディアン・ターム** Chaldean Term があり、配列も異なりますが、この表ではトレミック・タームを載せています。

タームの各度数と同じく並び方も、はっきりした根拠はわかっていません。

だからこそ、色々な並び方があるとも言えるのですが、いずれのタームでも特徴的なのは、太陽と月がない、タームのスタートがそれぞれのサインのドミサイルになりやすい（牡牛サインの金星など）、タームの最後は凶星（土星、火星）で終わる傾向がある、というところです。

エジプシャン・タームはヘレニズム期の占星術師たちが主に用いており、彼の時代の占星術師でトレミック・タームを使用していた人は今のところいないようです。

その理由は恐らくトレミーの意見に否定的な人が多かったからかも知れません。

もちろんトレミーが自らの権威付けのために新しくシステムを作った可能性もある一方で、トレミック・タームか、エジプシャン・タームかどちらが古いかは不明です。

アレキサンドリア図書館には大量の資料があったのかも知れませんが、残念ながら消失しているため永遠の謎のままかも知れません。

しかし中世に入り、トレミック・タームはエジプシャン・タームを圧倒します。

ウィリアム・リリーやボナタスといった著名な占星術師達はトレミック・タームを採用しました。

ですから、どちらのシステムでも一理あると考えて大丈夫です。

私は基本的にはトレミック・タームを採用しています。

しかし、未来予測法にディストリビューション Distribution というテクニックがありますが、そこにおいてはエジプシャン・タームを採用します。

その理由は、ディストリビューションの基となる**ディレクション Direction** というテクニックはヘレニズム期の占星術師たちが多用したテクニックだからです。ただし、トレミー自身もそれについては言及しているので、トレミック・タームでもきちんと使える可能性も高いと思います。

とはいえタームを含め、レッサー・ディグニティは点数上、微々たるものです。

しかも、トリプリシティとタームを合わせると5点ですが、同じ5点なので影響力も同じかと考えがちですが、ドミサイルの方が圧倒的に存在感を持ちます。それの理由は、ドミサイルがそのサインを自由にできる存在だからです。

ボナタス[一]はトリプリシティとタームの違いについて言及しています。

「占星術師の中にはタームを頻用するものも入れば、トリプリシティを好むものもいる。そして彼らがそうするには理由がある。

つまり、タームおよびタームの惑星は〝方向性〟を示す傾向があり、トリプリシティおよびトリプリシティの惑星は〝栄養〟を示す傾向があるからである。」

つまり、トリプリシティではその人がどのような追い風もしくは向かい風を人生で受けられるのか、タームではその人の人生の方向性を知ることが出来ます。

そして、ディレクションという未来予想テクニックでは、それを読み取ることが出来ます。

残念ながら、ディレクションの話はこの本では出来ないのですが、またの機会に言及できればと思います。

次に**フェース Face** の説明です。

フェースというのはエッセンシャル・ディグニティで1点を得ます。

タームよりもさらにマイナーです。

この1点をどう考えるかですが、「0と1だったらどっちがいい」と聞かれたら、「まあ1点あるだけ、ましだよね」という存在がフェースです。

0と1ではたったの1しか違いがありません。

一　*“Liber Astronomiae”* Guido Bonatti

しかし、0と1の違いと1と2の違いには、差が同じ1でもその間には無か有かという大きな壁があるでしょう。

例えば「アルバイトなのか、無職なのか、どっちが良い」といったら、アルバイトの方が良い、そんな感じに近いかもしれません。

アルバイトは正社員に比べると不安定です。

しかし、全く働いていないのと、働いているのとでは天地の違いです。

人間に例えると、新入社員に近いです。

戦力にはなっていないけれど頭数にはなっているといったところです。

このフェースという状態は、「玄関を出る直前の人に似ている」とジョン・フローリーは言っています。

もし玄関から外に出てしまうと、雨風に当たる可能性がありますね。

そうであれば、たとえ玄関で出る直前といえども、家にいるだけましということです。

このフェースは、**デカン Decane** とも言います。

現代占星術でも、デカンという言葉を使います。

伝統的占星術と現代占星術ではフェースの構成している星は違いますが、三つにサインを等分するという考えは共通のものがあります。

この一つのサインを三つに分けるという考え方は、エジプト由来のものです。

そしてエッセンシャル・ディグニティの表を見ると、タームと異なり、ちょうど10度ずつに分かれています。

そして、さらにこのフェースの面白いところは、カルディアン・オーダーが根底にあるということです。

獅子サインではフェースのスタートは土星です。

その次は木星、火星、で次の行では太陽、金星、水星と続き、さらにその次の行になると、月から始まりそれでまた土星に戻ります。

これは惑星の章の太陽で説明したカルディアン・オーダーです。

このことからも、やはり太陽が西洋占星術において中心的な役割を果たしているというのがわかります。

つまり、獅子のサインは太陽が支配星で、太陽がドミサイルであるのは獅子のサイン以外はないのですが、その獅子のサインのフェースのスタートというのはカルディアン・オーダーの土木火太金水月での先頭である土星から始まっています。

そして月に至ると、また土星から始まりその順番を繰り返しているわけです。

表を見ると獅子サインと同じく、土星から始まるところというのは実はもう一箇所あります。

魚サインですね。

しかし、魚サインの場合は、土星、木星、火星までできて、次に牡羊サインに行くと、また火星になります。

こういったイレギュラーな配置になることからも、やはり、西洋占星術における中心というものは、獅子サインからスタートすると考えるのが妥当でしょう。


次に**デトリメント Detriment** と**フォール Fall** について説明していきましょう。

デトリメントとかフォールというのは、マイナスの点数が付いているのがわかると思います。

デトリメントはマイナス5点、フォールはマイナス4点です。

これらは、エッセンシャル・ディビリティ debility と言います。

ディビリティとは日本語では衰弱という意味ですから、星が傷んでいる状態です。

デトリメントとフォールの考え方自体は簡単です。

なぜなら、意味としても配置としても、イグザルテーションの反対がフォールであり、ドミサイルの反対がデトリメントだからです。

エッセンシャル・ディグニティの表では、例えば獅子サインではドミサイルは太陽です。

では、獅子サインの反対側はというと、水瓶サインでそのドミサイルは土星です。

そして、獅子サインのデトリメントも土星になっています。

つまり、それぞれのサインの反対側のサインの支配星がデトリメントになります。

この法則はフォールでも共通しています。

フォールとイグザルテーションを比べてみると、デトリメントとドミサイルの関係と一緒です。

デトリメントの説明に戻りますが、デトリメントとはドミサイルのオポジションに当たる位置で、実力が発揮できない状態ということになります。

言わば、敵の懐に居る状態です。

例えば獅子サインの180度反対側の水瓶サインの支配星である土星は、太陽が支配星である獅子サインという土地のことを好きではありません。

そして、土星が獅子サインに居るということは、敵の懐にいるような状態です。

すると、人間で置き換えればわかりますが、そこにいるとその惑星の悪い面が出るわけです。

つまり土星であれば、良い状態であれば自制が効くことになりますが、悪い面が出て、頑固になるとか意固地になることになります。

そして、フォールはイグザルテーションの逆ですから、不当に評価されている状態ということになります。実力よりも低く評価されている状態ということになります。

人間で例えれば、本来はもうちょっと給料をもらってもよいのに、不当に評価されている状態です。

また、イブン・エズラ Abraham ben Meir ibn Ezra という、アラビアのハーバリストでもある占星術師は、その人はフォールのことを、〝不名誉な場所〟と述べています。

イグザルテーションは自尊心や名誉と関連が強いですが、同様にフォールは不当な評価という意味で関連が強いです。

フォールの場所とはその星にとって、自分の思ったようではない状態ということになります。

そして最後に、エッセンシャル・ディグニティが得られない状態ということも、説明しておきます。

これはドミサイル、イグザルテーション、トリプリシティ、ターム、フェース、デトリメント、フォールすら得られない、という場合。

これの状態を**ペレグリン Peregrine** と言い、家を持たない放浪者という意味があります。
はやぶさのことをペリグリン・ファルコン Peregrine Falcon と言います。
はやぶさは渡り鳥なのですが、ハヤブサ属のなかでも、そういった家を持たずに放浪するということから来ています。

このペレグリンという状態、何のディグニティも持たない状態、これは果たして良い状態なのか悪い状態なのか、ということが問題になるでしょう。

これの答えは、悪い状態です。

その理由として、ボナタスは善悪の区別はできるけども、悪い方に流されやすい状態と述べています。

ペレグリンというのは、放浪者という意味でした。

あなたも旅行に出た経験はあるでしょう。

例えば修学旅行を思い出してもらえればよいのですが、旅先では開放的になって、旅の恥はかき捨てみたいになってしまうことがあります。

旅館に泊まって、家だったらちょっとしたゴミでもきっちり片付けるのに、そのままにしてしまうとか、多少洗面台が汚れていても気にしない、といったことがあると思います。

ペレグリンというのはまさにそんな感じです。

わかっちゃいるけどやめられない、悪いとわかっているのですがついついそのままにしちゃう、悪い方に流されてしまう。

ラスベガスに行くとついついカジノで散財してしまう、そんな感じに近いかもしれません。

そのため、ペレグリンの状態自体をマイナス5点にするという人もいます。

ウィリアム・リリーは、プラスのエッセンシャル・ディグニティが得られない状態、ドミサイルとかイグザルテーション、ターム、フェースを得られない状態の時に、ペレグリンとしてマイナス5点にしています。

しかし、それはそれで使い勝手が悪いことになります。

例えば、水星が魚のサインに入っていた場合、デトリメントでフォールです。

デトリメントでマイナス5点、フォールでマイナス4点のため、すでにマイナス9点です。

更にプラスのディグニティが得られない場合、さらにマイナス5点で、合計マイナス14点になってしまいます。

個人的にはそこまで悪くする必要はないと思いますから、私はマイナス9点でとどめていますし、単純にペレグリンの場合は0点で良いと思います。

ただし、フェースでも説明したように0と1には大きな違いがあることを理解しておくことが大事です。

では、エッセンシャル・ディグニティのまとめについてお話しします。

これまでの話を聞いて随分星の色合いというか、重要度がわかってきたのではないかと思います。

このエッセンシャル・ディグニティの点数を付けることにより、さらに星の重要度が鮮明になっできます。

人間に個性があるのと同様に、天体にも個性があります。

しかし現代占星術では、強い星でも弱い星でもそれぞれに意味があるのだよということで、全部重視します。

もちろん、こういった良い部分も悪い部分も含めて受け入れる姿勢は、人に対して大切な接し方でしょう。

しかし、占星術でそのような態度であると、ぼやけてしまって何が重要なのかよくわからないという、逆効果の部分が強くなります。

占いにはアドバイスを求めに来られるわけですが、答えははっきりしている方が理解しやすくて良いと私は思います。

強い星を見て、弱い星を無視しているようにも見えますが、逆に言えば伝統的占星術は、それぞれの個性を大事にしていると思います。

だから強弱をつけるというのは、弱者切り捨てではありません。

メリハリをつけるのと一緒ですし、それは個性を大事にしているのと一緒です。

これはリレーや徒競走などでの「子どもの順位付け」をするかどうかの態度と似ています。

順位付けをすることは、足の遅い子供の自尊心を傷つけるかもしれません。

逆に、順位をつけることで、足の速い子供の自尊心が生まれ、足の遅い子は悔しい思いをして、早くなりたいと努力するかもしれません。

子供の可能性を信じるのであれば、順位付けも悪いことではないのではないでしょうか。

前述しましたが、正しいとか正しくないとか、良いとか悪いとか、そういったものは本来ありません。

人間が勝手にその価値をつけているだけです。

神様はこの世を美しい調和の上に作っていても、人間にはうかがい知れないものがあるでしょう。

むしろ神様は我々に美しいものを認識させるために敢えて醜いものを作っているのかもしれません。

闇があるのは、光のありがたさがわかるからです。

逆に、光があたると影（闇）が生まれます。

健康は病気ではない状態です。

病気があるから健康のありがたさがわかります。

ですから、本来は物事に良いとか悪いというものはないのです。

そのためエッセンシャル・ディグニティでも、点数が低かろうが高かろうが、現実には良い場合も悪い場合があります。

ですから単純に低いからといって悲しんだり、単純に高いからといってぬかよろこびしたりしても意味がないということになります。

実際のチャートの例をみていけばわかると思いますが、例えば自分にとって不都合な場所において、エッセンシャル・ディグニティが高い場合というのは、能力を発揮できずにフラストレーションがたまったり、自分に対して害悪を及ぼしたり悪名を高めたりといった作用に働くことがあります。

そういった場所において、逆にエッセンシャル・ディビリティの状態にある場合というのは自分にとって害悪は少ない可能性もあります。

世の中は色々なバランスの元に成り立っているわけですが、そういった個性というものが、エッセンシャル・ディグニティを見ることによって、より鮮明に見えてくることになります。

そしてエッセンシャル・ディグニティというのは、足し算ができるものと説明しました。

しかし、いつもそうとは限りません。

もし点数だけで片がつくのであれば、ここまでの話は全然必要ありません。つまり社長の話とか、平社員の話とか、する必要ないはずです。

では、どうしてこういった長々と説明をしたかというと、実はエッセンシャル・ディグニティというのは、点数という〝量〟を表すだけではなく、もうひとつ大事な〝質〟も表すからです。

どういう質を表すかは、それぞれのエッセンシャル・ディグニティの意味を知る必要があります。

さらに言うならば、この〝質〟も受けた質問によって解釈が異なります。

例えば、土星が牡羊サインにあるとフォールの状態です。

そういう場合でも、常に悪事に手を染めやすいかというと、必ずしもそうではありません。

逆に金星が、牡牛サインに入っているからといって、いつも清廉潔白の人かというと、そういうことでもありません。

これらは質問によります。

単純に良い悪いというのをエッセンシャル・ディグニティは示しているわけではないのです。

例えば、裁判です。

裁判において大事なのは、正しさかどうかというと、違います。どっちの方がより良く見えるかということです。

実力以上に良く見えている状態というのは、イグザルテーションです。

実力の通りに見えているというのはドミサイルです。

では、裁判ではどっちが勝つのかといったら、イグザルテーションが勝ちます。

選挙やスポーツの試合などでも、イグザルテーションは勝ちます。

同様に、フォールは物事の成立を邪魔したりします。

フォールの星が絡む場合、一見うまくいきそうなチャートでもしばしば邪魔をされます。

これはデトリメントではないものです。

ネイタル占星術ではこういった事例は実感しにくいですが、ホラリー占星術ではしばしば起こります。

ですから良い悪いということを一言で言えないのと同様に、エッセンシャル・ディグニティの全てを点数で表すことが出来ません。

逆に言えば、エッセンシャル・ディグニティは中途半端に点数化できるから、つい勘違いしやすいです。

ディグニティというものを知った時に、単純に点数で判断しがちです。

本当はもちろん点数そのものも大事ですけども、その点数の内訳というのが非常に大事になるわけです。

例えば、ペレグリンは言ってみれば、ディビリティに近い状態です。

しかし、「これからの職探しをしようと思いますが、うまくいきますか」という質問を受け、ホラリー占星術のチャートで、その相談者の星がペレグリンだったら悪い状態と思いがちです。けれども、これは単に職探しをしているということそのものを表している可能性が高いです。

この状態はまさに、ペレグリン本来の意味である〝放浪者〟ということです。

ですから点数の高い低いが単純に良いとか悪いではありません。

さらに良い悪いで言うと、エッセンシャル・ディグニティというのはただ単に強さを表すだけです。行動できるかどうかというのは、次に説明するアクシデンタル・ディグニティを見ないとわかりません。

物事の成否というのは強弱で決まることもあれば、行動力で決まることもあります。

だからこそ良さとは、質問に左右されるわけです。

これが非常に重要です。

ですからエッセンシャル・ディグニティのおおよその意味がわかったからといって、それがすぐに占いに使えるようにするには、やはり質問をよく聞かないと不可能です。

そこは占い師というか、人間性の勝負ということになり、どうしても占星術というのは生ものの部分があります。

最後に少しインド占星術との違いをお話ししましょう。

インド占星術でも、ドミサイルとかイグザルテーションとか、フォールとか、デトリメントという状態はあります。

タームとかフェースはありませんが、別の強さというものがあります。

実はインド占星術においては、イグザルテーションが最強です。

西洋占星術においては、ドミサイルが最強ですね。

これは、どちらかがおかしいじゃないかと思うかもしれませんが、私はそうは思いません。単純に思想の違いだからです。

ドミサイルというのは、正当な評価をされていて、自分らしくやっていて、自分の実力を発揮できる。つまり継続力があるというふうに考えられるわけです。

これは西洋占星術において、良い状態と考えてよいと思います。

一方のイグザルテーションは、時にはドミサイル以上の力を発揮するわけです。それは多少お化粧されている部分があって、実力以上に評価されているわけです。

個人的にはそういった状態というのは、長続きしないから継続力はなくて、一時的にはいいのだけど、一発屋みたいな感じがするのですが、インド占星術では良い状態とされます。

インド占星術では、ドミサイルは3番目の強さです。

一番強いのがイグザルテーション、その次はムーラトリコーナがあり、更にその次にドミサイルがあります。その理由は恐らく、人間というのは失敗からしか学べないからではなかろうかと思います。

インド占星術には、ドミサイルのように実力通りの力を発揮できるのは、普通の状態であるが何の変化もないので学びがない。

逆にイグザルテーションというのは実力以上の結果を得られるでしょう。

けれどもその後、しぼんだ時に何を学べるかというのが、インド占星術では重視しているのかもしれません。

次にエッセンシャル・ディグニティの表のつけ方について説明しましょう。

これはチャートソフトによっては自動で計算してくれるものもありますが、非常に大事なので自分で出来るように覚えてください。

それでは次頁のチャートのエッセンシャル・ディグニティをつけていきましょう。

始めに太陽のエッセンシャル・ディグニティを見ていきましょう。

太陽は第九ハウスにありますから、昼のチャートです。昼か夜かは太陽が地平線よりも上か下かだけで決まりますから、エッセンシャル・ディグニティをつけていく作業の一番始めは太陽から行うのがよいでしょう。

そして太陽は牡牛サインの25度にありますから、エッセンシャル・ディグニティの表でまず牡牛サインを探します。

牡牛サインの行をみると、ドミサイル▼金星、イグザルテーション▼月、トリプリシティ（昼）▼金星、ターム▼土星、フェース▼土星、デトリメント▼火星、フォール▼なしです。

この中には太陽がありません。

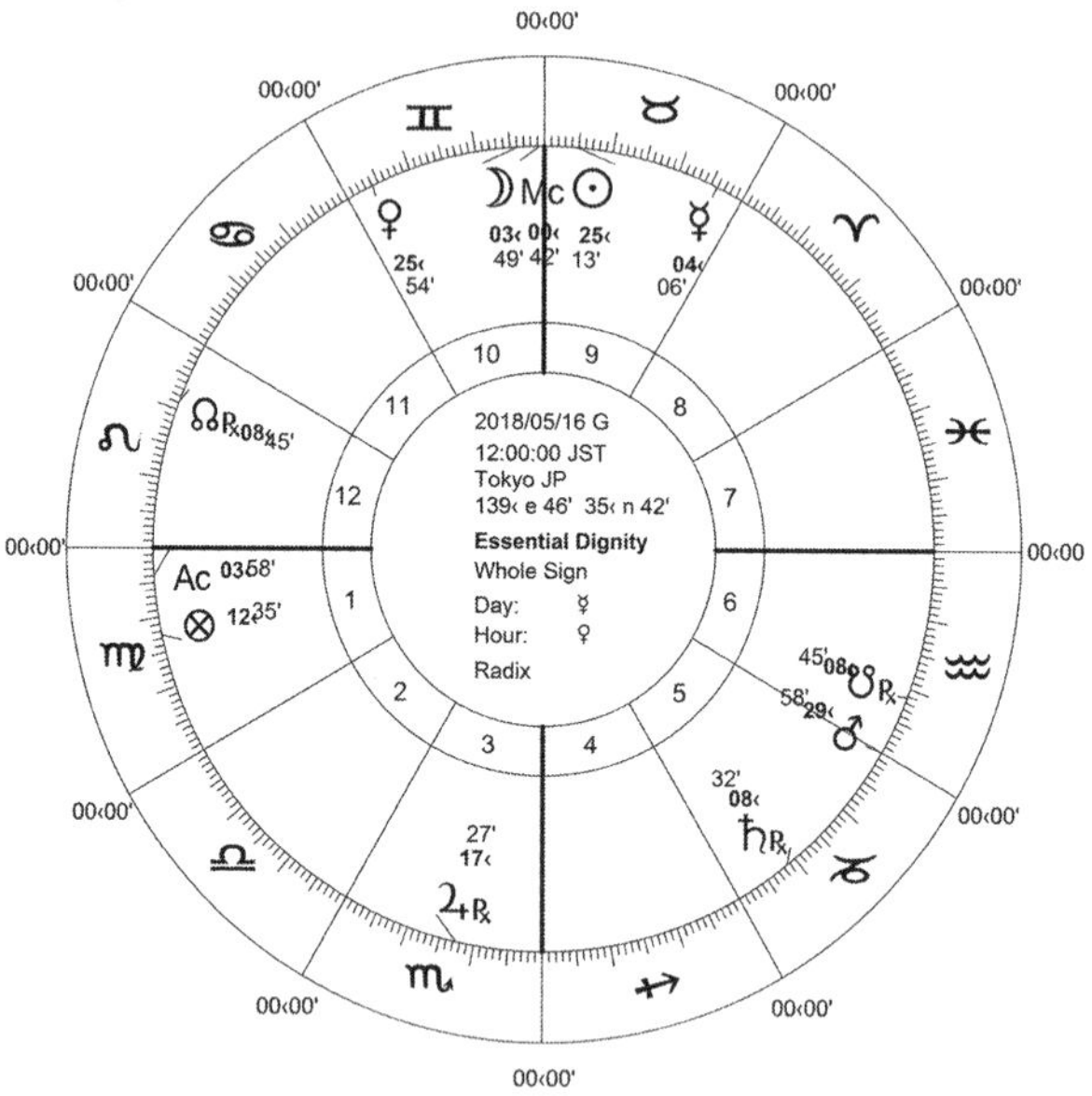

Fac	Pos	Sig	Do	Exa	Tri	Ter	Fac	Det	Fal	Per	Tot	Velocity
♄	08‹31'	♑	♄	♂	♀	☿	♃	☽	♃	-	5	-00‹ 03'
♃	17‹27'	♏	♂		♂	♀	☉	♀	☽	Pere	0	-00‹ 08'
♂	29‹58'	♑	♄	♂	♀	♄	☉	☽	♃	-	4	+00‹ 24'
☉	25‹12'	♉	♀	☽	♀	♄	♄	♂		Pere	0	+00‹ 58'
♀	25‹53'	♊	☿	☊	♄	♂	☉	♃		Pere	0	+01‹ 12'
☿	04‹06'	♉	♀	☽	♀	♀	☿	♂		-	1	+01‹ 38'
☽	03‹49'	♊	☿	☊	♄	☿	♃	♃		Pere	0	+14‹ 36'
☊	08‹44'	♌	☉		☉	☿	♄	♄		Pere	0	
☋	08‹44'	♒	♄		♄	☿	♀	☉		Pere	0	
⊗	12‹34'	♍	☿	☿	♀	♀	♀	♃	♀		-3	
Ac	03‹58'	♍	☿	☿	♀	☿	☉	♃	♀		0	
Mc	00‹41'	♊	☿	☊	♄	☿	♃	♃			0	

Mercurius 3.0 License: Motoi Fukumoto
Essential Dignity 1

ですから、太陽は0点のペレグリンとなります。

もし同じ牡牛サインの25度に金星が入っていれば、ドミサイルとトリプリシティの合計8点を得ます。

土星であれば、タームとフェースの合計3点です。

火星であれば、デトリメント−5点となります。

それ以外の星であれば全てペレグリンとなります。

同じように土星も見ましょう。

土星は山羊サインの8度で、昼のチャートです。

山羊サイン8度ではドミサイル▼土星、イグザルテーション▼火星、トリプリシティ（昼）▼金星、ターム▼水星、フェース▼木星、デトリメント▼月、フォール▼木星です。

そうすると土星はここではドミサイル5点を得ます。

このように順に点数をつけていくと次の通りになります。

太陽	▼ペレグリン	0点
月	▼ペレグリン	0点
土星	▼ドミサイル	5点
木星	▼ペレグリン	0点
火星	▼イグザルテーション	4点

金星　▼ペレグリン　0点
水星　▼ターム　1点

少し慣れが必要ですが、何度か自分でつけているとすぐになれると思います。

注意点は、昼夜は太陽の位置だけで決まることです。


最後に、エッセンシャル・ディグニティの表の不思議な点を説明しましょう。

蟹サインの行を見てみましょう。

蟹のサインにおいて、火星がトリプリシティです。

しかし、火星はフォールでもあります。

これを見るとなんだか不思議な感じがすると思います。

蟹のサインにおいて、いつもトリプリシティとフォールを火星は得ているというのは、一体どういうことなのでしょう。

足しあわせたら−1点ですから、そんなに悪い状態でもないかなと思うかもしれないですが、それは点数しか見ない時に陥りがちな間違いです。

この謎は麻薬中毒の人に置き換えて考えるとわかりやすいです。

フォールというのは、身体が普段より落ち込んでいる状態です。

身体が落とし穴に落っこちるのと依存症は同じですから、依存症はフォールです。

トリプリシティというのは、心地よい状態ということになります。

つまり、麻薬中毒者というのは麻薬を使っていて、体に不調をきたしているけども、それはそれで心地よいという状態になるわけです。

端から見れば、あわせて－1点ですから少し落ち込んでいる程度に見えるかも知れません。

しかし、身体の中では点数以上に複雑なことが起こっているわけです。

このようにエッセンシャル・ディグニティというのは、単純に点数だけで見るものではなくて、実際どういった状態なのかというのは、どんなディグニティを持っているか、ということが大事になります。

だからこそ占う前には必ず、こういったエッセンシャル・ディグニティの表をつける必要があります。

そして、占星術に詳しい方は**アルムーテン Almuten** という言葉を目にしたことがあるかもしれません。

アルムーテンというのはアラビア語の Al-mateen から由来しており、〝本質的に強い〟〝強靱〟という意味で、その場所においてエッセンシャル・ディグニティが一番高い状態の星を指します。

例えば、牡牛サインにおいて、金星と月を比べてみましょう。

昼のチャートであれば、金星はドミサイルでトリプリシティを得ますから、合計で8点という非常に高いエッセンシャル・ディグニティを得られます。

ところが、これがもし夜の場合は、イグザルテーションが月はイグザルテーション4点と、夜ですからトリプリシティ3点も月が持ちます。

つまり、合計7点を月は夜に得るわけです。

一方の金星は夜になれば5点しか得ないわけです。

すると、牡牛サインにおいて昼のアルムーテンは金星になります。

しかし、夜のアルムーテンは月になるわけです。

つまり単純に足し算をして、一番強い星がアルムーテン[二]というものです。


最後にもう一つ、これだけは知っておいて頂きたい考え方があります。

それは**ディスポジター Dispositor** というものです。

ディスポジターというのは、責任を持つとか、ボスになるとか、そういった意味があります。

これは、ある惑星が在住している場所において、エッセンシャル・ディグニティを持つ天体のことをディスポジターと言います。

大抵の場合ディスポジターというものは、その場所におけるドミサイルを指すことが多いです。

しかし場合によっては、イグザルテーション、トリプリシティ、ターム、フェースなどのエッセンシャル・ディグニティを得る星のことを指すことがあります。そういった場合はイグザルテーションでのディスポジターである、などと言います。同じ意味ですが、イグザルテーションでディスポー

二　土星の説明であった、ロード・オブ・ザ・ジェニチャーはエッセンシャルとアクシデンタルのディグニティで総合的に考えて最も強い星のことである。一方のアルムーテンは単純にエッセンシャル・ディグニティの合計点数が高い星のことである。

ズDisposeしていると言うこともあります。

例えば、先程の太陽は牡牛サインの25度にありました。

ここでは、ドミサイル▼金星、イグザルテーション▼月、トリプリシティ（昼）▼金星、ターム▼土星、フェース▼土星、デトリメント▼火星、フォールなしです。

そのため、一般的には牡牛サインの25度において、金星は太陽のディスポジターと呼びます。

そして、金星はドミサイルとトリプリシティで太陽をディスポーズしているとも言いますし、金星は太陽をドミサイルとトリプリシティのディスポジターであるとも言います。

同様に、月は牡牛サインの25度の太陽に対してイグザルテーションで太陽をディスポーズしていると言いますし、月は太陽に対してイグザルテーションのディスポジターであるとも言います。

ディスポーズのことを**レシーブ Receive** とも言いますが、これは歓待するということです。つまり、それぞれのディグニティでその場所に入っている星を歓待したい気持ちを持つということになります。

例えば、金星はドミサイルとトリプリシティの程度に太陽を歓待しようとしますし、火星はデトリメントの扱いで太陽を歓待しようとします。

これは、太陽は非常に良い状態で金星に歓待されるということです。

逆に牡牛サインにおいて、エッセンシャル・ディビリティのデトリメントである火星は太陽に雑な扱いをするということになります。

占星術においては、ある星に対して別の星がどのように考えているかということを知る必要があります。

しかし、歓待する気持ちがディスポーズをする方とされる方のどちらの気持ちかは、占星術師同士で意見が異なります。

つまり、あるサインの支配星が歓待するほどお客さんの星が好きなのか、お客さんがサインの主のことを好きなのかということです。

しかし、これは私が先述した通り、あるサインの支配星が相手の星を好きという考えが一般的ですし、ウィリアム・リリーも以下のように述べています。

"Contrary to all the rules of the ancients, I have ever found that when the lord of the seventh hath been in the ascendant, the quarent hath loved most, and when the lord of the ascendant was in the seventh, loved best."

「古代の人達のルールとは逆に、私は第七ハウスの支配星がアセンダントにあった場合に相談者の愛情が勝り、第一ハウスの支配星が第七ハウスにある場合に相手の愛情が勝ることを見つけた。[三]」

そしてこのレシーブは、**レセプション** reception という概念のときにどうしても必要になる概念です。

レセプションの重要性を強調したのはアラビアの占星術師のマシャラーなのですが、一世紀の占星術師であるウェティウス・ヴァレンス[四] Vettius Valens も少し言及しています。

三 *"Christian Astrology"* William Lilly P.317

四 *"Anthology"* Valens 7, 2:34

"One star in another's sign and having some relationship with it is productive and beneficial during the applicable time lordship."

「ある星が他の星が支配するサインにいる場合、適切なタイム・ロードシップは生産的で良い関係を得ることが出来る。」

このように、西洋占星術において、かなり古くからある考え方です。

レセプションには〃エッセンシャル・ディグニティとアスペクト〃が必須となります。

例えば、火星が天秤サインにあったとしましょう。

その支配星は金星です。

もしも火星と金星がアスペクトを形成できるならば、金星は自分の家を見ることができ、更には火星の面倒を見ることができることになります。

もしもレシーブだけであれば、金星が火星の面倒を見たいという気持ちだけを表します。

アスペクトだけであれば、連絡を取れるということだけを表します。

レセプションはその両者が整った状態ですので、歓待することが出来るのです。

そしてレセプションの有無が物事の成就の可否を左右します。

但し、物事の成就を示すレセプションはドミサイルかイグザルテーションであることを必要とすることが多いです。

それよりも小さいディグニティでは、成就しない可能性があります。

その場合は、レセプション以外の成就を示す印を探す必要があるのです。ですから、どのようなディグニティでレシーブしているかはとても重要です。

レセプションとは、お互いにレシーブしている、もしくは一方がレシーブしている場合があります。前者が**ミューチュアル・レセプション Mutual reception**であり、後者が単純にレセプション Receptionとだけ言います。

当然ながら、ミューチュアル・レセプションの方がお互いを助け合うことが出来ますし、ウィリアム・リリーも最上のレセプションと述べています。

この章の最後に**ルーラーシップ Rulership**の話をしましょう。

このルーラーシップというのが、伝統的占星術のキモというか、非常に面白いところなので、是非とも身につけていただきたいと思います。

伝統的占星術では、エッセンシャル・ディグニティの表は必ずつける必要があるのですが、それには理由があります。

それは、ルーラーシップというものをしっかり把握するためは、どうしてもエッセンシャル・ディグニティの表が必須だからです。

ルーラーシップが悪影響をおよぼす場合

では、まず左の図を見てください。

これはルーラーシップが悪影響を及ぼす場合になります。

この中で悪影響を受けているのは、実は木星です。

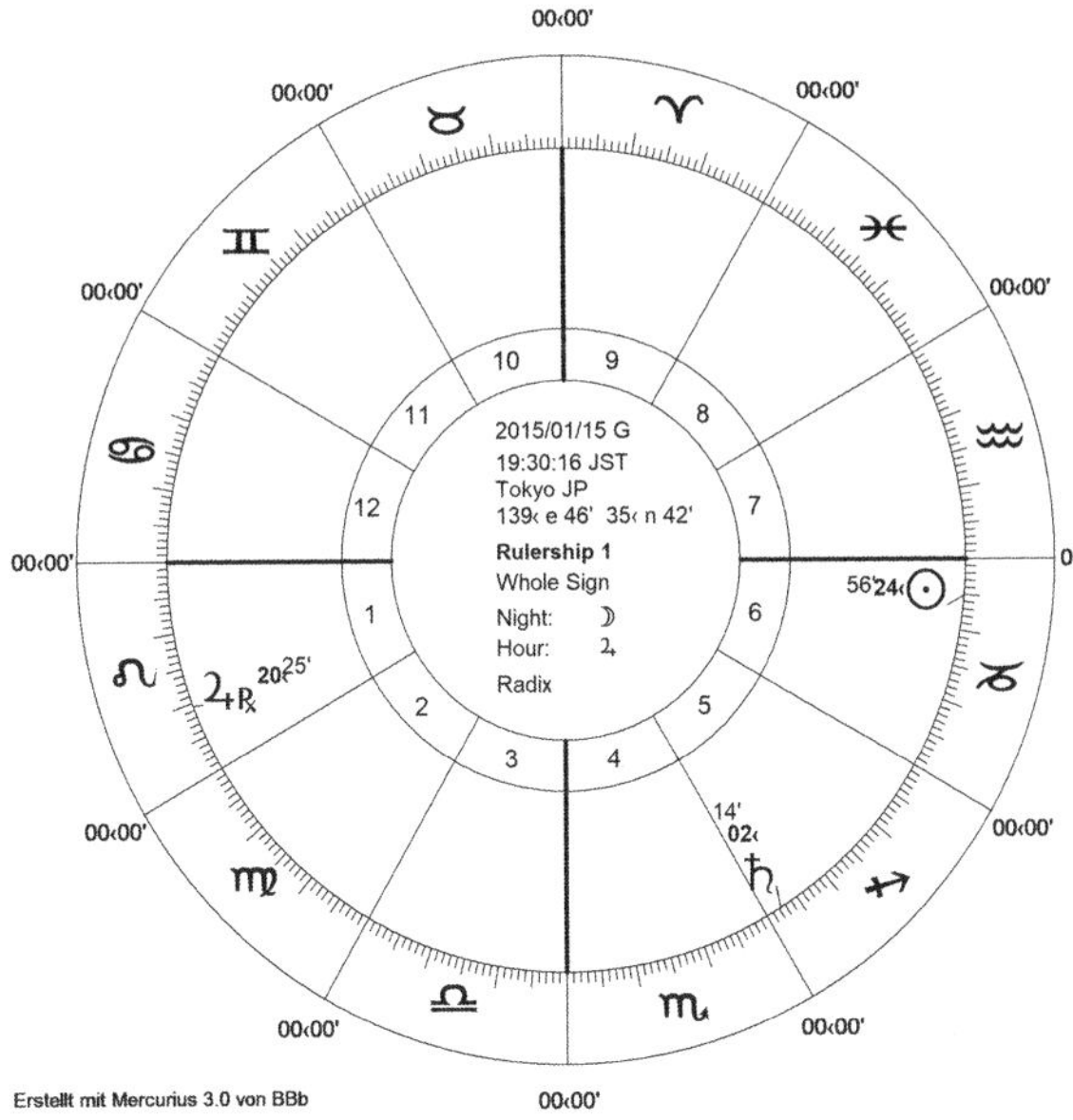

そして木星に悪影響を与えているのは、土星になります。なぜなら、木星は土星のデトリメントのサインである獅子のサインにいて、土星と木星はトラインの関係ですから、土星は木星に対して悪さを簡単にできる状態だからです。

しかもこれは夜のチャートですから、土星の悪さが引き立ち、木星の良さが損なわれます。

では、この悪さの具合を緩和することができるかと考えたときに、昼夜も重要ですが、もう一つ大事なものがあります。

それがルーラーシップです。

このホロスコープでは、木星のいるサインは獅子のサインです。

獅子のサインのドミサイルは太陽です。

つまり、木星は太陽の領土にいます。

そこで、太陽が木星に対して影響を与えられるかどうかということが重要になります。

実は、この木星がいる第一ハウスから見て、太陽のいる第六ハウスはアバージョンです。

太陽はそこでフェースを得ているわけですが、アセンダントにアスペクトできません。

つまり自分の領土で何が起こっているのかよくわからない状態です。

木星が今、太陽の領土に訪ねてきていますが、土星が木星をいじめています。

でも家主の太陽は、それが見えない状態なのです。

その状態を止めに入ることができないため、土星は堂々と木星に悪影響を与えているということになります。


さらに言えば、エッセンシャル・ディグニティの章で善悪について、悪いことをされるというのと、良いことをしてもらえないというのも、両方悪いことと触れました。

この場合の悪いというのは、太陽から恩恵を受けられない、手助けを受けられないという意味で良くないわけです。


太陽から助けを得られない木星なのですが、実はこの木星は土星に対して多少なりとも力を発揮できます。

よく見ると、土星のいる場所はといったら射手のサインで、そのルーラーは木星です。そして木星はトラインの関係でよく見ることができます。つまり木星は、土星がお邪魔している領土の領主です。そして、土星と木星の配置にも注目します。ですから木星は土星に対してある程度、言うことを聞かせることができます。

総合的に考えると木星は太陽の助けを得られないので、土星の悪影響に対しては、自分一人の力でなんとかしなければならないけれども、木星の方が土星よりも優位なのでなんとかなる、ということになります。

ルーラーシップが良い影響をおよぼす場合

次にルーラーシップが良い影響を及ぼす場合の話をしていきます。

この図で注目してもらいたいのは金星です。

金星は、誰にいじめられているかというと、土星にトラインでいじめられています。

これは前例と同じく、蟹サインは土星にとってはデトリメントのサインであり、トラインでアスペクトしているため、そのサインにある金星は簡単にいじめられます。

先程の例の通り、またルーラーシップで見ていきましょう。

金星は蟹のサインにいて、そのドミサイルは月です。

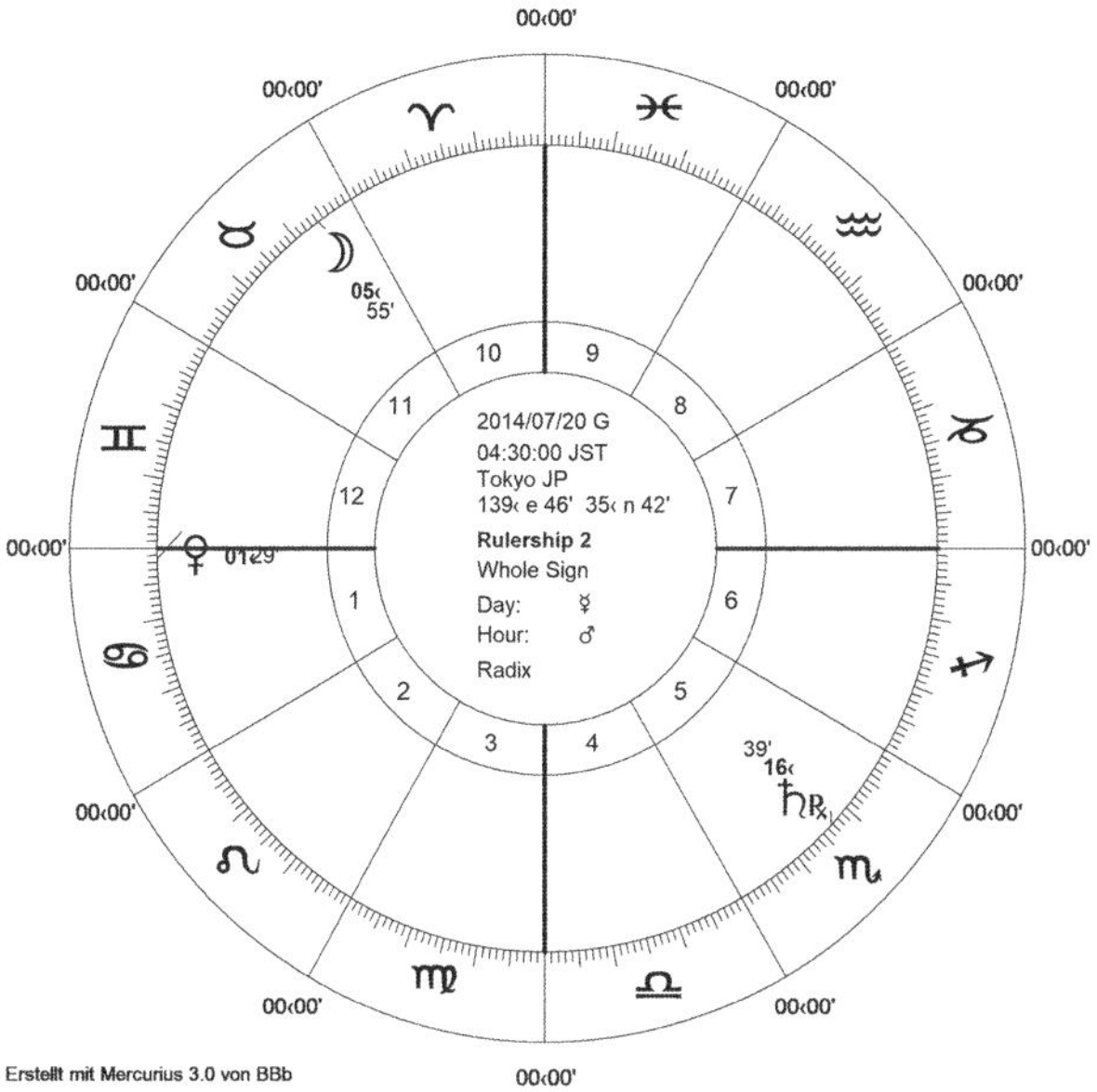

Erstellt mit Mercurius 3.0 von BBb

月は、第十一ハウスにありますからセクスタイルの関係で金星の面倒を見ることができます。

しかも月はイグザルテーションです。

月は自分のハウスである第一ハウスのことを、そしてその中にいる金星をセクスタイルで簡単に面倒見ることができます。

ですから土星がどうやって金星をいじめようとも、月がしっかりと金星のことを守ってくれているという状態になります。

この場合、土星の悪さ自体は多少残りますが、ルーラーシップの関係で金星は守ることができます。

さらに言うならば、この金星と月というのは、ミューチュアル・レセプションを起こしています。

ミューチャルとは、「お互いに」という意味で、レセプションは、「歓待する」という意味になります。

つまりお互いをもてなしあえるのが**ミューチュアル・レセプション**です。

エッセンシャル・ディグニティの表を見てもらうと、蟹のサインのドミサイルは月で、金星は牡牛のサインでドミサイルです。

つまり、金星は月のドミサイルの場所に、月は金星のドミサイルの場所にそれぞれいます。ですから、お互いレセプションしあうことができるわけです。また、金星の方が土星にアプローチしていて、金星の方が優位でもあります。

ここの話は伝統的占星術を始めたばかりの方には少し難解かもしれません。

しかし、ルーラーシップについては、この章でぜひ理解しておきましょう。

どの星が、どのように思っているかというところは、ルーラーシップから考えれば一目瞭然です。エッセンシャル・ディグニティひとつで、星同士がどう相手のことを思っているのかというのがよくわかるでしょう。

現代占星術ではエッセンシャル・ディグニティでも、せいぜいイグザルテーションぐらいまでしか使わないのですが、伝統的占星術ではすでに学ばれたフェースとかタームとか、トリプリシティなども使用するため、より面白く、より深くチャートを読むことができることになります。

第十二章　ドロセウスのトリプリシティ

ドロセウスのトリプリシティについて、ウィリアム・リリーが知らなかっただろうかという疑問もあるでしょう。しかし、恐らくリリーも知っていたはずです。

彼は一六〇二年五月一日生まれなのですが、一五八三年にクラディウス Dariot Claudius という占星術師が *A Brief and most Easy Introduction to the Astrological Judgement of the Stars* という本を出版して、ドロセウスのトリプリシティに言及しており、リリーが知らない可能性の方が低いだろうと予想されます。

きっとリリーも悩みながらやっていき「これはこれでいいのだ」と考えたのではないでしょうか。私はまだまだ占星術の勉強の道半ばにも立っていないのですが、基本的な占断ではリリーの方法を踏襲していけばよいのではないかと思っています。

さて、ドロセウスのトリプリシティがなぜこのような並びになっているのか、という疑問はよくされる質問です。

これに対して明確な答えはないのですが、幾つか合理的な理由付けは出来ます。

その一つをご説明しましょう。

まず始めに、どうして土星が昼で、火星は夜なのかという点です。

惑星の章で述べたように、惑星には昼の惑星と夜の惑星があります。

昼の惑星 ▼太陽、木星、土星
夜の惑星 ▼月、金星、火星
チャートによる ▼水星

昼の惑星は熱い状態で良い力を発揮し、夜の惑星は冷たい状態で良い力を発揮します。太陽は熱いからこそ力を出せますし、月も寒いからこそ力を出せます。

同様に本来の性質から考えるならば、土星（ＣＯＬＤでＤＲＹな星）も寒い時に、火星（ＨＯＴでＤＲＹな星）は熱い時に力を出せそうです。

しかし、どうして土星は昼で火星は夜の惑星なのでしょうか。

その理由は、土星も火星も凶星だからです。

現代占星術においては、土星も火星も良い方向に読もうとしますが、ホラリー占星術をしていると、土星や火星はしょっちゅう物事の成立を邪魔するのを目撃します。

手助けしてくれる方がまれなくらいで、凶星とはよく言ったものだと思います。その凶星が力を発揮できるということは、邪魔する力が強くなるということです。

これは邪魔される方、つまりは相談者にはたまったものではありません。土星の制限にしても火星の切断にしても、たとえ必要な行為であっても、ソフトにやってもらわないとダメージが大きいでしょう。

そうです〝ソフトに〟という点が重要なのです。土星は夜に、火星は昼にその力が行き過ぎます。ですから、土星は昼に、火星は夜に良さを発揮しやすいのです。逆に昼生まれの人は火星が、夜生まれの人は土星の凶意が強くなります。

例えば火のサインを考えてみましょう。

火のサインのトリプリシティは昼▼太陽、夜▼木星、関与星▼土星となります。一方で火のサインは牡羊、獅子、射手サインとなります。

もし、それぞれのドミサイルである火星、太陽、木星がそのトリプリシティであれば理解しやすいでしょう。しかし、太陽と木星はその中にありますが、火星はドロセウスのトリプリシティには入っていません。

何故でしょう。

その鍵は昼夜にあります。

火星はその暑さのためにその激しさが弱まる夜に吉意をもち、土星はその冷たさ故にその寒さが落ち着く昼に吉意を持つからです。

そして、サインにも昼のサインと夜のサインがあります。

昼のサインには火と風のサインが当てはめられ、夜のサインには地と水のサインが当てはめられます。

火のサインは昼のサインですから、火星が良い働きをしにくいことがわかります。それ故、火星の代わりに昼の惑星である土星が、火のサインの関与星として役割を担うことになります。


次に土のエレメントにも言及していきましょう。

土のサインは牡牛、乙女、山羊サインです。

これらは夜のサインです。

本来であればそれぞれのドミサイルである金星、水星、土星が土のトリプリシティであればしっくり来ます。

しかし、昼▼金星、夜▼月、関与星▼火星となります。

金星以外は全く入っていません。

まず関与星から考えてみましょう。

土のサインは夜のサインです。

土星はそのCOLDでDRYな性質ゆえに、夜のサインにおいてさらに冷たくなり、吉意を発揮しにくいです。

これは先述の通り、火星が火サインで吉意を発揮しにくいのと同様です。

それ故、火のサインとは逆で土星の代わりに火星が、土のサインの関与星として役割を担うことになります。

次に乙女のサインのドミサイルである水星についても考えてみます。

水星はCOLDでDRYな星ですから、COLDでDRYな土のサインでは居心地が良いように見えます。

しかし、これも昼夜で考えてみるとそうでもないのです。

水星は状況によって一定しない困った性格がありますが、あえて分類するならば昼の惑星に分類されます。

一方で、水星と対になりやすい月は冷たいほうが良さを発揮します。昼に見える月もありますが、やはり月といえば夜でしょう。

そのため、火星―土星の関係と同じく、水星―月でも交換が行われ、地のエレメントの夜のトリプリシティでは月が夜を担当します。


次に風のトリプリシティに移りましょう。

風のサインは双子、天秤、水瓶サインです。

これらは昼のサインで男性性かつHOTでMOISTです。

ドロセウスのトリプリシティでは、昼▼土星、夜▼水星、関与星▼木星となります。

土星は天秤サインにおいてイグザルテーションであり、水瓶サインではドミサイルであるため、風のサインと土星は非常に密接に関連しています。

その為、昼の惑星である土星が、風のサインでの昼のトリプリシティを担当します。

一方、水星は双子サインのドミサイルであり、土のエレメントで夜のトリプリシティを支配します。

これは先ほど、「どちらかというと水星は昼の惑星」ということと矛盾していますが、土星と水星はCOLDでDRYな星の親分子分のような関係ですので、土星が優先されると考えます。

では、天秤サインのドミサイルである金星はどうでしょう？

風のサインは昼のサインですから、夜の惑星である金星は関与星としてふさわしくありません。

その為、太陽か木星が関与星の候補となります。

しかし、太陽は風のサインにふさわしくありません。

なぜなら、風のサインの天秤及び水瓶サインにおいて太陽はエッセンシャル・ディビリティとなるからです。これらの理由から、風のサインの関与星には木星が使用されます。


最後に水のトリプリシティについて説明しましょう。

水のサインは蟹、蠍、魚サインです。

これらは夜のサインで女性性かつCOLDでMOISTです。

ドロセウスのトリプリシティでは、昼▼金星、夜▼火星、関与星▼月となります。

蟹、蠍、魚サインのそれぞれのドミサイルは月、火星、木星となります。

しかし、ここで問題なのは木星が昼の惑星であるため、夜の水のサインではふさわしくないということです。

その為、夜の惑星である金星が、水のエレメントでの昼のトリプリシティを担当します。

そして残りの火星と月が、それぞれ夜と関与星を担当します。


初期の頃の占星術師達はドロセウスのトリプリシティを使用していましたが、ウィリアム・リリーを含む後世の占星術師達は、昼夜の二種類だけ使用するようになりました。

この理由は様々に言われていますが、上記のようなトリプリシティの根底にある考え方を後世の占星術師たちが否定したためとも、トレミーが牡羊と山羊サインでは二つのトリプリシティにしか言及していないにもかかわらず、その他のサインでは三つ言及しており、占星術師達が混乱をきたしたためとも言われています。[一]

また、一世紀の占星術師であるウェティウス・ウァレンスは関与星について言及していません。

しかし、後のアラビア人によるドロセウスの翻訳では関与星が加わっています。

これは、ヘレニズム期では関与星の存在が常識であったため、あえて書かなかった可能性と、アラビア期ではそれを頻用した可能性がありますが、その真偽は不明です。

ただ、関与星が影響力を与えることは昼夜の星に比べると少ないので、それほど厳格に考える必要はないでしょう。

そして、関与星を含める場合と関与星を含めない場合にもそれぞれきちんと根拠があります。

一　http://www.skyscript.co.uk/triplicities.html

ご興味があれば、第十五章のジョイについての説明を一読してください。

ジョイを通じてそれぞれのトリプリシティの説明をしています。

最後に、ドロセウスのトリプリシティを占断で利用する方法について説明しましょう。

まず、ナチュラル・ルーラーから考え、質問者のテーマとなる星を見ます。

父であれば太陽、母であれば月、敵であれば土星、富であれば木星、恋愛であれば金星などです。

人生の幸福度全体を見るのに特に重要なのが、セクトの**ルミナリー Luminary**[二]です。

セクトですから、生まれの昼夜を見てどちらのルミナリーがそのチャートを主導しているかを見ます。

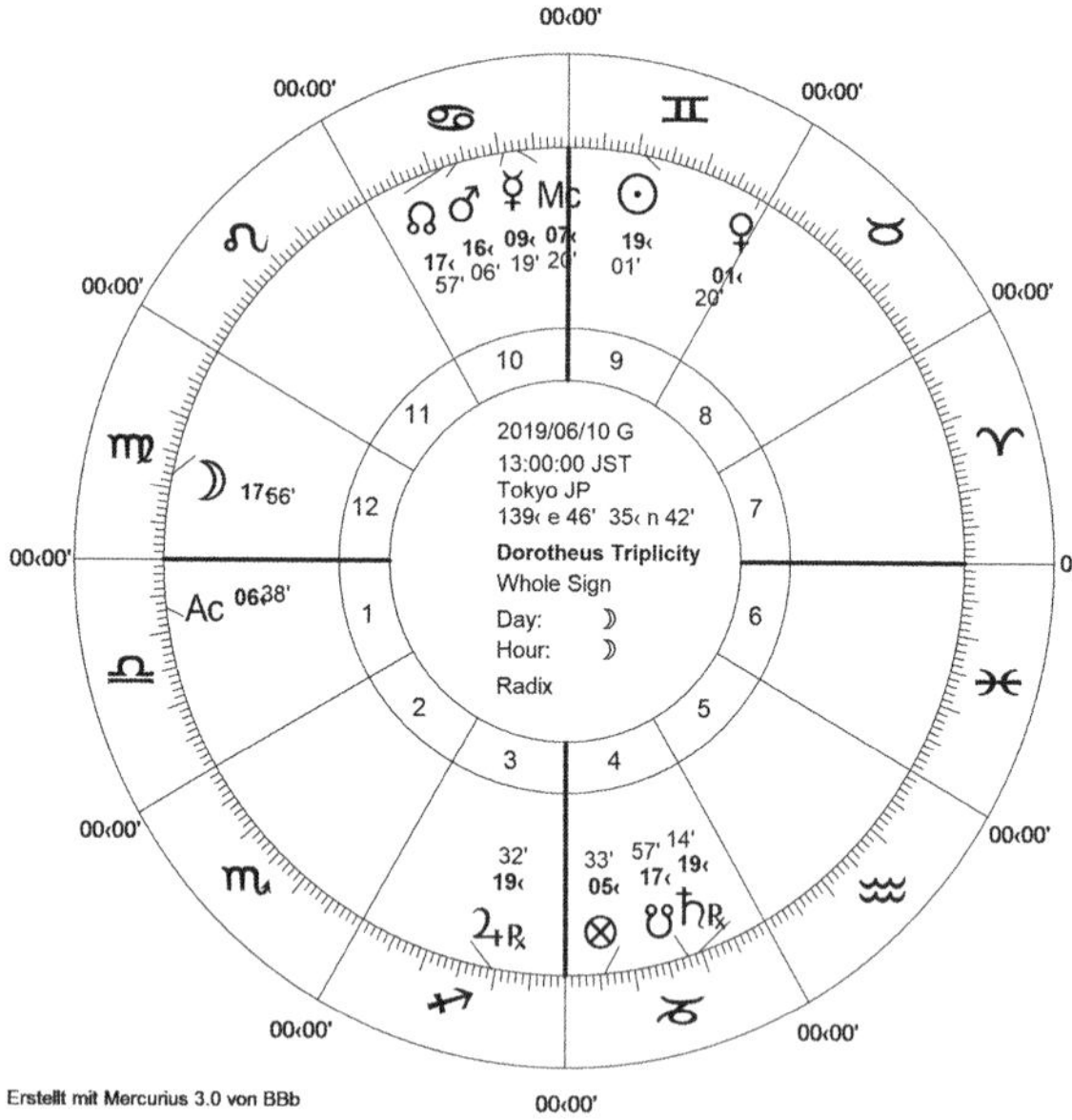

昼生まれであれば太陽、夜生まれであれば月です。

例えばその人が昼生まれであり、太陽が双子サインにあったとします。

二　発光体や指導者のこと。占星術では太陽と月のこと。

すると、ドロセウスのトリプリシティでは風のサインは、昼▼土星、夜▼水星、関与星▼木星です。

更にその人の土星が山羊サイン、水星が蟹サイン、木星が射手サインにあったとしましょう。

これらの三つの星が、その人の人生の太陽に対して追い風となるのか向かい風になるのかを見ることが出来ます。

その人の全人生を大きく二つに分けて考えると、前半がセクトのトリプリシティ、後半がセクトと逆のトリプリシティ、人生全体を関与星が影響を与えます。

ここでも昼夜で前半と後半を担当する星が逆転する点に注意しましょう。

例えば、この場合は土星が山羊サインですから、人生の前半を土星が影響を与えます。

土星は山羊のサインでドミサイルですから、とても良いエッセンシャル・ディグニティです。

しかし重要なのは、土星が自分のトリプリシティにあるのかどうかです。

ドロセウスのトリプリシティでは、土星は火のサインの関与星、風のサインの昼を担当しています。

昼か夜のトリプリシティであれば強い影響力を、関与星であれば弱い影響力を与えることが出来ます。

ですから、土星は火か風のサインであれば良い影響力を発揮できます。

しかし、土のサインですので、それほど影響力に期待できないことになります。

また、土星は昼の火星からのオポジションもあるため、むしろ悪い影響も与えられると考えられます。

この方の人生の後半は蟹サインの水星が影響します。

ドロセウスのトリプリシティでは水星は風のサインで夜を担当しているだけです。

ですから、水のサインの水星は影響力を余り発揮できないことになります。

水星は土星からのオポジションがありますが、昼の生まれであり、土星はドミサイルですから、人生の前半ほどは悪い影響はないと考えられます。

最後に、関与星の木星をみます。

ドロセウスのトリプリシティでは、火のサインは昼▼太陽、夜▼木星、関与星▼土星となります。

ですから、木星は強い影響力を与えることがわかります。

更に木星はドミサイルであり、凶星からの**アフリクト afflict**[三]を受けていません。

そのため、この人の人生全体に木星が良い影響力を及ぼしていることがわかります。

そして、この占い方は実は時代によって異なります。

ドロセウスの翻訳をしたヘファイスティオ Hephaistio は、上記の通りの占い方を紹介しています。

つまり、この占い方をしていたのは初期の占星術師たちです。

しかし、後のアラビア人によるドロセウスの翻訳では人生を三つに分けて、始めをセクトのトリプリシティ、真ん中をセクトと逆のトリプリシティ、終わりを関与星が影響するとしていました。

ですから、アラビア期では別の考え方で占われていたようです。

これについてはドロセウスの翻訳をアラビア人が誤訳したのだと考えられます。

もしドロセウスのやり方を忠実に行うなら、私がご紹介した方法でされるのが良いと考えます。

三　ひどく苦しめる、悩ますという意味。占星術では悪影響を被ること。

第十三章　アクシデンタル・ディグニティ

基本的には神様が作ったこの世の中というものに、良いとか悪いとかいうものはないのですが、私を含めて人間というのはどうしても良いとか悪いとか、ついつい言いたがります。

西洋占星術ではでは良い悪いに関して、大きく分けると二種類あります。

それは前章で解説したエッセンシャル・ディグニティに加えて**アクシデンタル・ディグニティ Accidental dignity** になります。

両者の違いについて「エッセンシャル・ディグニティは生まれのようなもので、アクシデンタル・ディグニティは行動力である」とジョン・フローリーは書いています。

そしてその例として、虎を出しています。

例えば虎に生まれるのか、ネズミに生まれるのかということ自体で、そもそも良さが違うわけです。

卑近な例ですが、お金持ちの家に生まれるのか、貧乏な家に生まれるのかに良いとか悪いとかがあるわけでもないですが、一般的には貧乏よりはお金持ちの方が良いと考えるでしょう。

西洋占星術でそれを表しているのがエッセンシャル・ディグニティです。

それが前章のお話でしたが、虎は虎でもどんな状況にある虎なのか、どんな環境にある虎なのかというものを表しているのが、アクシデンタル・ディグニティになります。

例えばアクシデンタル・ディグニティが高ければ、ジャングルにいて自由な虎です。

しかし、アクシデンタル・ディグニティが低いということは罠にはまって動けない状態の虎であるということです。

ですから、単純にお金持ちだからといって単純に幸せではないのと同様に、せっかく虎に生まれたのに罠にはまっていれば、生まれが良くても不運な人ということになります。

それが西洋占星術ではアクシデンタル・ディグニティ、エッセンシャル・ディグニティというもので見られるわけです。

さらに野球でたとえ話をしましょう。

もしあなたが監督だった場合に、どんな選手をスタメン入りさせるかということが問題になると思います。

イチローみたいな選手ならば、元々体力があったり、技術力があったり、腕力なり脚力なりがあります。

けれどもルーキーはそういったものが総合的に足りない。

しかし、いつもイチローを使うのかというと、そういうわけではないですね。

その日のコンディションによって違うわけです。

イチローにだって調子の悪い日があるでしょうし、ルーキーにものっているときがあるでしょう。

だからこそ、いつも強いチームが勝つわけではなくて、弱いチームもたまには強いチームを打ち負かすことがあるわけです。

では、どうして日によって違うのかという理由が、アクシデンタル・ディグニティになるわけです。

つまり本日のコンディションということになります。

例えば投手であれば、きちんと休養を取れていたか、いつが最後の試合で投げたか、相性の良い球場か、お腹いっぱい食べているのかどうかとか、家族と仲が良いのか、ぐっすり寝たか、睡眠不足か、そういったところを見て判断したりすると思います。

つまり、物事がうまくいくかどうか、この場合は試合で勝つかどうかは、エッセンシャル・ディグニティももちろん大事ですが、アクシデンタル・ディグニティがより重要です。

もしアクシデンタル・ディグニティが両者ともに同じような状態である場合のみ、試合の勝敗を握るのはエッセンシャル・ディグニティになります。

これは実際の占いでもそうです。

どのチームが勝ちますかという占いをお願いされた場合に、それはアクシデンタル・ディグニティを見ないとわかりません。

アクシデンタル・ディグニティが二チームとも拮抗していれば、初めてそこでエッセンシャル・ディグニティを見て、勝負の勝敗を占うわけです。

逆に私がお付き合いしたいと思っている人は、裕福な家庭の出ですかといったことを聞かれた場合に、それはアクシデンタル・ディグニティを見てもわかりません。

これに関してはエッセンシャル・ディグニティを見て判断するわけです。

ですから、良さと一言で言いがちですが、その良さを細かく西洋占星術では見ることができるのです。

それがまた、非常に面白いところです。

さて、ここまでで大体エッセンシャル・ディグニティとアクシデンタル・ディグニティの機能的な違いが理解できたと思います。けれども、それ以外にも違いがあります。

まずアクシデンタル・ディグニティの表を見てみましょう。

アクシデンタル・ディグニティというのは、プラスの点数ですが、アクシデンタル・ディビリティというものは悪さを表します。

例えばこの表では、アセンダントか第十ハウスに惑星が入っていると点数5点とあります。

エッセンシャル・ディグニティは基本的には足し算ができるものでした。

しかし、ここが非常に重要ですけれども、アクシデンタル・ディグニティというのは、エッセンシャル・ディグニティと異なり、足し算できません。

例えば体調を図ろうとしても、お腹のふくれ具合と睡眠時間を点数化して足し合わせることは出来ません。

アクシデンタル・ディグニティ	点数	アクシデンタル・ディビリティ	点数
アセンダントか、第10ハウスに惑星が入っている	5	第12ハウスに惑星が入っている	-5
11, 7, 4ハウスに惑星が入っている	4	第8, 6ハウスに惑星が入っている	-4
5, 2ハウスに惑星が入っている	3		
9ハウスに惑星が入っている	2		
3ハウスに惑星が入っている	1		
Joyになっている	2	Joyとオポジションのハウスに入っている	-1
順行している（太陽と月は除く）	4	逆行している	-5
平均以上のスピード	2	平均以下のスピード	-2
♄、♃、♂がオリエンタル	2	♄、♃、♂がオキシデンタル	-2
☿、♀がオキシデンタル	2	☿、♀がオリエンタル	-2
☽の光が増している	2	☽が光を減じている	-2
☉の悪影響から離れている	5	コンバスト(☉の片側8.5度以内のコンジャンクション)	-5
カジミ(☉との片側17分以内のコンジャンクション)	5	アンダー・ザ・レイ(☉の片側17度以内のコンジャンクション)	-4
♃か♀とのパーチルなコンジャンクション	5	♄、♂とのパーチルなコンジャンクション	-5
ドラゴンヘッドとのパーチルなコンジャンクション	4	ドラゴンテイルとのパーチルなコンジャンクション	-4
♃か♀とのパーチルなトライン	4	♄か♂によるパーチルなオポジション	-4
♃か♀とのパーチルなセクスタイル	3	♄か♂によるパーチルなスクエア	-3
♃と♀によるビシージング	5	♄と♂によるビシージング	-5
恒星レグルス(♍0.07度)とのパーチルなコンジャンクション	6	恒星アルゴル(♉26.26度)とのパーチルなコンジャンクション	-5
恒星スピカ(♎24.07度)とのパーチルなコンジャンクション	5		

アクシデンタル・ディグニティ、アクシデンタル・ディビリティの表

では、この点数には何の意味もないのかというと、そうではありません。

この点数は、それぞれの項目の強弱を表しているのです。

例えばアクシデンタル・ディグニティの表の一番上のところはアセンダントか第十ハウスに惑星が入っている、これは5点です。

第十一、七、四ハウスに惑星が入っていると4点になっています。

これは、もし何か占うことがあったとして、第七ハウスに入っているのか、第十ハウスに入っているのかというので、やはり強さが違うからです。

明らかに第十ハウスの方が強いです。

このように、アクシデンタル・ディグニティの点数は強弱の物差しになります。

ですから、この表は占星術を初めたばかりの頃には参考になりますが、だんだん見る必要がなくなります。

実占を行っていくうちにアクシデンタルでの強弱がわかってくるからです。

それでは次にこのひとつひとつの要素について話をしていきましょう。

まず、表の5行目までのハウスの強弱についてから始めましょう。

惑星がどこのハウスに入っているかということによって、強くなったり弱くなったりがわかります。

これはエッセンシャル・ディグニティのように、どこの〝サイン〟にあるかという良さとは違います。

エッセンシャル・ディグニティは、いわばどんな土地にいるかというニュアンスです。

惑星が自分の家にいればやはりそれは強いです。

でも、自分の嫌な人の家にいればやはり弱いです。

一方のアクシデンタル・ディグニティは、どの〝ハウス〟に居るのかというところが重要です。では、ハウスとサインはどう違うのでしょうか。

ハウスというのはそういった土地の良さ（サイン）ではなくて、第六章でも書きましたが目立つかどうかというものになります。

強いハウスというのは目立つところということです。

弱いハウスというのは、目立たないところということです。

第十ハウスは、ホロスコープの一番目立つところです。

別名ミッドヘヴン Midheaven やMC[一]といいますが、天の一番高いところにあります。

逆に、第八ハウスとか第六ハウスなどは目立たないため、あまりよくないところとされます。

その目立たない理由というのは、アセンダントからのアスペクトが無い（アバージョン）ということになります。

では、どうしてこの目立つかどうかが良さとなるのでしょうか。

一見どうでもいいようにも思えますし、性格的に目立つのが嫌な人もいるでしょう。でも、考えて頂ければおわかりかと思いますが、才能があってもその才能を見出されないと、なにも始まりません。

科学者がせっかく良い発見をしても、社会的に認められなければ、人々に貢献することが出来ま

一 Medium Coeli（ミディアム・コエリ）の略。

せん。

ですから、どれだけ良いことをしても、目立つものか目立たないものかという違いは大事なのです。そして良い悪いは脇において、現代の我々は社会の中に暮らしています。そのため、社会におけるひとつの成功というのは、やはり目立つことになってしまいます。

強いハウス、弱いハウスの話に戻りますが、アクシデンタル・ディグニティの表を見ていただくとおわかりのように、強いハウスというのは、第一、四、七、十のアンギュラー・ハウスです。

そして中くらいのハウスが、第二、三、五、九、十一ハウスです。

次に、弱いハウスは第六、八、十二ハウスになります。

つまり、ドロセウスのやり方が採用されています。

これは、ホールサイン・ハウス・システムで採用されている分け方で、目立つ場所、もしくはその場所が持つ強さと考えてください。

しかし、アンギュラーは強い、サクシダントは中位、ケーダントは弱いということの法則もあります。それを採用していたのは、アブ・マシャラーとかアル・カビタスです。

この場合、ケーダントは一律弱いとなるわけですが、これは動的な強さを示しています。

この手法はレギオモンタナスとかプラシーダスとかコッホ Koch といった四分円方式で使われるものと考えてください。

基本的にはネイタル占星術ではホール・サイン・システムを中心に、ホラリー占星術では四分円方式を中心に行うと考えて大きな間違いはないでしょう。

同じ占星術なのに不思議に思うかもしれませんが、それぞれの占いによって成否を分けるポイントが異なると考えて頂いて結構です。

ネイタル占星術では場所が、ホラリー占星術では勢いが重要ということです。

ただし、ネイタル占星術でもアングルのカスプを意識しますし、ホラリー占星術でもホール・サイン・システムでの考え方を常に頭に入れています。

また、仮に四分円方式で第七ハウスに惑星が入っていて、その星がホール・サイン・システムであれば第八ハウスに入っているならば、両方のシステムで第七ハウスに入っている場合よりも明らかに弱くなります。

ホールサイン・ハウス・システム、レギオモンタヌス・ハウス・システム

例えば、これらの図においてホール・サイン・ハウス・システムでは射手サイン全体が第一ハウスですが、レギオモンタヌス・ハウ

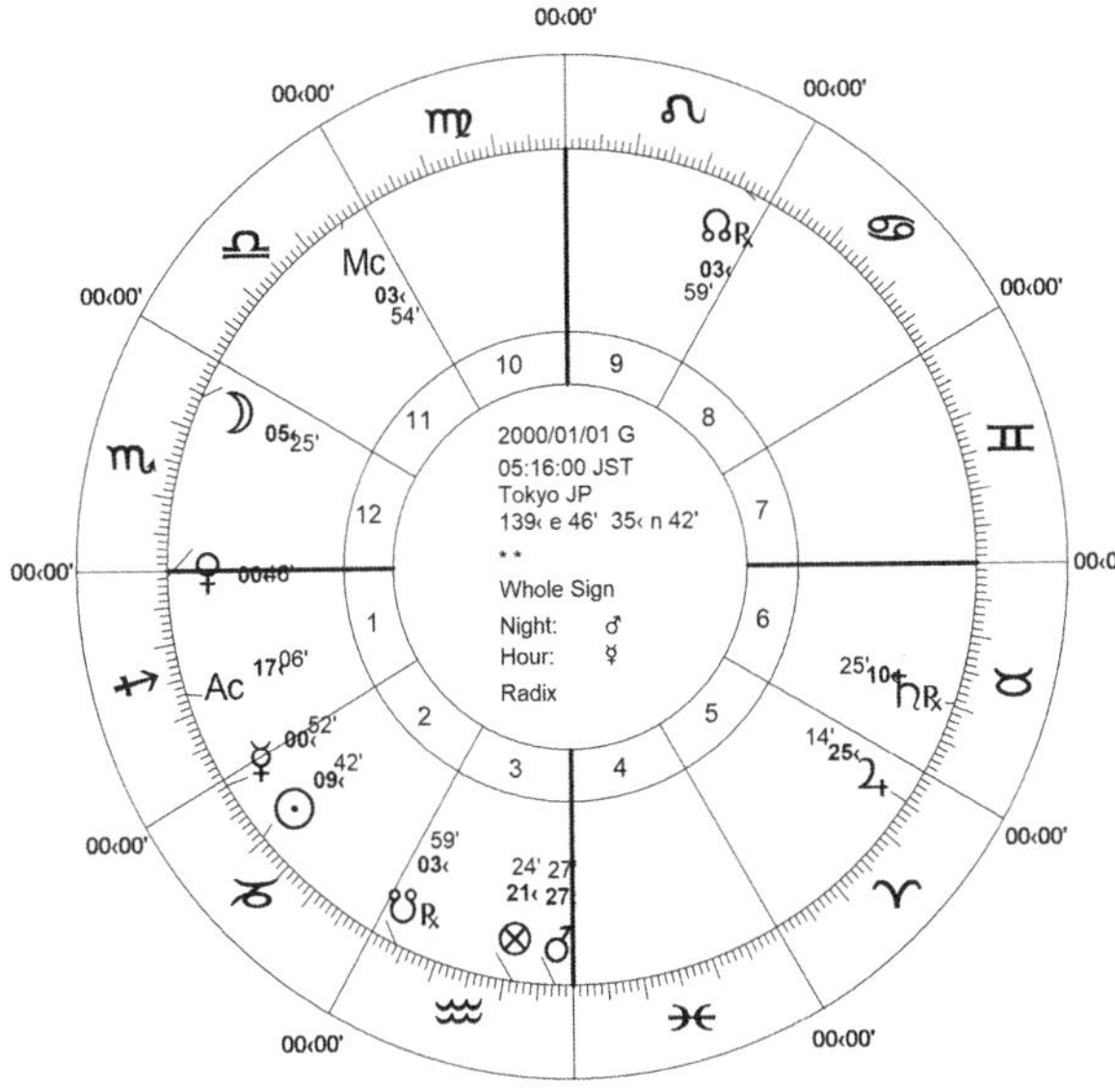

Erstellt mit Mercurius 3.0 von BBb

ス・システムでは、第一ハウスは射手サイン17度06分から始まり、山羊サイン17度20分で終わっています。

これは、目立つ、もしくは有利な場所として射手サインがあり、その中でもエネルギッシュなところが射手サイン17度06分であることが示されています。

つまり、カスプがハウスの中で最もエネルギッシュなポイントです。

そして山羊サインはホール・サインでは第二ハウスですが、山羊サイン17度20分までが、それ以後よりもエネルギッシュです。

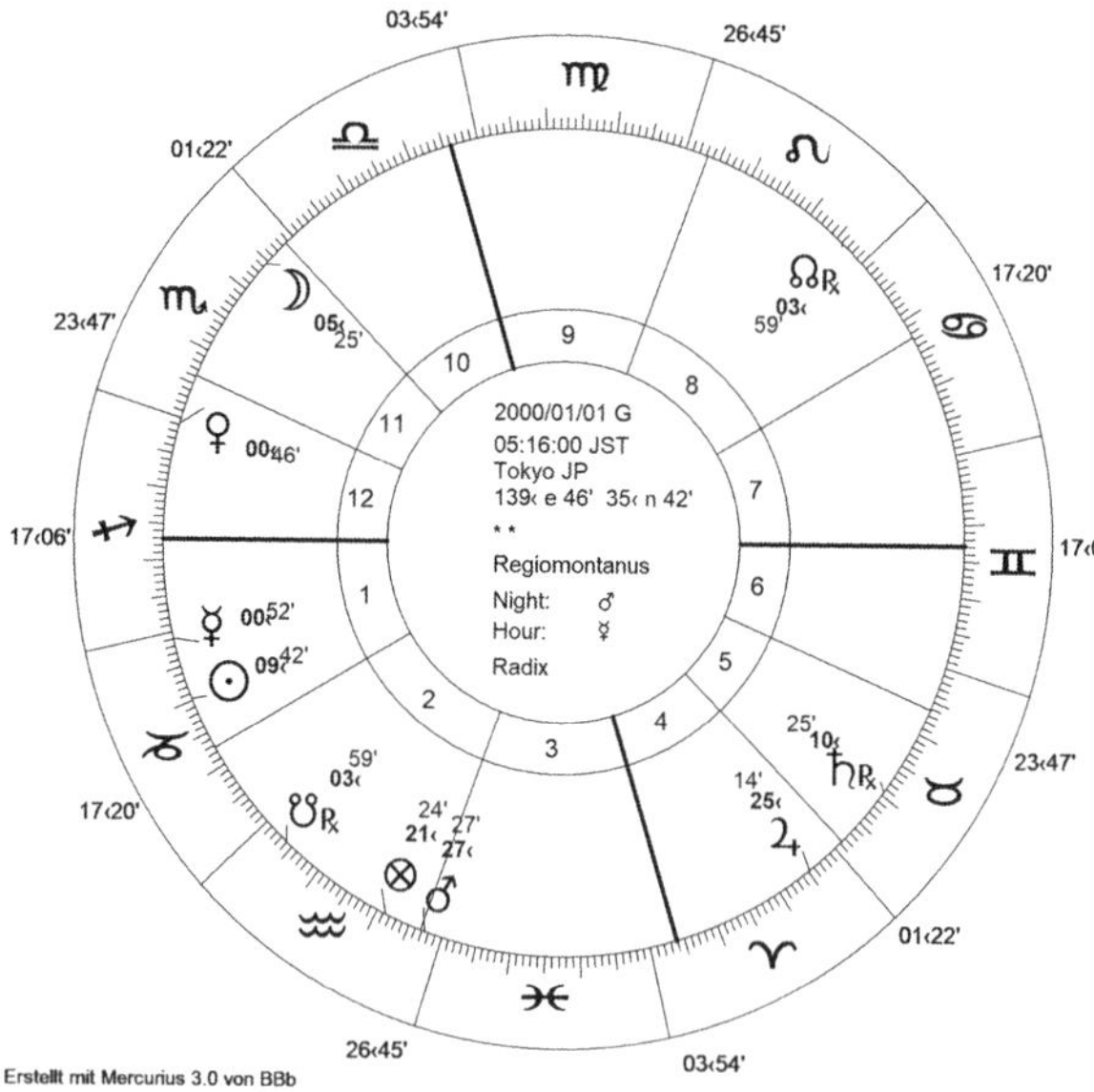

次は**ジョイ Joy**について説明します。

ジョイというのは、これは伝統的占星術ならではの考え方だと思います。そしてジョイはハウスの説明の時に必要となりますのでそこで再度説明します。

ジョイというのは、お楽しみとか、楽しいところとか、そのような意味になります、もし惑星がジョイにあると、その星はイグザルテーションみたいな感じで、喜ぶ場所となります。

そして星がジョイであれば、それに関する物事は難なく行うことができるとされます。ですから、適職を聞かれた場合にジョイの場所に惑星があるならば、それはかなり有望な印となります。

ただこのジョイは、全てのハウスに星が割り当てられるわけではありません。下の図にあるように、第一ハウスは水星、第三ハウスは月となりますが、第四ハウスは星がないなど、ところどころで抜けています。

この概念自体はネイタルでは多少星が強くなるという意味で使うことはありますが、ホラリーではほとんど使いません。

ジョイは占断で大きな意味を持つことはまれですが、後に説明するハウスの概念を理解するために重要な概念です。

次は**逆行 retrograde** についてお話しします。

天体を見ていると、東から西に進んでいるように見えます。

わかりやすいのが太陽で、東から昇って西に沈むというのが普通の考え方だと思いますが、占星術ではこの動きのことを**プライマリー・モーション Primary motion** と言います。

プライマリーとは「主要な」という意味ですので、**セカンダリー・モーション Secondary motion** もあるのではと考えられると思いますが、そのとおりです。

その動きは、プライマリー・モーションとは逆で西から東へ動く動きです。

ハウス	1	3	5	6	9	11	12
Joy	☿	☽	♀	♂	☉	♃	♄

この動きは実感が得られず違和感がありますが、別におかしな話ではありません。

地球の自転では天球は東から西に進んでいるように見えますし、これがホロスコープでのプライマリー・モーションと同じ動きです。

そして公転の動きでは、地球上から見ると一日に約一度ずつ、太陽はサイン上を西から東に進んでおり、これがセカンダリー・モーションです。

けれども〝惑星〟は惑う星ですから、惑星は東から西に進むこともあります。

公転のために、基本的には毎日西から東に少しずつずれているわけですが、時として東から西に進むことがあります。

これが逆行です。

月と太陽は天文学での惑星ではないため逆行はしません。

あまり意識はされていないかもしれませんが、西から東に動いていることは月が出る時間が日々変化することから考えればわかりやすいです。

逆行というと、現代占星術ではよくないものとされているようです。

しかし、逆行が悪い意味となることもあれば、良い場合もあります。

逆行は行ったものが戻って来る表示のことがあります。

失くし物や迷子の猫などで表示星が逆行していれば、戻って来るとか、返って来るということになりますから、逆行というのは必ずしも悪くない、ということになります。

もちろん逆行は、何か行動を起こそうと思って、それが後戻りするという悪い表示にもなりうるのは事実ですが、逆行＝悪いことという単純な結びつけは、あまりに乱暴です。

結局のところ、逆行の良し悪しは質問により左右されます。

そして逆行とは、それだけを意識するのではなく、スピードと留と逆行というセットで意識すべきものです。

このスピードというのは、下の表にある通りです。

チャートソフトの中には自動でスピードを計算してくれるものもありますが、天文暦を使っても可能です。

天文暦を見て、その日と次の日でどれだけ動いたかをみて引き算をすればよいわけです。

ですから、天文暦は占星術には必須アイテムです。

現在では無料で手に入れられるサイト[二]もあります。

	平均速度	閾 値
☽	13° 11′	12° 30′ ～13° 30′
☿	0° 59′	1° ～1° 30′
♀	0° 59′	0° 50′ ～1° 10′
☉	0° 59′	
♂	0° 31′	0° 30′ ～0° 40′
♃	0° 05′	0° 05′ ～0° 10′
♄	0° 02′	0° 02′ ～0° 05′

そして、この表の閾値を超えて進んでいれば速い、閾値よりも小さければ遅いということになります。

水星ですと0・59度の平均スピードなのですが、いつもちょこまか動き回っていて速いので、1度より少ないと遅いとされます。

逆に1度30分よりも速いスピードでないと、水星は速いと判断されないわけです。

二 http://www.astro.com/swisseph/swepha_e.htm

惑星のスピードを見て遅いとわかった場合、それは惑星が方向を変えようとしていることです。

つまり、逆行に向かっていく寸前か、順行が近づいている状態になります。

スピードというのは、質問によって重要度はかなり変わります。

例えば、病気の質問をもらって、第五ハウスの支配星が金星だったとします。

その金星のスピードがもし早い場合は、その患者さんは脈が早い状態になっているかもしれませんし、スピードが遅ければ脈が遅くなっている可能性があります。

もちろん、この表示は全ての患者さんに出るわけではないのですが、動悸を訴えてこられる患者さんでは、そういう表示になることが多いです。

他にも水星が速い場合、頭の回転が速い人であったり躁状態であったりします。

そして**留 Station** も、とてもとてもとても大事です。

アクシデンタル・ディグニティの中で、大事なものと大事でないものがありますが、留は非常に重要です。

恐らく、現代占星術の知識がある方は、逆行のスタートと逆行の終わりは逆行の影響を受けやすい状態と聞いたことがあると思います。

その根拠というのが伝統的占星術では留になります。

留とは地球からの見かけ上、惑星が全く動いていないという状態になります。

多くの天体というのは西から東に毎日移動しているわけですが、見かけ上、惑星が0度近くで全く動かないことがあり、これを留と言います。

天文暦を見て頂いて、順行↓逆行、逆行↓順行になる時の前後数日が留となり、星によってその期間が違いますが、次のとおりになります。

水星▼一日　**金星**▼一・五日　**火星**▼三日　**木星**▼四〜五日　**土星**▼五日

素早く動く星ほど留の期間が短く、遅い惑星ほど留の期間が長くなります。

この留ですが伝統的占星術では、まさに止まっている状態です。

そしてこれも良い悪いは、かなり質問によります。

でも、基本的には悪い意味の方が大きいです。

例えば「今後、意中の人と進展がありますか」のような質問があったとしたら、うまくいかないということになります。

相手との関係が〝動かない〟からです。

しかし「現在の恋人とずっと仲良くいられますか」という質問であれば、留であればかなりポジティブに働きます。

恋人との関係は変わらない、つまりおつきあいは変わらないことになるからです。

私が経験した例では、ある患者さんが来て急に具合が悪くなってきて肺の音を聞いたら、やはりおかしい。

そこですぐに精密検査をしたら、末期の肺癌だったということもあります。

その時にみたホロスコープは、その人の表す星というのが留であり、この場合は治療法がもうないということを意味していたわけです。

もちろん治らないことを示すだけであって、留があれば全ての方がお亡くなりになるわけではないことが重要です。

そして留は、順行から逆行に向かうよりも逆行から順行に向かうほうが良いとされています。

つまり、ずっと正しい方向（順行）に移動している時から逆行に向かうよりも、逆行が元に戻るほうが良いということです。

また、留の影響も、そちらの方がよりましとなるわけです。

これは素直に想像しやすいと思います。

次にオリエンタルか、オキシデンタルかがありますが、先述の通りですので軽く説明するくらいで良いかと思います。

太陽より早くのぼるのがオリエンタル、遅くのぼるのがオキシデンタルです。

当然、昼の惑星はオリエンタルが望ましく、夜の惑星はオキシデンタルが望ましいです。

なぜか水星も太陽の位置に関係なく、オキシデンタルがよいとされますが、これはきちんと水星の昼夜を見て判断した方がよいと思います。

そして月の光です。

これは基本的に新月から満月に向かう時の方が、光を増していくので良いとされます。

さらに太陽と１２０度に向かうときが最良です。

逆に月が欠けていく時は、月は力を減じている時です。

ただ、この良し悪しも質問によって異なり、手術の場合は光が満ちていく方が、出血量が多くなる表示にはなります。

もちろん手術がうまくいくかどうかの方が大事なので、それは二の次なのですが、実際に質問者から「手術の出血量は多いでしょうか」という質問には答えることが出来ます。

満月なのか新月なのか、半月なのかとかいうのは、ちょっとわかりづらいと思いますので、実際のチャートをここに示してみます。

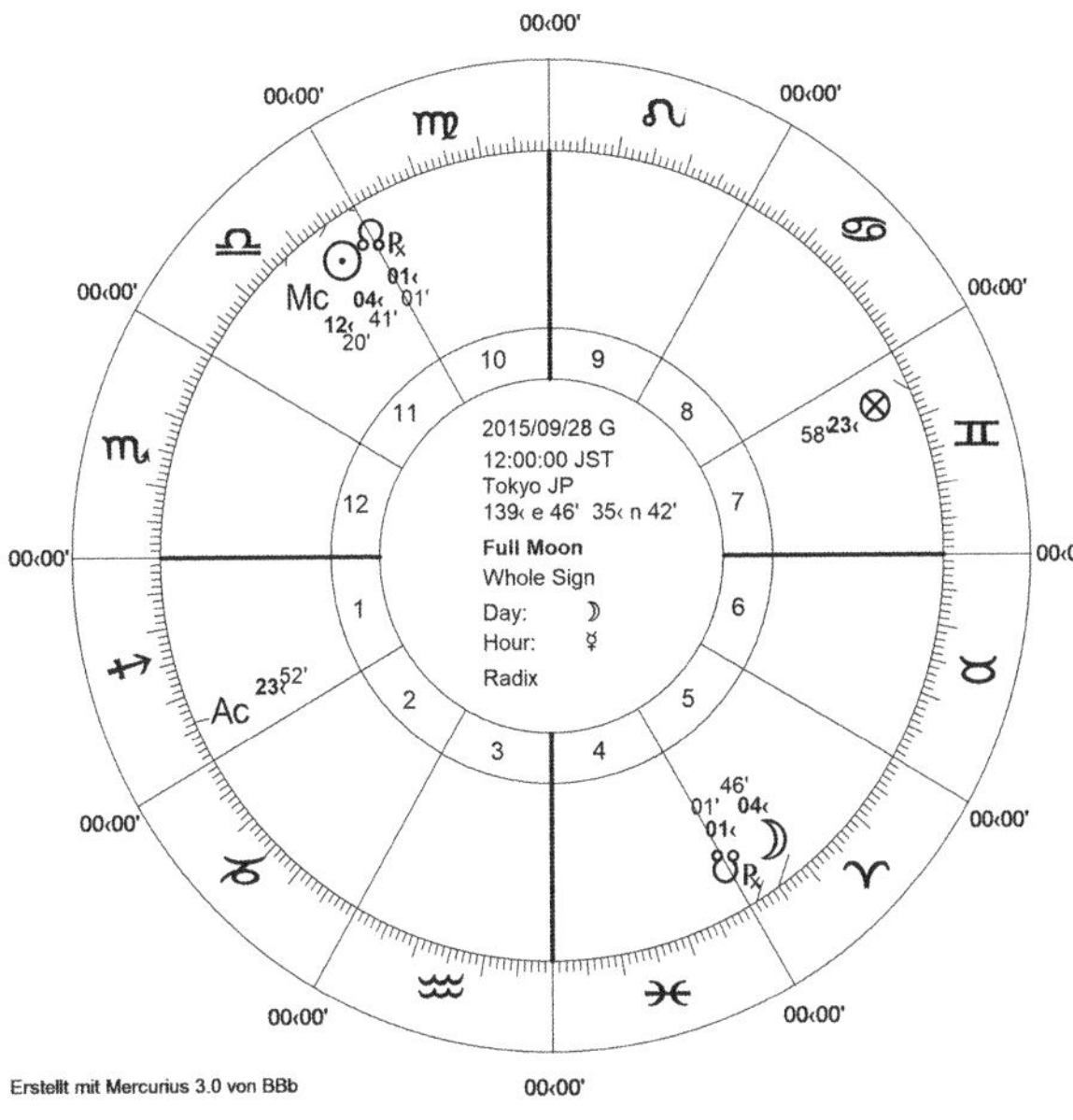

満月（☉と☽がオポジション）

満月の時は太陽と月が反対同士（１８０度）になります。

太陽の光を反射して月は光っているからです。

これは、アスペクトではオポジションという状態です。

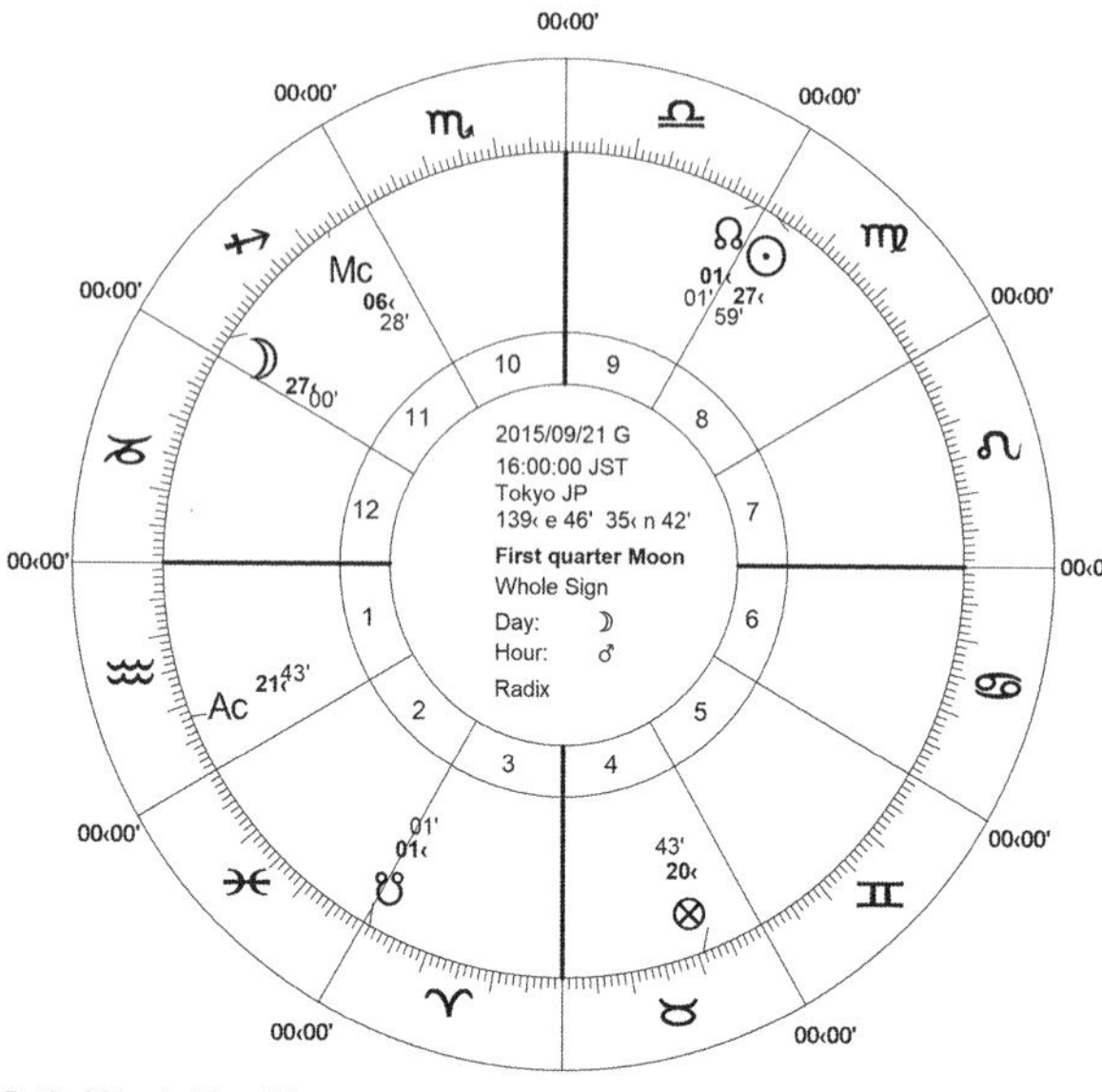

Erstellt mit Mercurius 3.0 von BBb

半月（光が増している）

これは光が増している状態の時の半月です。満月のチャートからもわかるように、太陽から離れれば離れるほど、光は増します。そして公転による天体の動きは、反時計回り、つまりセカンダリー・モーションで回っています。

すると、太陽の反時計回り側に月があれば、その半月の月は光を増しているということがわかります。

半月（光が減じている）↓左頁参照

では逆はどうでしょうか。

月が太陽の時計回り側にある場合は、光が減っていく状態になっています。半月（光が減じている Waning Moon）と書いてありますが、これは月がだんだん太陽に近づいているわけです。

新月（☉と☽がコンジャンクション）↓262頁参照

最終的に新月になると、太陽と月は重なり合います。

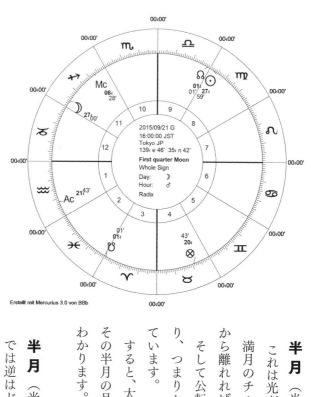

太陽の光を反射できないので、月は全く光れません。

このようにチャートソフトを見るだけで、月は今どんな状態なのかな、半月なのかな、新月なのかな、ということは簡単にわかります。

太陽と月は特にノードとの関係も含めてみるのも重要です。

そして夜空とチャートを見比べるのも面白いですし、新しい発見があったりします。

次に、**コンバスト Combustion**、**アンダー・ザ・レイ Under the ray, Under the Sun beam**、**カジミ Cazimi** の話になります。

この考え方は伝統的占星術特有の考え方と言ってよいかと思いますし、非常に重要です。

実占ではスピードの話は留以外、成否を分けるほど重要ではないし、月の光もそれほど重要ではありません。

つまりはこれらの表示だけで、判断を下す例というのはほとんどありません。

しかし、このカジミとかコンバストというのは、これ一つで結果を言い切れるような相談事とい

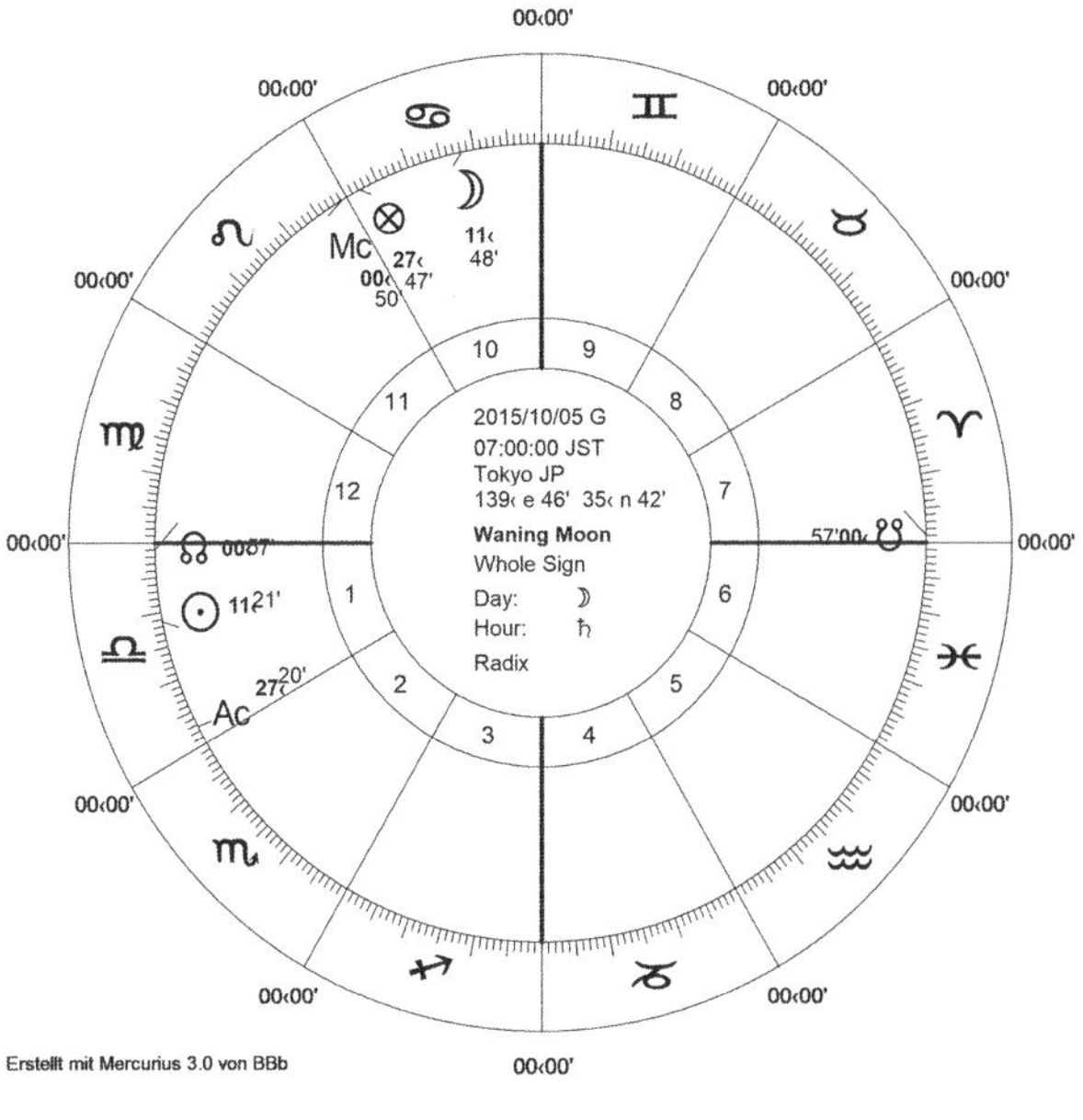

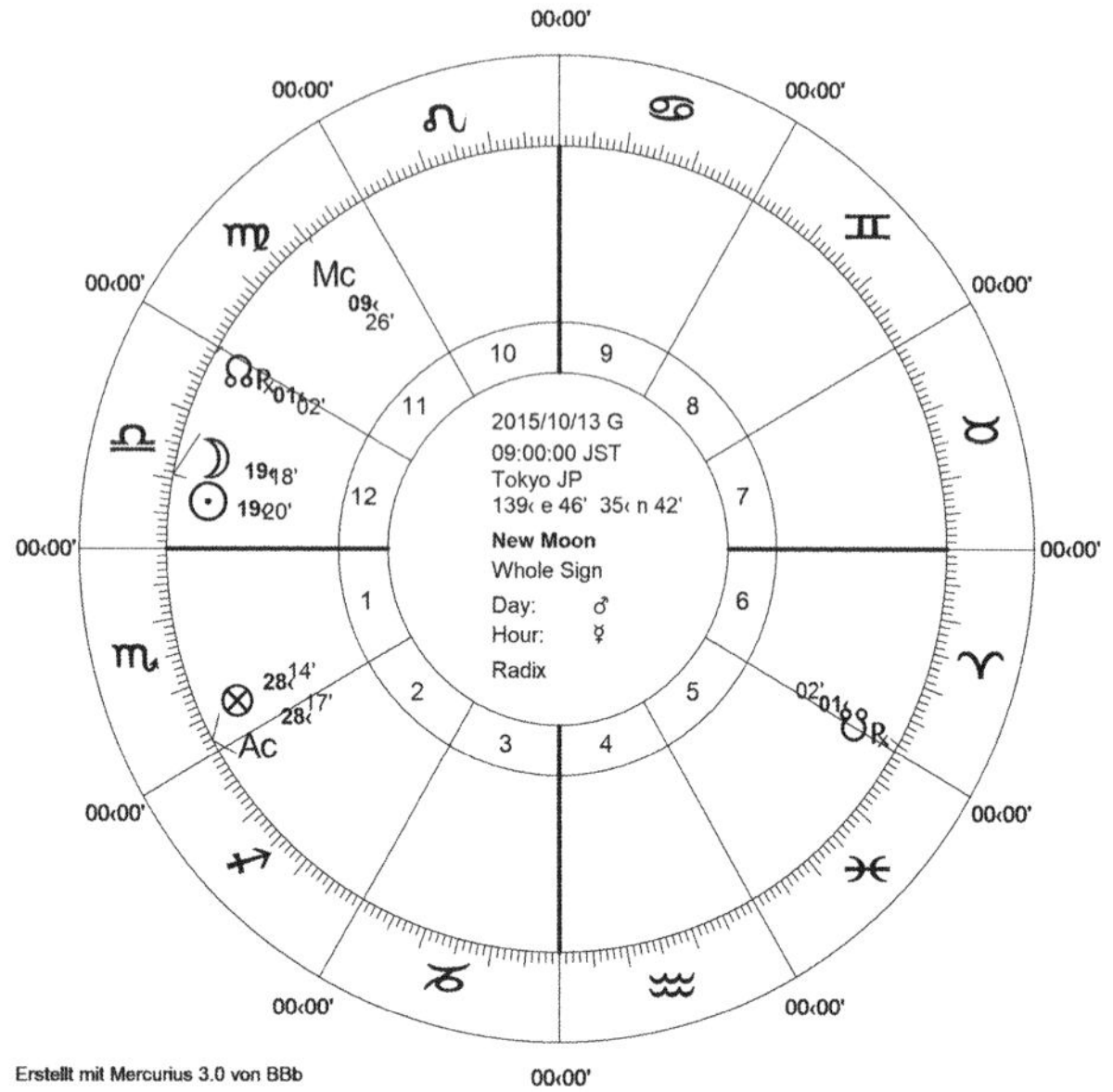

Erstellt mit Mercurius 3.0 von BBb

うのが非常に多くあります。

まず、これらはどういうものかという話をします。

コンバスト、アンダー・ザ・レイ、カジミというのは、太陽の影響をどれくらい受けているかという指標になります。

太陽と他の天体がコンジャンクション、つまり重なり合う時、それが良い影響を及ぼすのか、悪い影響を及ぼすのかというのは、太陽との距離によって異なります。

初めに**カジミ**から説明しますが、これは太陽との距離が17分以内の場合です。

この17分は、太陽の大きさになります。

太陽の大きさというのは、一度の半分ぐらい正確に言うと約35分の幅があります。

ですからカジミの状態というのは、惑星がちょうど太陽の中にいることになります。

太陽は王様だという話をしましたけれども、カジミの時の太陽というのは気前が良くて、「私の玉座に座っても構いませんよ」といってくれている状態です。

ですから、カジミの状態の星は虎の威を借る狐のごとく、非常に強い状態になります。

しかし、残念ながらHOTでDRYな太陽は、基本的にはこういった優しい王様ではありません。むしろ、玉座に近づく星に対して、「王座を狙っている悪い奴がやってきたぞ」ということで、焼き殺そうとするのが太陽です。

つまり太陽に近い星というのは、大半がその良さが失われます。

これは逆行の悪さよりもはるかに強い悪影響を持ちます。

そして**コンバスト**の影響は太陽の距離から近ければ近いほどダメージを受けます。

また、太陽との位置関係でも異なってきます。

1. ☉ in ♉18°、♃ in ♉10°
2. ☉ in ♉18°、♃ in ♉26°

例えば、1と2では木星はどちらも8度離れています。

これは8・5度以内ですのでコンバストということになります。

もし、8・5度よりも離れている場合は、コンバストよりもマイルドな、**アンダー・ザ・レイ**という状態になります。

それなりに離れているため、コンバストでは影響は弱い方になります。

しかし、1と2には大きな違いがあります。

それは、コンバストに近づいているのか、離れているのかです。

コンバストでは太陽に近ければ近いほど、やはりダメージは大きくなります。

ですから、太陽から1分でも2分でも離れていけば、それは助かる表示であると、ボナタスは言っています。

そして更に、コンバストに向かう星というのは、言わばこれから太陽に傷つけられに行く星です。

しかし、逆に太陽から離れていくのは、傷を負っていますが危機から脱するような状態です。

ですから、どちらが悪いかを比較すると、それは明らかに太陽に向かっていく星の方が弱いのです。

そしてコンバストの注意点としていくつかありますが、まず、コンバストは太陽と同じサインで起こるということです。

例えば、太陽も惑星も両方共、魚サインにある場合にはコンバストとなります。

仮にどちらかが隣の水瓶サインにある場合は、コンバストにはなりません。

太陽が魚サインの1度にあって、木星が水瓶サインの25度にあるという場合は、距離としては8・5度以内ですが、コンバストにはならず、アンダー・ザ・レイとなります。

そして、コンバストになるサインとならないサインがあります。

例えば牡羊サインや獅子サインでコンバストは起こりません。

その理由は、エッセンシャル・ディグニティの表を見てみればわかります。

太陽は牡羊サインにおいて、イグザルテーションの状態です。

つまり、他の星に優しく接することができるのです。

百貨店のオーナーがお客を傷つけるかといったら、傷つけないですよね。なぜなら、自分のデパートだからです。

ですからイグザルテーションとかドミサイルの状態であれば、太陽は傷つけることはなく、むしろそのサインにいる惑星を歓待することになります。

逆に他の惑星が太陽を歓待する場合、例えば太陽と木星が魚サインにあるときも木星はコンバストにはなりません。

木星はドミサイルですから、太陽を歓待する場にあるからです。

なぜなら、木星の家にやってきた太陽はお客さんだからです。

先ほどと逆で、お客が家主を傷つけることはないのです。


次に**ドラゴン・ヘッド☊**と**ドラゴン・テイル☋**のお話です。

ドラゴン・ヘッドとかテイルというのは、**ノード Node** と言います。

ドラゴン・ヘッドのことをノース・ノード、ドラゴン・テイルのことをサウス・ノードとも言います。

ドラゴン・ヘッド、ドラゴン・テイルは、先述の通りインド占星術から来た概念です。

西洋占星術では、ドラゴン・ヘッドというのは木星的な意味を持ち、ドラゴン・テイルは土星的な意味を持ちます。

つまり、良い影響を持つのか、悪い影響を持つのかというのは、ドラゴン・ヘッドであれば良い影響を持ちますし、ドラゴン・テイルですと悪影響ですよということを言っているわけです。

しかし、インド占星術ではこれは逆になります。

どちらかというとドラゴン・ヘッドの方が悪くて、ドラゴン・テイルの方が良いと考えます。

これはどちらが正しいということではなく、インドにおける成功と、西洋における成功とは別物なので、捉え方の違いと考えてよいでしょう。

また、インド占星術ではそれなりのオーブがありますが、西洋占星術ではドラゴン・ヘッド、ドラゴン・テイルは、コンジャンクション以外は考慮しません。

しかも、コンジャンクションといっても**パーシャル**[三]なコンジャンクションです。

つまり分数は違ってもいいですが、誤差0度のコンジャンクションです。

例えば、太陽が水瓶サインの25度10分にあって、ドラゴン・ヘッドが25度30分の水瓶サインにあったとしたら、それは同じ度数ですからコンジャンクションです。

もしも、太陽が26度10分にあり、ドラゴン・ヘッドが22度30分にあれば、これはコンジャンクションを考慮しません。

このドラゴン・テイルとかドラゴン・ヘッドは、日食とか月食に関係しています。

三　パーシャル partial は、部分的・不公平という意味。インパーシャル impartial は偏りなく・公平に、という意味。partial なコンジャンクションとは同じ度数でのコンジャンクション（分数の違いは許容される）となり、impartial なコンジャンクションとは誤差が全くないコンジャンクションとなる。
【例】6.01° と 6.59° はパーシャルなコンジャンクションであり、イグザクト exact なコンジャンクションとも呼ぶ。6.01° と 6.01° はインパーシャルなコンジャンクションである。5.59° と 6.00° などのオーブ内のコンジャンクションはプラティック platick なコンジャンクションと言う。

太陽もしくは月がコンジャンクション（新月）もしくは１８０度離れたオポジション（満月）の場合であり、かつノードが太陽と月の約17度以内でコンジャンクションであった場合、日食（新月）もしくは月食（満月）が起ります。

ですからホロスコープをみるだけで、日食や月食が起こるかどうかというのがわかりますし、地域もこれで当てることができるわけです。

逆に言うと占星術では日食、月食の周期を当てるというのが、占星術師の大事な仕事であったとわかります。

やはり目に見えるものですから、本当に当たったか外れたかというのは一目瞭然ですし、それが古代の占星術師たちの評価も左右したでしょう。

また、このように日食、月食に深く関係する感受点ですから、特に太陽と月に影響を与えるものだと考えられます。

次に**ビシージング besieging, besiegement** について説明します。

ビシージングとは日本語でいうと「包囲されている」という意味になります。

エンクロージャ Enclosure と呼ばれることもあり、同様に包囲という意味を持ちます。

ある星が凶星同士（土星と火星）に挟まれている場合、もしくは吉星同士（木星と金星）の間に星が一つだけ挟まれている場合に挟まれている状態のことをビシージングと言います。

ビシージングにも色々な概念がありますが、一つの星が他の星をビシージングする場合については、テュロスのポルピュリオスが言及しています。
　これはある単一の星がアスペクトによって別の星を挟み込むパターンです。
　このチャートでは火星が牡羊サインにあり、獅子サインに対してトライン、天秤サインに対してオポジションになっています。そのため、その間に挟まれた月は火星による悪影響を受けるというものです。

　この考え方は現在までに分かっている範囲では、テュロスのポルピュリオスとその文献の引用者のみが言及しており、どれだけ効力を持つのかは未知数です。

　一般的なビシージングの概念は、アスペクト及びコンジャンクションで囲まれる場合です。

　問題は、どの程度の範囲までをビシージングととるかどうかです。

　テュロスのポルピュリオスは、コンジャンクションの場合は、同じサインの場合、そしてアスペクトであれば片側七度以内としています。

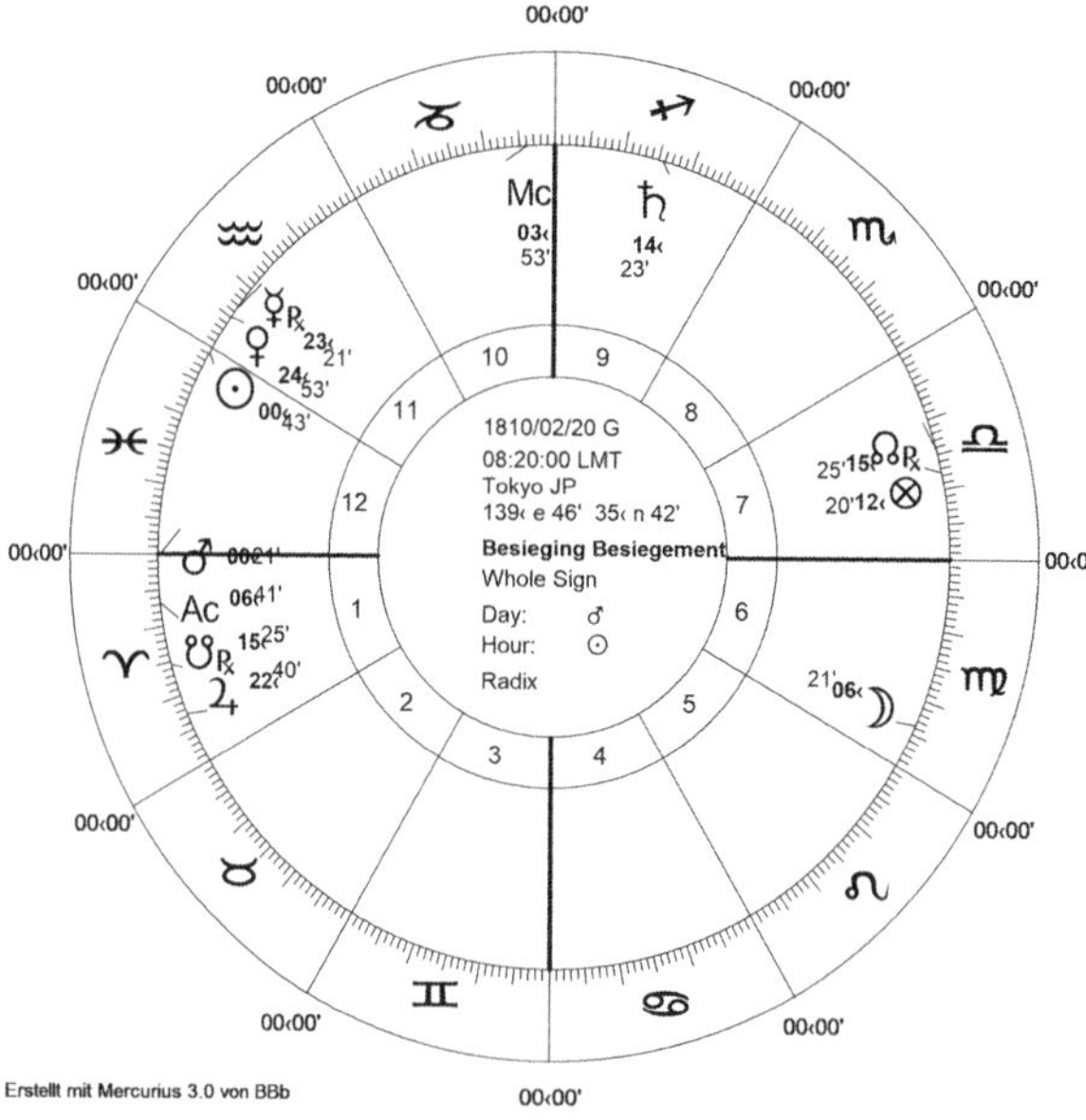

ビシージングは包囲という意味ですから、一見悪い表現に思えますが、これは良い意味でも悪い意味でも包囲されます。

土星と火星に包囲されると悪い意味のビシージングになります。

これを例えるならば、悪い方は〝前門の虎後門の狼〟のような状態です。

逆に、木星と金星に囲まれるのであれば、それは良い意味のビシージングになります。

良い方のビシージングは、前にはお母さんがいて、後ろにはお姉さんがいるみたいな感じで、どっちにもどこを転んでも助けてくれるような状態です。

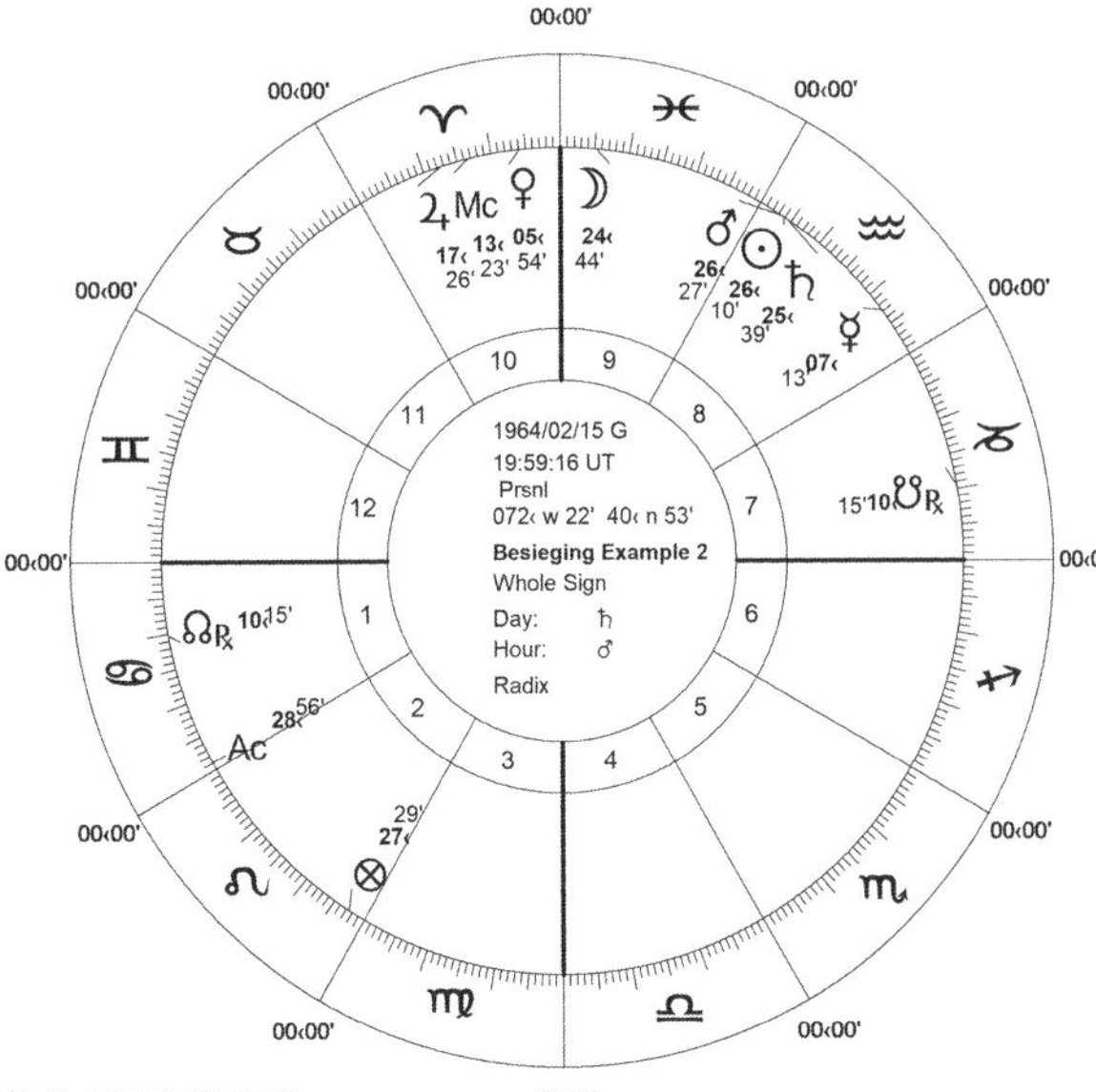

Erstellt mit Mercurius 3.0 von BBb

右図の太陽は土星と火星からタイトにコンジャンクションを受けており、悪いビシージングです。

三度以内のコンジャンクションですから、エンゲージメントです。

この場合は明らかに悪い影響が強調されます。

悪いビシージングの実例として、**ジャクリーン・ケネディ**のチャートが挙げられます。

彼女の夫であったケネディ大統領は、彼女との同乗中に暗殺されました。

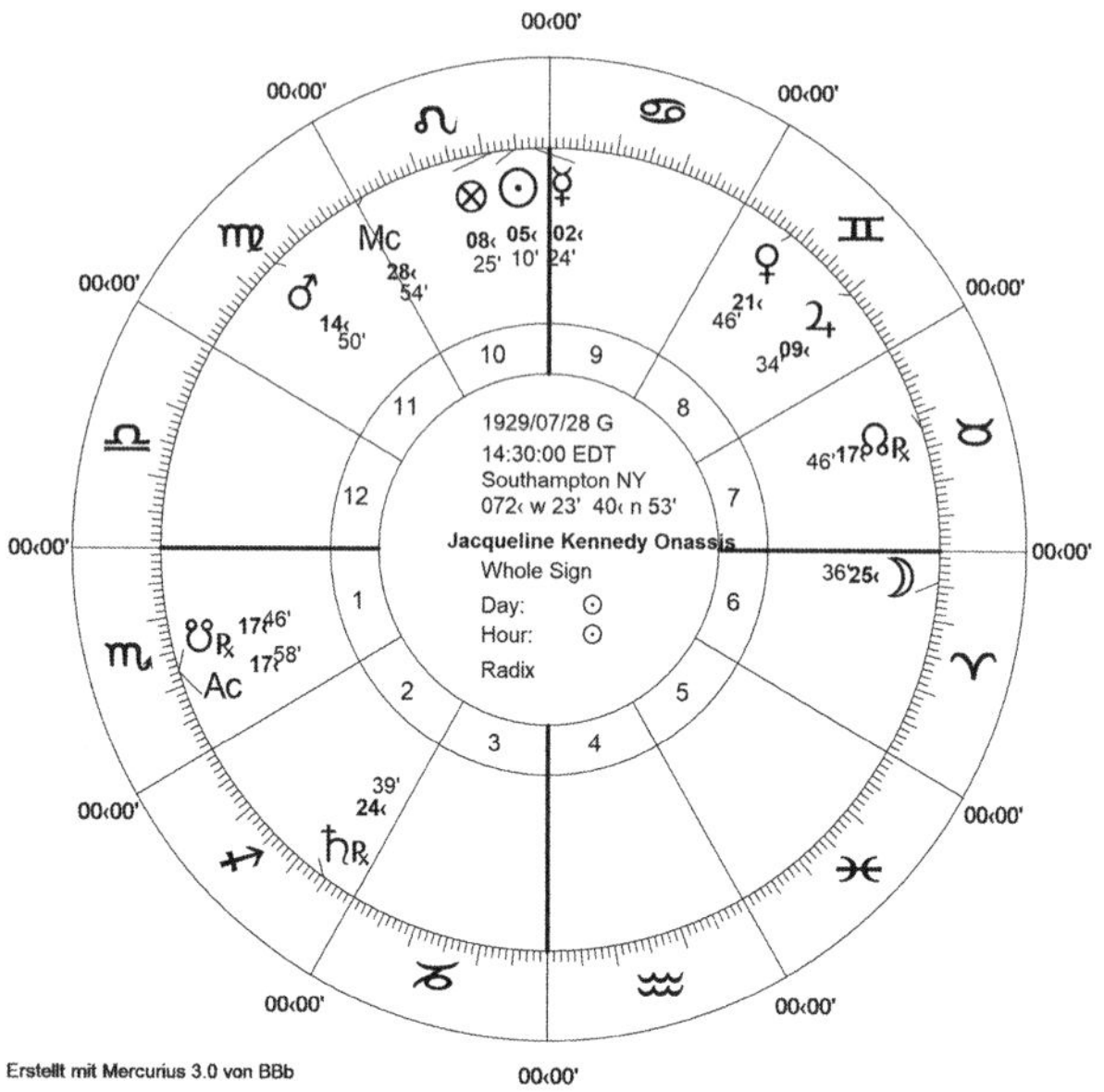

注目するのは第七ハウス（パートナー）の支配星である金星です。

金星は土星のオポジションによるエンゲージメントになっており、それに加えて、分かりづらいですが火星のスクエアとビシージングとなっています。

仮に悪いビシージングの状態であったとしても、吉星である木星や金星から凶星よりも近い角度差でのアスペクトがあれば、悪い状況ではあっても、なんらかの手助けがもらえるという状態になり、悪いには悪いですがなんとかなります。

これを**インターベンション** intervention と言い、介入や仲介という意味です。

ビシージングされていて、挟まれてまさにひどい目に会おうとしている状態のところに、木星という力強い味方が自分自身に銃を渡してくれるという状態です。

そして前門の虎と後門の狼に対抗できるわけですが、残念ながらジャクリーンにはインターベンションがありません。ただし、ビシージングにはコンバストのような注意点があります。

火星と土星は山羊サインにおいて、コンジャンクションによるビシージングを発揮しません。

土星はドミサイル、火星はイグザルテーションですから、ビシージングはビシージングなのですが、挟まれている星が悪い影響をうけません。

逆に、乙女サインで木星と金星に挟まれると、手助けしたい吉星たちがいるのですが、大した手助けができない状態になります。

乙女サインにおいて木星はデトリメント、金星はフォールだからです。

このようにレセプションの関係は非常に重要です。


次に恒星の話に移ります。

恒星の影響はコンジャンクションしか効力を持ちません。

この恒星はもちろん重要で後の章に詳しく説明しますが、アクシデンタル・ディグニティという点でおいては三つの星だけ知っていればよいです。

まず**レグルス Regulus** があります。

これは獅子座の星ですが、乙女サイン０度５分（令和元年現在）にあります。

そして獅子の心臓とも言われています。

この星は非常に明るい星で、占星術では物質的な成功を意味します。

しかし、それが幸運とは限りません。

お金持ちにはなったけれども、家族が不幸になりましたという話もあると思いますが、そういう

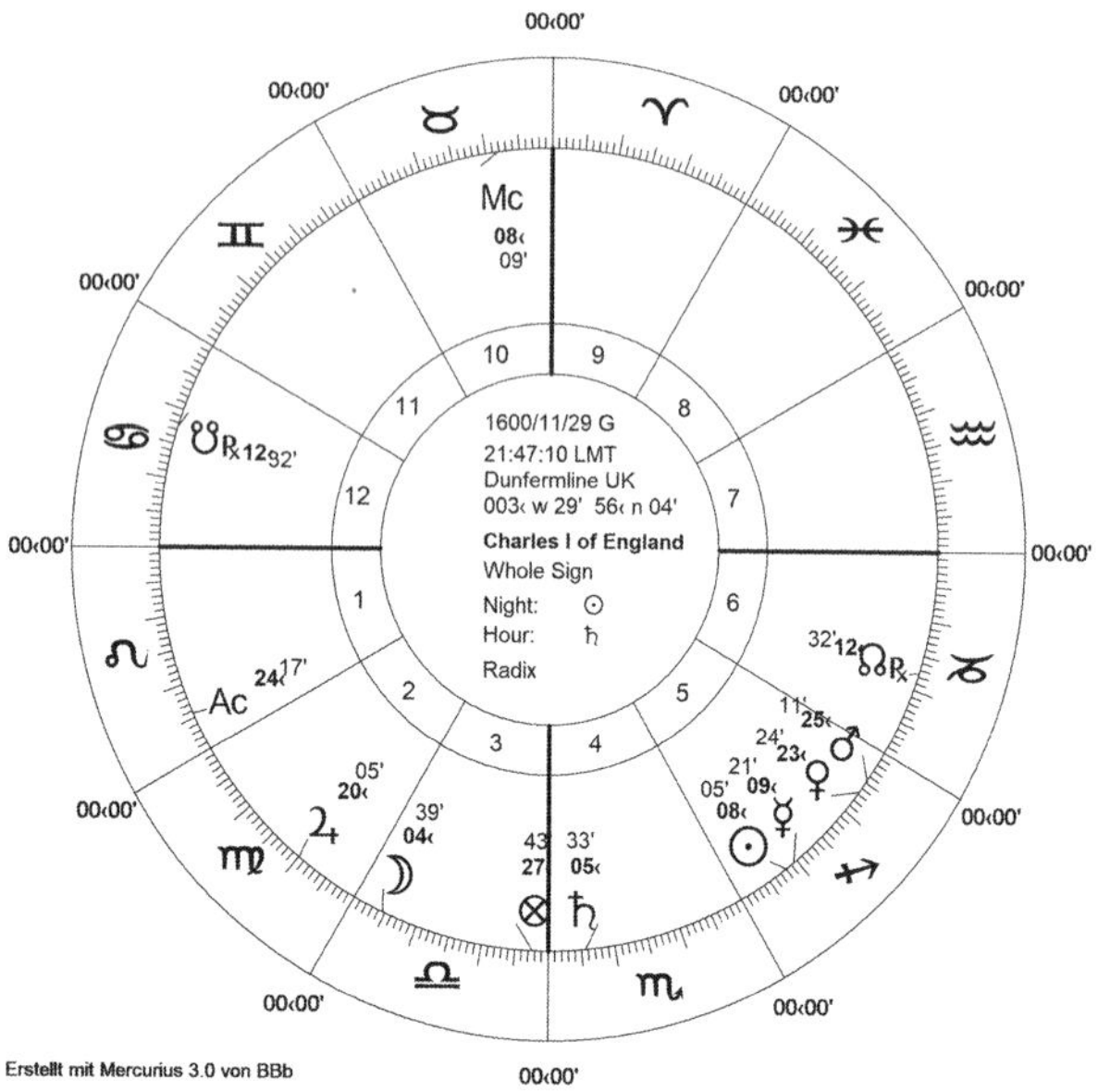

のに近いのがレグルスです。

勝利は得られますが、それで幸せになるとは限りません。

例えば豊富秀吉は天下を統一しましたが、それを次の代に繋げられるかというと、また別の話だったことに似ているかも知れません。

よくある例がチャールズ一世 Charles I of England です。彼の生まれた当時、レグルスは獅子サインの24度17分にありました。彼のアセンダントとレグルスはコンジャンクションしています。

チャールズ一世はスコットランド王ジェームズ六世の次男として、出生しました。

しかし、12歳の時に兄が亡くなったため王位継承者となります。王位に就いた後の彼は、暴君と言ってよい存在でした。清教徒たちをきびしく弾圧し、議会と対立し、最終的には清教徒革命を起こされます。

その当時は王制排除まで考えている人は少なかったのですが、その後も内戦を引き起こすなどの行動に出たため、最終的に議会軍に敗れ、一六四九年に処刑されました。

次は**スピカ Spica** についてです。

乙女座の麦の穂に当たる星で、スピカはラテン語で麦の穂の意味を持ちます。

現在は天秤サインの24度6分にあります。

これはレグルスほどの成功はないのですが、精神的幸運は約束されます。

最後は**アルゴル Algol** です。

現在は牡牛サインの26度25分にあります。

これはヘラクレス座の星で、アルゴルはこの星座で最も明るい恒星ではないのですが、最も有名な恒星です。

これは、ギリシャ・ローマ神話を読まれたことがある方はご存じと思いますが、ヘラクレスがメデューサを退治するという話があります。

髪の毛が蛇の女性（メデューサ）を英雄ヘラクレスが退治しに行くわけですが、直接見ると石になってしまうため、よく磨かれた盾を使って相手の映り込んだ姿を間接的に見て、首を切り落としたという話です。

その時のメデューサの首がアルゴルで、星座内の位置はメドゥーサの目の部分に当たります。ですから、あまり良い意味は無くて、争いとか血を流すような結果をもたらします。

レグルスの象意は、勝利は得られますが幸か不幸かどうか知りませんよ、というものでした。

勝利しますがあなたも必ず傷つきます、というのがアルゴルです。

最後はおまけで**バイア・コンバスタ Via combusta** について説明します。

ディグニティの項目にウィリアム・リリーは書いていないのですが、ジョン・フローリーは書いています。

これは何かと言うと、別名〝炎の道〟と言って、月が焼かれてしまう場所です。月は、ＣＯＬＤでＭＯＩＳＴな星ですが、それが炎の道を歩かないといけない状態、それをバイア・コンバスタにある状態です。

その場所は、天秤のサインの15度から蠍のサインの15度までです。

これは女性の月経周期と関係すると言われており、ここに月があると、うまくいく表示があっても、その人は傷つくことになります。

うまくいくけども、涙を流す悲しい結果になるというのが、バイア・コンバスタです。このバイア・コンバスタという場所は、月しか影響しません。他の星、例えば太陽なり金星なりがいたとしても、あまり関係ありません。

エッセンシャル・ディグニティは点数を足し合わせることが出来ましたが、アクシデンタル・ディグニティは点数を加算することは出来ませんでした。

アクシデンタル・ディグニティの表を付ける意味は、その星がそれぞれどういった行動力を持つのかという理解であり、それはエッセンシャル・ディグニティよりは分かりづらいですが、同じくらい重要な作業ですので、面倒でもキッチリされることをお勧めします。

これが出来ていないと、思わぬ見落としをして占いが当たらないことになります。

第十四章　ハウス

ハウスというのは非常に大事な概念です。

実は私が西洋占星術を（その当時は現代占星術ですが）勉強しはじめたときにつまずいたのがハウスの考え方です。

まさに、ハウスで占星術がわからなくなりました。

それまではどこのサインに惑星が入っていればどういう意味があるという説明がありました。それに加えてハウスの概念が入ってきてから、一気にわけがわからなくなり、「いったいどういう意味なのだろう」「どう読めばいいのだろう」と悩んだのを思い出します。

今から考えれば、そういう風に悩んだのも当然といえば当然だったなと思います。つまり、現代占星術ではハウスの説明には決定的な欠陥がありました。

私の当時の一番の疑問は、「ハウスとサインの違いがわからない」ということでした。

例えば現代占星術の本を読むと、第一ハウスと牡羊のサイン、結構似たような意味が書いてあります。

第二ハウスと牡牛のサイン、これもまた似たような意味が書いてあります。

第三ハウスと双子のサイン、これが一番わかりやすいのではないかと思うのですが、現代占星術では第三ハウスはコミュニケーションのハウスと説明されます。

そして双子座の人はコミュニケーションが上手で、頭の回転が速い。

更に双子座の支配星はコミュニケーションの星である水星である。

といったことが書いてあります。

すると、第三ハウスと双子のサインの違いがどう考えてもわかりません。

そして、ハウスとサインでどちらが大事なのかもわかりませんでした。

そこで当時の先生に質問をしたことがあります。

「サインが大事なのか、ハウスが大事なのか、どちらも似たようなことが書いてあるけれど、どう考えればいいのでしょうか？」

すると、「どっちも大事なので両方の兼ね合いを見て考えて読みます」と返事がありました。

実は現代占星術で、サインとハウスの意味が似ているのは当然です。

現代占星術を作り上げる際に、〝サインの意味＝ハウスの意味〟で考えるように単純化したからです。

ですから、どちらが大事という質問をされれば、どちらも大事ということになります。

しかし、伝統的占星術を学んだ今ならばわかります。

はっきり、ハウスの方がサインよりも大事と言えます。

もちろんサインも大事なのですが、質問をクライアントさんからもらった場合に、それに対する答えというのは、サインで答えを出すというよりも、ハウスによって答えが決まってくる部分の方が大きいです。

逆にハウスを間違えるということは、クライアントさんに対する答えを大きく間違える可能性を秘めています。

ですから、ハウスの方がサインよりも物事を左右すると、今ではわかります。

そして、私がそれを理解できるようになったのも、伝統的占星術を学ぶ中でサインとハウスの違いが明確になったからです。

サインとハウスの違い、それは以下の二点になります。

・どんなエネルギーが宇宙からやってくるのかはサイン
・実際どのような影響が、地上で起こるのかというのがハウス

つまり、エネルギーの質を左右するのがサイン、実際にどのような場面でそのエネルギーを受け取るのかを左右しているのがハウスとなります。

占断において重要なのは、どのようなことが地上で起こるか、ということですから、明らかにハウスのほうが重要となるのです。

ハウスの重要性をおわかりいただいたかと思いますので、まず始めにアクシデンタル・ディグニティの話に加えて、**ハウス・システム**についてお話ししましょう。

ハウス・システムというのはなにかというと、ケーキを想像してもらえればわかりやすいです。

どのようなハウス・システムにするのかということは、ケーキをどう分けるかという話と共通します。

つまり、ホロスコープをどうやって切るのか、ということです。

占星術初学生の時の悩みの一つは、ハウス・システムが複数あるということだと思います。

私も初めてハウスを知って、色々なハウス・システムがあると知った時に、こんなにハウスが色々あるということは、ハウスとはいい加減な概念なのではないか、と思ったことがあります。

しかし、それは浅はかな考えで、ハウス・システムは非常に重要で、頼れる存在です。

ハウス・システムが、いい加減な概念ではない一つの理由が、変わるものと変わらないものがあるということです。

なぜホロスコープの形が歪むのかには理由があります。

簡単に言ってしまえば、ホロスコープはサインを中心に描かれているからです。

つまり十二サインの形が均等になるように出来上がっているのがホロスコープなのです。

十二サインというのは黄道を基準に平面的に三十度ずつに分けたものになります。

そこで、太陽がまっすぐ上に昇って南中し、まっすぐ下りてくるということはないことからわかるように、黄道は地上から見ると斜めになっています。

一方で、ハウスは地球上から見て、〝空間を〟十二に分けています。

そのため、どうしてもサインとハウスでは形が異なり、それがハウスの形の歪みになってしまっているわけです。

そしてその歪みを最小限にしようと色々な占星術師たちが、色々努力して編み出したのがハウス・システムの多様性につながっています。

ハウス・システムとはケーキの切り分け方なのですが、ケーキの切り分け方一つとってもいろいろな切り方があります。

大きさをきっちり同じで分けるのか、それとも重さで分けるのか、見た目で決めるのか、そういったところで異なります。

もしくは、フルーツが乗っていればフルーツが均等になるように切るのかもしれません。

重さなのか、大きさなのか、フルーツの量、見た目、色々な基準があるわけです。

どんなハウス・システムでもその基準から見れば、どれも十二等分されているのです。

基準が違うからハウス・システムがそれぞれ違う、ただそれだけです。

そして基準の中には、サインとハウスの切り方を同じにするというものもあります。

それが**ホール・サイン Whole sign・ハウス・システム**です。

ホール・サイン・ハウス・システム

そして四分円方式、この場合はレギオモンタヌス Regiomontanus・ハウス・システムというものですが、これは、ハウスの大きさが異なるものになります。

レギオモンタヌス・ハウス・システム

ハウス・システムが、いい加減な概念ではない一つの理由が、変わるものと変わらないものがあるということでしたが、ほぼ全てのハウス・システムで共通している部分があります。

それは、第一ハウスと第七ハウスのスタートのサインは必ず一緒になります。

例えばこの図でいうと、ホール・サイン・ハウス・システムでは、射手のサインがアセンダントです。

レギオモンタナスでも同じですね。

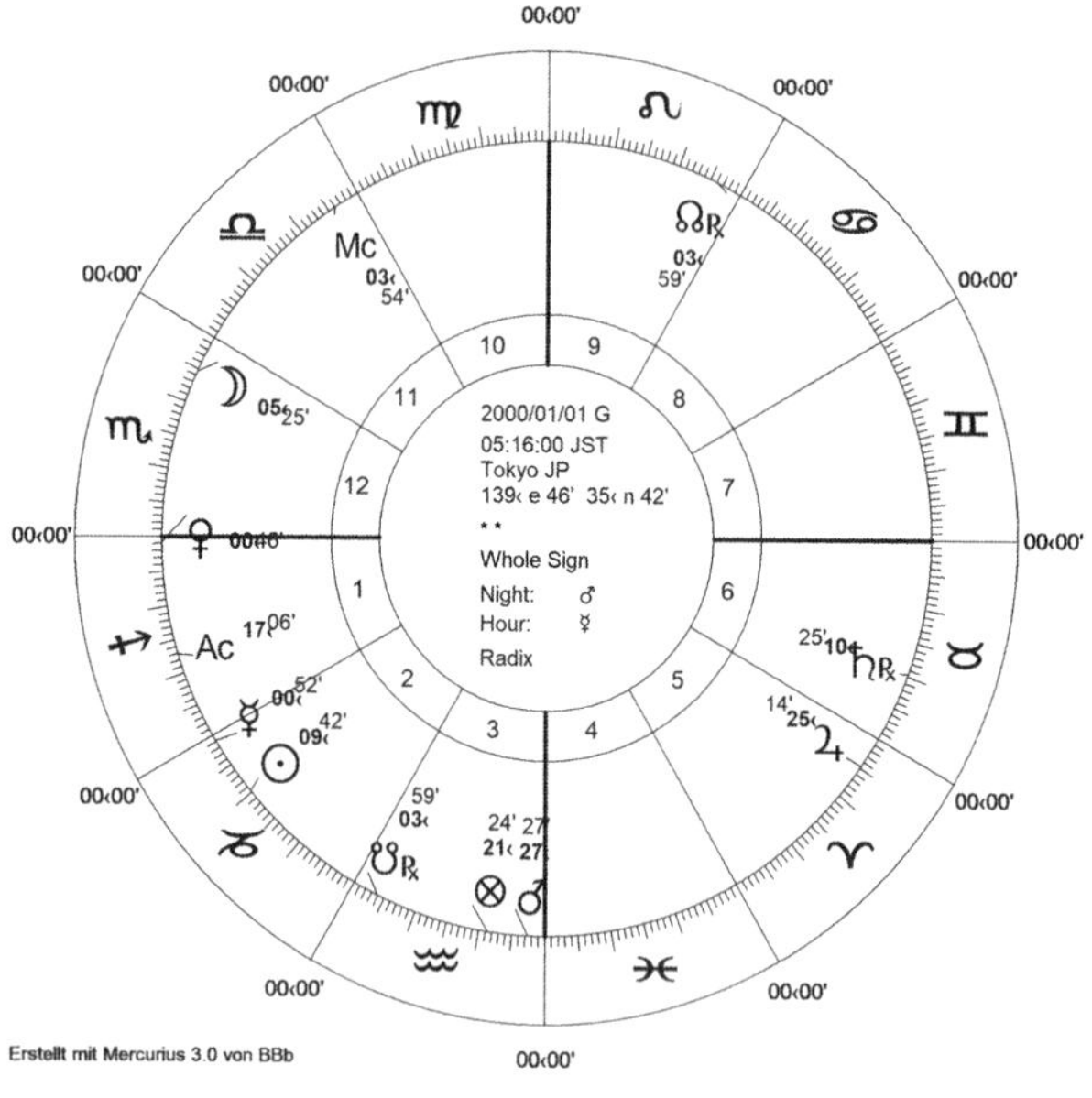

そして第七ハウスは双子のサインになっています。
レギオモンタナスでも同じです。
これはプラシーダスでもコッホでも、どんなハウス・システムを使っても一緒になります。
同じアングルでも第四ハウスと第十ハウスのスタートは、ハウス・システムによって変化する場合がありますが、アセンダントと第七ハウスだけは一緒になります。

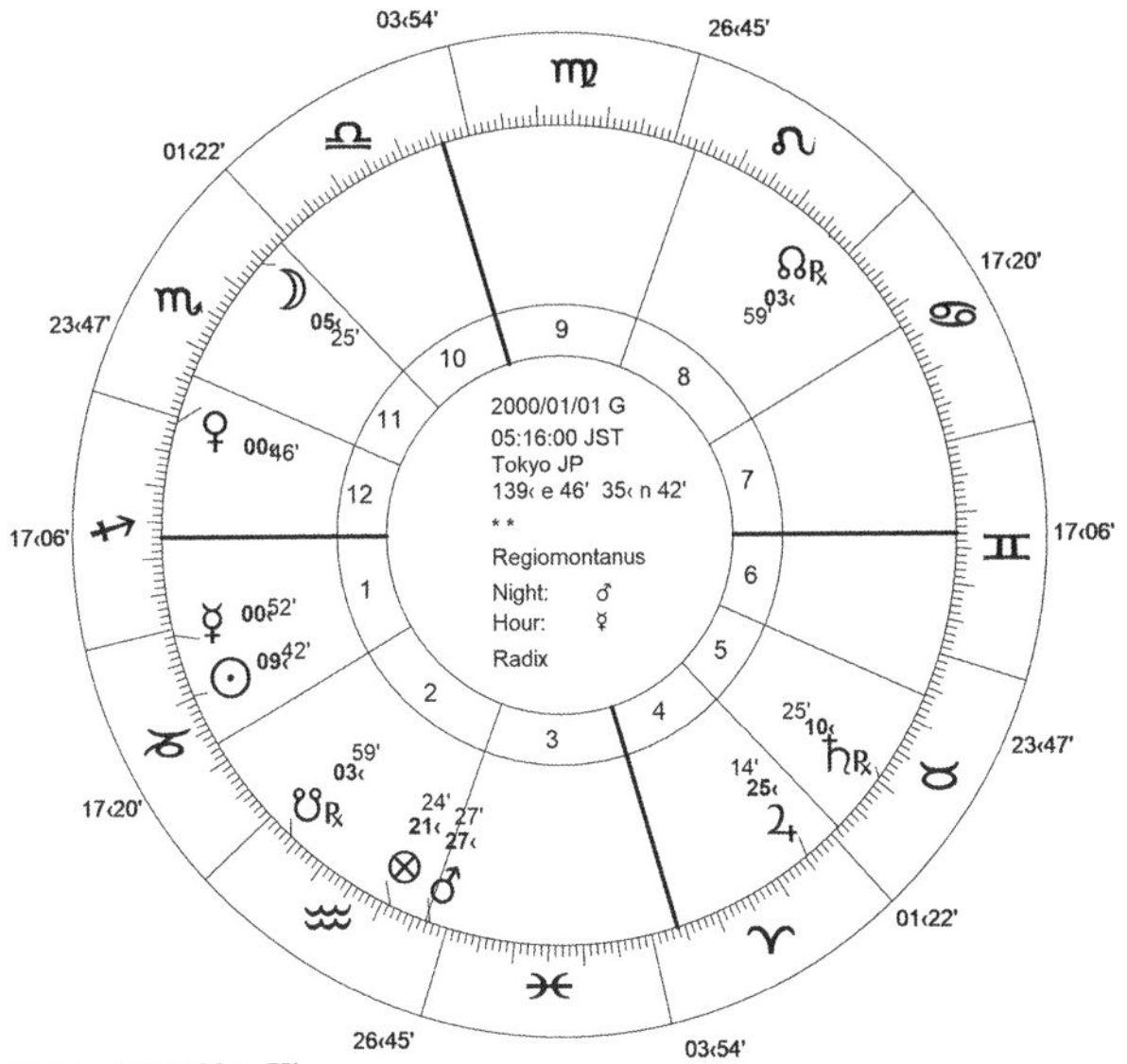

Erstellt mit Mercurius 3.0 von BBb

伝統的占星術において、ネイタル占星術では主にホール・サインが採用され、ホラリー占星術ではレギオモンタヌスが採用されることが多いようです。

ネイタル占星術でホール・サインが採用される理由は、ネイタル占星術ではサインとハウスの関係が密なためだと思われます。

占星術の長い歴史の中で、色々なハウス・システムが誕生しましたが、少なくとも全ての西洋占星術の基礎はこのホール・サインです。

インド占星術では現代でも、ホール・サインと同じシステムを採用しています。

では、どうしてレギオモンタヌスのような四分円方式を開発したのでしょうか。

これはハウスというものの考え方なのですが、家の大きさそのものはホール・サインで決まっているると考えてください。


つまり大前提として、ひとつのサインという土地に、ひとつの家が建っているというイメージです。

ただ、家の中でも強い場所と弱い場所があります。

例えば家に暮らしていて感じると思いますが、南向きの部屋っていいですよね。

でも、北向きの部屋というのは、基本的には造りません。

造りはしますが、大抵そこはトイレになっています。

なぜなら、北は暗くて日が当たらない、冷えたところになるからです。

太陽の恩恵が受けられない場所とも言えます。

実際、北というのは西洋でもあまり良い場所ではないとされています。

他にも西はどうかというと、西日が当たっていて暑いですね。

夏暑く、冬寒いのが西側でしょう。

やはり南側の区画が家の中で一番強い場所になるわけです。

このようになんとなく感じている強弱が、四分円方式ではわかります。

そしてそれは、ホラリー占星術の占断で非常に重要になります。

また、この本では紹介出来ませんが、**プライマリー・ディレクション Primary direction** という未来予想テクニックでもハウス・システムが根底で重要です。

西洋占星術は基本的には黄道帯を使う占いです。

しかし、未来予想テクニックの中には、地球の赤道を天に投影した、天の赤道が重要となるものがあります。

その中でも特に一般的で、初期の頃からあるテクニックがプライマリー・ディレクションです。

しかし、プライマリー・ディレクションにも色々なやり方があります。

その理由の一つが、天の赤道をどのように黄道帯と整合性を持たせるかということです。

天の赤道と黄道帯はぴったりとは一致しておらず、約23度26分（黄道傾斜角）傾いています。

このずれを合理的に解消するために、多くの占星術師達がさまざまなハウス・システムを考案しました。

ですから伝統的占星術師の中には、ネイタル占星術でもホラリー占星術でも全てホール・サインで占う方もいますし、私のようにネイタル占星術はホール・サインで、ホラリー占星術はレギオモンタヌスでされる方もいますし、全部プラシーダスでされる方もいます。

そして、それぞれの方がそれぞれの根拠があると思います。

ただ、一つだけ覚えておくならば、西洋占星術のベースはホール・サインであるということです。

次に**カスプ Cusp** についてお話しします。
カスプというのは、尖っているとか、いばらという意味があり、これはハウスとハウスの間の境界線のことを言います。

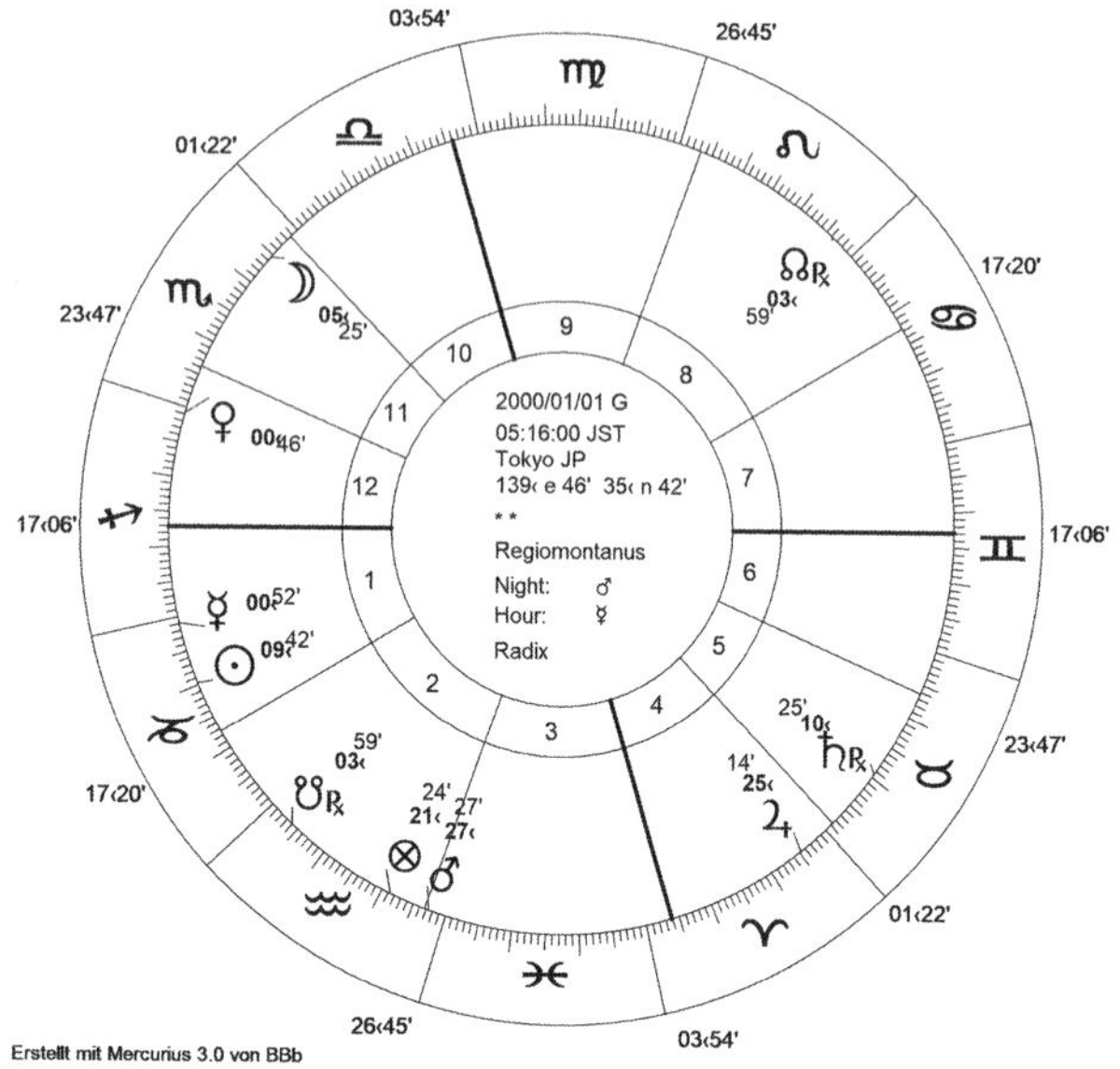

例えば、上図のレギオモンタヌス式のホロスコープを見てもらうとわかるのですが、アセンダントは17度の射手サインからスタートしています。

このスタート地点のことをカスプと言います。

第二ハウスのカスプは山羊サインの17度となります。

このカスプによって四分円方式での有利な場所がわかるわけです。

カスプというのは何かという理解のために、ドアを想像してもらったらよいでしょう。

ドアを挟んで家の内と外というのが決まっています。

このドアをカスプと考えてください。

そしてこのドアは家の中と外を大きく分ける境界線ですから、カスプは非常に重要です。

カスプにまつわる話で、占星術を多少勉強された方は**マイナス五度ルール**というものを聞いたことがあると思います。

このホロスコープではアセンダントのカスプは17度の射手サインです。

仮にそれより前の射手サインの5度に何らかの星があったとします。

そうすると、その星はハウスカスプよりも前ですよね。

しかし、カスプから遡って5度まで（この場合は17度−5＝12度）はアセンダント（第一ハウス）の中にあると考えるのがマイナス五度ルールというものです。

当然ですが、ホール・サインではカスプはありませんので、マイナス五度ルールは適用されません。

ホール・サインでは、〝サインの大きさ＝ハウスの大きさ〟だからです。


そして、マイナス五度ルールにも注意があります。

それは、マイナス五度ルールはサインを越えないということです。

サインとサインの間は絶縁体のような障壁があります。

つまり、隣のサインで何が起きているのかというのは、まったくわからないわけです。

アスペクトの時にお話しした、アバージョンの状態です。

隣のサインの熱は伝わるけれども、何が起こっているかわからない状態です。

このサインの境界が絶縁体のようであるという概念が重要です。

例えば図のように太陽が乙女サインの27度にあったとします。

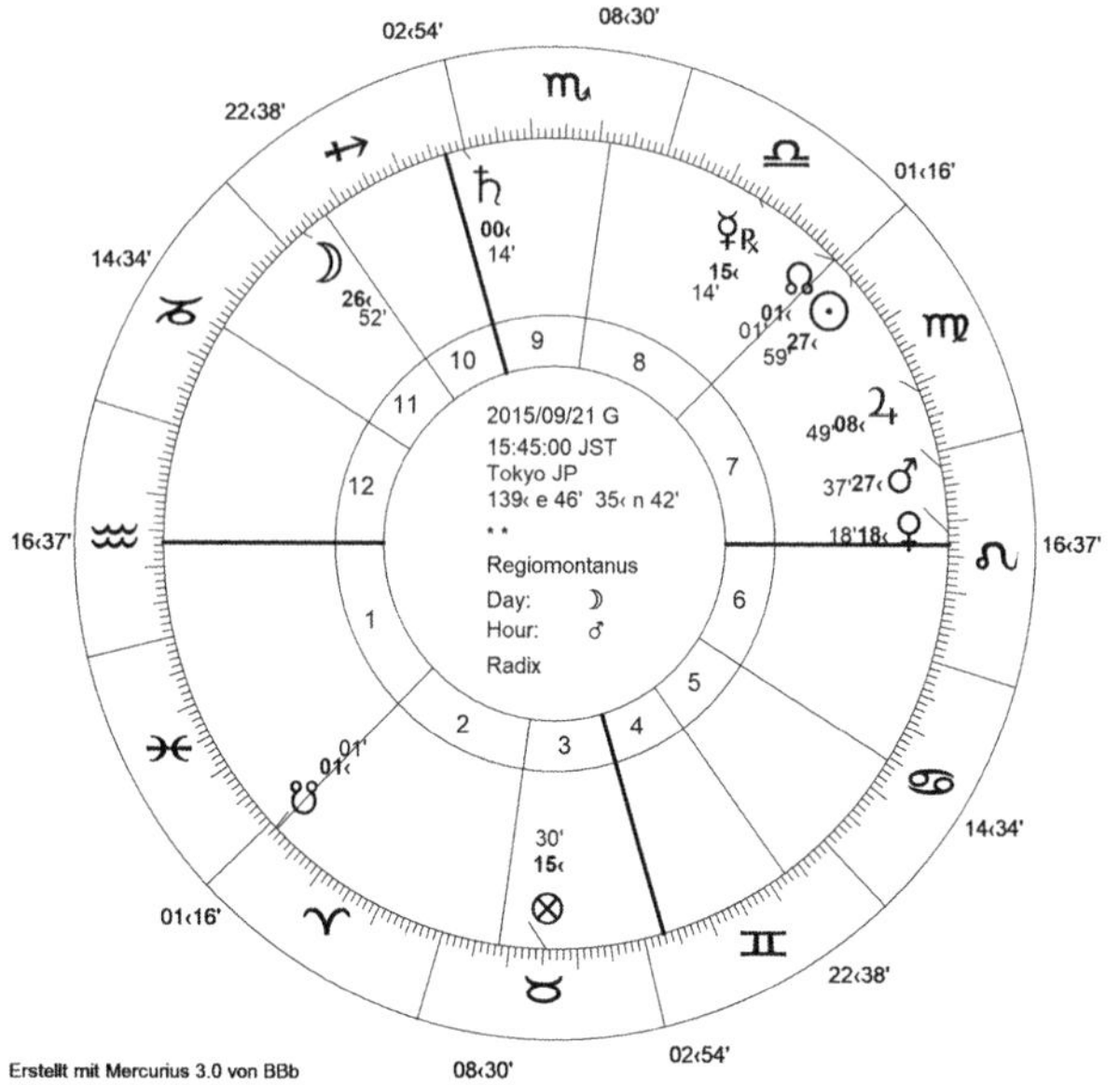

そして第八ハウスのカスプは天秤サインの1度にあります。

すると、太陽は第八ハウスのカスプから遡って五度以内にあります。

一見すると、この太陽は第八ハウスにあると思うかもしれません。

しかし、それは大きな間違いです。

サインが違うということは、何度も書きますが絶縁体に阻まれているような状態です。

ですから、マイナス五度ルールというのは、サインを超えることはできないのです。

つまり、第八ハウスのカスプは天秤サインの1度ですが、遡れるところは実は天秤サインの0度までしかないのです。

ですから、太陽はどう頑張っても第七ハウスの中に入っています。

これが、マイナス五度ルールで間違いやすい注意点だと思います。

このマイナス五度ルールが厳密なものかというと、実はそうでもありません。

質問によっては、マイナス三度を採用することも、五度よりも広めに取ることもあります。

これはひとことでは言えないのですが、質問や場合によります。

一般的にホラリー占星術においては、短期間に勝負のつくものは狭くし、長期間に及ぶものは広めにとります。

重要な点は、二点です。

一つは、カスプはハウスのドアのようなものであって、そこは非常に重要な家の入り口のポイントであるということです。

ですから、カスプの上に星がある場合、その星はそのハウスにおいて主導権を握ります。

もう一つは、マイナス五度ルールというのは、サインを超えないということです。

それだけサインの境界は分厚い国境線みたいなものです。

ハウスのカスプはドアですが、サイン同士の間というのは、国境線のようになっています。

ですから隣のサインにあるということは隣の国で何が起こっているか、あまりよくわからない感覚に近いものがあります。


次は**ジョイ Joy** について説明します。

アクシデンタル・ディグニティの時に少しお話ししたのですが、惑星が自分のジョイの場所にあると、惑星が喜び、本来の力を発揮しやすいし、ホームグラウンドにいるように振る舞えます。

ですから、普段通りの力を出せて、あまり苦もなく努力できる、そんな場所になります。

このジョイについては、ウィリアム・リリーはアクシデンタル・ディグニティの表には載せていませんし、あまり大事な説明をしていません。

これはジョイを軽視していたとも言えるかもしれませんし、当時の占星術師たちにとって、ジョイの概念というのは当たり前だったため、あまり説明しなかったということなのかもしれません。

一方、ジョン・フローリーは、ジョイはホラリーにおいてほとんど無視できるものであると述べています。

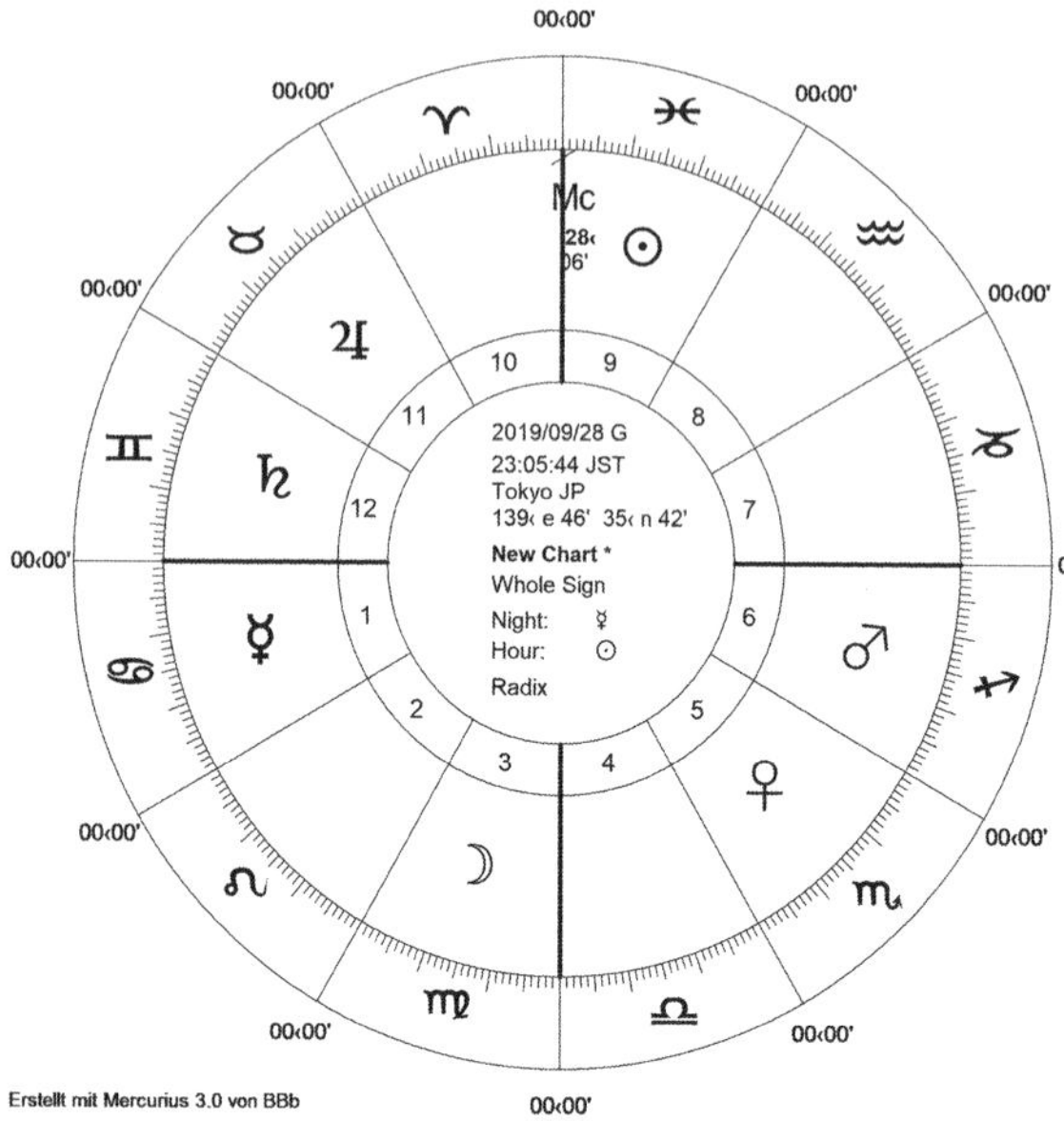

ですから、占断の時にジョイにあるからといって大きく占断結果が変わることはないと言えそうです。
では何のためにジョイを勉強しているかというと、それはハウスの説明をするためにジョイという概念が非常に大事になるからです。
まず、ジョイというものがどの場所にあるかというのを、再確認しましょう。
第一ハウスには水星、第三ハウスには月、第五ハウスには金星、第六ハウスには火星、第九ハウスには太陽、第十一ハウスに木星、第十二ハウスに土星となっています。

これをそのまま見るとあんまりよくわからないのですが、実際にホロスコープの上に並べてみると、面白い法則性が見えてきます。

アスペクトの話で説明しましたが、**昼の惑星**と**夜の惑星**というのがありました。地平線より上、つまり、アセンダントから第七ハウスまでを引いた線よりも上にあるのは昼の惑星ということに気づきます。

つまり、太陽、土星、木星ということです。

そして地平線の下にあるのは夜の惑星ということにも気づきます。

つまり、月、火星、金星ということになります。

昼の惑星、夜の惑星というのは、実はまだ法則があって、お互い一つずつの**ベネフィック**（吉星）木星と金星、**マレフィック**（凶星）土星と火星があります。

そして月と太陽を英語ではライツ Lights やルミナリー Luminary と言いますが、これらも各々一つずつ昼と夜に分けられています。

さらには、それぞれのライツ、マレフィック、ベネフィックが、ジョイではお互いオポジションの関係になっています。

仲間はずれなのはどっちつかずの水星です。

アクシデンタル・ディグニティの表で、惑星が自分のジョイのハウスにあれば点数が上がりますが、ジョイとオポジションの場所にあると、逆にアクシデンタル・ディビリティ、つまりマイナス点になります。

凶星同士もしくは吉星同士のオポジションなので、オポジションといっても、そんなに悪いところじゃないのではないかと思うかもしれません。

しかし、例えば良いことができない吉星というのは、本来得られるはずのベネフィット、あの人だったらこうしてくれるのではないかという期待感を裏切られるという感覚に近いわけです。

それは運が悪い状態と西洋占星術は考えるので、弱い状態になるわけです。

初めに説明しましたが、占星術でジョイが強い意味を持つわけではありません。

しかし、全く意味がないかというとそういうわけでもありません。

例えば、第六ハウスのジョイは火星で第十二ハウスのジョイは土星でお互い凶星です。

そして第六ハウスと第十二ハウスというのは、良い場所ではありません。

なぜならアセンダントから見て、アバージョンな場所だからです。

でもジョイの考え方からいくと、凶星はそこにいると元気になるというか、良い働きができるわけです。

第六ハウスというのは、敵とか、自分の厄介ごととか、そういった意味があるのですが、火星がいると敵を粉砕することが出来ます。

第六ハウスに凶星が入っていれば、弱いハウスに居るので星自体の影響力は弱いですが、それはそれで敵を粉砕することになるわけです。

そして、第十二ハウスに土星があるということは、敵を抑える事ができるということになるわけです。

逆に、第六ハウスに吉星が入っていれば、良い働きはできません。

例えば、金星が入っていると快楽に溺れるとか、木星であれば満たされないということになります。

単純にジョイを覚えていても、あまり占断には使えませんが、このように理解することで、ネイタル占星術では非常に役立てることができます。

そしてジョイは次に説明するハウス・ルーラーと一緒に合わせて考えることで、ハウスの意味をより深く知ることができます。

サインには**ルーラー**（守護星）がありました。

牡羊サインのルーラーは火星であるとか、牡牛サインのルーラーは金星である、と言います。つまりそれぞれのサインを管理している惑星があるわけです。

それと同じように、ハウスにも管理している惑星があります。

これに関しては名称が特にないので、仮にここでは説明のために〝ハウス・ルーラー〟と呼びます。ハウス・ルーラーという言葉は一般的なものではなく、この章の説明だけに使用します。

注意点は、ハウス・ルーラーとサインのルーラーは別物ということです。

基本的にサインのルーラーはその場所を支配する強い存在ですが、ハウス・ルーラーはそのハウスを支配するということはしません。

実占においてサインのルーラーは非常に重要ですが、ハウス・ルーラーが占断を左右することはまずありません。

ここで言う〝ハウス・ルーラー〟とは、ハウスの意味の根底にある惑星ということであり、あくまでもハウスの説明の時だけに使用します。

本来であれば、ハウス・ルーラーなどという混乱をきたしそうな名前で説明しないほうがよいのですが、他に良い用語がありませんので、ここではハウス・ルーラーという名称で説明していきます。

くれぐれもサインのルーラーとは別物であるということを、間違えないようにしてください。

ハウス・ルーラーの並び方の法則は、**カルディアン・オーダー**が鍵になります。

つまり、第一ハウスをカルディアン・オーダーのスタートである土星が担当します。

その次に第二ハウスを木星、第三ハウスを火星、第四ハウスを太陽、第五ハウスを金星、第六ハウスを水星、そして第七ハウスで月になるわけです。

するとカルディアン・オーダーは終わりとなります。

そこでまた始めに戻って、第八ハウスを土星が担当するわけです。

そして第九ハウスを木星、第十ハウスを火星、第十一ハウスを太陽、第十二ハウスを金星となるわけです。

逆に言うと、十二のハウスがあって、惑星が七つということであれば、どうしても二カ所足りません。

つまり、水星と月はそれぞれ一カ所しかハウス・ルーラーになれません。カルディアン・オーダーは惑星のスピードを見る時も大事ですし、エッセンシャル・ディグニティの表でも使われている部分はあります。

そして、ここではハウス・ルーラーでも使っているわけですし、曜日の決定、アワー・ルーラーの出し方、そういったものは全てカルディアン・オーダーがなければ出せません。

カルディアン・オーダーが伝統的占星術において、欠くことが出来ないほど重要であるということがここからもわかるでしょう。

さて、ハウス・ルーラーに戻りましょう。

現代占星術ですと、第一ハウスの面倒を見ているのは火星です。

そして牡羊サインのルーラーは火星です。

これは、裏を返せば現代占星術ではサイン＝ハウスということです。

ですから、例えば第三ハウスを現代占星術では水星が担当しています。

そして現代占星術では、第三ハウスの説明の裏には水星の象意があります。

しかし、伝統的占星術では第三ハウスのハウス・ルーラーは火星であり、ジョイは月です。

伝統的占星術では第三ハウスの説明の裏には火星と月の象意があるわけです。

伝統的占星術でも現代占星術でも、第三ハウスはコミュニケーションのハウスとされます。

しかし、現代占星術で考えるコミュニケーションとは水星であり、伝統的占星術ではむしろ月や火星であることがわかります。

それではここからハウスの説明に入っていきましょう。
ファーミカスは以下のようにハウスと物事を結びつけています。

第一ハウス……………………生命全般についての解明
第二ハウス……………………天分、富・財産に関すること
第三ハウス……………………兄弟、姉妹と友人関係
第四ハウス……………………両親との関係
第五ハウス……………………子供に関すること
第六ハウス……………………健康に関すること
第七ハウス……………………結婚
第八ハウス……………………死
第九ハウス……………………宗教と旅行に関すること
第十ハウス……………………生活、精神、居住の場所、技術、芸能など
第十一ハウス…………………幸福
第十二ハウス…………………不幸

おそらく現代占星術の本にも書いてあったりすると思いますが、この順番は人生になぞらえることもできます。

第一ハウスで誕生、そして第二ハウスに生まれて初めに出会う両親。

そして、しばらく生活をしていると第三ハウスである兄弟が生まれます。

第四ハウスになると土地とか自分の家風が身につき、第五ハウスで楽しみを得る。

第六ハウスで健康に関すること、第七ハウスで結婚、そして第八ハウスで死を迎えます。

死後は、第九ハウスから始まる精神世界への旅立ち、つまり宗教とか、旅などになります。

第十ハウスで神の部屋に至り、そこから通過することで第十一ハウスの幸福を得、第十二ハウスの不幸を得て第一ハウスから再スタートとなります。

この第一ハウスから第十二ハウスの並びは左回りです。

これはセカンダリー・ディレクションとか、セカンダリー・モーションなどと呼びます。

それでは、ここからはそれぞれのハウスの意味について説明していきましょう。

第一ハウス

第一ハウスは東を示しており、アセンダントとも言います。

アセンダント Ascendant とは上昇するという意味ですから、太陽が昇るところということになります。

アセンダントはホラリー占星術でもネイタル占星術でも、質問者自身を表し、そのサインの支配星もまた質問者そのものを示します。

また、一という数字は一門という言葉があるように、自分が加わっている組織も示します。ですから、第一ハウスは自分自身だけではなく、自分のチームや属する団体といった〝我々〟も示します。

アセンダントのハウス・ルーラーは**土星**で、ジョイは**水星**です。

現代占星術においては、水星はコミュニケーションの星になります。もしくは通信のハウスと説明されたりします。

しかし、伝統的占星術ではコミュニケーションといってもひとことでは言えず、水星と月で分担しあっています。

水星は相手に伝達はしますが、その方法は自分の考え方や解釈を入れて相手に伝えます。まるで翻訳者やテレビニュースのコメンテーターのような働きをします。

ですから水星は、弁論とか、他人と意見を戦わすとか、そういったことを行います。

逆に、水星は事実のままにものを伝えるとか、他人の言付けをそのまま伝えるのは苦手です。水星がしたいことは、自己の表現だからです。

相手に自分の考えを挟まず、そのままを伝えるのは月の役割です。

それゆえ、水星は第一ハウスに非常にふさわしい星ということになります。

なぜなら、先述の通り第一ハウスというのは、自らの肉体を示すからです。そして、それには他人とは違うのだという自己主張が必要です。

ですから、第一ハウスには自己主張をする星である水星がジョイになり、マリニウスは第一ハウスを〝水星の神殿〟と呼びます。

ウィリアム・リリーは、もし水星が第一ハウスにおいてディグニティが高ければ、その人は雄弁になると書いています。

自己主張がしっかり出来るということが、雄弁家の資質ということなのでしょう。

逆に第一ハウスに月があると、あまり良くないとされます。水星がいる場所において月は喜ばしくなく、自分の仕事をうまくできません。自分の考えを差し挟んでしまうような月は致命的だからです。

そして第一ハウス・ルーラーは土星になります。

その理由の一つは、土星が魂の出入りを支配しているからです。

魂はアセンダントから吹き込まれて、第八ハウスから出て行くとされています。だからこそ、土星は第一ハウスと第八ハウス両方のハウス・ルーラーです。

もっと正確に言うならば、土星の力を介して神様が魂を肉体に吹き込み、死ぬときは土星を通じて取り出すということをします。

そして惑星の章で説明しましたが、土星は境界という意味がありました。これは、自分と他人を分ける境界という意味もあります。

自分の肉体の境界線は皮膚ですから、土星は皮膚という意味も持ちます。

また、アセンダントは昼と夜を分けるという、特に重要な境界の役割をしています。

そして、ハウス・ルーラーである土星とジョイの水星の間には、ある一つのことが共通していることがわかります。

勘の良い方ならお気づきと思いますが、両者のエレメントがCOLDでDRYであり共通です。ですからアセンダントは、COLDでDRYであることが心地よい場所となります。

ウィリアム・リリーは、土星がアセンダントにいて状態が良ければ、見栄えの良い体格が得られ、通常は長寿であると書いています。

他にも、我慢強く物事を進められる人となるでしょう。

第一ハウスを意味するものは、自分自身以外にも自分自身が乗っているものも含まれます。

これはホラリー占星術で大事になってくるのですが、例えば、あなたがもし車で旅行に出かける場合、車とあなたは一体化しています。

もし飛行機で行くならば、飛行機とあなたは一体化しているわけです。

質問で、旅行は無事に行けますかという質問をされた場合に、乗り物のハウスを見るわけではないということです。

飛行機は無事に飛びますかと聞かれたとして、それは乗り物を示す場所ではなくて、自らの肉体の場所、つまり第一ハウスを見るわけです。

逆に、私の車は壊れていますかという質問をするならば、所有のハウスである第二ハウスを見る必要があります。

ここが伝統的占星術の難しいところでもあります。

正確にハウスの意味を理解していなければ、占いが外れることになるからです。自分と同一化しているもの、自分が持っているもの、自分の支配下にあるもの、それらは第一ハウスが担当することになります。

そして私はIで当然第一ハウスですが、Weつまり我々も第一ハウスが担当します。例えばどこかの政党の党首がいたとして、我々は勝てるでしょうかという質問で、友人のハウスを見るかというと、そうではないわけです。

質問者と政党は一体となっているわけなので、第一ハウスを見るわけです。

第一ハウスはホロスコープにおける東の方角を示しますから、探し物の質問で東を示すことがあります。

体では第一ハウスは頭を示します。

占星術では人体は、第一ハウスの頭から始まり第十二ハウスの足にかけて当てはめられます。

そして、これはサインも同じように当てはめられます。

つまり牡羊サインは第一ハウスと同じように頭を担当します。第二ハウスと同じように牡牛サインは口とか喉とかを担当します。

そして、魚サインは第十二ハウスと同じく足を担当するわけです。

伝統的占星術もサイン＝ハウスじゃないかと思うかもしれませんが、その例外はこの医療占星術においてのみです。

医療占星術というのは、他の占星術とはちょっと占い方が違うということは注意が必要です。

第一ハウス

支配星▼土星　**ジョイ**▼水星

・自分自身
・自分自身の体
・自分自身が乗っているもの
・質問の時点で、自分自身と接触しているもの（同一化しているもの）
・集団としての私ならばその集団も第一ハウスとなる
・東の方角

第二ハウス

次に第二ハウスについて説明していきましょう。

二という数字は東洋において対立や争いを表すため、縁起の悪い数字とされています。例えば、結婚式のご祝儀では二の倍数である偶数は別れを表すため、避けられます。

他にも二枚舌、二の足を踏む、二の舞になるなど、同じことを二重にするという良くない意味も持ちます。

一方で、ペアルック、音楽でのデュオ、ダブル、カップルといった手を取り合う仲もあります。

このためか、第二ハウスはアセンダントからアバージョンという悪い面と、サクシダント・ハウスというやや良い点の二面を持ちます。

第二ハウスは、ハウス・ルーラーが**木星**です。ジョイはありません。

ですから、木星が第二ハウスの意味の全てを担当します。

木星は豊穣の星であるため、第二ハウスは自分の持ち物とか自分自身を守り育てるものを示します。

そして、全てのハウスに共通しますが、あるハウスの一つ後ろのハウスは前のハウスを守り育てることになります。

アセンダント（自分自身）の面倒は第二ハウス（自分の持ち物）が見るのと同様、第二ハウスの面倒は第三ハウスが見るのです。

その逆に、一つ前のハウスは自らを傷つけるものになります。

例えば、アセンダント（自分自身）が第二ハウス（自分自身の持ち物）を使役します。

自分を守り育てるもの、それは何かというと財産やお金ということにもなります。といっても、不動産は違います。

自分自身を守り育てることを考えれば、日々の食事というものが必要になります。

しかし、不動産でご飯が買えますかというと、買えはしますけども、一回売ってお金にしてから交換します。

ですから自分の体を保持する、栄養をつける、そういった意味では不動産というのはふさわしくなく、お金のほうがふさわしいわけです。

第二ハウスに当てはめられる財産というのは、自分の自由がきくお金です。ですから、例えば親のお金は第二ハウスには含まれません。

親が亡くなった後に、財産として引き継いで、初めて自分の第二ハウスに移動します。


自分のことを支えてくれる人や腹心といった人も、実は第二ハウスに含まれます。

ボクシングのセコンドという言葉があります。

これは「セカンド」からもきている言葉ですが、第二ハウスはまさにそんな感じです。

裁判の質問において自分の弁護士は第二ハウスです。

自分の側に立って、自分を弁護してくれる人、自分を守る人だからです。


ウィリアム・リリーはネイタル占星術で、もし第二ハウスに木星があって、それが良い状態であれば、富の増大を示すと言っています。

また、その人は嘘をつかない人にもなります。

なぜなら、第二ハウスは医療占星術では口を表しているからです。

第二ハウスは、現代占星術においては金星が支配していると考えられています。それは、根底では第二ハウスが牡牛サインと一緒の概念だからです。しかし、財産という意味では、やはり金星はふさわしくないわけです。

財産のナチュラル・ルーラーは木星です。

金星というのは美とか結婚とか喜びとか楽しみとか、そういった快楽的なものに結び付けられるもので、自らを維持するために必要なものかというと、そうではないということになります。

アル・ビルニ **Al-Biruni** は、第二ハウスのことを滋養分と書いています。自分を支える栄養分というニュアンスです。

そして第二ハウスの持つ面白い意味の中には、自分を大切に想う気持ちもあります。

ホラリー占星術において恋愛感情とか恋愛の質問をされた場合に、相手に対してどう思っているのか、相手は自分のことをどう思っているのかという気持ちを見る時に使います。

アセンダントにとっての第二ハウスの場所は、その人の自尊心の場所になります。

もし、第二ハウスに相手の星が入っていたならば、相手は自分を尊敬しているということになります。

逆に第十二ハウスにあれば、相手の自尊心を落としてしまいたい気持ちをもっている、ということになります。

そして第二ハウスと牡牛サインは身体の順番から言えば、口やのどを表します。食べ物は口やのどを通りますから、第二ハウスは二重の意味で口とのどを表すことになります。

第二ハウス

支配星▼木星　**ジョイ**▼なし

・自分の自由にできる所有物
　不動産は動かせないので、第二ハウスではなく第四ハウス
・自尊心（ホラリー占星術で用いる）
　自分を大切に想う気持ち
　パートナーを示す星が入っている場合、相手を尊敬している
・腹心、助けてくれる人
・食物
・口、のど

日本人の好きな数字として七と並んで挙げられるのが三でしょう。子供の成長を祝う七五三、結婚式での三三九度、慶事での万歳三唱など、様々な目出度い行事で三という数字が絡んできます。

これは陰陽道で奇数は陽の数字で縁起が良く、三は区切りが良いため特に縁起が良いとされました。

仏教でも、仏法僧の三宝、欲界・色界・無色界の三界、仏道の必修である戒学・定学・慧学の三学などがあります。

これは西洋でも同じで、イエス・キリストは十字架を背負って三度崩れ落ち、午後三時に息を引き取り、三日目に復活したとされます。

フリー・メイソンでも重要な器具である三大光明として聖書、直角定規、コンパスがあります。

三は調和の数であり、我々の住んでいる世界は三次元であり、色も三原色です。

このように洋の東西を問わず三は良い意味を持ち、第三ハウスはケーダント・ハウスでありながら、アセンダントからセクスタイルでもあることから、悪い意味はほとんどありません。

第三ハウスのハウス・ルーラーは**火星**で、ジョイは**月**です。

火星はもろ刃の刃であると説明をしました。

相手や敵を断ち切る刃ですが、自分自身を傷つける可能性もあります。

このような刃が必要になる場所は、もちろん戦場もそうでしょうが、第三ハウスの場合は旅です。今でしたら旅行代理店に行ってツアーを予約することで、危険ということからはずいぶん遠くなってきましたけれども、昔の旅はまさに命がけだったわけです。

山賊がいたり海賊がいたりして、そういった人たちから自分の身を守らなければいけない。その時にはやはり刃が必要だったわけです。

この刃は旅の障害を断ち切るための刀、武器だったわけです。

ですから、第三ハウスには旅行の意味もあります。

ただし旅行といってもそんなに大きな旅行ではなくて、小旅行です。

大旅行は第三ハウスのオポジションにあたる第九ハウスとなります。

小旅行とは、日々のルーチンワークも含みます。

例えば、朝起きてトイレに行く。そのトイレに行く道すがらは小さな旅行ということになります。

洗面所に向かう、キッチンに向かう、仕事の行き帰りの移動も小旅行に含まれます。

では例えば日曜日に教会へ礼拝に行く。

これも小旅行に含まれそうですが、神に対する行いということで、これは第九ハウスに含まれることになります。

第九ハウスには大きな旅行という意味があると書きましたが、大きな旅行というのは、一般的には県外への旅行や海外旅行などになりますが、実際の旅行だけを示しているわけではありません。

誰もが死後に神の世界に旅立つわけですが、その旅行も第九ハウスで示されます。

第三ハウスと第九ハウスはオポジションの関係になっています。

これは何を示しているかというと、日々の行動を示す第三ハウスの行動が、神へつながる道であることの裏返しでもあるということです。

つまり日々の行動が最終的に自分の救済になるかどうかというところにつながるわけです。

次に、第三ハウスのジョイは月に注目します。

先ほど水星の説明の際に、月も通信の意味を持つ話をしました。

ホラリー占星術では、月はしょっちゅう他の星の思いを別の星に運んでいます。

月がある星とアスペクトして、その後に別の星にアスペクトした場合に、はじめにアスペクトした星の思いを、次にアスペクトした星に受け渡しをします。

これを**トランスファー・オブ・ライト Transfer of light** と言いますが、ホラリー占星術では必ずこれを確認しますし、ネイタル占星術でも時間経過によるアスペクトを見ることは非常に重要です。

その時、月は何の星の想いを運んでいるのかが、占断の結果に非常に重要になるわけです。

そして月は旅行者のナチュラル・ルーラーでもあります。

ですから第三ハウスというのは、小さな旅行、しかもそれは日々の早く終わる旅行を示しているというのがよくわかると思います。


また、第三ハウスには兄弟という意味もあります。

地球の兄弟というものを考えた場合、真っ先に浮かぶのは月でしょう。

現代では大きな隕石が地球にぶつかって、地球から分離して月ができたという説が有力です。

だからこそ、月の成分は原始の地球の成分と同じであり、月の探査は地球の起源をたどるのに大事なものだとされています。


月と地球の関係では、地球から一番近い星というのは月です。ですから、第三ハウスは近所の人とか、隣近所の人というものを示します。


まとめますと、第三ハウスは兄弟とか姉妹とか従兄弟とか、そういったものを示します。

そして通勤とかルーチンの移動も第三ハウスの仕事になります。

メール、電話などの連絡手段、通信も第三ハウスが示すことになります。


水星はコミュニケーションの星ではありますが、通信の星ではありません。

現代占星術をかじった人によくある誤解で、水星が逆行しているから、通信障害が起こりますと言ったりするのですが、それは違います。

もしかすると、相手との意思疎通がうまくいかないということはあるかもしれません。

つまり、水星の逆行中に自分の思っていることを相手にうまく伝えられないということはあるかもしれませんし、相場の取引などが多少乱れるかもしれないです。

でも、ATMが壊れるということはないでしょう。なぜなら、ATMは自分の意思を挟まないからです。

水星によって仮に影響を受けるとするならば、それは意思を持つものに限られるということになります。

第二ハウスはアセンダントからアバージョンですから、あまり良くない場所ですけれども、アセンダントを支えるお隣さんということで、多少は良い場所とされています。

その逆に第三ハウスというのは、アセンダントからセクスタイルの場所にあるにもかかわらず、ちょっと悪い場所とされています。

これは、第二ハウスとアセンダントの関係の方が、第三ハウスとアセンダントの関係よりも近しいからでしょう。

第二ハウスと第三ハウスというのは、ちょうど入れ替わっているとよいのでしょうが、少し不思議な感じもするかもしれません。

ウィリアム・リリーは、もし月が第三ハウスにあって、特にカージナル・サインにあるならば、あちこち旅に行く、そして歩き方は小走りかとぼとぼしていて、滅多にじっとしていることができない人、と書いています。

第三ハウス

支配星▼火星　**ジョイ**▼月

・兄弟、姉妹、いとこ
・通勤、ルーチンの移動
・メール、電話などの連絡
・隣近所の人
・腕、手、肩

第四ハウス

数字の四は死と同音で連想しやすいため、九とともに日本では避けられることが多いです。病室だけでなくホテルの部屋番号でも、なるべく四や九は使わないようにされています。

しかし、西洋では安定や完成のイメージがあるようです。

東西南北、春夏秋冬、タロットカードの四つのエレメントなどからも、物事を説明するには四要素が必要であることが分かります。

第四ハウスは第一ハウスから反時計回りに巡ってきて、初めてのアングルになります。

ここのハウス・ルーラーは**太陽**であり、ジョイはありません。

この太陽は自分の父親を意味し、ひいては自分のルーツも表します。

また第四ハウスは、ホロスコープの一番底にあります。

ここはホロスコープの根っこともいえますから、第四ハウスはルーツにふさわしいハウスと言えるでしょう。

現代占星術では、第四ハウスは蟹サインと同一視されています。ですから、現代占星術では第四ハウス＝母親と説明されています。

ところが、これは大きな間違いであることがわかります。

なぜならば、第四ハウスのハウス・ルーラーは太陽だからです。

太陽は明らかに父親であって、母親ではありません。

両親という一体の存在で考えるときは、第四ハウスが両親のハウスになります。

しかし、お父さんの健康状態はこれからどうなりますか、お母さんもどうですかと聞かれた場合、それは、第四ハウスをお父さんに、第十ハウスをお母さんに当てはめます。

第十ハウスをお母さんにする理由は、第四ハウスから見て、七ハウス目つまりオポジションの場所にあるからです。

第四ハウスは、方角では北を表します。

第四ハウスに太陽がある場合、太陽は地平線下で北に位置するからです。

一番低いところであるために、第四ハウスは土地も示します。

そのため自分の動かせない財産は第四ハウスが示します。

そして不動産だけではなく、自分のルーツ、自分が一族から受け継ぐものも第四ハウスです。

第四ハウスはまさにホロスコープの最下部にある〝根っこ〟でもあるからです。

ただし、両親が自由にできるお金は、第四ハウスの隣（第三ハウス目）の第五ハウスが示します。

第四ハウスは、ホロスコープで一番低い場所にありますから、土に埋もれたものという意味で遺失物を表すことがあります。

ですから失くしものを探すときにも第四ハウスを参考にします。

ホラリーで失くしものの質問をされた場合に、失くしものを表す星はいろいろ候補があるのですが、絶対に見るものとしては第二ハウスと第四ハウスです。

自分の持ち物という意味で第二ハウスを見ますし、失くしたものという意味で第四ハウスを見るわけです。

さらに、失くし物のナチュラル・ルーラーである月も見る必要があります。

では、第二ハウスと第四ハウスと月、どちらを失くし物が示す星として採用するのかというと、それは状況から総合的に考えてとしか言いようがありません。

ですから失くしものの質問というのは結構難しいのです。

おそらくホラリーで最も難しいものと言えば、失くしものでしょう。


ホラリー占星術において、家の購入の質問をされたとき、家そのものは第四ハウスが担当しますが、その値段は第十ハウスで表されます。

第四ハウスのエッセンシャル・ディグニティは家の良さを表します。

では、第十ハウスのエッセンシャル・ディグニティが高ければどうなるかというと、お得ということではなく、逆に値段が高いということです。

ですから、それは質問者にとってあまり好ましくないということになります。

しかし、もし第四ハウスがドミサイルであって、第十ハウスがデトリメントであった場合、これは良いのかどうかというと、実は一見良いようなのですが良くない可能性があります。

なぜなら、良い家だけれども値段が安いということは、なにか理由があるはずです。

もちろん売主が売り急いでいる、どうしても今すぐ現金が欲しいとか、遺産分配のためにこの家を売ってしまわないといけない、そういった理由があるのであれば安心です。

しかし、もしそういった理由がなくて、質問者を邪魔しようとしている星がいたら、それは詐欺かもしれません。

ですから、ディグニティの差があまりにもあるというのは、あまり良くないことです。

むしろ望ましいのは、第四ハウスのディグニティが高くて、第十ハウスのディグニティが普通といった場合です。

身体では第四ハウスは胸とか肺を、方角ではホロスコープにおける北を示します。

ウィリアム・リリーは第四ハウスに太陽があれば病気にはならないが、父親に対して見栄を張ると書いていています。

第四ハウス

支配星▼太陽　**ジョイ▼**なし

・両親（特に父親）

あえて区別する場合、お父さんは第四ハウス、お母さんは第十ハウスとして扱います。

・先祖

・家、土地

・裁判の判決

・遺失物、土の中に埋もれたもの
・胸、肺
・北の方角

第五ハウス

第五ハウスのハウス・ルーラーは**金星**で、ジョイも**金星**です。

支配星もジョイも共通のものになるというのは、第五ハウスが唯一のものです。金星は人生の喜びとか楽しみとかそういったものを表します。

第五ハウスというのは、楽しみのハウスであり、だからこそ金星がそこを担っています。しかし金星は吉星ではありますが、そんなに良い吉星ではありません。

より良い吉星は木星になるわけですが、その理由の一つは、金星の場合は行き過ぎることがあるからです。

その行き過ぎた場合にどうなるかというと、金星がハウス・ルーラーであるもう一つのハウスである第十二ハウスに移ってしまいます。

第十二ハウスは自堕落のハウスです。

あまり楽しみに溺れすぎると、それは自堕落につながってしまうということを、西洋占星術でも示唆しています。


第五ハウスは、基本的に楽しみについてのハウスですから、もらう質問としては、喜ばしいものが多いですね。

お医者さんで産婦人科だけは入院して唯一、おめでとうと言える科だと言われますが、第五ハウスもそれに近い感じがあります。

人生の喜び、男女のおつきあいとかデートとか妊娠すること、出産すること、そして子供、そういったものは全部、第五ハウスに含まれます。

現代占星術ですと、性交渉は第八ハウスに当てはめることが多いのですが、それは間違いです。

性交渉は楽しみであり、第五ハウスに含まれるものです。

では、現代占星術において、どうして第八ハウスがそういった性交渉のハウスに当てはめられたのか。

この根拠はなかなか難しいものなのですがいちばん考えられやすいのが、第八ハウスは身体では陰部を表すからかもしれません。だから、性交渉も第八ハウスのものだと考えたのかもしれません。

けれども第八ハウスは、こういった出産とか妊娠とか喜ばしいことを表すのではなく、死に関するハウスなので、やはり性交渉というのは第五ハウスがふさわしいでしょう。

仮にこの第五ハウスの解釈を現代占星術のように第五ハウス＝獅子サインとすると、変なことになります。

なぜなら、獅子サイン、双子サイン、乙女サインというのは、**バレン・サイン barren sign** と言います。

バレンとは不毛とか作物が育たないとか、そういった意味があるのですが、例えば、子供ができますかという質問のときに、第五ハウスがバレン・サインにあれば、その人の不妊や少子を表します。つまり、第五ハウス＝獅子サインとするだけで、それだけで子供とか妊娠とか人生における喜びとか、そういったものから一気に縁遠くなります。

第五ハウスは、人生における楽しみだけではなくて、自分の作った作品とか、生み出したものなども第五ハウスに含まれます。

第五ハウスには子供の意味がありますが、自分の書いた本とか、絵画とか、自分の生み出した作品も自分の子供と同じようなものですから、自分の創作物は全てひっくるめて第五ハウスになります。そして、その人の精子とか卵子とかも第五ハウスになります。

ただしこの楽しみには少し注意点があります。

第五ハウスは楽しみのハウスではあるのですが、楽しみそのものなので、楽しみとか喜びを〝与えてくれる人ではない〟のです。

これはどういうことかというと、例えばデートをするとか、妊娠をするとか、そういった喜びを与えてくれる人というのは第五ハウスではないということです。

では、自分に喜びを与えてくれる人、パートナーはどこが表すかというと、それは第七ハウスになります。

恋を通して心に喜びを得ること、それが第五ハウスなのです。

第五ハウスの楽しみというのは、どちらかというと少し大人な楽しみの感じがあります。

またホロスコープをプライマリー・ディレクション（右回り）で考えると、第七ハウスで日が沈み、第六ハウス、第五ハウスのあたりの時間でご飯とか夜の歓楽があるわけです。

日が暮れて家に帰ってから寝るまでの楽しみ、例えば、ご飯であればランチよりもディナーの方が豪華だと思いますし、夜の方がアルコールも入ります。

こういった楽しみが第五ハウスです。だからこそ注意しなければ、自堕落にも通じます。

体の部位としては心臓とか脇腹とか背中が第五ハウスです。

ウィリアム・リリーは第五ハウスに火星や土星によって良さが失われている場合、誰にも服従しない、やんちゃな子供がいると書いてあります。

第五ハウス

支配星▼金星　**ジョイ**▼金星

・楽しみ
野球、サッカー、バスケットボール、ハイキング、海水浴、スキー、ドライブ、デート、妊娠など。
・楽しく過ごす場所
映画館、スポーツ場、居酒屋、クラブ、バー、カフェ、レストラン、カラオケなど。
・子供、作品
・心臓、わき腹、背中

第六ハウス

第六ハウスのハウス・ルーラーは**水星**で、ジョイは**火星**になります。

この水星は何を表しているかと言うと、実は使用人のナチュラル・ルーラーです。

また前述の通り、月とは異なったメッセンジャーという意味を持ちます。

言い換えれば、もし戦争をしていて自分が君主とするならば、第六ハウスの人物は、相手に対して降伏を勧告しに行く使者のような存在です。

自分が君主で、相手を降伏させてこいと水星に命令したとします。

そうしたら水星は一生懸命自分の頭を使って、相手を説得しようとするわけです。

ですから単純に月みたいにお手紙をお持ちしましたといった感じではなくて、なんとか頭を使って自分の主君の言うことを相手に伝えて、相手を説得しようという働きをします。

水星というのは、ただのコミュニケーションの星ではなくて、相手の意図を汲んで、そして説得するような星でもあるわけです。


もう一つの星であるジョイである火星ですが、これが何を表すかというと第六ハウスにおいてはHOTでDRYな部分、特にDRYな部分が現れます。

火星は他と切り離すこと、戦いとか、そういったことを示します。そして、これはとても扱いづらいものです。

火星というのはもろ刃の剣ですから、刀を取れば相手を傷つけますが、取らなければ自分が傷つく。それが火星の働きでした。

この切り離す作用が第六ハウスには色濃く出ます。

おそらく現代占星術を勉強された方は、第六ハウスと言えば労働のハウスもしくはアルバイトのハウスと思うかもしれません。

伝統的占星術では仕事は何かと言うと、それは第十ハウスと答えるでしょう。

伝統的占星術ではアルバイトにしても正社員として働いている仕事にしても、それらは全て第十ハウスの労働に入っています。


では、現代占星術の第六ハウス＝労働のハウスという誤解はどこから来ているのでしょうか。これは、労働は労働でも自分の労働ではない労働つまり他人の労働（使役）から来ています。

もっと言うならば従業員とか、自分の代わりにやってもらう、そういう労働です。

つまり自らが働いて得る成果というものではなくて、自分が対価を払って、人を雇って働いてもらう。

そこで得られるもの、それが第六ハウスです。

だからこそ、労働のハウスではありますが、自分が働くのではなくて、他人や家畜が働くことに関するハウスです。

だから第六ハウスというのは、家畜や小動物のハウスでもあるわけです。

もし、ネイタルのホロスコープにおいて、その人の第六ハウスに星が集中していたとします。

第六ハウスはアセンダントから見てのアバージョンですから弱い場所です。

しかし、第六ハウスに星が集中している人というのは、自分が虐げることができる人です。

そう言うとろくでもない人に聞こえますが、例えば実業家です。

実業家で自らが部下を使っていろいろ仕事をする、そういった方は第六ハウスに星が集中している場合が多いのです。

つまり第六ハウスの中にある星というのは、自分がお金を払って働かせることができる下僕に近いです。

星が第六ハウスに居るということは、そういう人が居るということになります。


それは、良いことか悪いことかというと、事業を大きくするという意味では良いかもしれません。

しかし、人間関係において上下関係を作って自分が支配しようと働いてしまうことですから、長い目で良いこと悪いことでいうと、カルマを貯めることにはなります。

カルマは言い過ぎかもしれませんが、少なくとも自分の業を溜め込むことにはなるでしょう。

輪廻転生に関して信じるかどうかを脇に置いても、因果応報で自分のしたことはどこかで返ってくるわけですからあまり良くはありません。

ですから、第六ハウスに星が集中している人というのは、事業としては成功しやすいでしょう。

しかし、それが長続きするかというのは、また別物ということになります。

だからこそ、そういった人たちは人生のテーマとして、強引に人になにかやらせたり、人を動かしたりしてしまう傾向を直していくのが重要です。

そして、第六ハウスというのは、言って見れば厄介事のハウスです。

この人生において体験する厄介事というのは第六ハウスに表されているのですが、実は第十二ハウスも同じような書かれ方をしています。

つまり、第十二ハウスも第六ハウスと同じように厄介事や敵を表すハウスとされます。

ではその違いは何かと言うと、自分が引き起こした厄介事は第十二ハウスであり、他人からくる厄介事は第六ハウスになります。

先程、人を働かせる人は第六ハウスに星が集中しているという話をしましたが、それは逆に他人からの厄介事も増えるということになります。

疲労や病なども第六ハウスです。

疲労はともかく病が他人からの厄介事なのかというと疑問に思われるかもしれません。

しかし、感染症を考えて欲しいのですが、何かのウイルスにかかるということは、他人からの厄介事ですね。

肺炎球菌に罹って肺炎になったとしても、肺炎球菌という他者からの厄介事です。

では、そういった厄介事を、どうやって解決するかということなのですが、そのヒントはこのハウスを支配している星を見ればわかります。

つまり、第六ハウスのジョイの火星です。

火星は断捨離の星と書きましたけども、第六ハウスの厄介事というのは切り離すことで解決できるものです。

これは病気における手術を考えてもらえばわかりやすいですけども、手術をするとなると、それを喜んで手術してもらうという人はいません。

けれども例えば癌があったとして、それを切り取らないとどうなるかというと、亡くなってしまうこともあります。

やはりそういったことに関しては、切り離して、つまり手術をして解決出来るものです。

同じように他人からの厄介事というのも、切り離すことで解決出来るものです。


これはアドラー心理学の〝課題の分離〟に似ています。

他人の厄介事は他人の厄介事、自分の厄介事は自分の厄介事として切り離して考える。

そうすると、他人の厄介事は他人が解決するべきものであり、自分の厄介事は自分でなんとかしないといけないものであると捉え直せます。

他人と過去は変えられませんが、自分と未来は変えられます。

課題の分離が出来ることで、自分の人生に集中することができるようになります。

アドラー心理学については色々な本が出ていますから、第六ハウスに惑星が集中している人は、一読されると面白いかと思います。

そしてこの第六ハウスには敵という意味がありますが、実は第八ハウスにも敵という意味があります。

第八ハウスも第六ハウスと同じようにアセンダントから見てアバージョンの場所にありますが、第六ハウスと第八ハウスでは同じ敵でも少し異なります。

第六ハウスの場合は自分でなんとかできる敵です。

ところが第八ハウスの場合は、自分がどうやっても勝てない敵です。

アセンダントは第六ハウスを追いかける場所にありますが、第八ハウスはアセンダントを追いかける場所でもあります。

ですから、同じ敵でも第六ハウスと第八ハウスというだけで、同じ敵でもずいぶん意味が変わってくるということになります。

さらに敵の心情になって考えてみましょう。

アセンダントにとって第六ハウスは敵ですが、第六ハウスにとってもアセンダントは敵です。

そして第六ハウスから見て、第一ハウスは第六ハウスにとっての第八ハウス目になります。

つまり、相手にとって（第六ハウスにとって）、アセンダントの人というのは勝てない場所にある人ということになります。

同じく第八ハウスにとってアセンダントは第六ハウス目になります。

これは勝てる相手ということになります。

つまり、どちらが優位であるかというのは、お互いの視点から見てきちっと一致しているわけです。

これは非常に面白いところだと思います。


他には、第六ハウスが表すものとしては、おじさんとかおばさんとかも表します。

なぜなら、第六ハウスは第四ハウス（両親）から見て第三ハウス目（兄弟）だからです。

これは父親、母親の時と一緒のように、おじさんとおばさんを区別しなければいけない時は、第六ハウスがおじさんで第十二ハウスがおばさんになります。


第六ハウスの表す意味として、他には小さな動物が挙げられます。

ジョン・フローリーは一つの線引きとして人が乗れる大きさかどうかを挙げています。

例えば、ヤギを引き連れて旅行に行くということは可能ですが、ヤギに乗って旅行するということはできません。

一方で、人が乗ることができる動物である馬とかラクダは、第十二ハウスになります。

また、家畜は使役する存在ですから、第六ハウスは家畜という意味もあります。

ウィリアム・リリーは第六ハウスに火星と金星がコンジャンクションでいた場合には、良い内科医になるとあります。

外科医でなく内科医になると書いてあるところが少し不思議ですが、良い医者にはなるようです。

第六ハウス

支配星▼水星　**ジョイ▼**火星

・病気
・病院
・従業員
・自分が対価を払って、自分のために働いてくれる人
・小さな動物―ヤギより小さくて、人が乗れない動物
・下腹部、内臓、腸

第七ハウス

第七ハウスのハウス・ルーラーは**月**で、ジョイはありません。

月は地球のパートナーとも言えますから、第七ハウスはあらゆる意味でパートナーという意味を持ちます。

仕事上のパートナー、結婚のパートナー、恋愛のパートナー、色々なパートナーがいます。仕事のパートナーですと、取引相手とか、患者さんとかになりますし、占い師が自分自身を占ったならば第七ハウスは相談者ということになります。

結婚のパートナーということであれば、妻であったり夫であったりするわけです。

問題は恋愛のパートナーです。

恋愛の質問において、第七ハウスは常に配偶者が占めるわけではありません。

恋愛の質問では、第七ハウスが表すのは〝意中の人〟です。

意中の人は配偶者もしくは特定の彼氏、彼女なのではないかと思うかもしれませんが、世の中には不倫の質問もあります。

そうした場合、第七ハウスは奥さんのハウスではなく、意中の人のハウスになります。つまり不倫相手、質問者がもしくは仲良くなりたいなと思っている相手が第七ハウスを占めることになります。

では、不倫相手と配偶者の区別が必要な場合、配偶者はどのハウスが担当するのでしょうか。

これは、残念ながら一言では説明できず、ホロスコープを見て考えるしかありません。

ネイタル占星術ではこういったことに悩まされること自体が少ないですが、ホラリー占星術ではしょっちゅう頭を使う必要があります。

ウィリアム・リリーは土星や火星が第七ハウスにある場合、不幸な結婚を示すと書いています。ただ、土星が第七ハウスにあったとして、昼のチャートで山羊サインとか水瓶サインが第七ハウスであればそういったことはないでしょう。

また、火星の場合でも夜のチャートであって、牡羊サインとか蠍サインが第七ハウスであれば不幸な結婚ということはないでしょう。

恋愛対象の他に第七ハウスは、取引相手や敵も表します。

第七ハウスの敵は、アセンダントからはオポジションで見えており、相対するものという意味で、対等で見えている敵です。

争う相手がわかっているとき、端的に言えばライバルと呼ばれる存在は第七ハウスが担当します。

第六、八、十二といったハウスは上下関係のある場合や見えない敵の場合に使用されます。

第七ハウスの敵とは争いはするものの、切磋琢磨という表現に近いかもしれません。だからこそ、スポーツの勝敗の質問では、敵は第七ハウスが担当します。

そう考えれば、パートナーというのもお互い切磋琢磨する間柄とも捉えられます。

また、方角では第七ハウスは日が沈む方向になりますから、西を示します。

身体では生殖器官、骨盤を示します。へそから臀部にかけて第七ハウスが担当すると考えてください。

第七ハウス

支配星▼月　**ジョイ**▼なし

あらゆる意味でのパートナー

・配偶者、恋人
・取引相手
・お医者さん（自分が患者で受診する場合）
・見えている敵（ライバル）
・他のハウスに当てはめられない人
・生殖器官、骨盤（ヘソ〜臀部）
・西

第八ハウス

第八ハウスのハウス・ルーラーは**土星**です。

ジョイはありません。

第八ハウスにどういう星があればどうというのは、リリーは言っていないので、具体的な例を出すことはできないのですが、第八ハウスというのはあまり良い場所ではないです。

ハウス・ルーラーが土星ですが、これは第一ハウスの土星の説明と共通点があります。

つまり、魂の出入り口ということです。

神様は土星を通じて第一ハウスでは魂を吹き込んで、第八ハウスでは魂を抜くわけです。

これは土星という神様が行うことではなくて、土星を通じて神様が行うと考えていただければ良いのですが、魂を抜くという作業はやはり死を表しますから、第八ハウスというのは死のハウスとなります。

死は比喩的な意味ではありません。

もし仕事の質問があって、仕事を示す星と第八ハウスの支配星がコンタクトした場合、それは仕事を辞めるとかそういった意味ではなく、そのまま死を意味するため、会社の倒産を意味します。

そして第八ハウスは、勝てない敵も示していました。

第八ハウスは立場が上で、言い方は悪いですが自分を支配して、自分は逆らえない、そういった人になります。

ですから、過去の文献に書かれていませんが、私の経験上、現代では上司を示すことが多いです。

次に第八ハウスの意味として、パートナーのお金、敵対者のお金、取引相手のお金も考えられます。

これは、第七ハウスがパートナーのハウスであり、第八ハウスは第七ハウスから数えて二番目のハウスですから、自分のパートナーのお金を示すことになります。

この象意で第八ハウスを意識することはネイタル占星術では余りありませんが、ホラリー占星術では結構意識します。

例えば勝負事、特に賭け事をする場合です。

自分が勝てる場合、相手のお財布である第八ハウスのエッセンシャル・ディグニティが高いほうが自分の勝ちが大きいと判断する事ができます。

また、第八ハウスはパートナーの尊敬心も表します。

第二ハウスは相談者の自尊心を表す一方で、第八ハウスはパートナーの自尊心を示しています。

もし、質問者が第八ハウスのロードをレシーブしていた場合、つまり相談者がここのロードをディスポーズしていたならば、パートナーの尊敬を渇望している、ということを意味します。

ただ、稀なケースですが、相手のお金を欲しがっているという場合もあります。

つまり相手が結婚詐欺を考えている場合も同じような状態になります。

ウィリアム・リリーは第八ハウスが恐れや悩みを示すと書いています。ホラリー占星術において質問者を表す天体が、自分の死とかパートナーの財産に興味がないにもかかわらず、第八ハウスにある場合、質問者がその問題で単純に悩んでいるということを表します。つまり、漠然とした悩みを抱えていると質問者の星は第八ハウスに入っていることがあります。ただ、はっきりした恐れ、例えば閉所恐怖症などであれば、第十二ハウスが担当します。

他にもウィリアム・リリーは遺産を示すと書いてあります。ただ、これは必ずしも正しいものではありません。正しいこともあるというぐらいです。

パートナーから得られる利益ということで、遺産という意味ではある意味正しいです。ただ、相手が特定される場合には、そのハウスから二番目のハウスを見る必要があります。

例えば、父親からの財産を私は受け取れますかという質問であれば、父親である第四ハウスを見て、そのお金ですから、その隣の第五ハウスを見るわけです。

しかし、先祖代々の商売を受け継げるか、という質問であれば第四ハウスで良いでしょう。社長は名義上、父でしょうが家業を受け継ぐということから、第四ハウスが担当します。父親が稼いだもので父の持ち物であれば第五ハウス、そうでなければ第四ハウスということになります。

ですから第八ハウスがいつも遺産を示すことはなく、よく質問を訊いて理解することが重要となります。

体においては排泄器官、特に陰部を示します。

当然、肛門は第八ハウスの支配ですから、医療占星術で第八ハウスのカスプに土星が載っている場合は、便秘を表すことがあります。

便秘は、お腹が冷えて水分が少ないＣＯＬＤでＤＲＹな病気だからです。

逆にもし、木星が悪い状態で第八ハウスのカスプにあれば、下痢を示す場合があります。

下痢は時に発熱を伴い、水気が多いＨＯＴでＭＯＩＳＴな病気だからです。

第八ハウス

支配星▼土星　**ジョイ▼**なし

・死
・上司、自分を支配する人
・パートナーのお金、敵対者のお金、取引先のお金
・パートナーの尊敬心
・遺産（質問によって異なるので注意）
・排泄器官（陰部）

第九ハウス

第九ハウスのハウス・ルーラーは**木星**であり、ジョイは**太陽**です。

非常に面白いことに第十一ハウスと逆の配置になっています。

第十一ハウスは支配星が太陽でジョイが木星であり、第九ハウスと第十一ハウスは、非常に似通っておりかつ大事なハウスとなります。

そして、第九ハウスは神のハウスです。

一日のうちで、最も気温が上がるのはいつかというと、だいたい十四時くらいになります。正午から少し時間を過ぎたくらいが、気温が一番上がるわけです。

つまり、太陽の影響というのは第十ハウスという一番高く南中したところではなくて、それから少し過ぎたあたりで、太陽の恩恵を感じることができるということです。

そして、木星というのは、まさに神とか、高度な知識とか、グルとか、そういったものを表します。

ですから第九ハウスは、神のハウスにふさわしい場所になります。

太陽は、真理の体現者、神、ひいては真理そのものと言い換えられますので、ここは真理のハウス、信仰のハウスとも言われます。

ですからウィリアム・リリーは、ここにもしドラゴン・テイル、太陽、土星が悪い状態であれば、無神論者もしくは狂信者になると書いています。

過激な原理主義者ということです。


また第九ハウスは旅も示します。

第三ハウスも旅を示していたわけですが小さい旅で、言い換えるならば日常生活での移動です。

第九ハウスの旅は、特別な旅です。

例え家から歩いて行けるくらいの近所であっても、家族で旅館に泊まりに行くということであれば、それは特別な旅行ですから第九ハウスが担当します。

ところがもし、静岡から東京に新幹線通勤をしている方がいるとします。

一般的には静岡から東京に行くのは大きな旅行ですが、ルーチンな旅なので、実は第三ハウスが示すわけです。

通勤は、いわゆる旅ではないわけだからです。


第三ハウスでも説明しましたが、もし、近くの神社にお祈りに行く、教会に行くとなれば、それは明らかに第九ハウスの担当する物事です。

第九ハウスには、神や信仰ということがありますし、参拝に行くということはその信仰に向かう巡礼の旅という意味でもあります。

だからこそ、ちょっと近所の神社に行くということであっても、それは第九ハウスが担当することになるわけです。

神のつながりで、第九ハウスは祝日や休日を表します。

春分の日や秋分の日は、日本だけでなく世界中の多くの国で特別な日です。

また、働いてはいけない日（休日）＝安息日というのは、旧約聖書では天地創造の七日目に神が休息をとったことに由来し、神が与えた聖なる日だからです。

また、預言、天啓、そういったことを伝える人、つまりモーセなどの預言者も第九ハウスが担当します。

特殊なものでは夢も神につながるため、第九ハウスが担当します。

他には高度な知識、専門知識も第九ハウスが表します。逆に日常生活に必要な知識というのは第三ハウスで表されます。つまり義務教育と考えてもよいかもしれません。

ところがより高度な知識、専門学校以上のレベルは第九ハウスが担当します。

なぜなら義務教育はその国で生きていくために必要な知識という面がありますが、高度な知識は研究を重ねていくと、最終的には神へ至る知識だからです。

そしてそういった高度な知識を持つ専門家とか、専門知識そのものも第九ハウスが担当します。

つまり、弁護士とか、税理士とか、医師、神父、僧侶、そして我々占星術師も第九ハウスです。

第九ハウスは外国を担当しますが、これは第三ハウスが隣人や近所の人を示すのと逆（オポジション）にあるからでしょう。

最後に、第九ハウスは体では臀部を担当します。

第九ハウス

支配星▼木星　**ジョイ▼**太陽

・長い旅
・休日、祝日
・外国
・高度な専門知識
・高度な知識を持つ専門家、専門知識そのもの
・夢、予言、天啓、預言者
・外国
・臀部

第十ハウス

第十ハウスのハウス・ルーラーは**火星**で、ジョイはありません。

第十ハウスは仕事のハウスです。

日本では、傍（はた）を楽にする＝他人の補助をするということから、働くという言葉が生まれたとも言われています。

つまり、他人を手助けしていることがいずれ自分に返ってきて、それからお給料がもらえるのだよと日本では考える人が多いのではないでしょうか。だからこそ、働かざる者食うべからずとも言います。

ところが西洋ではそうは考えません。抑えきれない自分の個性、それが出てきたものが仕事となると考えています。

自分の個性の塊とか自己表現の結果といった感じでしょうか。また仕事は他人と競争することも表します。そのため、現代社会では火星が仕事にふさわしい星ということになります。

第十ハウスは天頂の最も目立つ部分に居ます。誰が見ても見える場所です。

同じように質問者にとっての目立つものは何でしょうか。ほとんどの人は仕事によってその人物像を評価されます。

初対面の人との会話には趣味と同じくらいの頻度で仕事の話が出てきます。その人が何をしているのかということがその人の最も目立つものだからです。

そのため、第十ハウスは仕事のハウスと呼ばれています。

仕事というとアルバイトやパートはどうなのですか、と思うかもしれません。

正社員であろうと、契約社員であろうと、アルバイトだろうと、パートだろうと、給料をもらっている仕事であれば、全て第十ハウスに入ります。

どんな仕事であっても生活の糧を得ていれば第十ハウスということですから、安心して第十ハウスを仕事として使ってもらえればよいです。

もし月が第十ハウスで山羊のサインであり、同時に第四ハウスにたまたま土星とか火星がオポジションであるとすると、その人は不名誉なことを被るとウィリアム・リリーは書いています。

また、太陽が第十ハウスにあって、そこが牡羊か獅子のサインであって、ドラゴン・ヘッドやレグルスなどの良い恒星がコンジャンクションしていれば名誉を得るということになるとされます。

つまり第十ハウスはＨＯＴでＤＲＹな気質をベースに持ち、ＨＯＴでＤＲＹな星がふさわしい場所ということになります。

ですから太陽が天頂にあることは望ましいですが、月の場合はそんなに良いことを示すわけではないわけです。

月はやはり第七ハウスとか、第三ハウスのほうが望ましいです。

太陽に比べて月は目立つことがあまり好きではないということでしょう。

加えて、第十ハウスに木星か太陽が良い状態にあれば栄光を得ることになります。

ところが、土星やドラゴン・テイルがあれば落ちぶれることになるとされます。


第十ハウスは権力者を示します。

具体的には国王や政府或いは首相、大統領、裁判長などを示します。

つまり、その場で決定権者のことを第十ハウスが担当するわけです。

そして、成功とか栄光も示します。

これはオリンピックの金メダルとか、ノーベル賞とか、そういったものを第十ハウスが担当することになります。


そして第十ハウスは結婚も示します。

恋愛の質問であれば、付き合えるかどうかはパートナーを示す第七ハウスが重要ですけれども、結婚になると第十ハウス、もしくは結婚のナチュラル・ルーラーである太陽を見なければなりません。

第十ハウスといえば、ハウス・ルーラーの火星ではないのかと思うかもしれませんが、社会的な婚姻関係というのはやはり神との契約とまでは言いませんが、神の祝福のようなものが必要でしょう。

だからこそ、結婚というのは第七ハウスではなくて、第十ハウスの質問になるわけです。


そして第十ハウスは母親も示します。

父である第四ハウスのパートナー（七ハウス目）ということで、第十ハウスが母親を担当するわけです。

ただこれは、第四ハウスの時にも説明しましたが、区別する必要がある時だけです。

もし、父親と母親を区別する必要がなければ、両親ということで、第四ハウスが両者を合わせて担当すします。

次に第十ハウスは仕事を示します。

体でいえば、大腿から下腿、つまり太ももからふくらはぎを示します。

第十ハウス

支配星▼火星　**ジョイ▼**なし

・権力者
・栄光、成功
・結婚
・母
・どんな仕事であろうと、給料をもらっている仕事
・大腿～下腿（太もも～ふくらはぎ）

第十一ハウス

第十一ハウスのハウス・ルーラーは**太陽**で、ジョイは**木星**になります。

これは第九ハウスの時にも言及しましたが、第九ハウスと支配星とジョイが入れ替わっていることがわかります。

このことから木星と太陽は、様々なことを共同で受け持っていることがわかります。そうはいってもコントローラーは太陽であって、その賛同者が木星ということになります。

木星が大臣で、太陽を補助する人、そういう関係で第九ハウスと第十一ハウスがあるわけです。

第九ハウスは神のハウスであるとするならば、第十一ハウスは神の精神のハウスです。

では第十ハウスはというと、これは成功のハウスになります。

もし、第十一ハウスに木星があった場合、このハウスにとって最もふさわしい人物であって、これ以上にない経験を得ることができます。

第十ハウスは最も目立つ最強のハウスですが、最高のハウスではないわけです。権力の極みが第十ハウスですが、逆に言えばあとは下るだけです。登るだけ登ったところが第十ハウスということになるわけです。ですから、最強ではあるけども、最も幸福かというとそうでもない。そういった相反する、ちょっと矛盾するものを抱えているのが第十ハウスです。

成功したいと、多くの人が思います。

しかしそうはいっても、実際のところは成功するまでの過程の方が楽しいのではないでしょうか。

一度、成功を手にしたら、達成感からもう頑張らなくてもいいや、と思うのではないでしょうか。

だから、成功の後は下り坂が待っています。

飼っている魚には餌を与えないというように、結婚するまでの過程が楽しくて、結婚というゴールを達成したら力が抜けるのに似ているでしょう。

ですから第十ハウスは、一番良い場所というわけではありません。

あくまでも第十ハウスというのは目指すべき場所、ということになります。

それを考えれば、第十一ハウスは右回りに考えると（プライマリー・モーション）、これから天頂に向かう最も楽しい時期と言えます。

そして第十一ハウスは友人のハウスです。

これは木星の意味するものの一つが慈悲であるように、第十一ハウスは慈悲のハウスであり、強く相手を認めるという意味が込められています。

また、第十一ハウスには〝天界の物差し〟という意味もあり、それがこの世で再現されるもの、それが友情と考えられるわけです。

ですから第十一ハウスは友情のハウスでもあるわけです。


そして第十一ハウスは給料を表します。

第十ハウスの二ハウス目ですから、会社のお金もしくは仕事のお金だからです。

また、会社とか国王とか代表者を補助する存在になります。

これは第二ハウスで言及したように、次のハウスはセコンドの役割を果たすからです。

ですから、もし相談内容の中で、第十ハウスが国王を示すならば、第十一ハウスは首相を示します。

そして、大統領が第十ハウスを示すなら、同じく首相が第十一ハウスを示すわけです。もちろん首相がいない場合もあります。

そういった場合は議会であったり、それにふさわしい補助役であったりが担います。

もしも日本やイギリスのように第十ハウスを首相が担う場合、第十一ハウスは内閣がその役を担うわけです。

天皇陛下は最も目立つ存在ではあるものの、実権はないため第九ハウスがふさわしいでしょう。

また政府のお金ということで、第十一ハウスは税金とか補助金を表すことがあります。

また第十一ハウスはネガティブな願望も表し、恋愛の質問で意識することがあります。

質問者とお相手をトランスファー・オブ・ライトやコレクション・オブ・ライトである星が結び

つけているように見える場合があります。

ところがその結びつけている星が第十一ハウスのロードである場合、それは恋愛の邪魔をして恋愛のうまくいかないことを示します。これは第十一ハウスがネガティブな願望だからです。

つまり、そういった質問の場合は、彼女とうまくいかないのではないかとか、私はあの人にふさわしくないのではないかということを思っていたりするわけです。

恋愛の質問では、そういったネガティブな願望が恋愛の邪魔をすることがあります。

ですから、どういう星が絡んでいるのかというのはものすごく重要です。ホラリー占星術で第十一ハウスの星がもし二人を結びつけている場合は、うまくいかない印なので注意した方がよいですし、私もそれで読み間違えたことがあります。

また、第十一ハウスは友人のハウスと言いましたが、ただの友人ではありません。親友です。

つまり、ちょっと仲が良いくらいでは、第十一ハウスにはならないということです。

もし質問者が「私の友達について質問があります」と言ったら、とても注意して聞く必要があります。

「その友達という人と、あなたはどういう関係なのですか」ということをよく聞かなければいけません。

ただの仕事の同僚であれば、その人はどんなに仲がよくても仕事だけの関係であれば、第七ハウスで示されます。

でももし、プライベートでも遊ぶとか、一緒にどこかへ行く、そういう関係ならばその人は第十一ハウスになります。

質問の中には仕事仲間ぐらいで友人と言う人もいます。

しかし、本当にプライベートでも友人として付き合うことがない限り、それは友人とは言えない、つまり第十一ハウスが担当する物事ではないということになります。

たまたま、飲み屋で知り合った人はただの知り合いですから、その人は第七ハウスになります。

労働組合は同僚の集まりなので第七ハウスです。

もしも相談者が社長で、その所有する会社の労働組合であれば、それは相談者にとっては従業員の集まりなので第六ハウスです。

サッカーの対戦チーム、それは相手が全員友達だったらどうなるか。これはサッカーの質問ですから、第七ハウスが対戦相手を示します。

そして恋愛の質問でありがちですが、親友のことを好きになってしまったという場合もあるでしょう。

この場合は意中の人ですから、友人は一転して第七ハウスが担当します。

つまり、その相手がどのハウスになるのかというのは、質問の文脈がものすごく大事となります。

ですから、よくよく気をつけて相談者に聞かなければいけません。

特に友人という言葉や知り合いという言葉は、本当に都合の良い言葉というか、結構曖昧に使われがちです。

「何々さん知っているよ」と言ってしまうことは誰にでもあると思います。けれども、知識として知っているだけで、面識もない、言葉も交わしたこともないという人もいるでしょう。

ですから質問を受けた場合は、相手の話をよくよく聴いた方がよいですし、特に友人の質問はそうです。残念ながら友人に関して質問をもらうことはほとんどありません。

本当に友人なのかどうかということは、しつこいくらいに聞くほうがよいかもしれません。

第十一ハウスは、体では下腿からかかと、つまり太ももからかかとまでを示します。

第十一ハウス

支配星▼太陽　**ジョイ▼**木星

・給料
・会社や国王、代表者を補助する存在
・第二ハウスが相談者のアドバイザーであったように、このハウスも第十ハウスが表す人のアドバイザーや自由に出来るお金（第十ハウスの二ハウス目）

・税金、補助金
・ネガティブな願望
・親友
・下腿〜踵

第十二ハウス

いよいよ最後に第十二ハウスの説明をしていきます。

第十二ハウスはハウス・ルーラーが**金星**でジョイは**土星**になります。

第十二ハウスのジョイとアセンダントのハウス・ルーラーは、それぞれ境界を示す土星が担当しています。

やはり日が昇る東という場所が、前日と今日との境界であることを示しているのでしょう。

そして第六ハウスの時に説明しましたが、第十二ハウスと第六ハウスは厄介ごとのハウスでした。

第六ハウスのジョイは火星であるため、これらのジョイは共通して凶星が絡んでいます。

そして第十二ハウスと第五ハウスは共通してハウス・ルーラーが金星でした。

ですから、第五ハウスの享楽が過ぎると、第十二ハウスという厄介事を被るという説明でした。

第十二ハウスはあまり良い意味はありません。閉じ込められた場所とか、厄介事とか、そういった意味があります。

まさに閉じ込めるという意味で、境界の惑星である土星がふさわしい場所です。

自分の自由に出入りができないという意味で、修道院、隔離病棟、留置所、刑務所を示すこともあります。

修行には良い意味での制限が必要ですから、修道院という場所は第十二ハウスとなるわけです。

しかし、祈りや神への奉仕という行為は第九ハウスが支配します。

また、一般的な病院は病気と関連して第六ハウスが示します。

もちろん、医療関係者からの質問で職場という意味での病院であれば、第十ハウスとなります。

誰からの質問なのか、というのは常に重要なことです。

第十二ハウスは自分自身の作った厄介事です。第六ハウスは他人からもたらされる厄介事でした。

風邪を引くのはなぜかというと、多くはウイルスの感染であり、ウイルスは自分とは別物です。

ですから病気は他人から来た厄介事、つまり第六ハウスの象意ということになるわけです。

では他の病気、例えばガンはどうでしょう。ガンは悪性新生物とも言います。体の中にできた自分とは別の生物ということですから第六ハウスの象意です。

では第十二ハウスはというと、自分自身が作った厄介ごとです。それはなにかというと、お酒とかギャンブルとか、異性関係とかタバコです。いわば、飲む・打つ・買うみたいなものが第十二ハウスの厄介事です。まさに、金星と絡んでいることがよくわかると思います。

そして力関係では、土星は金星をコントロールしようと思えばできますから、抑えようと思えば抑えられるはずなのですが、土星の抑制がうまく働かないと、こういうことになるわけです。

もし月が第十二ハウスにあるならば、それは節制や歯止めが効かない人になるでしょう。もちろん一〇〇%ではありませんし、例えばベネフィックから良いアスペクトがあればなんとかできるでしょう。

また、ホラリー占星術において第七ハウスのロードが第十二ハウスでデトリメントであれば、それは悪巧みを考えている可能性があります。

他には、刑事裁判のホラリーの占星術で、もしある表示星が第十二ハウスに入ろうとしているならば、それは実刑判決になる印になります。

さらにその星がフォールであれば、その場合も服役をする非常に強い印になります。

第十二ハウスで土星がジョイになっているのは、楽しみには制限が必要であるということと、享楽が過ぎたら閉じ込められるという二面性があるということです。

もしも土星が良い状態で第十二ハウスに入っていたら、粗食で病気になることは無いでしょうし、お酒を飲みすぎたり、飲酒運転をしたりしないです。

土星にとっては第十二ハウスにあるというのは、その人の我を抑えるという意味で、素晴らしい位置にあるということになります。

ただ、第十二ハウスというのは、アクシデンタル・ディビリティです。つまり、その人の人生においては、ほとんど目立たないものです。制限や我慢をしている姿というのは、あまり目立たないでしょう。ダイエットをしていても、他人からは余りわからないものです。

また、縁の下の力持ちは最も荷重がかかりますが、目立たない存在です。第十二ハウスは重要ではありますが、目立たないハウスです。

また、第十二ハウスは見えない敵とか、悪い評判を示します。第七ハウスの敵は、見えている敵です。

ところが第十二ハウスの敵というのは、見えません。

なぜなら、アセンダントから見て第十二ハウスはアバージョンだからです。

敵が何かやっているぞ、なにか悪い噂を流しているぞ、だけれどもそれがはっきりわからない。

そういうはっきりと認知できないものが第十二ハウスの自分に対する攻撃ということになります。相談者の悪口を広めているような人、悪い噂そのもの、そういったことは、第十二ハウスが示します。

第十二ハウスというのは、自堕落のハウスも示します。見えない自分の敵で、一番強いのは自分自身です。だからこそ、悪徳とか罪とか恐怖症は第十二ハウスが担当するわけです。

ホラリー占星術での恋愛の質問において、質問者の星が第十二ハウスに入っているならば、不倫をしてもよいと思っている場合があります。

逆に、恋愛の質問で第七ハウスの支配星が第十二ハウスに入っているとすれば、それは相談者を誘惑している印になります。

第十二ハウスは魔女とか魔術も示します。

これは白魔術つまりいわゆる良い魔術、そして黒魔術つまり相手に呪いをかけるような魔術、その両方とも第十二ハウスが担当します。

なぜなら魔術を行うということは、認知や知覚できない存在に働いてもらうからです。

ですから白魔術も黒魔術も全て含めて、魔術はひとくくりで第十二ハウスが担当するわけです。

陰陽師の術などはこれに当たるかもしれません。

では占星術はどうなのでしょうか。

占星術も魔術と思えば第十二ハウスかもしれませんが、占星術はそうではありません。占星術は学問ですし、その作用をもたらす存在は神であり、占星術を極めることは神の真理に至る道でもあります。

そのため占星術は第九ハウスということになります。


ホラリーの質問で、もしアセンダントの支配星と第十二ハウスの支配星が極めて近いアスペクトを形成していた場合には、サイキック・アタックを受けている印となります。

第十二ウスを使用するのは、例えば「悪夢にうなされているのですが大丈夫でしょうか」といった質問です。

夢は第九ハウスが担当します。

これは夜見る夢も、目指すべき夢も両方とも第九ハウスです。

しかし悪夢となれば第十二ハウスになります。

私自身は霊的なものが見えるとか、そういう能力はありませんが、そういった質問があったとしても、伝統的占星術で占うことは十分可能です。


そして、第十二ハウスは第六ハウスのオポジションにあたりますから、動物も表します。第六ハウスはペットとか小動物を表しますが、第十二ハウスは人が乗れる大きな動物を表します。

身体ではかかとから先の足を第十二ハウスが担当します。

第十二ハウス

支配星▼金星　**ジョイ▼**土星

- 見えない敵、悪評
- 自堕落
- 刑務所、隔離病棟、修道院
- 魔術、魔女
- 人が乗れる動物（イブン・エズラによる）
- 足

第十五章　ジョイ

前章においてハウスの意味と**ジョイ Joy** の関係が密接であることがご理解いただけたと思います。

このコラムでは、ジョイについてもう少し深く知りたい方向けに少しお話をしましょう。[一]

ハウスについて言及している最も古い書物としては、一世紀のトラシュロス Thrasyllus とマニリウス Manilius のものが残っています。

トラシュロスの占星術の書物としてはその要約しか残っていないのですが、そこにおいてハウスの名称については、ヘルメス・トリスメギストス Hermes Trismegistus が考案したものとしています。また、テュロスのポルピュリオス、ドロセウス、レトリウスなどの複数の占星術師達の文献を元に考えても、十二ハウスに分けるハウス・システムの考案者はヘルメス・トリスメギストスであると考えられます。ヘルメス・トリスメギストスは紀元前一世紀のエジプトの王とされていますから、

一　The Planetary Joys and the Origins of the Significations of the Houses and Triplicities, Chris Brennan 参照。

ジョイの概念自体もその頃にはすでにあったものと考えられています。

また、ヘレニズム期の占星術では、第一ハウスなどのように番号ではなく、以下のようにも呼ばれていました。

第一ハウス……………………Helm（船の舵）
第二ハウス……………………Gate of Hades（地獄の門）
第三ハウス……………………Goddess（女神）
第四ハウス……………………Subterranean Angle（隠れたアングル）
第五ハウス……………………Good Fortune（幸運）
第六ハウス……………………Bad Fortune（悪運）
第七ハウス……………………Setting Angle（日没のアングル）
第八ハウス……………………Inactive（怠惰）
第九ハウス……………………God（神）
第十ハウス……………………Culminating Angle（頂点のアングル）
第十一ハウス…………………Good Spirit（良い精神）
第十二ハウス…………………Bad Spirit（悪い精神）

これを見ると、第一ハウス（水星がジョイ）以外のアングルにはジョイがないことが分かります。

そして、それらの名称も単純にホロスコープ上の場所を表しているだけです。

逆にいえば、ハウス・ルーラーと場所によって大抵のアングルの意味が決まってくることが分かります。


では、それ以外の場所はどうでしょうか。

第九ハウスは神のハウスと呼ばれ、太陽がジョイです。

面白いことに、オポジションとなる第三ハウスは女神のハウスと呼ばれ、太陽のペアである月がジョイです。

そして、第五ハウスは幸運のハウスは金星のジョイ、第十一ハウスである良い精神のハウスは木星のジョイです。

これらのハウスの吉意が吉星と関連付けられていることが分かります。

逆に凶意という意味では、第六ハウスは悪運のハウスで火星のジョイ、第十二ハウスは悪い精神のハウスで土星のジョイです。


その他にも基本ルールがあり、その一つは**セクト Sect** です。

セクトは主に昼夜の区別のことですが、ジョイの配置を見ると、昼の惑星（太陽、木星、土星）は地平線上にあることが分かります。

逆に夜の惑星（月、金星、火星）は地平線下にあります。

どっちつかずの水星は、地平線をまたいでいる第一ハウスのジョイとなっています。

また、地平線の上か下かも重要です。

地平線上にあるものは、精神的なものであり、地平線下にあるものは物質的なものとなります。

例えば、第五ハウスは地平線下にあるため、肉体的なものであり、吉星の金星がジョイとなるため、幸運のハウスとなります。

また、第十一ハウスは地平線上にあるため、精神的なものであり、吉星の木星がジョイであるため良い精神となります。


そして、実はジョイとエレメントも強く関連しています。

ロバート・シュミット Robert Schmidt は「三つ組みのアングル Angular Triads」という概念を提唱しました。

これはヘレニズム期の占星術では一般的な考えなのですが、アングルの左右のハウスを一つの組として考えるものです。

すると、アセンダントを中心とした第十二、一、二ハウス、ＩＣを中心とした第三、四、五ハウス、ディセンダントを中心とした第六、七、八ハウス、そしてＭＣを中心とした第九、十、十一ハウスの四グループに分けられます。

これらはエレメントと深い関連をすることになります。

アリストテレスによれば、エレメントの最も上部には火のエレメントがあり、最も下部には土のエレメントがあります。

そして、上昇する原理を持つ風のエレメントは火のエレメントの下にあり、下降する原理を持つ水のエレメントは、土のエレメントの上にあることになります。

それをチャートで表すと次のようになります。

このチャートのジョイに注目すると、それぞれのエレメントにおけるトリプリシティが分かります。

火のエレメントのジョイは太陽と木星であり、地のエレメントは金星と月、風のエレメントは土星と水星、水のエレメントは火星です。

これらはエッセンシャル・ディグニティのトリプリシティで説明した昼夜のものの配置です。

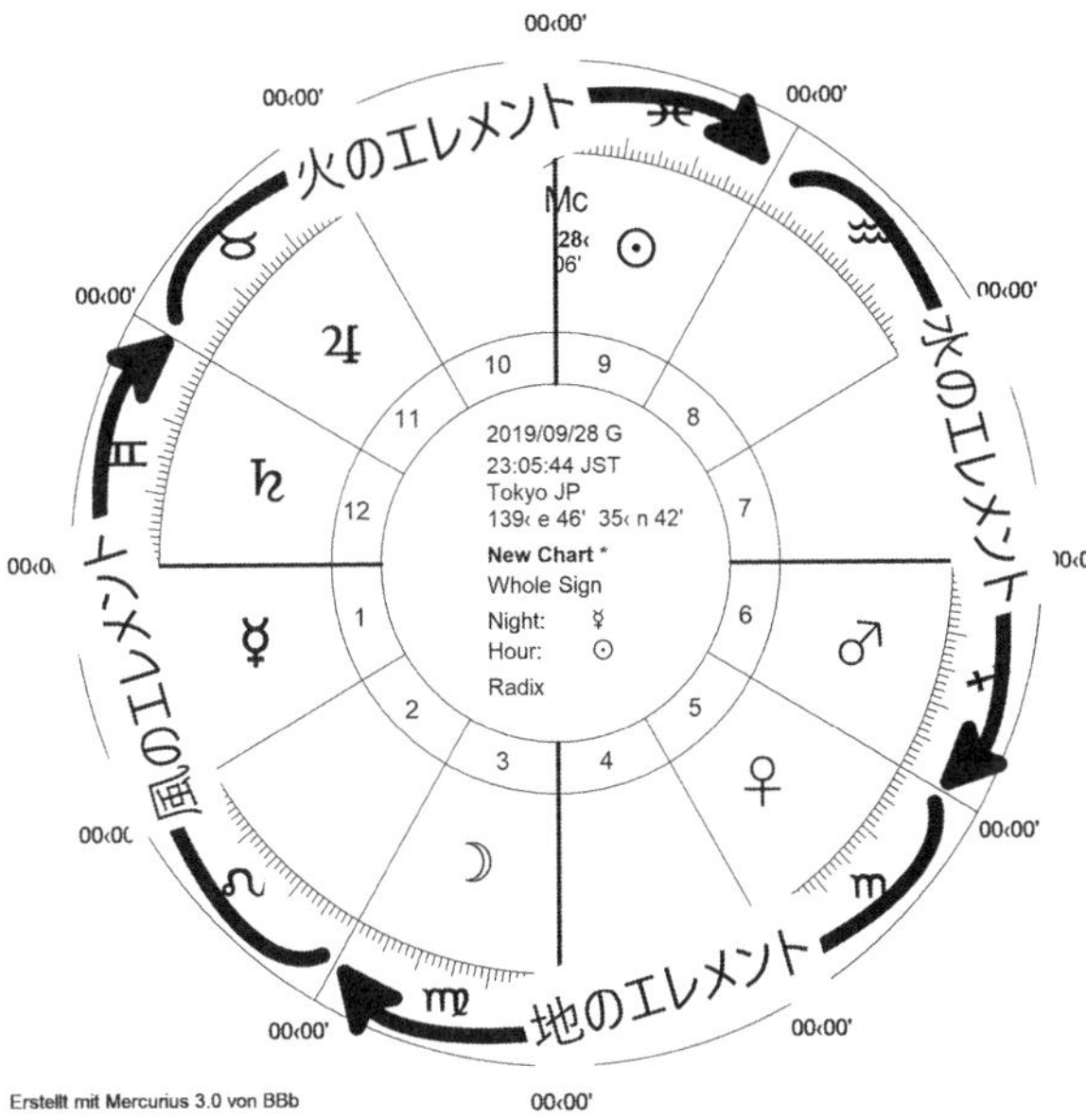

では関与星はどのように考えればよいでしょうか。

これは、先ほどの三つ組みのアングルから、回転方向（前後含む）に最も近いジョイの星が関与星となる法則があります。

火のエレメントであれば三つ組みのアングルは第九、十、十一ハウスでした。すると、プライマリー・モーションで隣にあたる第十二ハウスのジョイである土星が、最も近くにあるため関与星となります。

地のエレメントであれば同じくプライマリー・モーションで、火星が最も近いジョイの惑星です。

風のエレメントであればセカンダリー・モーションですが、木星が最も近いジョイの惑星です。

水のエレメントは、もともと火星しかありませんので、二つの星が必要となります。すると最も近いのは、セカンダリー・モーションで金星、そして少し離れて月です。

そのため、近い方の金星が昼のトリプリシティに、月が関与星となります。

このように、ジョイとハウスは切っても切れないだけでなく、エレメントにも深く関連していることが分かります。

第十六章　チャートを回す

個々のハウスの説明が終わりましたので、次にハウス回しの話をしていきます。

実はとてもとても重要なテーマです。

これが出来るようになると、西洋占星術の占断も一段と深みを増すでしょう。

ハウス回しというのは、別に難しいことではありません。

今までお話しした中で、それに近い話をところどころでしていますのでご安心ください。


始めに質問ですが、占断をするにあたって最も重要なことは何でしょうか。


それは何をおいても、質問にふさわしいハウスを探すということが必要です。

例えば、「義理の弟さんの病気が良くなりますか」や「私の子供の迷い猫はどこに行きましたか」のような質問です。

こういった一見複雑そうな質問でも、仮に義理の弟が親友であれば第十一ハウスを見ればよいでしょうし、迷い猫が家族全体で面倒を見ているのであれば第六ハウスを見ればよいでしょう。

しかし、義理の弟とは親戚づきあいの他に交流がなく、子供が別居で猫と一緒に暮らしていないのであれば、別の手法を考えないといけません。

その手法が、ハウス回しです。

せっかく質問をもらったとしても、ハウス回しを知らなければ全く対応できません。

このハウス回しが非常に重要であるとご理解いただいた上で、どうやっていくかというのを具体的に説明していきましょう。

例えば、質問者が子供のブレスレットを探しているとします。

子供は第五ハウスです。

ブレスレットは持ち物ですから第二ハウスということになります。

ですから、子供のブレスレットは、第五ハウスから見て二ハウス目ということになります。

つまり第六ハウスということになります。

ここで注意していただきたいのは、5＋2＝第七ハウスではないということです。

第五ハウスから見ての二ハウス目だから第五ハウスの隣、つまり一つ足すだけでいいのです。

あえて言うなら、5＋2−1＝第六ハウスが子供のブレスレットを表すわけです。

計算でやったほうが早いのは早いのですが、慣れないうちは正確を期すために、計算よりもいちいち指でホロスコープを押さえながら数えていくとよいでしょう。

では、この子供のブレスレットというのは、自分にとって第六ハウスだからと言って、自分の第六ハウスのようになるのでしょうか。

例えば、子供のブレスレットが、同時に自分のペットのような存在になるのでしょうか。

常識的に考えて、そんなことにはなりませんよね。

子供のブレスレットが第六ハウスであるからといって、自分にとっての第六ハウスと同じ意味になるかというと、また別の話です。

子供のブレスレットを探すために、自分のペットの周囲を探しても見つかるはずはありません。

そうではなくて単純にハウス回しをすれば、子供の持ち物というのは第六ハウスになるよねということです。

ですから子供のブレスレットが第六ハウスとわかったら、次は第六ハウスのロードがどこのハウスにいるのか、どんな星に時間経過によるアスペクトを形成するのかなどを見る必要があります。

これは重要ですので、ぜひ覚えておいてください。

もう少し練習のために例を挙げましょう。

先程の例に戻って、義理の弟さんはどのハウスになるでしょうか。

これは兄弟姉妹のパートナーを示す場所を見る必要があります。

兄弟姉妹は第三ハウスです。

そのパートナーですから、七ハウス目（オポジションの場所）、つまり、第九ハウスが義理の弟を示します。


私の子供の迷い猫はどうでしょうか？

私の子供は第五ハウスです。

迷い猫は六ハウス目ですね。

ですから、私の子供の迷い猫は第十ハウスとなります。


ハウス回しをすると、どんなものでもハウスで表せると勘違いしがちです。

でも、ハウスを回しすぎないように注意しましょう。

例えば、自分の両親の兄弟のパートナーが親友としましょう。

こういった場合は、ハウス回しをするまでもなく第十一ハウスを見ましょう。

ハウス回しをするならば、まず自分の両親ということで第四ハウスです。

そして兄弟は三ハウス目、パートナーは七ハウス目です。

すると、第十二ハウスになります。

一見正しそうですが、占断は外れることになります。

ですから、こういった計算するのは馬鹿馬鹿しいことです。

ぐるぐるハウスを回すよりも、常識が大事ですし、なにより質問者の話をよくよく聞くことが大事です。

第十七章　サイン

ここからは**サイン Sign** の説明になります。

何度も書いていますが、現代占星術においてはサイン＝ハウスとなっています。

つまり第一ハウスと牡羊のサインの意味は同じです。

そして第二ハウスと牡牛のサインも同じです。

これが最後の第十二ハウスと魚サインまで続くわけです。


しかし伝統的占星術では、ハウスとサインとは全く別物です。

そもそもサインは左回り、つまり反時計回りに並んでいます。

これは牡羊サインが春のサインであり、蟹サインで夏に至り、天秤サインが秋を、山羊サインが冬を司ることからもわかります。

つまり、サインは季節、地球の公転と関係しています。

ところがハウスは右回りに並んでいます。

もちろん、一から十二というハウスの数字は反時計回りに並んでいますが、ハウスはそもそも地球の自転と関連したものです。

これはホロスコープにおいては、東のアセンダントから日が昇り、第十ハウスのミッドヘヴンで南中し、第七ハウスのディセンダントで日没を迎える動きです。

そして更に北であるホロスコープの一番深いところに、ナディア Nadir[一] とかＩＣ[二]と呼ばれるところを過ぎて、そしてまた翌朝のアセンダントにつながります。

つまりハウスというのは基本的には右回りにできているわけです。

もちろん、ハウスにも例外で反時計回りに並んでいるものもあります。

それは医療占星術です。

医療占星術では例外的に、第一ハウスと牡羊サインが頭からスタートして第十二ハウスと魚サインが足を示すという配置になっています。

これは、サインとハウスがイコールです。

しかし、これがハウスをあえて左回りで使用する唯一の例外の一つと考えて下さい。

一　最下点という意味。

二　Imum Coeli（イムンコエリ）：ラテン語で天の底という意味。第四ハウスのカスプのこと。

さて、サインとハウスが別物とご理解していただいた上でお話を続けていきましょう。

現代占星術では、サインのウェイトが非常に高い占いと言えるでしょう。

例えば、牡羊座の人は直情的で闘争心が旺盛である、牡牛座の人は物質主義できれいなもの、価値があるものが好き、などです。

確かにこういった性格分析は面白いですし、そう間違ってもいないように感じたりします。何よりハウスを使う必要がなく、誕生日だけで占える便利さがあります。


しかし、伝統的占星術にはそもそもサインにそのような意味はありません。そしてそのような、必要もないのです。

このようなホロスコープの解釈の仕方は、簡易な性格分析の手法としては良いですが、答えられない質問も出てきます。

例えば探し物の質問に対して、妊娠の有無を問われる質問に対して、どうやって答えられるのでしょうか。

探し物をしていて、それが現代占星術のサインの解釈が示すような場所にはありません。

そもそもが、性格分析をいくらしてもこういった質問に対して答えることは、不可能でしょう。

こういった現代占星術のサインのイメージは、ギリシャ神話や星座の物語から連想し関連付けられています。

でも、サインと星座は別物です。

トロピカル式では牡羊座は現在、牡牛サインにありますし、牡牛座のアルデバランは双子サインにあります。

すると､星座を優先するのか、サインを優先するのかで､どんな性質が出るのかよく分かりません。サインを優先すれば牡羊っぽくなりますが、星座を優先すれば牡牛っぽくなる場合があるからです。

ですから、そんな矛盾を抱えるようなことをわざわざする必要は無いでしょう。


むしろ伝統的占星術においてサインが重要なのは、エッセンシャル・ディグニティを知るため、そしてエレメントなどの区分です。

例えば、ホラリー占星術の質問においてアングルのカスプが全てアンギュラー・サインであれば、その質問に関する物事が早く動くことを示唆します。

逆にフィクスト・サインであればなかなか進まない、ミュータブル・サインでは行ったり来たりといった予想を立てられます。むしろ伝統的占星術で星座の意味が重要になるのは、恒星の解釈の時です。


もちろん、伝統的占星術でもサイン独自の意味を在住している惑星に与えることがあります。

例えば妊娠するかどうかという質問に対して、不妊のサインに質問に関連する星々が入っていればちょっと厳しいとなりますし、逆に多産のサインに入っていれば可能性が高いということになります。

こういったサインの性質は、特定の質問においては非常に優先度が高くなることがあります。

それらについて、ここでは説明していきましょう。

・双体サイン Double-bodied sign

双子サイン、射手サイン、魚サインの三つです。

双子は二人の子供、射手サインは人と馬、魚サインは二匹の魚のように、これらのサインは二重性や二面性や複数という意味を持っています。

スポーツの試合で優勝しますかという質問をされた場合、そのチームの表示星が双体サインに入っていれば、複数の優勝を示唆します。

泥棒の犯人探しをする場合、泥棒の表示星が双体サインに入っていれば、複数犯の可能性があります。

ネイタル占星術で、第十ハウスが双体サインであれば、二足のわらじを履く（副業も出来る）と考えられます。

また、結婚相手として良い人物かどうかを見分ける方法が、テトラビブロスに記述があります。

男性のネイタル・チャートにおいて、月が双体サインではないサインに入っていたり、他の惑星の一つだけとアスペクトを形成したりしていれば、結婚は一度だけと考えられます。

しかし、月が双体サインに入っていたり、そのようなサインに入っている惑星達にアプローチしていたりしたら、複数回結婚します。


女性の場合は、月の代わりに太陽を使用し、太陽が双体サイン以外のサインに入っていたり、オリエンタルに存在する惑星の一つだけにアスペクトしたりしているならば、一度だけの結婚ということになります。

しかし、太陽が双体サインに入っていれば、複数回結婚するとされます。


注意点として、双体サインと混同されやすいものにミュータブル・サインがあります。

しかし、双体サインには乙女サインが含まれません。

乙女サインそのものを見ても、どこにも二重性を示すものが見当たりません。

また、ごく普通に考えても乙女からはどうしても、複数の相手とか、複数の子供のような意味を見い出せません。

これは間違えやすいところです。

・多産のサイン Fertile sign、**不妊のサイン** Barren sign

水のサインである蟹サイン、蠍サイン、魚サインは多産のサインと呼ばれます。

卵生のため、たくさん子孫を残すからです。

また、双子サイン、獅子サイン、乙女サインは不妊のサインと呼ばれます。

これらのサインは妊娠の有無の質問だけでなく、会社が大きく育ちますか、などの質問でも使用できます。

つまり、質問に関連する表示星が多産のサインに多くあれば、大きく育つと予想できます。

双子のサインは不妊のサインだけでなく双体サインでもありますから、これは二つの意味を持ちます。

妊娠の質問で表示星が双子のサインにある場合は、その時は妊娠しないという答えですが、将来的には複数の子供を持つという表示でもあります。

・多弁なサイン Voiced sign、**無口なサイン** Mute sign

人のサインである双子サイン、乙女サイン、天秤サインは多弁なサインと呼ばれます。

逆に水のサインである蟹サイン、蠍サイン、魚サインは無口なサインと呼ばれます。

少し多弁なサインには牡羊サイン、牡牛サイン、獅子サイン、射手サインの前半があります。

力のない声のサインには、山羊サイン、そして人のサインですが水瓶サインがあります。

水瓶サインが力のない声のサインになるのは、制限を表す土星がサイン・ルーラーだからかもしれません。

これらのサインの特徴は、適職を探すときの質問の参考になります。

例えば歌手志望の人が、ミュートサインに主要な表示星があるとしたら、ダンスやパントマイムをおすすめしたりできます。

また、秘密を漏らす人かどうかを見たいときには、無口のサインの人のほうが良いでしょうし、逆に秘密を聞き出すには多弁なサインの人に聞けば良いと予想できます。

・人情味豊かなサイン Humane sign、野獣のサイン Bestial sign

風のサインである双子サイン、天秤サイン、水瓶サイン、乙女サインは人情味豊かなサインとされます。

牡羊サイン、牡牛サイン、獅子サイン、射手サイン、山羊サインは野獣のサインとされます。

野獣のサインの中でも特に獅子サインと射手サインの後半は凶暴なサインとされます。これは交渉事で参考になります。

交渉相手の表示星が人情味豊かなサインにあれば、こちらの言い分に耳を傾けるでしょう。

野獣のサインにあれば、感情的に対応するでしょう。

凶暴なサインであれば、それこそ暴力的な行動に出るかもしれません。

・不具のサイン Maimed sign

牡羊サイン、牡牛サイン、獅子サイン、魚サインは不具のサインとされます。

子供が無事に生まれてくるか、といった質問に対して不具のサインに入っていれば何らかの障害があるかもしれません。

もちろん、不具のサインにあっても良いディグニティであれば、松下幸之助のように逆境を逆手に取る事ができると考えられます。


最後に、サインと身体部位の対応を載せておきましょう。

これは第一ハウスから第十二ハウスまでが、頭から足まで対応しているのと同じように、牡羊サインから魚サインまでが、頭から足まで対応しています。
これに関して注意点が二つあります、
一つ目は、これらの部位がギチギチにきまっているわけではないということです。
例えば、山羊サインから魚サインまでは足となります。

本来は足先が魚サインのはずなのですが、太ももを表すことがあります。

もう一つの注意点は、サインの度数によって部位が上下するということです。サインのはじめに近いほうが頭側になり、サインの後になれば足側になります。ただしこれも一般的な傾向であり、必ずそうであるとは限りません。

総合的に判断しましょう。

牡羊サイン・・・・・・・・・・頭部
牡牛サイン・・・・・・・・・・頸部
双子サイン・・・・・・・・・・両手、両腕、肩
蟹サイン・・・・・・・・・・胸
獅子サイン・・・・・・・・・・心臓、胸
乙女サイン・・・・・・・・・・腸管、内蔵
天秤サイン・・・・・・・・・・泌尿器、下背部
蠍サイン・・・・・・・・・・生殖器、肛門
射手サイン・・・・・・・・・・臀部
山羊サイン・・・・・・・・・・大腿部
水瓶サイン・・・・・・・・・・下腿、かかと
魚サイン・・・・・・・・・・足首、足先

第十八章　ロッツ Lots

〝アラビック・パーツ Arabic Parts〟という言葉を、聞いたことはありますか？
「知っています」という方もいらっしゃれば、「初めて聞きました」という方もいらっしゃるでしょう。

アラビック・パーツは、西洋占星術で使う〝計算上のポイント〟です。
西洋占星術では金星や木星といった、空にある〝実際の星〟を使います。
でも、使うのはそれだけではありません。
実際には目に見えない星も使います。

このように実際の星ではないけれども、計算上なんらかのテーマが強く現れるポイントというものが西洋占星術にあります。

その最も代表的なものの一つがアラビック・パーツです。

もしかするとアラビック・パーツという言葉を知らなくても、**パート・オブ・フォーチュン Part of Fortune** をご存じの方もいらっしゃるでしょう。

これはまさにアラビック・パーツの一つです。

アラビック・パーツには、これ以外にも、大豆 Part of beans とか裁判 Part of Judgement とか砂糖 Part of Sugar など、色々なものがあります。


私の専門の医療占星術では、病気 Part of illness や手術・治療 Part of surgery / treatment をそれなりに見る必要があります。

本当に多くのアラビック・パーツがあるため、アル・ビルニは「毎日大量のロッツが山のように考案されているので、とてもではないが数えることが出来ない」と述べています。[一]

しかし、ネイタル占星術で重要となるアラビック・パーツでも、ホラリー占星術ではあまり重要ではないということもあります。

また、例えばパート・オブ・マリッジ Part of Marriage というアラビック・パーツがありますが、ホラリー占星術で使うときのパート・オブ・マリッジと、ネイタル占星術で使うパート・オブ・マリッジでは計算方法が異なります。

ですから、ここでは混乱を避けるためにも、ネイタル占星術の説明に絞って書いていきます。

一　Al-Biruni, Book of Instructions in the Art of Astrology

さて、現代占星術では天王星・海王星・冥王星などを使うわけですが、ご存知の通り、伝統的占星術ではそれらの惑星を使う必要がありません。

そういったものを考慮する以前に、アラビック・パーツを多用します。それだけ伝統的占星術では、アラビック・パーツは重要なものになります。ところが実はアラビック・パーツというネーミングは、非常に誤解を受けやすい名前です。

〝アラビック Arabic〟とついていますが、その時点で、キリスト教の世界ではなかなか受け入れづらいと思いませんか。

実際そうで、アラビック・パーツはアラビアで生まれた魔術的な考え方のような感じで、なかなか受け入れられなかったわけです。あるいは間違った使われ方をしていました。

例えばホラリー占星術では、パート・オブ・マリッジというのは恋愛感情が表されます。一方で第七ハウスや第七ハウスの支配星は恋人そのものを表します。

しかし中世ヨーロッパでは、第七ハウスや第七ハウスの支配星、パート・オブ・マリッジのどれが、恋愛感情を示すのかがよくわからずに、ごっちゃにして使っていました。

では、アラビックという言葉は嘘なのか、というとそうでもありません。なぜなら、アラビック・パーツはアラビアで大きく発展したからです。恐らくですがイスラム世界では、数秘術的なものが得意だったのでしょう。

私がエジプトで見たモスクには、美しい幾何学文様が描かれていました。あれだけ緻密な文様を描くには、緻密な計算が必要です。だからこそアラビアで大きく発展した、というのは頷ける話です。

一般的にはアラビック・パーツとか、単純にパーツPartsと呼ぶことが多いですが、前述のような誤解を防ぐため、正確には「ロッツLots」といいます。

英語でLotsと聞くと、〝A lot of〟という熟語を思い出すでしょう。「たくさん」という意味ですが、ここでのLotsはそれとは違います。

実はあなたの身近なところにLotsという言葉が、使われています。

例えばＬＯＴＯ６です。

ロトくじはLotsから由来しているわけですね。

そうするとラッキーとか棚ぼたとかそういう意味だろう、と思うかもしれませんが、実は「運命」という意味です。この運命が見られるのがロッツなのです。

ロッツがいつ頃から使われるようになったかを調べてみると、紀元一世紀の叙情詩家マルクス・マニリウスの『アストロノミカ』で、ロッツ・オブ・フォーチュンLots of Fortuneについて書かれています。

でも残念ながらそこに書かれているものは、現代での使い方とは違って数秘術的なことが書かれていたりします。

少し時代が下るとクラウディオス・プトレマイオスに行き当たります。以前にも出てきた、トレミーとも呼ばれる人物です。

その著書のテトラビブロスにはロッツ・オブ・フォーチュンについての言及があります。この方は優秀な数学者で科学者でしたが、残念ながら占星術師ではありませんでした。ですから、ところどころに間違った記述があります。そして、ロッツ・オブ・フォーチュンについても間違った使い方をしているわけです。

後で説明しますが、ロッツ・オブ・フォーチュンは昼のホロスコープと夜のホロスコープでは逆転させないといけません。しかし、トレミーはそれをしていません。こういった間違いがテトラビブロスの中には散在します。だからこそ現代ではトレミーのことを批判的に言う人も随分、出るようになりました。

このようにロッツはアラビアで作られたものではありませんが、アラビアで大きく発展したものですから、アラビック・パーツというよりも、ロッツと呼んだほうがより正確です。

ですから、ここからはロッツと呼ぶことにします。

次に、ロッツとはなにかという話をします。

ロッツとは前述しましたが、直訳すると〝運命〟です。

Lot が由来の英語は他にもあり、allotted（アロッテッド）という単語が辞書に載っていますが、それは「割り当てられたもの」という意味です。

つまり、〝選択余地なし〟というのが運命なのです。

『運命を変える〇〇！』などという本やセミナー、幸運グッズがあったりしますけれども。

いわゆる運命とはそういうものではない、ということです。

運命とは〝生まれた時に決まっている〟もののことを言うわけです。逆に変えられるとしたら、それは運命ではありません。


例えばロッツ・オブ・エロス Lot of Eros では、モテる状況が分かるわけですが、それは残念ながら運命で決まっているわけです。

もし、モテ期を自分の都合の良いタイミングになるように努力するという人がいたら、それはまるで人間に生まれた運命なのに、空を飛びたくて鳥になる努力をする、そういった滑稽さに似ています。

ちょっとカチンと来られたかもしれませんが、もしかするとそれは日本人の頭で考えているからかもしれません。

ですから、古代ギリシャ人が運命や幸運をどう考えていたかを知る必要があるでしょう。

これについて興味深いことが、アリストテレスの『自然学』に書かれています。

この本の中でアリストテレスは、遇運と自己偶発の定義を「遇運とは、意味のある出来事に出会うこと。自己偶発とは、その出来事だけでは意味を成さないことに出会うこと」としています。

私達が「運が良い」とか「運が悪い」という言い方をするのは、そこに私達が意味を持ち込むからです。

自分にとって好都合なことが起こると運が良い、自分にとって不都合なことが起こると運が悪いといえます。

こういったことをアリストテレスは遇運と言っています。

自己偶発とは、例えば石がたまたま人に当たったといった出来事です。

〝たまたま〟石が人に当たったからということは、石が〝意志を持って〟人に当たったわけではありません。

自己偶発とは、こういった無目的の出来事を指します。

ここでアリストテレスは一つのたとえ話を持ち出します。

私なりに意訳するとこのような感じです。

ある人が市場に買い物へ行きました。

そうしたら偶然、自分が飲み代を貸していた男と出会いました。

「やあ！」と言う。

「あ、そういえばお金を借りていましたよね。今、お返ししますよ」と相手からお金を返してもらいました。

それが遇運（幸運）だよ、とされています。

この話から、幸運とはどんなものか考えてみましょう。

例えばですが、運とはいつも起こることでしょうか。

そうですね、〝いつも起こるものではない〟です。

この人はお金を返してもらいたくて市場に行ったわけではありません。また、この人は毎日市場に行くわけでもなければ、そこで商売をしているわけではありません。自らの〝自由意志〟によって市場に行ったわけです。

だからこそ、アリストテレスは目的が遇運には必要であると述べます。自分が何かしようとした場合に出会わなければ、幸運とは呼べないわけです。何もしないで得られた棚ぼた的幸運は、幸運ではないのです。

では次に、幸運には善悪はあるでしょうか。

本来、運にはそういった区別はないです。

運に当たった人が勝手に、そう判断しているだけです。

その時は悪運だったと思っても、後から振り返れば幸運だったということがよくあります。

例えば、志望校に受からなかったとしても、社会人になってから考えれば、第二志望で入学した学校のほうが良い先生に巡り会えた。

好きな人にふられたけれど、その時、慰めてくれた人がとても良い人で結婚することになったなどです。

市場の例では、お金を返してもらったことは良かったけれども、その後で無駄遣いしてしまったかもしれない。

それで誰かに借りていたお金の返済を出来なかったら、良くなかった出来事になります。

ですから、こういった出来事（運）には良い悪いは無いですし、その場の自分の感情は関係がないということです。


また、自分の意志は働くでしょうか。


これは働かないです。

自分の意志で手に入れた物は、運ではなくて〝努力〟と言います。

自分の行動や意志がなければ幸運を感じませんが、行動や意志で運を手に入れられるわけではありません。

なぜなら運は、複合的要因で発生するからです。

運は自分で引き寄せられるように思うかもしれませんが、ちょっと考えれば運は自分ひとりでなんとかなるものではないことがわかります。

運とは他人や社会との繋がりの中で生まれるものです。

自分の中から沸き起こってきたことには、運とは言いません。少なくとも、自分の努力だけでなんとかなるものを運とは定義していないわけです。

繰り返しになりますが、どうしても運には複合的要素が絡みます。

市場の話に戻して考えてみると、お金を返してもらった人はそもそもどうして市場に行ったのでしょうか。

塩を買いに行ったのかもしれないし、お肉を買いに行ったのかもしれない。

でも、ここが重要なのですが〝お金を返してもらいに行ったわけではない〟わけです。

しかもお金を返してもらえたのは、たまたま相手がお金を持っていたというお相手の事情によるわけです。

全く自分とは関係ない要因でも起こった。

このことから、運は複合的要因で起こっていることがわかります。

ここまでの考察から、運というのは宝くじが当たるようなものではないということは、なんとなく分かると思います。

市場の話を端的にいうならば「貸した金がたまたまタイミングよく返ってきたよ」ということです。

返してもらうという必然はありますけど、偶然お金を返してもらえたわけです。

では、私達が幸運と勘違いしやすい棚ボタとの違いはどうでしょう?

棚ボタとは英語でWindfallと言います。

Windは風で、fallは落ちる、という意味です。

イメージとしてはたわわに実ったリンゴの木です。
そこにたまたまピューッと風が吹くと、リンゴが落っこちました。
これが棚ボタです。
自分では何もしていません。
リンゴの木も植えていません。
でも、風が吹いたら桶屋が儲かった、そんな感じです。
あえて言うならば、棚ボタはラッキーであり、幸運はハッピーです。
ラッキーが必ずしもハッピーとは限りません。
逆にアンラッキーがハッピーなこともあります。
ハッピーには自分の努力が必要となります。

まとめますと、古代の西洋人が考えていた運とは、常に起こることではなく、善悪はなく、自らが選び取ることが出来ず、複合的要因によって起こるなどの特徴があることがわかります。
アリストテレスの考えでは幸福には、一．精一杯の行為を遂行するという行為の幸福（自由意志とも呼べるでしょう）が根幹にあり、二．めぐり合わせの良いこと（幸運という意味での幸福）と三．快感を中心にする心理的な幸福が必要だそうです。

ということは、ここで定義される運を科学することはできません。

良し悪しの判断の付かない出来事が、複合的要因によって、たまたま起こることが運だからです。

しかし、測定可能なものでなければ、科学的なアプローチは使えないのです。


「お金持ちは神社に行く回数が多いのか」というのは科学的に分析ができます。

まず、年収いくら以上をお金持ちとするのかを定義し、次に年収別にお参りの回数を調べるのです。

この場合、年収とお参りの回数は計測できるものです。

しかし、良し悪しの判断の付かない出来事が、複合的要因によってたまたま起こることは、到底、科学では解明できません。


しかし、それを活用可能なのが伝統的占星術です。

そしてまさにその〝黄金の鍵〟がロッツです。

それぞれのロッツを使用すれば、それぞれのロッツのテーマの出来事をホロスコープから読み取ることが出来ます。

それは棚ボタのようなものではなく、その人に影響を与える出来事を表しています。


では私達にとって、ロッツはどのように役立つのでしょうか？

テーマはあるけれど、善悪もないし、たまたま起こることに何の意味があるのだろうと思うかもしれません。でも、チャンスに気付かずそれを活かしきれなかったという経験はありませんか。それは、そのテーマのロッツが第十二ハウスという場所にあるからかもしれません。

伝統的占星術では、第十二ハウスには〝隠れた場所〟とか〝見えないところ〟といった意味があります。つまり、そういったところにロッツがある人は、そのチャンスが見えないのです。せっかくチャンスが来たのに、チャンスが分からない。ですから「自分には運が無い」とか「運命というものは無い」と思っているかもしれません。

他には、「いつも出会いの場所を求めてあちこち行っているのに、なかなか出会いがない」という方の場合ですと、恋愛のロッツが第十二ハウスにあるのかも知れません。

その人には自然な出会いから恋愛に発展するものなのに、自分が求めてしまっている。逆効果であることを本人はわかっていない、ということになります。

恋愛のロッツが第十二ハウスにあるというのは、良い悪いに関係なくそのテーマについてはそういう人なのです。

本人は自覚出来ませんが、運がないわけではないのです。

ですから、そういった人だとしてもロッツを活用すれば、自分の運命とはどういうものなのか、いつ運が来るのかということを知ることができます。

そして、その運を活かすにはどうすればよいのかという努力すべきポイントが分かります。

つまり、「第十二ハウスにあるのは仕方がない。ではどうするか？」ということがわかるわけです。

それに、第十二ハウスにあるからと言って不幸とは限りません。気づかないところに運があるということですから、自分から動くのが嫌な人には朗報ということになります。

そして現時点では不幸に感じても、それを将来的に逆転できるならばそれは逆に幸運です。どんな物語でもはじめは出来が悪いほうが盛り上がります。

運動音痴が甲子園に出たり、勉強の出来ないギャルが有名大学に合格したりするから盛り上がります。

でも、もともとスポーツが出来る人が甲子園に行ったり、進学高でトップクラスの女子高生が有名大学に合格したりしたとしても面白みは全くないでしょう。駄目な確率が高いのに逆転するところが心を打つのです。

ですから、運に良し悪しを付けてしまうのはあまり意味がありません。

そうではなくて、自分の運の特性を理解することのほうがより良い生き方でしょう。

そして自分のロッツがどこにあるかを知ることは、運を感じる上でとても役に立つのです。

ロッツの計算

それでは、ここから具体的にロッツの話に入っていきましょう。

最も一般的であり最も重要なロッツである**パート・オブ・フォーチュン**（以下、**ロッツ・オブ・フォーチュン**）を例に挙げます。

ロッツ・オブ・フォーチュンについて調べると、こういう書いてあります。

「Asc（アセンダント）＋月−太陽」（昼）

でも、これだけではピンときません。

ですから、実際に計算をしてみましょう。

仮にホロスコープにおいて以下のようであったとします。

Asc＝山羊サインの2度37分

月＝獅子サインの29度23分

太陽＝蠍サインの12度17分

でも、この計算を山羊サインと獅子サインの度数を、そのまま足したり引いたりという

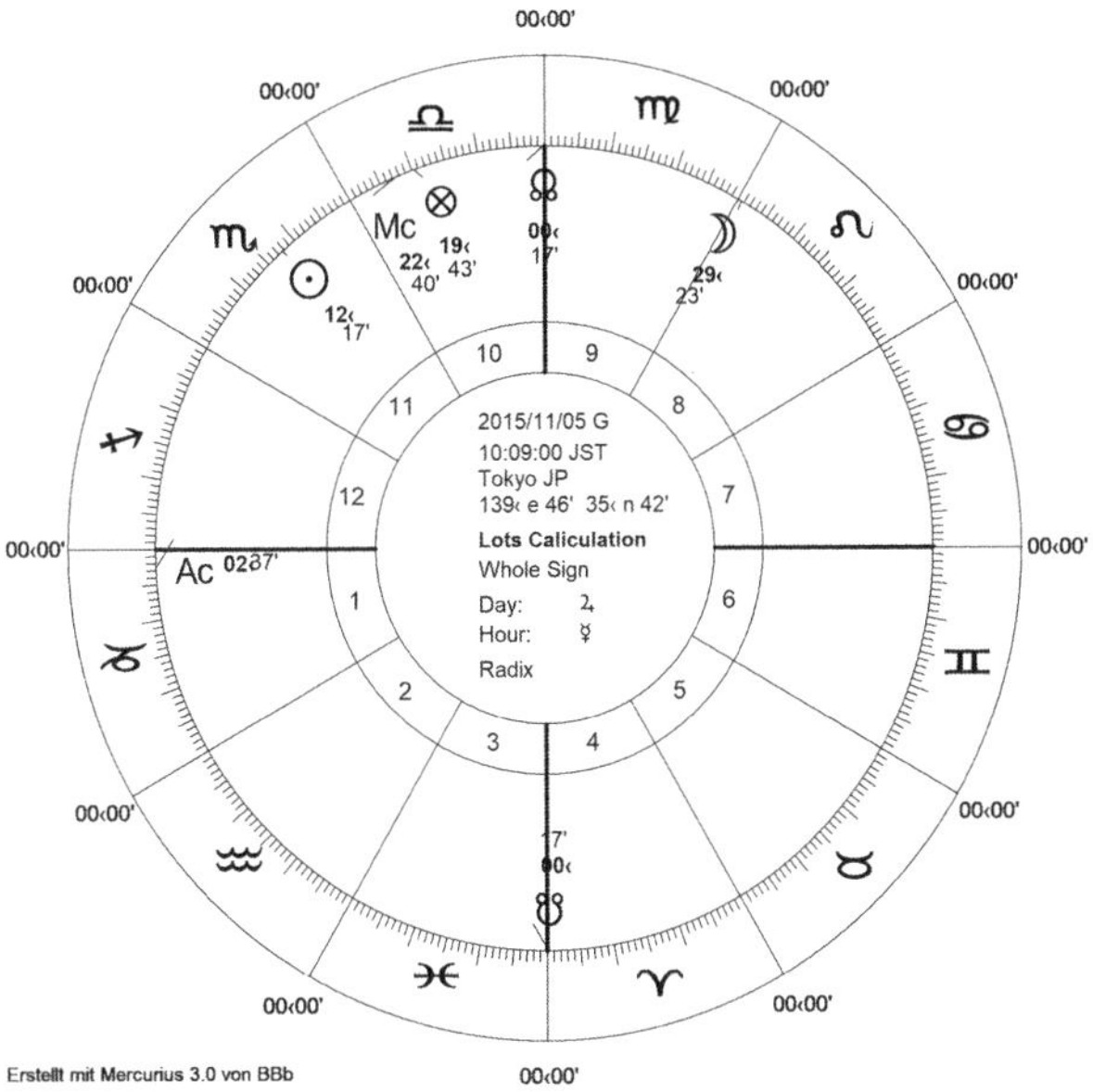

のはできません。この足し算引き算をする前に、それぞれの場所を牡羊サインの0度からの度数に変える必要があります。

ですから一旦、〝○○サインの××度〟という表現から、〝牡羊サインの0度を基準に〟全部度数に直す必要があるのです。

すると、アセンダントのカスプがある山羊のサインの2度37分は、牡羊サインから272度37分になります。

しかし、これをいきなり言われても、すぐになかなか納得できないでしょう。

まず基準となるのが牡羊サインの0度ですから、当該のサインまでどれだけの度数があるかが重要になります。

実は占星術において、一つのサインの幅は30度です。

ですから、基準の0度から考えると、牡羊サインは0度から30度までを担当しています。

その次の牡牛サインになると、基準の0度からみて30度から60度の範囲を担当しているわけです。

さらに、双子サインに行くと、牡羊サイン0度（基準の0度）からみて、60度から90度を担当しています。

そして蟹サインだと90度から120度、獅子サインだと120度から150度、乙女サインだと、150度から180度、天秤サインは180度から210度、蠍のサイン210度から240度。射手サインは240度とか270度となります。

黄道十二星座を覚えていない人には、難しいかもしれませんが、ホロスコープを見ながら一つ一つ確認すれば難しくはないです。

もしくは、牡羊サイン0度を分度器の0度に合わせ、角度を測ってしまっても大丈夫です。

さて、ようやく射手サインの最後（牡羊サインの0度から270度）まで来ました。

射手サインの最後（30度）は、山羊サインのスタート（0度）と同じです。

ですから、山羊サインの0度は270度と同じことです。

すると、山羊サインの2度37分というのは、270度＋2度37分ですから272度37分ということになります。

ちょっとややこしいですが、まずこのように置き換えていく必要があります。

そうすると、月は獅子サインの29度23分ですから、置き換えると牡羊サインからみて、149度23分になります。

では太陽はというと、蠍サインの12度17分ですから、それは222度17分になるわけです。

注意点として「分」とは、よく使っている時間の単位の分ではありません。

一度という角度の単位は、60分という角度の単位に相当します。

つまり、角度も時間と同じように六十進法なのです。

時間という単位を考えてもらうと、一番大きなものは年です。

年の下が月になります。

月の下が日になります。

その次が時間。

そのさらに下が「分」になります。


それと同じように、角度の単位で言うと度の下の単位が分なのです。

ですから、時間の分とはまた別ですが、角度にもまた「分」があるわけです。


さて、60分＝一度という度数になるわけですが、角度の計算ではちょっと注意しておくべきポイントがあります。

角度の単位では、分は六十進法、度数は十進法ということです。私も初心者の頃は間違えて計算していたのですが、ついつい分が六十進法であることを忘れがちです。

例えば、14度30分から5度50分を引く場合。

ついつい8度80分と答えたくなってしまいます。

(正しくは8度40分)

これは間違いやすいので注意しましょう。

では、またロッツ・オブ・フォーチュンに戻ります。

ロッツ・オブ・フォーチュンは「Asc +月－太陽」で計算されます。


ですからこの例の場合、アセンダントは２７２度37分。

それに月である１４９度21分を足します。

そして太陽の場所２２２度17分を引きます。

すると、１９９度43分という度数が出てきます。

それはどこかというと、天秤サインの19度43分になります。


それを確かめるためにホロスコープを確認すると、ちゃんとロッツ・オブ・フォーチュンが天秤のサインの19度43分にあります。


「ロッツ・オブ・フォーチュンはどれですか」と思うかもしれませんが、天秤サイン♎の真ん中あたりにマルの中にバツがある印があります。

これがロッツ・オブ・フォーチュンのマークです。

このように、ホロスコープのソフトによっては自動で計算してくれる物もあります。

ご自身のチャートソフトで対応しているのであれば、面倒な計算はコンピューターがやってくれます。

但し注意していただきたいのは、そのチャートソフトが昼と夜できちんと入れ替えているかどうかも確認して下さい。

後にお話ししますが、多くのロッツは昼夜の区別が必要です。


さて、ここまででいかがだったでしょうか。

「正直言ってロッツの計算は面倒だなあ」という方もいらっしゃるかと思います。

また、ポンとホロスコープを渡されて、自分のパソコンを持ち合わせていない場合、コンピューターに頼ることも出来ません。

では、どうすればよいでしょうか。


ベンジャミン・ダイクス氏の紹介している方法がとても使いやすいです。

この方法では、細かな計算は脇に置いて短時間に場所を特定できます。

まず、ロッツ・オブ・フォーチュンは「Asc（アセンダント）＋月－太陽」（昼）ですが、視覚的にわかりやすいように「☉→☽, Asc」と書き直します。

ロッツ・オブ・フォーチュン（昼）の場合、太陽から月までの距離を始めに測ります。

次にこれを同じ度数だけアセンダントから同じ方向に回します。


そうすると、あら不思議。

ロッツ・オブ・フォーチュンの場所になっています。

大雑把につかむには、こちらのほうが分かりやすいです。

分度器さえあれば、もっともっと簡単にできるでしょう。


さらにこのやり方の優れているところは、回す方向は逆回りでもいけるのです。

先程の図は右回りで書いています。

しかし、左回りに太陽から月に回して、同じ度数だけアセンダントから回しても同じ結果になります。


太陽と月の関係が、このチャートでは太陽の右側に月があります。

しかし、太陽の左側に月がある場合、太陽から見て左回りに測ったほうが早いです。

その方法でやっても問題ないというのが、これの便利なところです。

でも、「これでは正確な度数がわかりませ

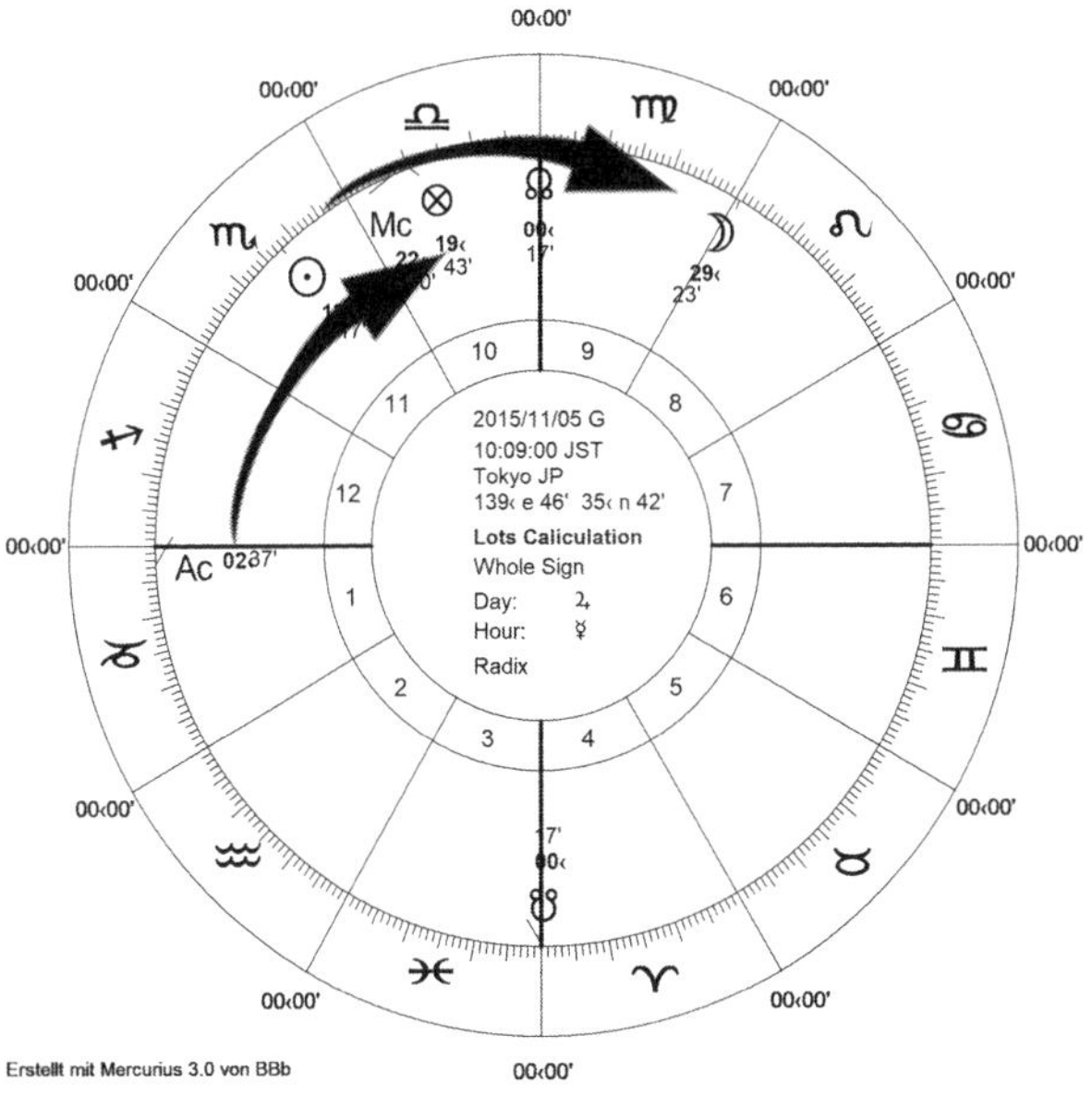

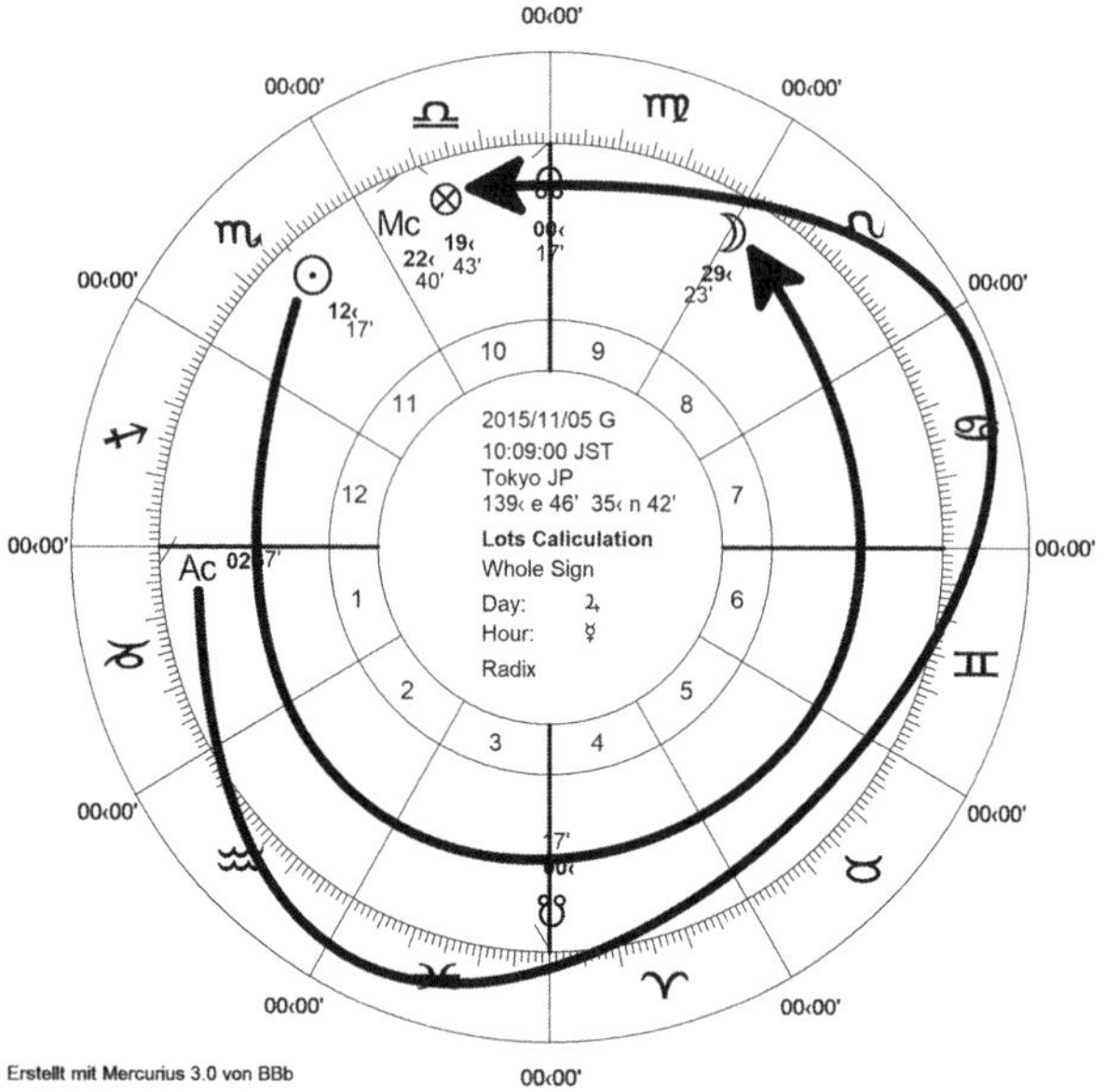

ん。例えば何度何分の「分」なんて分からないじゃないですか」と思うかもしれません。

確かにその通りで、大体の場所がわかるだけではありますし、どこかのサインの端っこであれば、計算はしたほうがいいです。

しかし、まず重要なのはロッツそのものがどんな度数であるかよりも、どのサインにあるかということです。

ですから、自動計算が難しい際に当たりをつけるために使います。

昼夜の逆転

さて、先程の章では以下のように説明しました。

Lots of Fortune ＝ Asc ＋月－太陽（昼）

この最後に（昼）とついていますが、ロッツにおいて、昼夜の区別は大切なのでしょうか。

トレミーは昼夜で区別をしませんでしたが、必ず区別する必要があります。

その理由については、これから説明していきますが、それによってロッツには一定の法則があることがわかるはずです。

実は、夜では以下のように計算します。

Lots of Fortune ＝ Asc ＋太陽－月（夜）

ここでの夜とは太陽が地平線よりも下のことです。

ですから夜の場合は、月から太陽までの距離をアセンダントに足したものということになります。

昼と夜では逆になるということですね。

次に、二つ目に重要なロッツについて説明します。

それが、**ロッツ・オブ・スピリッツ**です。

Lots of Spirits ＝ Asc ＋太陽－月（昼）

＝ Asc ＋月－太陽（夜）

勘のいい方なら分かると思いますが、ロッツ・オブ・フォーチュンとロッツ・オブ・スピリッツは裏表です。

昼にロッツ・オブ・フォーチュンだったものは夜になったらロッツ・オブ・スピリッツになり、夜にロッツ・オブ・フォーチュンだったものは昼になったらロッツ・オブ・スピリッツになるわけです。

どうして、こういったことになるかということは、ロッツ・オブ・フォーチュンの説明から始めていきましょう。

ロッツ・オブ・フォーチュンは一般的に思われているような、単純に幸運を示す場所ではありません。ではどういった場所かというと、エネルギッシュになるときとか、健康とか、死とか、そういったものを表します。

つまり、我々の肉体に関わるもの、と考えてもらえればよいです。

エネルギッシュになるとか、そういったものとは肉体です。

健康とか、死ぬことなどは、まさに体のことです。

そういったことがロッツ・オブ・フォーチュンでは分かるわけです。

ロッツ・オブ・スピリッツはポール・アレキサンドリア Paul of Alexandria によると「魂が喜ばしい出来事、身分、用心深さ、すべてのパワー、時には自分自身が成し遂げたことに関するものに関連する」と書いています。

それはひいては、自分のキャリアのピークそして人生の方向性について見ることができるわけです。

ですから、その人の肉体というよりも、もっとその生活のクオリティとか質といったものに近いです。


さて、ここで一つの疑問が沸き起こっているのかもしれません。

ロッツとはどういうものなのか、どう計算して出すものかはわかりました。

でも、どうしてこのような計算するのだろうか、と思われているでしょう。


実はロッツの計算にはいくつか一定のルールがあります。

第一に、昼と夜の区別があります。


ロッツ・オブ・フォーチュンであれば、昼は太陽から月に向かって測って、その距離をアセンダントから取ります。

一方で夜は、月から太陽までの距離を測って、アセンダントから取るわけです。


これには理由があります。

常識的に考えてもらえれば分かりますが、太陽は昼の星です。

昼は太陽が支配していますから、昼は明るい太陽から暗い月への距離を測るわけです。

これは神秘主義的な思想、つまり、明るいところから暗いところへ向かうということは問題とか、肉体の具現化というものにも関連しているからです。

そのため、明るいものから暗いもの、太陽から月までを測るわけです。

ロッツ・オブ・フォーチュンは、相談者の肉体に最も一般的に関連しています。

だからこそ、その活動、ひいては命に関わるわけです。

一方で夜を支配するのは月です。

なぜなら夜は月の方が明るいからです。

ですから夜は明るい月から暗い太陽へ距離を測るわけです。


では逆に、ロッツ・オブ・スピリッツはどうでしょうか。

これはロッツ・オブ・フォーチュンと計算は逆です。

つまり昼は月から太陽までの距離を測り、アセンダントからその距離だけ回します。

逆に夜であれば、太陽から月までの距離を測り、それをアセンダントから回すわけです。


ロッツ・オブ・スピリッツの場合は、暗いものから明るいものへと距離を測っているわけです。

神秘学的には、明るいものは魂とか知性に関わるとされています。

暗闇から光明に向かうロッツ・オブ・スピリッツは、個々人の心とか魂に関連します。


このようにロッツの根底には昼夜が非常に重要になっていきます。

またこれはロッツ・オブ・スピリッツ、ロッツ・オブ・フォーチュンだけでなく、他のロッツでも大抵は昼のロッツは昼の天体からスタートします。

つまり太陽とか、木星とか土星からスタートして、夜の惑星である月とか金星とか火星に向かって距離を測る、というのが一般的なルールです。

第二の特徴は、光の方向に向かって距離を測るということです。

これは、ロッツ・オブ・フォーチュンやロッツ・オブ・スピリッツで説明しましたが、太陽は昼に光を放つため、昼は太陽から距離を測ります。

逆に月は夜に輝くため、夜は月から距離を測ります。

このルールは、昼はより強く光る星から距離を測り、夜はより輝きの弱い星から距離を測るということです。

但しロッツ・オブ・スピリッツでも説明しましたように、逆になっている場合もあります。

これは、根底に流れているロッツの意味が優先されるからです。

このロッツの意味が優先されるというものは、後に説明するロッツ・オブ・マリッジでも適用されます。

一つだけロッツ・オブ・スピリッツについて注意点があります。

他のロッツでは行わないルールがあります。

それは、ロッツ・オブ・フォーチュンとロッツ・オブ・スピリッツが同じサインの場合、ロッツ・オブ・スピリッツは隣のサインへ移動させるというものです。

例えば、フォーチュンとスピリッツのロッツが両者とも牡羊サインならば、ロッツ・オブ・フォーチュンが優先されて、フォーチュンが牡羊サイン、スピリッツが牡牛サインとなります。

次にロッツ・オブ・フォーチュンやロッツ・オブ・スピリッツ以外のロッツの中で、ネイタル占星術で頻用するものについて説明していきましょう。

頻用するロッツ Lots

	昼	夜
Father（父）	☉→♄, Asc	♄→☉, Asc
Mother（母）	♀→☽, Asc	☽→♀, Asc
Children（子供）	♃→♄, Asc	♄→♃, Asc
Marriage[二]（結婚—男）	♄→♀, Asc	♀→♄, Asc

二　ドロセウスによるもの。但し、ドロセウス自身は昼夜を逆転していない。

Marriage（結婚―女）　♀ → ♄, Asc　♄ → ♀, Asc

Action（活動）　☿ → ♂, Asc　♂ → ☿, Asc

それではそれぞれのロッツについて説明していきましょう。

ロッツ・オブ・ファーザー（父）は、昼には太陽から土星までの距離を測って、それをアセンダントから同じ距離だけ回したものです。
夜は、土星から太陽までの距離を測り、同じだけアセンダントからまた回します。

父親と聞いて思い浮かぶのはやはり土星、つまりは厳しい父親です。

もう一つは一家の大黒柱という意味で太陽です。

そしてその昼と夜を考えると、両方とも昼の星です。

しかし、太陽は日中に強い光を発散するので、土星より昼にふさわしい星です。

ですから昼は太陽から土星までの距離を測るわけです。

一方で夜になると、土星から太陽までの距離を測るように変わるわけです。

これは父親の見た目、父親の興味とか成功するもの、その人の子供になれば、どのようであるかということを示します。

ロッツ・オブ・マザー（母）は、昼は金星から月までの距離を測ってアセンダントから回します。夜はその逆に月から金星までを測って、アセンダントから回すものです。

お母さんといえば月と金星で表せるものです。

そして昼と夜で考えると、より夜らしい月が夜に優先され、より昼らしい金星が昼に優先されてロッツ・オブ・マザーが出来上がるというわけです。

このロッツは、母親がどんな見た目か、母親の趣味とか成功はどんなものか、その人の子供になればどのようであるかがわかります。

面白いことに、ロッツ・オブ・ファーザーとマザーのあるサインのロードを比べると、その関係性がわかります。

例えば両者がアバージョンであるならば、またはハード・アスペクトであるならば、その両者の結婚というのは長続きしない、もしくは、喧嘩別れになるということになります。

注意点として、このロッツ・オブ・ファーザーとマザーにしても、大事なのは、世間一般から見た見た目ではないことです。

あくまでもその人の子供になればどうであるかという、子供目線から見た見た目ということです。

ですから、ロッツ・オブ・ファーザーとマザーのサインのロード同士が、アバージョンにあったとしたら、世間から見るとどうかは分かりませんが、子供から見て不幸な離婚になりうるということです。

その父親自身がどう思っているのか、母親自身がどう思っているのか、もしくは世間から見てどうなのかというのは、また話は別ということです。

あくまでその人からの目線としてどうかということがわかるわけです。

このことからも、それぞれのロッツが父親の第四ハウスとか母親の第十ハウスとは別ということがわかると思います。

ロッツ・オブ・チルドレンは、木星と土星で組み合わせです。

子供の時期はＨＯＴでＭＯＩＳＴな時期であり、最も身体が大きくなる時期ですから、拡張を象意とする木星となることはわかりやすいです。

しかし、土星を採用する理由となると、これはなかなか難しいところですが、魂の出入り口と考えるならば合理的でしょう。

ロッツ・オブ・チルドレンは自分の子供の見た目や子供がどのように振る舞うかということを示します。

ただひとことで子供と言っても、複数人いる場合はどうなのかというと、なかなか判断が難しいです。

ただし傾向としては、このロッツで示される子供というのは、長男、長女であることが多いです。もちろん、在室するハウスによっては、別の子供が示す場合があります。

また、このロッツやロッツのロードが第七ハウスにあるならば、相談者よりも配偶者と一緒にいることが多い、もしくは、配偶者が子供の人生に多大な影響を与えているということがあります。いわゆる、お父さん似、お母さん似というニュアンスと同じです。もしアセンダントに入っているならば、相談者よりになります。

ロッツ・オブ・マリッジは、男女で異なります。

マリッジは結婚ですから火星と金星と思うかもしれませんが、そうではなく土星と金星を使います。恋愛の意味では確かに金星はふさわしいです。

しかし、火星を結婚で採用するならば、その根拠は金星とのペア以外の理由は見当たりません。また、結婚とは社会的な契約つまりは制限とも言えます。

ですから火星ではなく土星を採用しているのです。

昼で男の場合、土星から金星まで回して、同じだけアセンダントから回します。

夜の場合は、金星から土星まで測って、アセンダントから回します。

昼（社会的）に男となったら、やはり土星の方がふさわしいからです。

一方の女性の場合、昼はやはり金星の方が優位であっていいでしょう。

ですから、昼で女性の場合は、金星から土星までの距離を測り、夜は逆に土星から金星まで回して、アセンダントまで回します。


ここでちょっと問題があります。

実はドロセウスは、昼夜を逆転させていません。

つまり、昼でも男は土星から金星まで回して、夜も土星から金星まで回すということをしています。確かに、性別を優先するならばそういう考えもあります。

一方でベンジャミン・ダイクスは昼夜逆転する方法を採用しています。

基本的にロッツというのは、昼夜では逆転させるのはルールだからです。

先述の通り、ロッツは基本的には昼夜で逆転するべきですし、ドロセウスが昼夜を逆転するよう注意しなかったのは、それが古代では常識だったため、あえて言及しなかっただけかもしれません。

ですから、ベンジャミン・ダイクスの手法を採用するのがよいでしょう。


ロッツ・オブ・マリッジは、結婚できるかどうかを示しているわけではありません。

そういった法的な婚姻関係だけではなくて、どういったパートナーと出会うか、どのような具体的な物事や価値がパートナー・シップにつながるかということがわかります。

ですから法的な婚姻関係だけではなくて、彼氏、彼女という関係も見られますし、ＬＧＢＴにおいても効力を発揮します。

最後は**ロッツ・オブ・アクション**です。
水星から火星までを測って、それをアセンダントから回すのが昼です。
夜は火星から水星まで測って、アセンダントから回すことになります。

ロッツ・オブ・アクションとは、その人の行動様式、ひいては仕事に関連するものや自分の才能を活かすものを表します。
行動や仕事において、その人が自分のスキルをどのように使うのか、その結果として、どのようなことが起きるのか、ということです。
そのため、切り開くという意味の火星、そして機知に富むという意味の水星が絡んでくるということになります。

では、実際読んでいくときに、どの様にしていくかということを説明していきましょう。

ファーミカスはこう述べています。

1. ロッツのあるサインに何か星がないか。または、アスペクトしている星があるか（ホール・サイン・ハウスで）。
2. ロッツのサインを、どのような星が支配しているのか。
3. ロッツの支配星がどのサインに入っていて、そのディグニティがどうであるか。タームはどの星であるか。
4. ロッツのいるサインのロードにどのような星がアスペクトしているのか、また、どのような星が近づいているのか（距離が近いほど、影響力が強くなる）。
5. ロッツのロードのアクシデンタル・ディグニティはどうであるか（アンダー・ザ・レイであれば、ロッツの良さが失われ、それが指し示すものが障害される）。

これを参考にすると、第一にホロスコープにおいてロッツがどこにあるかに注目します。ロッツ・オブ・ファーザーがもし第三ハウスにあるならば、父親は第三ハウスに関わるはずです。それはマスコミかもしれません。兄弟のような父親なのかもしれませんし、近所に住むのかもしれません。

そこはわかりませんが、第三ハウスに関わっているはずです。

そして、もしロッツの在住するサインがフィクスト・サインにあるならば、自分からあまり動かない人ということがわかったりします。

次に、強力なアスペクトもしくはコンジャンクションがロッツ本体にアスペクトしているかを見ます。

強力というのはどういうことかというと、吉星からのトラインとかセクスタイルであり、凶星からのスクエアとかオポジションです。

当然ながら、コンジャンクションが吉凶にかかわらず最も強力になります。

また、それには昼夜が重要で、昼であれば木星が、夜であれば金星が強い吉意をもたらします。

逆に、凶星では昼であれば火星が、夜であれば土星が強い凶意をもたらします。

もし複数の星がアスペクトしているならば、ロッツ本体に最も近い角度のものが、最も影響力を持ちます。

基本的には最も角度の近いもの以外は影響力が少ないため、あまり見ないでも大丈夫です。

二番目に、ロッツのロードを見ます。

ロッツにはルーラーシップが大事になります。

つまり、どこのサインにあるかだけではなくて、ロッツの入っているサインを支配する星も重要になり、それがロッツ本体と同様の働きをします。

ですから、ロッツ本体とロッツの支配星の両方が重要です。

そしてロッツの支配星がどのような星か、どこにあるのか、そのエッセンシャル・ディグニティ及びアクシデンタル・ディグニティがどうなのかを見る必要があります。

もし、ロッツの支配星が火星であれば、激しさを持ちます。

それが第七ハウスにあるならば、敵との争いを表すかもしれません。

ロッツのロードが金星であれば、チャーミングでハンサム、音楽が好き、そういったことを表すかもしれません。

もし第九ハウスにあるならば、旅行とか高等教育に関連するかもしれません。

アングルなら、ロッツのテーマをうまくやれるでしょう。

逆に言うならば、第六ハウスとか第八ハウスなどであれば、あまりうまくできないことになります。

三つ目のポイントが、ロッツ本体と同じく、ロッツの支配星に対する最も近いアスペクトに注目することになります。

もし、ロッツ・オブ・ファーザーに木星がアスペクトしていたならば、木星っぽい要素が父に加わります。

例えば、教師とか宗教的立場ということになります。

もちろん、ロッツ・オブ・ファーザーのロードそのものが木星であれば、それはそれで教師ということになるかもしれません。

そして、ロッツ・オブ・ファーザーのロードが木星であったとして、それに水星がアスペクトしているならば、数学の先生ということになるかもしれません。

金星がアスペクトしているならば、美術の先生ということになるかもしれません。

そういった付加情報がアスペクトによって示されるわけです。


四番目に、ファーミカスとは異なりますが、ロッツ・オブ・フォーチュンからのアングルというのも、重要になります。

ロッツ・オブ・フォーチュンのアングルの場所というのは、エネルギッシュになりやすい場所です。


仮に、ロッツ・オブ・フォーチュンが、牡羊サインにあったとします。

すると、そのアングルである蟹サイン、天秤サイン、山羊サインは強調されることになります。

その影響の受けやすさは牡羊サイン、山羊サイン（第一及び十ハウス目）→天秤サイン（第七ハウス目）→蟹サイン（第四ハウス目）の順になります。

そして当然ながらホール・サイン・ハウス・システムで見るということになります。

サイン同士のアスペクトであって、惑星同士ではないということです。

これが効果を発揮するのは、第二十章でお話しするプロフェクションを用いるときです。

プロフェクションは未来予想テクニックの一つなのですが、このプロフェクションではその年に強調される場所がわかります。

もしもプロフェクション、パート・オブ・フォーチュンの両者で強調される場所となった場合、そのロッツはその年にかなり強調されることとなります。

最後に、ロッツについて一言だけ書き加えてこの章を終わりにします。

ロッツは非常に具体的でコアな情報を示しています。

もしロッツを見てもたいしたことない、ささいなことしか見出せないならば、それはロッツが間違っているわけではないです。

その場合にはロッツの計算そのものか、何かしら読み間違えている、読み落としている可能性があります。

ですから、自分が思ってもいなかったような情報が読み取れることがあります。

ロッツには必ず何らかの意味があります。

ですから、諦めずに丁寧に相手の話を聞き、それぞれのロッツがその人にもたらす意味を考えましょう。

これが、ロッツの面白いところであり、重要で見逃せない理由の一つです。

第十九章　恒星 Fixed Stars

アクシデンタル・ディグニティの表には、その中に**レグルス**と**スピカ**と**アルゴル**というのがありました。

こういったものは重要な恒星で、どんな占星術でも一応、頭に入れて占断します。しかし、恒星の重要度は占星術によって異なります。

例えば、ホラリー占星術では恒星が重要な意味を持つことはあまりありません。ところが、ネイタル占星術になると、一転してそれ以上の星を見る必要性が出てきます。

さらに、マンデン占星術という国家の未来を占うような長いスパンを見るわけですが、その場合は、非常に恒星が重要になります。

インターネットでは未来予測を載せているものもありますが、あまり当たっていないもしくはほぼやっとしているように思います。

その大きな理由のひとつが恒星を使っていないということです。

ですから、恒星というのは占星術によっては非常に重要なものであることがわかります。

恒星は、実は惑星と同じように動いているのですが、見た目上はほとんど動いていません。

それはセカンダリー・モーション、つまり牡羊サインから、牡牛サイン、双子サインという順からぐるっと回って魚サインまで回っていく方向です。

そのスピードは72年でたったの一度だけです。

ですから、英語ではFixed Starと言います。

Fixed signは固定宮でしたね。

Fixed Starとは固定された星、つまり、とまっているように見えるということで、惑星とは別物ということです。

恒星のオーブですが、これは人によって言っていることは違いますが、ジョン・フローリーを参考にするならば、左右二度までです。

但し、例外的にヴィンデミアトリックスVindemiatrix[一]は一度のオーブしか持たないよと書いています。

ジョン・フローリーが、**ヴィンデミアトリックス**を左右一度しか効力がないと主張するのは、恐らく三等星の星だからだと思います。

三等星は目に見えますが、やはり光としては弱い。

一　二〇二〇年現在は天秤サイン10度13分に位置する。

光が弱いというのは影響力が弱いということですから、オーブを小さくしていると考えます。

では、このヴィンデミアトリックスに全く効果がないのかというと、ある質問にはものすごい力を持つ星です。

この星は別名、未亡人メーカーとも呼ばれるのですが、そういったトラブルを引き起こします。

例を挙げますと、宮崎謙介元衆議院議員のホロスコープ[二]では、ヴィンデミアトリックスと土星と木星がコンジャンクションしています。

この方は育休を取るなど、イクメンのイメージを持たれていたにもかかわらず、その間に浮気相手と会っていたことがばれて、結局、議員辞職に至ったという方でした。

ですから、光の弱い星だからといって影響がないわけではなく、一定の質問についてはものすごい効果をもたらします。

もし、ジョン・フローリーの考え方を取り入れるのであれば、一等星の星は、左右二度、それ以下の星は左右一度ということで良いと思います。

しかし、私は時と場合によると考えます。

なぜなら、恒星同士は実はかなり近い場所にある場合があるからです。

例えば、乙女座のスピカは、現在は天秤のサインの24度02分にあります。そして、同じような度数に牛飼い座の**アルクトゥールス**があり、これは24度26分にあります。

つまり、その差が、一度もありません。

二　一九八一年一月十七日　誕生時間不明

するとオーブをどれだけ取るかというのが非常に問題になるわけです。

スピカもアルクトゥールスも明るい星なので、非常にここは悩むところなのですが、このように近くにある星が二等星、三等星を含めるとかなりの数になります。するとオーブというものをどう捉えるかというのがなかなか難しいでしょう。

私自身は、一等星でも大きくても左右二度までで、一等星より暗い二等星になればパーチルなコンジャンクション以外は無視してよいと思います。

つまり度数が一緒で分数が違うぐらいじゃないと、二等星より暗い星は効力を持たないと考えます。但し星雲は恒星よりも、もともと広がりがあるため、その分だけ少し広めにオーブを取り、左右二度までで良いでしょう。

影響力という意味を考えるならば、惑星と恒星がコンジャンクションしていれば、特に効力を持ちます。

さらにそれがアセンダントに重なっていた場合は、もっと効力を持つわけです。

先ほど少し等級の話をしましたが、その人のネイタル・チャートにおいてアングルに一等星があると、どんな場合でも栄誉と高い位を得ると言われます。

ただし、その恒星が火星の性質を持つならば、最終的にその栄光は失われると言われています。もし土星の性質を持つならば、最終的に不名誉と破滅をもたらすと言われています。

また、アングルのカスプに近い恒星はその人の人生において、非常に大きな影響力をもたらします。そして、アングルでも場所によってそれぞれもたらす意味が異なります。アセンダントであれば、その本人自身に非常に関わります。第四ハウスならばその家族に、第七ハウスであれば、その配偶者、第十ハウスであれば仕事に影響力を及ぼします。

恒星とのコンジャンクションは必ず効果をもたらすわけですけれども、アスペクトは影響を及ぼさないと考えてよいです。

ビビアン・ロブソン Vivian E. Robson の本では、オポジションとかスクエアというのは、なんらかの影響を及ぼすと、書いてありますが非常に怪しいです。

なぜなら、なんらかの星とコンジャンクションしていて、かつ、なんらかの星とスクエアになっているとか、オポジションになっているということはよくあるからです。

例えば、**アルデバラン**と**アンタレス**です。

牡牛座のアルデバラン、そして蠍座のアンタレスはちょうどオポジションの場所になっています。

そういった場合、どの星が影響力を持つかといえば、明らかにコンジャンクションしている恒星でしょう。

そして、両方の意味を持つということは、あんまり考えにくいと思います。

なぜなら、アルデバランとアンタレスは全く逆の象意を持つからです。

そして恒星には、それぞれの恒星そのものの意味だけではなくて、その性質を表す惑星があります。例えば、火星と木星の性質を持つ場合、この場合は火星がメインで木星が付加的な情報を与えるとします。

すると、火星の軍事的な能力に加えて木星の拡大する性質を付加します。ですから軍事力で拡大傾向を持つ、そのような意味を持ちます。

逆に、木星がメインで火星がサブの意味を保つ場合もあります。

そのような場合では、先ほどの荒々しい性質ではなくて、寛容さをまず木星が持ち、それに加えて火星のプライドが付与されます。

後者のほうが明らかに良いですよね。

このように、同じ惑星の組み合わせでもメインとサブの順序が違うだけで、ずいぶん意味が違ったりするわけです。

また、恒星以外にも星雲とか星団というものを使います。

例えば、**アンドロメダ星雲**とか、**プレアデス星団**（すばる）です。

しかし、星雲、星団にはあまり良い意味はありません。

盲目、病気、アクシデント、熱病、口喧嘩、強姦、殺人、追放、斬首を表します。

特に、私が経験した症例では、目の病気と強い関係を持ちます。

なぜ良い意味が少ないかというと、星雲や星団というのは、それ自体がぼやっとしているからです。ですから、目がぼやっと見える、目の病気と関係するということにつながるわけです。

では、恒星を使用する際に重要となるポイントを四点説明していきましょう。

1. 天空上のポジション

当然といえば当然なのかもしれませんが、アングルにあれば強い影響力を持ちますし、惑星にコンジャンクションしていれば、なおさら強い影響力を持ちます。

さらに影響力を持つ場合というのがあり、それは日食と月食です。

日食や月食の月または太陽に恒星がコンジャンクションしている場合は、恒星の影響力が最も強くなります。

これが如実に表れているのが第一次世界大戦の起こった年のチャートです。

一九一四年八月二十一日に北米からインドにかけて皆既日食が見られました。

この時、獅子サインにおいて太陽、月、ドラゴン・テイルがコンジャンクションで、それに加えて恒星レグルスがコンジャンクションしていました。

レグルスは名誉を獲得できるのですが、破壊性も持ち合わせています。

このように、その年の日食・月食とその起きる範囲と恒星とのコンジャンクションを観察することで、未来予測をすることが可能です。

逆に、恒星を観察しないでマンデン占星術をすることはかなり難しいと言えるでしょう。

2. 恒星と惑星の性質

恒星の性質は、コンジャンクションしている惑星の性質と一致している場合に、その影響力は強くなります。

これは先程説明した、恒星が持つ惑星の性質というものを用います。

吉星が、吉星の性質を持つ恒星とコンジャンクションしている場合は、その良さが引き立ちます。

逆に凶星が、凶星の性質の恒星とコンジャンクションしている場合は、その悪さが引き立つわけです。

では逆に、吉星に、凶星の性質の恒星がコンジャンクションしている場合、はどうでしょうか？

この場合は、その良さがぼやけます。

同様に、凶星に吉星の性質の恒星がコンジャンクションしている場合は、その悪さが緩和されます。

3. 恒星と惑星の関係性

恒星が影響力を与えるかどうかというのは、それが絡んでいる惑星に左右されます。

つまり、惑星が良いディグニティにあればコンジャンクションしている恒星の影響力は強くなり、逆に惑星が弱ければそれにコンジャンクションする恒星の影響力というのも弱くなります。

そして重要なのは、全ての症例において、恒星は惑星の意味を否定する力はないということです。例えば、アセンダントにレグルスがある人がいれば、それは栄光を掴むけれども失う、ということは言えるわけです。

しかし恒星の影響力のみで、必ずそうなるかというとそうではありません。

恒星の影響力は、本でいうと表紙だけです。

本の中身は読んでみないとわかりません。

そうでなければ、恒星の影響力だけで、殺人者とか盗賊とか、目が見えないとかいうことになってしまいます。

これは明らかにおかしいことです。

もちろん、アングルのカスプの上に恒星があるというのは、それ単独で非常に強力な作用をするわけですが、恒星だけで何かの一つの事実を否定するということはできないわけです。

では、ジョン・フローリーの本を参考に、ホラリー占星術で実際に使う星について見ていきましょう。

恒星の場所については二〇二〇年の位置を書いており、惑星ははじめに書いてあるのがメインで後ろがサブです。

一つしか書いていないのは、その惑星の意味しか持ちません。

Algol

アルゴル（ペルセウス座γ星　2・12等級）

牡牛サイン26度22分

惑星▼土星・木星

意味▼不運、暴力、斬首、絞首刑、縛り首、電気死刑、暴徒の暴力。自分や他人に、死の原因となる執拗かつ暴力的な性質となる。最凶の恒星。

アルゴルはアラビア語で〝人食い鬼の頭〟を意味し、ペルセウスに退治されてしまったメデューサの頭です。

メデューサ自体はもともと悪人ではないのですが、その顔を見た人を石に変えてしまうという能力を持ちます。

そしてペルセウスによって最終的に首を切られるわけです。ですからアルゴルという星自身も、首がなくなるという意味を比喩的にも持ちます。

例えば、就職したいと思っている人がいるとします。

その人を表す惑星がアルゴルとコンジャンクションしていた場合、その人は就職できません。

アルゴルの場所はちょうど牡牛サインになりますから、月や金星にとってはエッセンシャル・ディグニティが非常に高くなります。

なぜなら月とか金星は、牡牛のサインにあってはイグザルテーションやドミサイルを持つからです。

しかし、アルゴルのある場所と重なれば、どれだけ良いエッセンシャル・ディグニティを持っていても雇われることはありません。

なぜならば、その状況ではアルゴルには首になるという意味を持つからです。

Alcyone
アリシオーネ（牡牛座プレアデス星団　2・87等級）
双子サイン0度12分
惑星▼月・火星
意味▼愛、名声、熱病による視力低下、天然痘・あばた、顔のアクシデント。悪意、野心、粗暴、楽観的、穏やか、多くの旅行・航海をする、農業・情報収集での努力により成功。盲目、不名誉、変死といった明らかに凶意を持っている。

ギリシャ神話に出てくるプレイアデス七人姉妹の一人で、アリシオーネは〝泣いている〟という意味をもちます。

つまりそれは、うまくいかずに後悔をするということを意味します。

このアリシオーネというのは、星団ですから、他の星団と同様に眼病と関係します。

Aldebaran

アルデバラン（牡牛座α星　-2・1等級）

双子サイン9度59分

惑星▼火星

意味▼栄誉、高い教養、雄弁、不動、誠実、勇気、獰猛さ、争いを好む。責任ある地位。神または天使に似ていて、富と栄誉を得ると言われる。

他人の力で栄誉や力、利益を得るが、めったに長続きせず、同時に、暴力や病気のおそれがある。

アルデバランと土星や火星がコンジャンクションで、月がアンタレスとコンジャンクションであると、その凶意が強まる。

逆に、月とアルデバランがコンジャンクションしており、土星や火星がアンタレスとコンジャンクションである場合も凶意が強まる。

Four Royal Starsの一つで、東の支配者（春分点と関連）です。

牡牛座の左眼にあたります。

アラビア語の〝あとに従う者〟の意味で、プレアデス星団に続いてのぼることからこの名がつけられ、和名でも〝あと星〟と呼ばれます

アルデバランは、ポジティブな始まりという意味を持ちます。

なぜならアルデバランは春を支配すると言われており、春は新しい季節のスタートを意味しますからポジティブな始まりと関連を持つわけです。

占星術では、「新しい職業が見つかりますか」という質問を受けた場合、アセンダントにアルデバランがあったならば、それは見つかりますよという表示になります。

ただし、見つかりはしますが、そこで働けるかどうかというのは、より深くチャートを読んでいく必要があります。

良い職業が見つかったけれども、雇われないというのもゼロではないわけです。

ですから恒星の意味というのはひっくり返されることもあるということです。

Regulus
レグルス（獅子座α星　1・36等級）

乙女サイン0度02分

惑星▼火星・木星

意味▼乱暴、破壊性、束の間の軍功、究極的失敗、投獄、暴力的死、成功、高く高尚な理念と精神、寛大さ、雄大、思いやりのある、大志、力を好む、命令したがる、精神性の高さと独立。土星や火星からアフリクトされると盲目となる。

Four Royal Stars の一つであり、北の番人で夏至の指標となります。

レグルスは残念ながら今世紀に入り、乙女サインに移動しましたけれども、これは獅子らしさという意味を持ちます。

獅子座では心臓部にあたり、ラテン語のレックス Rex は王を表すとおり、レグルスの意味は〝小さな王〟です。

そのため、最も獅子座の性質を持つ星です。

これは物質的に、とても幸運であることを示します。

ただし問題点は、精神的に満足するとは限らないということです。

例えば、「私は昇進しますか」という質問を持った場合に、質問者の星とレグルスがコンジャンクションしていた場合、それはうまくいく表示になります。

しかし、それで昇進して幸せになるかというと、もしかすると仕事で忙しくなって、以前より不幸せということもありえます。

給料は増えたけれども、幸せとは限らないという感じです。

しかし、もし恋愛の質問で、レグルスが主たる表示星とコンジャンクションしていても、それは意味をなしません。

レグルスは物質的に成功を約束しますが、恋愛にはそんなものは関係ないからです。

他にも、猫は帰ってきますかという質問があったとしても、それは物質的な成功とは関係がないので、それも関係がないということになります。

Vindemiatrix

ヴィンデミアトリックス（乙女座ε星　2・826等級）

天秤サイン10度13分

惑星▼土星・水星

意味▼裏切り、不名誉、盗み、浮気症、しばしば未亡人となる。

ヴィンデミアトリックスは乙女座の右翼にあたり、〝ぶどうをつむ女性〟を意味します。日の出前にこの星が見える頃に、ぶどうの収穫が始まったためです。

ところが、占星術ではこの星は未亡人メーカーとか、魔法使い見習いという意味を持ちます。離婚とか破局とかそういったことを意味します。

もし、「この恋愛は長続きしますか」という質問を受けた場合、相手を表す表示星にヴィンデミアトリックスがコンジャンクションしていた場合、それはうまくいかないという表示になります。

さらにこの星は、魔法使い見習いという意味も持ちます。

魔法使いというのは、占星術ではあんまり良い意味ではなく、ぼやっとしているという感じですね。その見習いですから、ぼやっとした失敗をしてしまいます。

ですから「スピリチュアルの講座をしようと思うのですがうまくいきますか」といった質問をされたとします。

それが質問者を示す星とコンジャンクションしていた場合に、その人も他人も傷つく結果になります。

失礼な言い方ですが、その人は能力があまりないのに、おろかな考え方からおろかな失敗をするということになるわけです。

まだまだ見習いなのに、ぼやっとした考え方しかしないことでうまくいかないということになるからです。

Spica
スピカ（乙女座α星　0・97等級）

天秤サイン24度02分

惑星▼金星・火星

意味▼成功、名声、富、魅力的な性質、良い地位、芸術と科学への愛、悪徳、不妊、無罪を主張するにあたっての無益と不正。

スピカは乙女座の麦の穂にあたり、〝保護〟という意味を持ちます。

これは愛娘を見守るパパのようなイメージです。

ですから、スピカは物質的な成功は伴いませんが、精神的な満足をもたらすことになります。

「あの家を買えますか」という質問をもらったとします。

質問者を示す星とスピカがコンジャンクションしていれば、もし購入できるとしたら幸せです。仮に買えないとしても、それはそれで買わなくてよかったなと思うようなものです。スピカ自身がもたらすのは精神的幸福、精神的満足ということですから、買えても買えなくてもどちらでも良い効果をもたらすわけです。

ですからスピカは、結果的にはレグルスよりも幸運をもたらすことになります。

Antares

アンタレス（さそり座α星　1・09等級）

射手サイン9度58分

惑星▼火星・木星

意味▼悪意、破壊的な力、寛大さ、偏見の無さ、悪の予兆、不慮の死の危険、短気、渇望、頑固さにより自己破壊的となる。

最後にアンタレスの話をします。

アンタレスは火星と大きく接近して見える場合があり、共に明るく赤い星であることから、ギリシャ語で「火星（アレース）に対抗（アンチ）するもの」から名付けられました。

Four Royal Stars の一つで、西の支配者で秋分と関連します。

占星術では〝蠍らしさ〟という意味を持ちます。

レグルスが獅子の心臓を示すように、アンタレスは蠍の心臓を示し、とてもパワフルな星です。

けれどもこれは、必ずしも幸運をもたらすとは限りません。

先述しましたが、アンタレスはアルデバランのオポジションにあたります。

ですから秋のスタートを意味します。

ということは、アンタレスというのはアルデバランとは逆で物事の終わりを示すわけです。

そう言われると、あんまり良くない星なのではないかと思われるかもしれませんが、そうとは限りません。

タロットカードをされる方であれば、アンタレスは〝デスのカード〟みたいな感じです。

デスのカードというと、死神のカードですが、単純に死ぬというよりも創造的破壊に近い意味があります。

つぎの一歩を踏み出すためには、今までのことをまず壊さないといけません。

伝統的占星術を学ぶためには、現代占星術のことは脇に置いておいて、今までのことは忘れてスタートするのが一番良いわけです。

そういった新たな始まりにつながる物事の終わりということにもなるわけです。

ですから、「早期退職者を会社が募集していますが、それに申し込んだ方がよいですか」と質問があった場合に、第十ハウスのカスプとアンタレスがコンジャンクションしているならば、応募した方がいいよということになります。

そちらの方が別の仕事に良い仕事が見つかりますよという意味になるからです。

ここでは残念ながら、全ての恒星をご紹介は出来ませんでしたが、私自身が自分用に恒星の表を作成しています。

恒星もサイン上をゆっくりではありますが移動しているため、適宜表を作成し直しています。

表を欲しいという方は巻末のアドレスからメルマガにご登録の上、ご連絡ください。

メールにてお送りいたします。

第二十章　プロフェクション Profection

プロフェクションというのは、未来予測法の一つで伝統的占星術では最も基本的なテクニックです。プロフェクションとは何かというと、Advancementから派生した言葉で、前に進むという意味です。これは一年ごとにテーマとなるサインが隣のサインに進むためです。

この具体的なやり方については、後ほど説明しますが、プロフェクションのキモは**タイム・ロード Time Lord**というものを探すところにあります。

ロードというのは、支配星という意味ですでに馴染んでいると思いますが、あるサインのロードはどういう意味を持つのかというと、そのサインを支配もしくは監督をしている星ということです。言い換えるならば、そこのサインの所有者ということになるわけです。

実はこれが同じように時間にもあります。つまりサインだけではなくて時間にも支配する星があるわけです。

なにか変に聞こえるかもしれませんが、一番馴染みがあるのが曜日だと思います。例えば月曜日は月が支配している日ですし、金曜日は金星が支配している日です。

占星術を知らない人でも占星術の元に生活をしているわけですが、実は、この曜日だけではなくて、時間にも支配星がありますし、そして年にも支配星があるのです。

そして更には、その人その人に固有の時間を支配する星というものがあり、それはタイム・ロードと呼ばれるものになります。

これが金曜日だからといって、全ての人が金星の影響を受けるわけではないこと、更にはトランジット[一]だけでは当たらない理由になります。

その人のタイム・ロードがたまたま金星であれば、金曜日はその人に一番強く影響力を及ぼす日になります。

しかし、タイム・ロードが別の星であれば、金曜日だからといって金星の影響はあまり受けません。

そのため、トランジットで太陽が別のサインに移動したからとか、木星が別のサインに移動したから、今年の何々座の運勢はどうのと予想したとしても、全員がその影響を受けるとは限りません。

つまり、タイム・ロードを無視してそういった話をするから、当たらないわけです。

もちろん金曜日という現実の曜日が、タイム・ロードが金星ではない人に全く関わっていないわけではありません。

実際「金曜日に仕事が終わったら、土曜日が休みだ」と頭が働きます。

一　その時点の実際の星の運行のこと。

けれども、自分自身のリズムを支配するものとしてタイム・ロードが優先され、それが実際のトランジットと一致したときに強調され、よりはっきりと具現化するということです。

では、タイム・ロードをどう導き出すのかという方法ですが、その最も基本的であり、強力なテクニックがプロフェクションです。でも、あまり難しく考えなくて大丈夫です。

この使い方というのは、トランジットに比べても非常に簡単です。

プロフェクションでは、0から1歳、1歳から2歳、2歳から3歳という形で一年おきに人生を区切っていきます。

そして、それぞれの年齢に支配星、つまりはタイム・ロードがあります。

では、そのタイム・ロードは何かというと、0から1歳のタイム・ロードはアセンダントの支配星になります。

1から2歳はアセンダントの次のサインの支配星、2歳から3歳になるとそれはアセンダントの2つ隣サインの支配星ということになって、最終的に十二年経つとまた元の場所に戻ることになります。

例えば、次頁の図のようにアセンダントが牡羊サインの人だとします。

すると0~1歳のタイム・ロードというのは、牡羊サインの支配星である火星がその人のタイム・

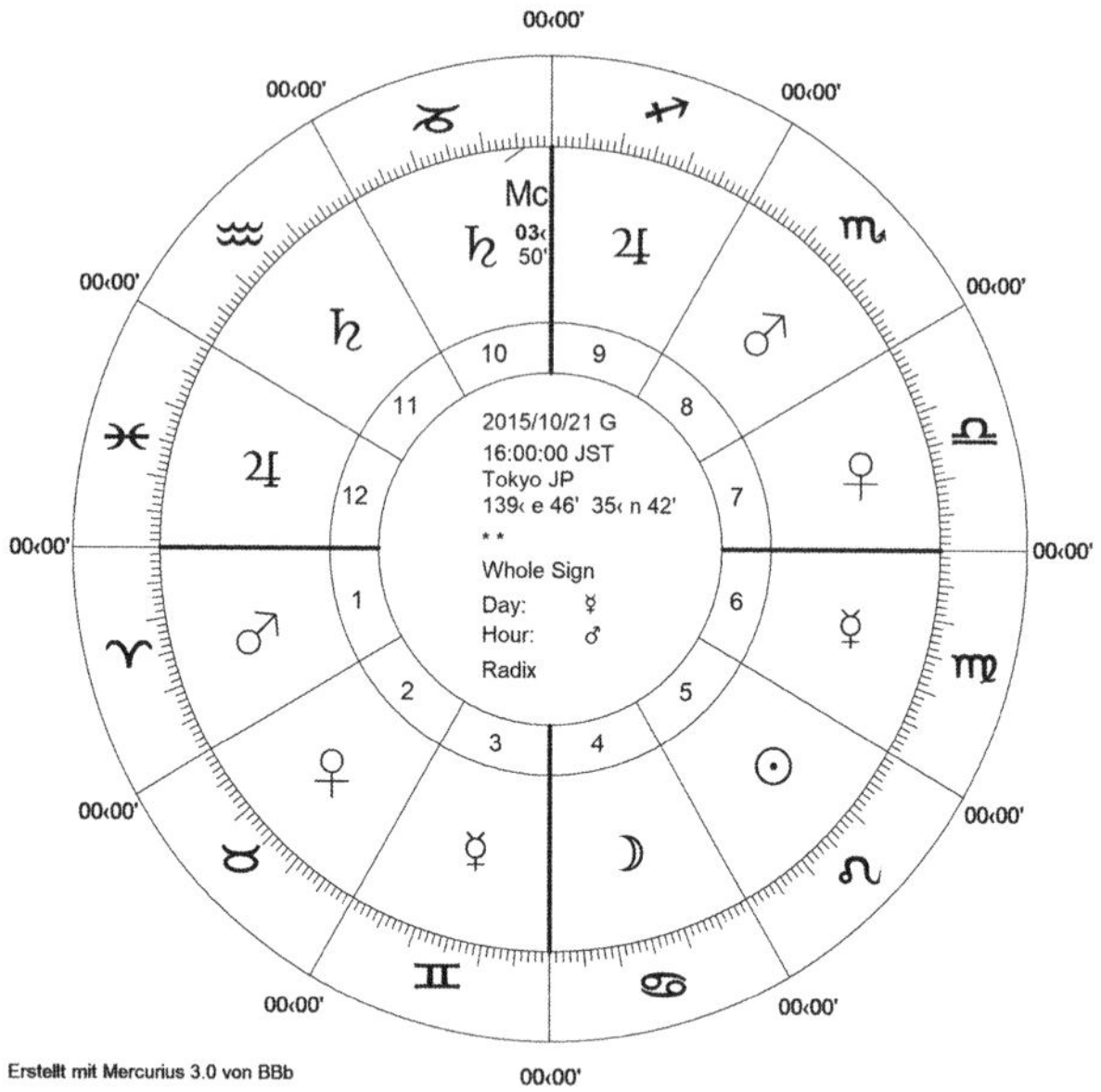

Erstellt mit Mercurius 3.0 von BBb

ロードになります。

そして1歳〜2歳の場合は牡牛サインが支配星の金星がタイム・ロードになるわけです。2歳〜3歳はというと、その隣の双子のサインであり、支配星である水星がその支配星となるわけです。

これが順々に続いて十二サインでまた元に戻るということになるわけです。

つまり、12〜13歳では0から1歳のタイム・ロードと同じ火星になりますし、13〜14歳では1〜2歳と同じ金星がタイム・ロードになります。

もしアセンダントが天秤サイン生まれであれば、0〜1歳は金星、1〜2歳は火星、2〜3歳は木星ということになるわけです。

生まれのアセンダントがわかっていると、こういったテクニックが使えるわけです。

ただ、一つ注意点があります。

それは何かというと、タイム・ロードのスタートは人によって違うということです。

一年のスタートは、元旦とか春分の日ということになるわけなのですが、このタイム・ロードはその人自身の支配星を見ているわけです。

ですから、そのスタートは自分の誕生日になります。

つまり0~1歳というのは本当に自分の0歳の誕生日から1歳を迎える前日までが、そのタイム・ロードが担当します。

そして、タイム・ロードには年以外にも、月、日や時間単位でありますが、特に年のタイム・ロードのことを**ロード・オブ・ザ・イヤー Lord of the year** 略して**LOY**と呼ばれます。

以降は〝歳のロード〟に当たる惑星をLOYと呼ぶことにします。

アバージョンの説明をしましたが、プロフェクションでもアバージョンかどうかというのが非常に重要になります。

そのLOYがそのテーマとなるサインに対してアスペクトを取れるのか、アバージョンかどうかというのが非常に重要になります。

もし、アバージョンであるならば、その歳の人生というのは生き方に迷う人生のタイミングです。

この時期は人間、誰しもあります。

なぜなら、太陽と月以外の惑星は二つのサインを支配しており、どこかのサインを見ることはできても、どこかのサインは見られないということがあるからです。

ですから人間誰しも、どこかの時期には必ず迷う時期があることになります。

プロフェクションについては、あまりに簡単なテクニックであるため、逆に信じられないかもしれません。

例えば、プロフェクションでは十二年おきに同じようなテーマが巡ってくることになります。

すると、同じような人生を十二年おきに繰り返すような単純なものではないのではないかと思われるかもしれません。

確かにそう思われるのもわかります。


しかし、プロフェクションはあくまでも未来予測法の入り口なのです。

更に細かく見ていくためには、別の未来予測法を加えて見ていきます。

プロフェクションはあくまでも未来予測法の土台であり、その上に色々な未来予想テクニックがあります。

そして、それらのテクニックを使うためには、ＬＯＹを中心に読んでいく必要があります。

伝統的占星術の良いところは、見るべきものとみる必要のないものを分けるテクニックがあるということです。

ＬＯＹがその人のその歳におけるテーマであり、それを導き出すことが未来予想テクニックにおいて最重要なのです。

第二十一章　太陽回帰図

現代、行われている占星術では、いろいろな未来予測法があるように見えます。

その中で最も頻繁に使われるのがトランジットでしょう。

その他であれば、恐らく**ソーラー・リターン Solar return**、別名**ソーラー・レヴォリューション Solar revolution** ではないでしょうか。

そして、これらの中で共通してよくある誤解が、どの未来予測法も単独で用いることができるというものです。

例えば、トランジットで木星が射手サインに入ることをとらえて、依頼人の一年をこれから拡大の時期に入るなどと予測する占い師もいるでしょう。

しかし、間違ってはならないのが、トランジットにしてもソーラー・リターンにしてもそれ単独で未来を予測できるものではないということです。

少なくとも、伝統的占星術ではそうではありません。

ここが重要なポイントなのですが、未来予想法というのは層状構造になっているということです。

最も土台にあるものは、その人の生まれのホロスコープです。

未来を予測するのにその人の才覚が最も重要であるということは、考えてみれば当たり前といえば当たり前です。

また、生まれのチャートは持って生まれたその人のDNAのようなものです。

その人がどのようであるかということは、DNAの中の遺伝子で身長や体型、病気のなりやすさなど多くのものが決まります。

しかし、それ以外に重要な要素があります。

それが環境です。

同じ遺伝子を持って生まれたとしても、時代によって人生は変わってくるでしょうし、一卵性双生児の人生が全く同じになりません。

その環境を示すものが、ソーラー・リターン及びトランジットです。


では、ソーラー・リターンかトランジットのどちらが大事かというと、それはソーラー・リターンです。

その理由は、よりその人の生まれのチャートの原型が残っているからです。

トランジットはネイタル・チャートとは何の関係もないため、重要度は低くなり、逆に太陽の場所がネイタル・チャートと全く同じであるソーラー・リターン・チャートは高くなります。

わかりやすく言えば、ネイタル・チャートからトランジットに向かって、層状に精神世界的なものから現実世界へとグラデーションがあるイメージを持ってください。

すると、その人の人生を最も左右するもの、その人の精神を左右するのは、その人の根っことなるネイタル・チャートです。

逆に身体で体験するもの、季節の移り変わりなどはトランジットが左右するわけです。

どちらも大事ですが、思い出が最終的には記憶になってしまうように、身体よりも精神がその人の人生を大きく左右するのです。


ですから、ネイタル・チャートの次に土台となるのが、前章で説明したプロフェクションです。

ここで導かれる星やテーマが、その歳に強調されることになります。

逆に言えば、その歳の主役はＬＯＹであり、それ以外の星は脇役に徹することになります。

プロフェクションによってその歳その歳の主役が変わると考えてもいいでしょう。


しかし、すべての主役がスポットライトを浴びるわけではありません。

クライマックスでの主役は輝くでしょうが、前置き段階の主役はむしろ陰は薄いでしょう。

そして、その主役の強調され具合を見るためには、ソーラー・リターンを使用することで、更に詳しい情報を得ることができます。

では、トランジットは使わないのでしょうか。

これは具体的なタイミングを相談者が知りたいときだけ使用します。

生まれのチャートをみてその人となりを知り、プロフェクションを見てＬＯＹを判断し、ソーラー・リターンをみてその強調され具合を見ます。

最後に、その一年の中でいつなのかというより細かいタイミングを知るためにトランジットを使用します。


生まれたときに何が起こるのかということはすでに準備が出来ています。しかし、そのタイミングは実際に動いている天体の動きに左右されるということです。わかりやすく言えば、人それぞれ生まれ持った花火があると考えてもよいでしょう。その導火線に火をつけるのが、トランジットと考えてください。逆に言うと、トランジットで見られるのはタイミングだけです。物事が起こるかどうかは左右しません。どんな花火が上がるのかということは、トランジット以前に決まっているものだからです。

このように、トランジットとは未来予測法における最後の最後のトッピングです。ショートケーキであれば、最後に乗せる真ん中のいちごといった感じです。あってもなくてもいいけれども、あったほうが見栄えがするものです。ですから、クライアントが求めなければ見る必要がないのがトランジットです。

では、まずソーラー・リターン・チャートの作り方ですが、それはあまり難しくはありません。占いたい年齢の時の太陽と、その人の生まれの太陽の場所が同じになる日時のチャートを作成します。

例えば仮に二〇〇〇年四月一日の昼の十二時に東京生まれの人がいたとしましょう。

すると、その人の生まれの太陽は牡羊サインの11度12分になります。

そして仮に、その人の二〇二〇年を予想したい場合には、その年に太陽が牡羊サインの11度12分になるときを探します。

すると、二〇二〇年三月三十一日の夜の20時8分あたりに太陽は牡羊サインの11度12分となります。

そして、生まれのチャートとソーラー・リターンのチャートの二枚を比べて見ます。

そこでアセンダント、アセンダントの支配星、LOYなどに対して、ソーラー・リターンチャートのどの星が近い距離でアスペクトをしているのかを観察します。

あくまでも、生まれのチャートがメインとなり、ソーラー・リターン・チャートがサブになります。

マンデン占星術でもソーラー・リターン・チャートを使用します。

ソーラー・リターンと言ってもネイタル・チャートのように、国家の誕生日に合わせるのではありません。

その地点でその年の春分の日前後に、太陽が牡羊サインの0度になった瞬間のチャートを作成します。

ですから、マンデン占星術では特にアリエス・イングレス・チャート Aries Ingress Chart とも言います。日本語で言えば、牡羊サインに入った瞬間のチャートということですから、まさにその瞬間のソーラー・リターン・チャートのことです。

マンデン占星術の章で少しご紹介しますので、是非参考にしてみてください。

それでは、次の章から実際にどのように占っていくのかを実占例を見ながら説明していきましょう。

第二十二章　ケース・スタディ

それではケース・スタディに進んでいきましょう。

ここまで読んでこられて、伝統的占星術はなかなか難しいと思われたかもしれません。確かにこれだけのテクニックをどうやって扱うのかというのは難しいかもしれません。

しかし、ご安心いただきたいのは、今まで学んだこと全てを使うわけではないということです。道具は備えで持っているだけでも意味があり、大事なのは本当に必要なときに必要なものが使えるということです。

そして、伝統的占星術もそうです。

まず、大雑把にこうやって読むという方法があって、さらに細かいところを知りたければ、より細かい道具を引き出すということになるわけです。

ですから、全てのテクニックを使わなければならないと恐れずに、まずは大雑把に実際の読み方を身につけていきましょう。

読む順番

1. エッセンシャル及び、アクシデンタル・ディグニティと、アスペクトの表をつける。
2. 質問のテーマについてどのハウスを読むべきかを考える。
3. そのハウスの支配星とイグザルテーションの星を見て、アバージョンであるのかを見る。
4. そのハウスにどのような惑星があるのかを見る。
5. テーマとなるハウスに惑星が無いのであれば、その支配星を見る。
6. 付加情報として、4か5で特定した惑星に最も近いアスペクトを探す。
7. 恒星が質問に関連する惑星に絡んでいるのかをみる（加えてアングルのカスプに絡んでいるのかも）。
8. プロフェクションで時期をアドバイスする。
9. より具体的な時期を知りたい場合はテーマとなる星のエッセンシャル・ディグニティがトランジットで極端に変化する時期を見る。

まず何よりはじめにエッセンシャルおよびアクシデンタル・ディグニティとアスペクトの表をつけます。

その次に質問のテーマについてどのハウスを読むべきかを見ます。これは大抵アングルのことが多いです。

そして三番目に、その質問テーマのハウスのロードとイグザルテーションの星を見て、そのハウスに対してアバージョンであるかどうかを見ます。

四番目に、そのハウスにどんな惑星があるのかを見ますが無ければ、五番目に、テーマのハウスのサインの支配星を見ます。

支配星か在住している星かどちらが大事か悩まれるかもしれませんが、テーマのハウスに何らかの星があるならば、そのハウスの支配星よりも、そこの場所にいる星の方がより直接的な意味を持ちます。

その理由は、まさにその場所に星があるからです。

天が何らかの意思を持って、そこに星を配置しているのです。

ですから、優先順位としては在住している星、次点で支配星となります。

六番目に四、五番で導かれた惑星に対して最も影響力を及ぼす星、つまり最も近いアスペクト、コンジャンクション、場合によってはアンティッションを形成している星を見ます。

さらにそのアスペクトでは、どちらが優位なのかを見ておけばよいでしょう。

もしかすると、全てのアスペクト、コンジャンクションを見る必要があるのではないかと思われるかもしれません。

けれども、もっとも角度差の少ないアスペクトやコンジャンクションで大丈夫です。

伝統的占星術の良いところは、取捨選択ができるということです。見るべきものと見ないで良いものを選別できます。

あれもこれも読みたいという気持ちはわかります。しかし、テーマの星がメインであり、それにアスペクトしている星はサブに過ぎません。

そしてそういったものは、人生において付加的な意味しか持ちません。どうやってもメインの星以上の存在にはならないのです。

七番目に、恒星が質問に関連する惑星に絡んでいるかを見ます。加えてアングルのカスプ（四分円方式）にも恒星が絡んでいるかどうかを見ます。

八番目のようやく最後に、プロフェクションで時期のアドバイス、より具体的な期間であればトランジットを利用することになります。

ケース・スタディ① 仕事の質問

今年（二〇一五年）は化粧品の仕事をやっていましたが、年末から生命保険の営業を開始しました。しかし、売上が思ったように伸びず、やめようかと考えています。来年は他で収入を確保しながら、美容関係の仕事をしようと考えています。質問は、来年は美容関係の仕事を再開してよいかどうかです。

1．まず、エッセンシャル及び、アクシデンタル・ディグニティと、アスペクトの表をつけて行きます

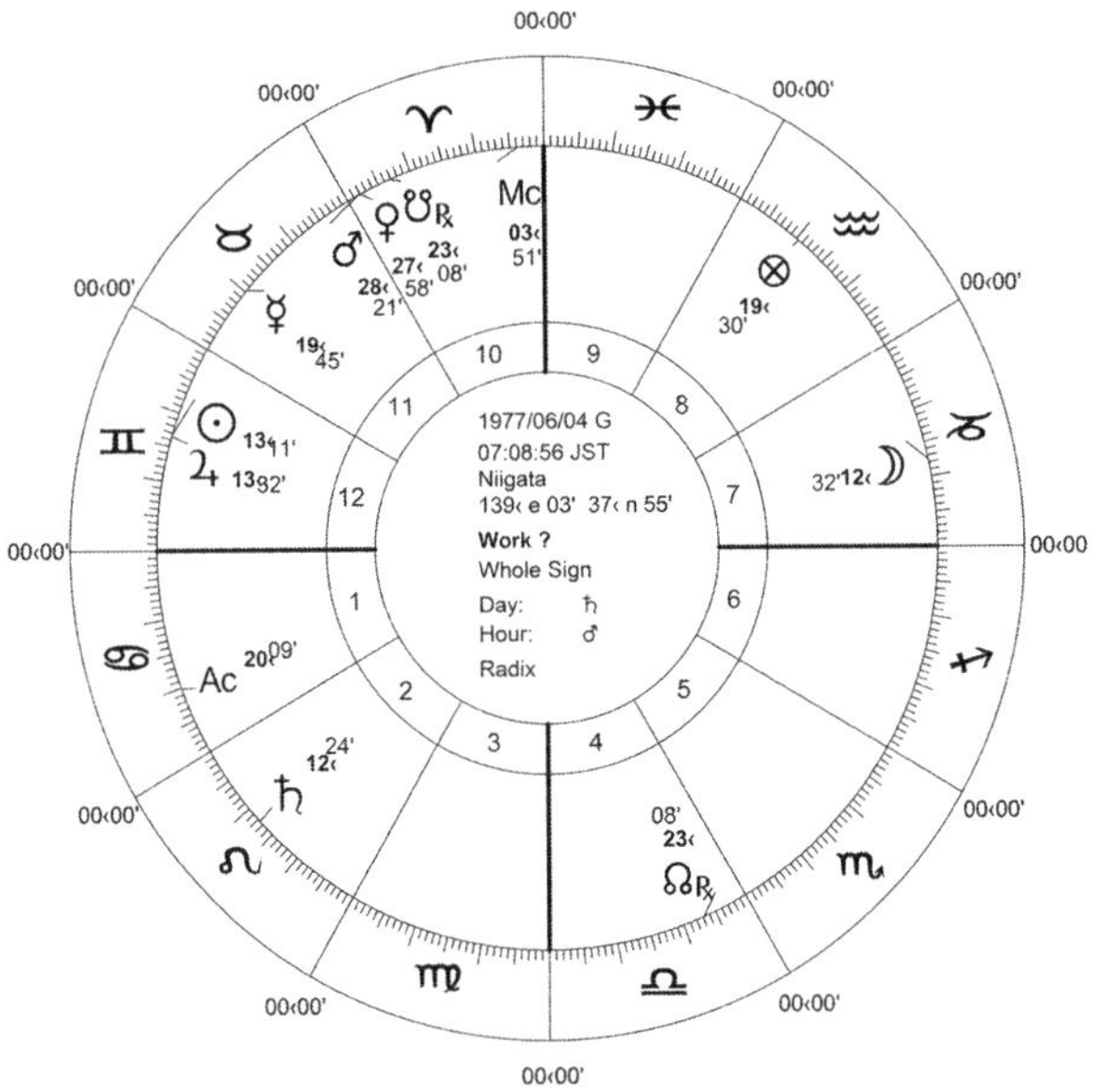

Fac	Pos	Sig	Do	Exa	Tri	Ter	Fac	Det	Fal	Per	Tot	Velocity
♄	12‹23'	♌	☉		☉	☿	♃	♄		-	-5	+00‹ 05'
♃	13‹32'	♊	☿	☊	♄	♃	♂	♃		-	-3	+00‹ 14'
♂	28‹21'	♈	♂	☉	☉	♄	♀	♀	♄	-	5	+00‹ 45'
☉	13‹11'	♊	☿	☊	♄	♃	♂	♃		Pere	0	+00‹ 57'
♀	27‹57'	♈	♂	☉	☉	♄	♀	♀	♄	-	-4	+00‹ 52'
☿	19‹44'	♉	♀	☽	♀	♃	☽	♂		Pere	0	+01‹ 19'
☽	12‹32'	♑	♄	♂	♀	♃	♂	☽	♃	-	-5	+14‹ 54'
☊	23‹08'	♎	♀	♄	♄	☿	♃	♂	☉	Pere	0	
☋	23‹08'	♈	♂	☉	☉	♂	♀	♀	♄	Pere	0	
⊗	19‹30'	♒	♄		♄	♀	☿	☉			-3	
Ac	20‹09'	♋	☽	♃	♂	♀	☽	♄	♂		0	
Mc	03‹50'	♈	♂	☉	☉	♃	♂	♀	♄		0	

Mercurius 3.0 License: Motoi Fukumoto
Work ? 1

このソフト[1]では自動でエッセンシャル・ディグニティをつけてくれます。

Accidental Dignity

Saturn

・第二ハウスに入っている　＋3
・順行している　＋4
・オキシデンタル　－2

Jupiter

・第十二ハウスに入っている　－5
・順行している　＋4
・平均以上のスピード＋2
・オキシデンタル　－2
・コンバスト　－5

Mars

1　Mercurius Version 3.0.89　巻末略歴参照。

・第十ハウスに入っている　＋5
・順行している　＋4
・平均以上のスピード＋2
・オリエンタル　＋2

Sun

・第十二ハウスに入っている　−5

Venus

・第十ハウスに入っている　＋5
・順行している　＋4
・オリエンタル　−2

Mercury

・第十一ハウスに入っている　＋4
・順行している　＋4
・オリエンタル　−2

ケース・スタディ①　アスペクト

	☽	☿	♀	☉	♂	♃
♄		□	△	＊	△	＊
♃			＊	☌	＊	
♂	□		☌	＊		
☉			＊			
♀	□					
☿	△					

Moon

・第七ハウスに入っている　＋4
・平均以上のスピード　＋2
・月が光を減じている　−2

これで占いをする準備ができました。

このような作業は、有料ソフトを使用すれば、短時間で出来て非常に効率がいいですが、はじめのうちは実際にご自身の手でチェックしていくのがいいでしょう。

そうすることで、それぞれの星の状態がよりよくわかります。

2. 次に質問のテーマについてどのハウスを読むべきかを考えましょう

今回は、仕事の質問なので第十ハウスを見ます。

もしお金のことを聞かれれば、第二ハウスを見ましょう。

この場合のお金とは、自分自身が自由に使えるお金のことです。

もしも「自分の仕事からの収入は増えますか？」という質問であれば、第十一ハウスとなります。

なぜなら、仕事は第十ハウスであり、そこから付随するお金ですので、その二ハウス目である第十一ハウスが仕事からの収入となるからです。

お小遣い制であれば、仮に仕事からの収入が多いとしても、自由に使えるお金は少ないかもしれません。

「お小遣いは増えますか」のように自分の自由に出来るお金を知りたいのであれば、第二ハウスを見ます。

このように、単純に〝お金〟と言っても、その意味を正確に捉える必要がありますし、当たり前ですが占いは当たりません。逆に、ここが一つ目の難関です。

私も微妙な質問ではどのハウスか迷うことがしばしばあります。

3. そしてそのハウスの支配星とイグザルテーションの星を見て、アバージョンであるのかを見ます

第十ハウスは牡羊サインなので、そのロードは火星で第十ハウスにいます。

つまり、コンジャンクションで第十ハウスをとてもよく見ることができる状態です。

ですから、仕事のことに関してはよく見えている、よく分かっているということになります。

仕事にあまり迷いがない、迷いがあっても問題点がわかっていると言えます。

支配星がアバージョンではないので、イグザルテーションの星は見なくても大丈夫です。

イグザルテーションの星を見るのは、支配星がアバージョンの場合で、イグザルテーションの星で多少なりとも助けが得られるかを確認するためです。

4．次にそのハウスにどのような惑星があるのかを見ます

第十ハウスには火星と金星が入っていますが、牡羊サインですから、ドミサイルであり、金星に対してストライキング・ウィズ・ア・レイの火星の方が、第十ハウスのことに関しては強調されます。別の言い方をすると、目立ちます。

とは言え、金星と火星はエンゲージメントしているので、仕事に関して金星も無視は出来ません。そして、火星は第十ハウスと第五ハウスの支配星ですから、結婚（第十ハウス）や楽しいこと（第五ハウス）、美容系（第五ハウス）などが絡んだ仕事に就く、向いていることがわかります。

また、火星はＨＯＴでＤＲＹな惑星です。

切り込み隊長のように新規開拓をしていく仕事には向いているでしょう。

ですから、飛び込み営業のような仕事は性に合っていることがわかります。

ただし、火星は昼生まれの人ではその激しさを強くするため、やや強引になってしまわないように注意が必要です。

4．で惑星がありましたので、5．はスキップして次に進みます。

6．付加情報として、4．で特定した惑星（火星）に最も近いアスペクトを探します

すると、火星に対する最も近いアスペクトは、金星のコンジャンクションです。

金星は楽しみを表す星ですから、美容や化粧品などは興味がありそうです。

しかし、金星はデトリメントであり、更に昼のチャートなのであまり良い状態にはありません。

ですから、ものすごく向いているかというと、そうではありません。

しかし、少なくとも、保険の仕事よりはあっているといえます。

こういった場合はアドバイスに苦慮しますが、〝好きこそものの上手なれ〟ですので、美容系の仕事をお勧めしました。

7．そして、恒星が質問に関連する惑星に絡んでいるのかをみます（加えてアングルのカスプに絡んでいるのかも）

火星にはVertex（アンドロメダ大星雲）がコンジャンクションしています。

これは火星と月の性質ですので、火星が強調されることになります。

また、星雲は盲目、目への障害、などの意味を持ちます。

火星は夜の惑星ですが、この方は昼のチャートです。

そのため、火星の激しさが強められ、仕事に関して盲目的に突っ走ってしまう、後先考えずに挑戦する点を表しているでしょう。

また、アセンダントにはカストルがコンジャンクションしています。

頭の良い方で、いろんな方面のことを手がけてもそれなりに成功を収めるが、最終的には上手くいきにくいでしょう。

つまり、自制が必要であることが読み取れます。

8. 最後に、プロフェクションで時期をアドバイスします

まずは保険の仕事がうまく行かなかったのが、なぜかを二〇一五年のプロフェクションから考えます。

二〇一五年のご質問を頂いた時点は三十七歳でしたので、プロフェクションでは第二ハウス、獅子サインとなりそのＬＯＹは太陽です。

太陽は自分の場所をセクスタイルで見えるので、その歳のテーマと自分の仕事のことは把握しています。

しかし、第二ハウスで獅子のサインにいる土星からセクスタイルです。

昼のチャートですから、土星の凶意は弱められるのですが、そのエッセンシャル・ディグニティはデトリメントです。

太陽はセクスタイルで土星をレシーブしていて、有利なポジションですが、土星のエッセンシャ

ル・ディグニティがあまりにも悪く、二〇一五年に始めた保険の仕事はうまくいかなかったと考えられます。

太陽は木星とエンゲージメントでコンジャンクションしているので、いくらか助けになりそうなのですが、残念ながら木星もデトリメントででコンバストです。

そのため、木星は大きな助けにはなりづらく、むしろ木星の悪い面である浪費が目立つことになりました。

二〇一六年になると、プロフェクションは乙女サインとなり、そのLOYは水星になります。

また、この方のロッツ・オブ・アクションは双子サインにあり、水星です。

水星は第十一ハウスにあり、第三ハウスに対してはトラインですが、仕事の第十ハウスはアバージョンで見えません。

そして、パート・オブ・フォーチュンは水瓶サインにあり、ネイタル・チャートの水星のある牡牛のサインに対してアングルです。

これらのことから、自分の才覚に関することが強調されますが、仕事に対する迷いが出ることがわかります。

だからこそ占いを依頼してきたとも言えます。

二〇一七年になると、そのLOYは金星になり、金星は第十ハウスにいるので、第十ハウスとコンジャンクションとなり、仕事に対する迷いがなくなります。

そして重要なのが、金星はこの歳に強調されることです。

ソーラー・リターン（二〇一七年六月三日14：13頃）では昼の吉星の木星は天秤サインで、昼の凶星の火星は双子サインにあります。

この中でネイタルの金星（牡羊サイン）に対するアングルは天秤サインだけですから、エッセンシャル・ディグニティは低いですが、木星という吉星からの助力を得られます。

6．でアドバイスしたとおり、美容系の仕事を続けることは仕事に追い風と考えられ、この年に出会った美容系のものを大切にしたほうがよいと考えられます。

ケース・スタディ② 家族の質問

家族同士の中でも、私だけが我慢させられているように思います。兄弟は長年引きこもりです。私の両親は、私に我慢させようとしているようで、親がいなくなった時に、将来的に私が弟の面倒を見ることになるのでしょうか。

はじめに1．エッセンシャル及び、アクシデンタル・ディグニティと、アスペクトの表をつけて行きます。

ディグニティは次の通りになります。

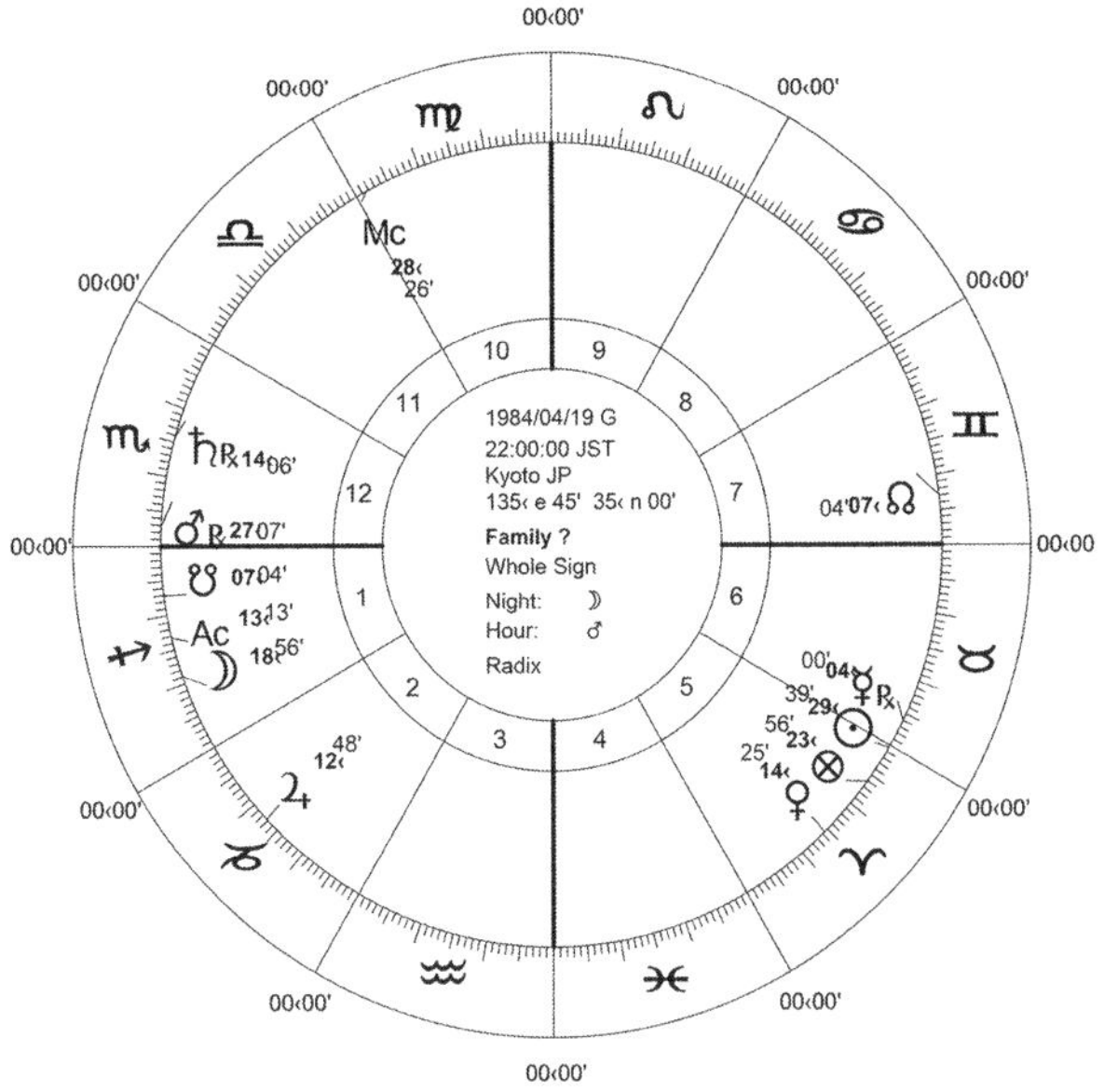

○

Fac	Pos	Sig	Do	Exa	Tri	Ter	Fac	Det	Fal	Per	Tot	Velocity
♄	14‹06'	♏	♂		♂	♀	☉	♀	☽	Pere	0	-00‹ 04'
♃	12‹47'	♑	♄	♂	☽	♃	♂	☽	♃	-	-2	+00‹ 02'
♂	27‹07'	♏	♂		♂	♄	♀	♀	☽	-	8	-00‹ 11'
☉	29‹38'	♈	♂	☉	♃	♄	♀	♀	♄	-	4	+00‹ 59'
♀	14‹24'	♈	♂	☉	♃	☿	☉	♀	♄	-	-5	+01‹ 14'
☿	04‹00'	♉	♀	☽	☽	♀	☿	♂		-	1	-00‹ 37'
☽	18‹55'	♐	♃	☋	♃	☿	☽	☿		-	1	+13‹ 21'
☊	07‹04'	♊	☿	☊	☿	♃	♃	♃		-	4	
☋	07‹04'	♐	♃	☋	♃	♃	☿	☿		-	4	
⊗	23‹55'	♈	♂	☉	♃	♂	♀	♀	♄		-7	
Ac	13‹12'	♐	♃	☋	♃	♀	☽	☿			0	
Mc	28‹25'	♍	☿	☿	☽	♂	☿	♃	♀		0	

Mercurius 3.0 License: Motoi Fukumoto
Family ? 1

Accidental Dignity

Saturn

・第十二ハウスに入っている　－5点
・ジョイのハウスに入っている　＋2点
・逆行している　－5点
・平均以上のスピード　＋2点
・オリエンタル　＋2点

Jupiter

・第二ハウスに入っている　＋3点
・順行している　＋4点
・平均以下のスピード　－2点
・オリエンタル　＋2点

Mars

・第十二ハウスに入っている　－5点
・ジョイとオポジションのハウスに入っている　－1点

・逆行している　−5点
・平均以下のスピード　−2点
・オリエンタル　＋2点

Sun

・第五ハウスに入っている　＋3点

Venus

・第五ハウスに入っている　＋3点
・ジョイのハウスに入っている　＋2点
・順行している　＋4点
・平均以上のスピード　＋2点
・オリエンタル　−2点

Mercury

・第六ハウスに入っている　−4点
・逆行している　−5点
・平均以下のスピード　−2点

ケース・スタディ②　アスペクト

	☽	☿	♀	☉	♂	♃
♄		☍			☌	✱
♃		△	□	□	✱	
♂		☍				
☉	△		☌			
♀	△					
☿						

・オキシデンタル　＋2点
・アンダー・ザ・レイ　−4点

Moon

・アセンダントに入っている　＋5点
・平均以上のスピード　＋2点
・月が光を減じている　−2点

まず、2．質問のテーマについてどのハウスを読むべきかを考えます。


すると、家族の質問ですから第四ハウスを見ます。

第四ハウスは魚のサインなので、その支配星は木星であり、第二ハウスで山羊サインにいます。

木星はセクスタイルで、第四ハウスをよく見ることができる状態です。

家庭のことや家族のことに関しては、状況をよく理解していると考えます。

第四ハウスには星がありませんから、その支配星である木星が大事になります。

アクシデンタル・ディグニティは大きく悪いことはないのですが、エッセンシャル・ディグニティでは木星はフォールかつタームですから、多少の良さはあるものの、悪い状態です。

フォールは自尊心に関連しますから、家庭に関することで自尊心が傷つくことが示唆されます。

また、木星は昼の惑星ですが、これは夜のチャートですので良さが発揮できない状態です。あまり良くない家庭環境であることが読み取れます。

そして、木星は第四ハウスだけではなく、第一ハウスの支配星ですので、相談者と両親は一心同体と考えられます。

つまり、家庭のことと自分のことは問題点が同じとなります。

木星に最も近いアスペクトを形成しているのが、第十二ハウスにいる土星です。エンゲージメントのセクスタイルです。

土星は第二ハウスと第三ハウスのロードでありペレグリンです。

また、土星は昼の惑星ですが、これは夜のチャートですので悪影響を強く及ぼすことになります。木星に対して土星は良くない制限をかけていることが読み取れます。

兄弟の中でも、特に年下の兄弟は第三ハウスが示し、更に注目すべきは土星が、閉じ込められた場所の意味を持つ第十二ハウスにあります。まさに引きこもりの弟を表している配置です。

また土星は第二ハウスの支配星でもあるので、引きこもりの兄弟と相談者の自由になるお金に制限がかかるとわかります。

恒星では、土星にサウス・スケール South Scale[二] がコンジャンクションしています。これは、悪意、

二　天秤座のα星。アラビア語ではズベン・エル・ゲヌビ（南の爪）というとおり、元々はさそり座の爪であった。ノース・スケール（β星）が木星と水星の性質をもち、陽気で機知に富む吉意を持つのに反して、土星と火星の性質を持つ凶意を持つ。サウス・スケールが黄道にとても近いところを通っているため、しばしば星食を起こしやすいからかもしれない。

邪魔、病気、嘘、犯罪、不名誉、毒殺の危険といったあまり良くない意味を持ちます。

一見すると、木星と土星の関係はあまり良くないように思えるかもしれません。しかし、木星は土星からのレセプションを受けています。

ですから、相談者の兄弟は自分の親やクライアントのことを、少なくとも気にかけてはいることがわかります。

そしてもう一つ忘れてはならないのは、第十二ハウスは閉じ込められた場所だけではなく、病院、刑務所や拘置所も示します。

ですから、私は「一度お医者さんに見せる算段をしてみてはいかがでしょう」とアドバイスをしました。

私は運命を変えることは可能とは思いますが、それはハウスや惑星の表す象意の範囲内でなければ難しいと考えています。

本来であれば、この場合は兄弟を就職させるというのが理想かもしれません。しかし、これは象意には合わない考えです。

ですから、この場合はやはり医療機関に関わってもらうのが良いと考えました。

こういった質問の場合、プロフェクションで時期を見るべきかどうかは非常に迷いますが、土星をコントロールできるのは、土星を強くレシーブしている火星です。

火星は土星同様、木星をレシーブしており、相談者と両親に対する助力も期待出来ます。

また、火星自身のアクシデンタル・ディグニティは弱いものの、エッセンシャル・ディグニティは非常に強いですし、夜において火星はその凶意が和らいでいます。

ですから、火星が支配している第十二ハウスの病院もしくは、第五ハウスの楽しみに関連するもので土星を動かすことができればスムーズに行くことが予想されます。

相談時から一番近いのは、相談者が三十五歳の時で、プロフェクションで第十二ハウスがテーマとなる時期です。

更に、プロフェクションで、あるサインがテーマになるとき、その支配星が在住するところまでプロフェクションが進んだときに、そのテーマが一段落します。

この場合は、第三ハウス（兄弟）で水瓶サインのテーマは土星の在住する第十二ハウスで蠍サインにプロフェクションが進んだときに終了することが期待されます。

ですから、三十五歳の時に医療機関につなぐのが、占星術的にも理にかなったものであることが分かります。

また、この方の土星は第十二ハウスですからジョイに当たります。

つらい経験はありますが、忍耐強く対応出来るであろうことも分かりますし、この方は人一倍そういったことが得意となります。

更にトランジットを利用して、時期に関していうならば、火星が牡羊サインや蠍サイン、山羊サインにある時期であればなおさら良いでしょう。

そこでは火星のエッセンシャル・ディグニティが高くなるからです。

トランジットではテーマとなる星に対するアスペクトやコンジャンクションも考慮してもよいのですが、単純にエッセンシャル・ディグニティの変化だけを見ても時期を特定することが可能です。また、アスペクトやコンジャンクションを考慮してもそれほど具体的な期間を特定する精度は変わりません。
ですから、私はトランジットに関してはある程度、大雑把に使用しています。

ケース・スタディ③　恋愛の質問

今まで三人の男性と付き合ってきました。現在、付き合っている彼と結婚する予定ですが、大丈夫でしょうか。

ディグニティは次の通りになります。

Accidental Dignity

Saturn

・第四ハウスに入っている　＋4
・逆行している　－5

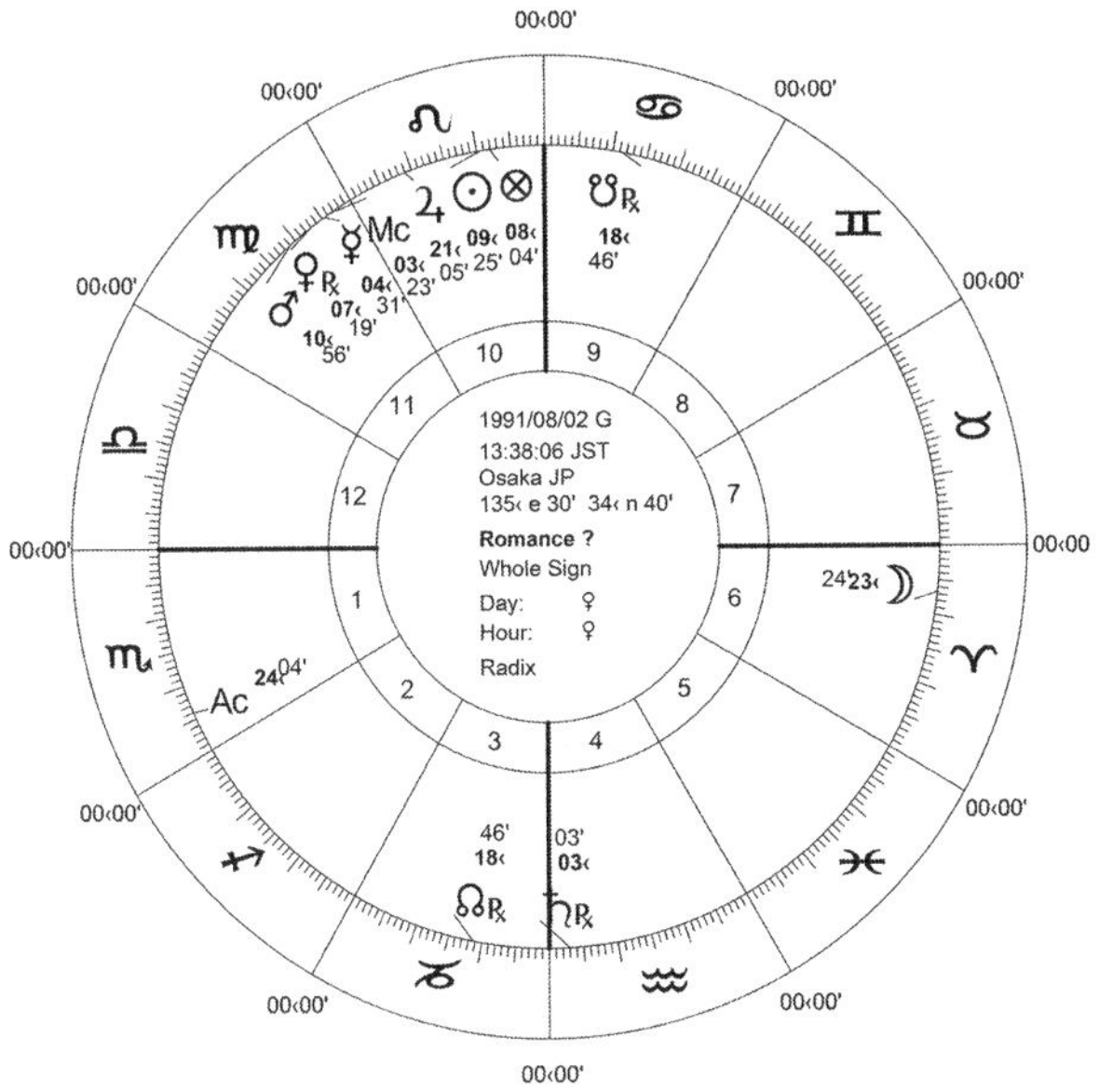

○

Fac	Pos	Sig	Do	Exa	Tri	Ter	Fac	Det	Fal	Per	Tot	Velocity
♄	03‹02'	♒	♄		♄	♄	♀	☉		-	10	-00‹ 04'
♃	21‹04'	♌	☉		☉	♃	♂	♄		-	2	+00‹ 13'
♂	10‹56'	♍	☿	☿	♀	♀	♀	♃	♀	Pere	0	+00‹ 37'
☉	09‹24'	♌	☉		☉	☿	♄	♄		-	8	+00‹ 57'
♀	07‹18'	♍	☿	☿	♀	♀	☉	♃	♀	-	1	-00‹ 02'
☿	04‹30'	♍	☿	☿	♀	☿	☉	♃	♀	-	11	+00‹ 28'
☽	23‹24'	♈	♂	☉	☉	♂	♀	♀	♄	Pere	0	+13‹ 14'
☊	18‹45'	♑	♄	♂	♀	♃	♂	☽	♃	Pere	0	
☋	18‹45'	♋	☽	♃	♂	☿	☿	♄	♂	Pere	0	
⊗	08‹03'	♌	☉		☉	☿	♄	♄			4	
Ac	24‹04'	♏	♂		♂	☿	♀	♀	☽		0	
Mc	03‹22'	♍	☿	☿	♀	☿	☉	♃	♀		0	

Mercurius 3.0 License: Motoi Fukumoto
Romance ? 1

・オキシデンタル　－2

Jupiter

・第十ハウスに入っている　＋5
・順行している　＋4
・平均以上のスピード　＋2
・オキシデンタル　－2
・コンバスト　－5（ただし太陽のサインであるためディビリティとはならない）

Mars

・第十一ハウスに入っている　＋4
・順行している　＋4
・オキシデンタル　－2

Sun

・第十ハウスに入っている　＋5

Venus

・第十一ハウスに入っている　＋4
・逆行している　－5（留）
・オキシデンタル　＋2

Mercury

・第十一ハウスに入っている　＋4
・順行している　＋4
・オキシデンタル　＋2

Moon

・第六ハウスに入っている　－4
・月が光を減じている　－2

まず、質問のテーマについてどのハウスを読むべきかを考えます。

恋愛もしくはパートナーは第七ハウスが示します。

この方の第七ハウスのロードは金星で、第十一ハウスで乙女サインにあります。

そこは第七ハウスに対してトラインなので、自分の恋愛傾向については自

	☽	☿	♀	☉	♂	♃
♄	✱			☍		☍
♃	△			☌		
♂		☌	☌			
☉	△					
♀		☌				
☿						

ケース・スタディ③　アスペクト

覚していることがわかります。

また、ロッツ・オブ・マリッジは、どういったパートナーと出会うか、どのような物事がパートナー・シップにつながるかということがわかるロッツです。

この方の場合、牡羊サインにあり、その支配星の火星はやはり第十一ハウスです。

それは第十一ハウスで示されるように、〝友人関係から恋人関係への発展〟でしたし、付き合ってからも友人関係のようなパートナー・シップとなります。

第七ハウスのロードの金星は残念ながらフォールで留ですから、エッセンシャルでもアクシデンタルでもディグニティは低いですし、昼生まれの方の金星は良さを発揮しづらいです。

つまり、パートナーの方はものすごく魅力的というわけではないようです。

また、フィクスト・サインにいますし先述の通り留ですから、あまり自分からは動かない傾向があります。

しかし、金星と一番近いコンタクトを取っている惑星は水星で、エンゲージメントのコンジャンクション、しかも金星にはアプローチをしています。ただし水星は途中で逆行するため時間経過によるコンジャンクションは形成しません。

その水星はエッセンシャルでもアクシデンタルでもディグニティは高いです。

すると、水星が示すおしゃべりが上手そうに思えます。

また、第七ハウスのカスプの三区分も重要です。この方は牡牛サインですから、フィクスト・サイン（固定宮）で、付き合いや結婚は一度きりか同じようなタイプとの付き合いを繰り返す傾向にあります。この方は三人の〝似たような方〟と付き合いました。お付き合いする人数は、カージナルであれば二人以上、ミュータブルではそれ以上とされます。

金星に戻りますが、現代占星術と同じく、金星は男女問わず恋愛傾向も示します。金星の在住している乙女サインは土のサインですので、身体的な感覚や視覚を除く五感、物質的な価値観に惹かれる傾向にあります。

火のサインであれば情熱や視覚で惹かれ、風のサインであれば教養や機知に富んだ会話に惹かれ、水のサインにあればフィーリングや雰囲気に惹かれる傾向があります。

ここらの恋愛傾向の読み方は現代占星術とほぼ同じです。

しかし伝統的占星術では、更に乙女サインがバレン・サインであることにも注目します。バレンとは不毛とか作物が育たないという意味ですが、恋愛関係の場合は性的興味が少ないと読めます。女性の性衝動も金星が示しますから、この方は普通の人よりは淡白と考えられます。

そして、相談者が女性の場合は、旦那さんもしくは付き合う人は太陽によって表され、逆に男性の相談者の場合は月で表されます。

これは、一見すると現代占星術と同じようですが、伝統的占星術ではより具体的です。

つまり、現代占星術では旦那さんもしくは彼氏となる人の〝傾向〟ですが、伝統的占星術ではその人そのものを示します。

そして、特に注目するのは、その太陽に対してアスペクトしている星です。

一般的にはアスペクトの度数が近い惑星が若いときに、アスペクトの度数が遠い人が後に付き合う人になります。[三]

この方の太陽には近い順から、土星、木星、月です。

土星はドミサイル、トリプリシティ、タームであり、エッセンシャル・ディグニティがとても高いです。

第四ハウスにありますので、アクシデンタル・ディグニティも良さそうですが、逆行しており、オキシデンタルです。

吉凶混合といったところです。

ですから、エッセンシャル・ディグニティが示すように、最初の彼氏は一見するといい人で、いわゆるハイスペック彼氏でした。

しかし、土星の表すように、ガリガリで頑固であり、融通の効かなさも併せ持つ方でした。そのため、一緒にいてもワクワクはしなかったとのことでした。

木星はタームですので、エッセンシャル・ディグニティは悪くはないですが格別の良さはありません。

しかし、アクシデンタル・ディグニティは強いです。

三　例えば、太陽に対して、火星が93度（3度差でスクエア）、木星が121度（1度差でトライン）でアスペクトしていれば、木星が最初に付き合う人（もしくは初婚時の旦那さん）、火星が二番目に付き合う人（もしくは再婚時の旦那さん）となりうる。

木星は吉星で昼生まれの人ですから良さを発揮しやすく、ＨＯＴでＭＯＩＳＴな星ですから拡張を示します。いい方向に進めば、良いのですが、悪い場合はだらしなさをもたらします。

これらが示すように、二番目に付き合った彼氏は、良い人ではあるものの女性関係を含めてだらしなく、家が汚い方で、女性の方から愛想を尽かせて別れました。

月はペレグリンで第六ハウスにあり、光も減少しており、あまり良さは見られないようにみえます。

月の特徴としてぽっちゃりとか水っぽい感じはあります。

しかし、光が減じていることが示すように、そこまで太ってはいませんでした。

では、質問に戻りますが、果たして結婚相手はこの月の方でいいのでしょうか。

一見すると、あまり良さが見られません。しかし、重要なのはバランスです。

相談者を示す火星はペレグリン、月もペレグリンです。

両者のエッセンシャル・ディグニティは釣り合っています。

これは相性が良い一つの表示です。

逆に、土星のように極端にエッセンシャル・ディグニティが違う人と結婚する場合は、どこかで無理が来て破綻することになるでしょう。

また、この方の第七ハウスはフィクスト・サインで、太陽にアスペクトしている最も遠い星は月です。

つまりこの方がこれ以上、更に別の方と付き合う人が現れる可能性は低いです。

ですから、恐れることなく、現在の方と結婚を考えるのが良いと読むことができます。

なお、この質問の場合は、時期についての問いはないため、プロフェクションは見ませんでした。

占星術では何でも読めそうに見えますが、聞かれない限り答えないのが鉄則です。

ケース・スタディ④　家族の質問

母親が自分勝手で、いろいろと振り回されてしまっています。どう接すればいいのかわかりません。

Accidental Dignity

Saturn

・第三ハウスに入っている　＋2
・平均以上のスピード　＋2
・オリエンタル　＋2

Jupiter

・第七ハウスに入っている　＋4
・オキシデンタル　－2

Mars

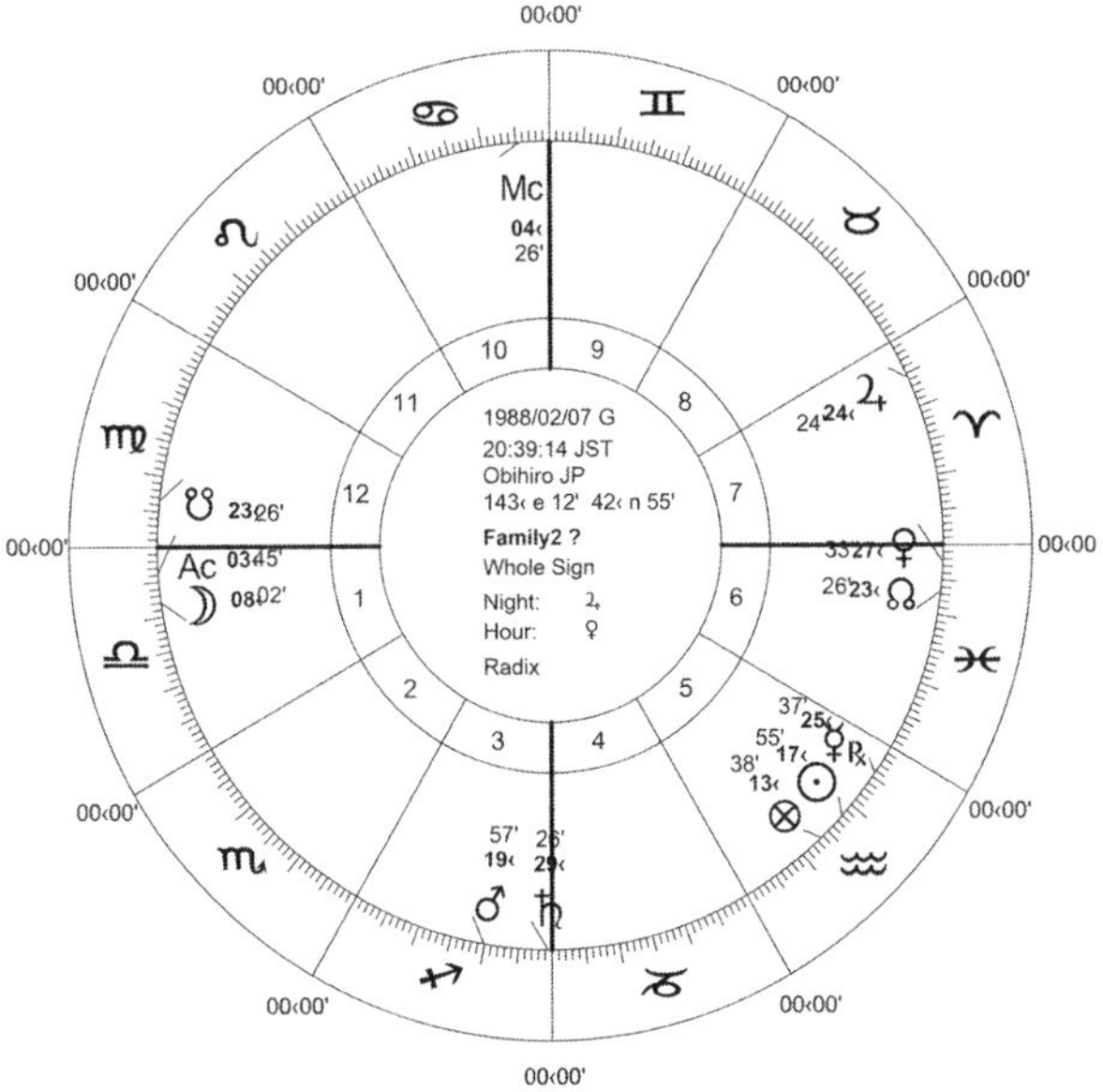

Fac	Pos	Sig	Do	Exa	Tri	Ter	Fac	Det	Fal	Per	Tot	Velocity
♄	29‹25'	♐	♃	☋	♃	♂	♄	☿		-	1	+00‹ 05'
♃	24‹23'	♈	♂	☉	♃	♂	♀	♀	♄	-	3	+00‹ 10'
♂	19‹56'	♐	♃	☋	♃	♄	☽	☿		Pere	0	+00‹ 40'
☉	17‹54'	♒	♄		☿	♀	☿	☉		-	-5	+01‹ 01'
♀	27‹33'	♓	♃	♀	♂	♄	♂	☿	☿	-	4	+01‹ 11'
☿	25‹36'	♒	♄		☿	♂	☽	☉		-	3	-00‹ 54'
☽	08‹02'	♎	♀	♄	☿	♀	☽	♂	☉	-	1	+12‹ 04'
☊	23‹26'	♓	♃	♀	♂	♂	♂	☿	☿	Pere	0	
☋	23‹26'	♍	☿	☿	☽	♄	☿	♃	♀	Pere	0	
⊗	13‹37'	♒	♄		☿	♀	☿	☉			-3	
Ac	03‹45'	♎	♀	♄	☿	♄	☽	♂	☉		0	
Mc	04‹26'	♋	☽	♃	♂	♂	♀	♄	♂		0	

Mercurius 3.0 License: Motoi Fukumoto
Family2 ? 1

・第三ハウスに入っている　＋2
・順行している　＋4
・オリエンタル　＋2

Sun

・第五ハウスに入っている　＋3

Venus

・第六ハウスに入っている　−4
・平均以上のスピード　＋2
・オキシデンタル　＋2

Mercury

・第五ハウスに入っている　＋3
・コンバスト　−5
・オキシデンタル　＋2
・逆行　−5
・平均以下のスピード　−2

ケース・スタディ④　アスペクト

	☽	☿	♀	☉	♂	♃
♄	✳	✳	□	✳	☌	△
♃	☍	✳		✳	△	
♂	✳	✳	□	✳		
☉	△	☌				
♀						
☿	△					

Moon

・第一ハウスに入っている　＋5
・月が光を減じている　－2
・オリエンタル　－2
・平均以下のスピード　－2

夜生まれの方です。

母親に関する質問ですから、第十ハウスの質問となります。

現代占星術では母親のハウスは第四ハウスですが、伝統的占星術では親は第四ハウスで表され、更に父親と母親を分ける場合は、父親を第四ハウス、母親を第十ハウスが担当することになります。

もちろん、〝家〟という意味で見た場合は母親を含めて第四ハウスとなります。

第十ハウスを見ると、何も星は入っていません。そして第十ハウスの支配星は月です。

月は第十ハウスに対してトラインですから、どういった母親であるのかを質問者は理解しています。

月はフェースですし、夜の惑星なので、幾分かの良さを持ち合わせています。

第一ハウスにあることから、アングルにあり非常に強調される場所にあることがわかります。

強調されるというのは、その人の人生において何らかの大きな役割を果たすということです。

やはりアングルにある星は強調されますが、逆にケーダントにある星はあまり目立ちません。

月に最も近いアスペクトを形成しているのが、第五ハウスにいる太陽です。

太陽は第十一ハウスのロードで、第五ハウスかつ水瓶サインにありデトリメントですし、夜なので余り良くありません。

月は例外的に13度までエンゲージメントしますし、月は太陽に対してオーバーカミングしているので、月の方が主導権を握ります。

つまり、月っぽい太陽の人物ではなく、太陽っぽい月が強調されます。

月の人物に太陽の悪さが付加される感じとなります。

どのように悪いのかということですが、母親は子供をおいて家出をすることが頻回とのことでした。

デトリメントは旅と関係するため、太陽の悪さと言えます。

月はアセンダントにありますから、相談者のハウスにいます。

ですから、相談者は母親の面倒をみる立場にあることもわかります。

相談者は金星で、魚サインにあり、エッセンシャル・ディグニティはイグザルテーションで強いのですが、アセンダントに対してアスペクトを取れません。

ですから、母親がなにかしていてもコントロールは難しい状態にあることがわかります。

では、月のなすがままなのでしょうか。

確かに状況はそのようなところですが、別の方法で対処は可能です。

例えば、相談者を示す金星はアンティッションでアセンダントにあります。

ですから直接、母親のことは見ることはできませんが、なんとなく把握、もしくは薄々気づいている感じです。

そして、天秤サインは金星のサインですから、結局は主導権が相談者にあることがわかります。また、土星は金星とエンゲージメントのスクエアをとっており、金星とレセプションがあります。さらには月と土星はオーブのギリギリの範囲内ですが、土星は月をイグザルテーションで強くレシーブしています。

そのため、第四ハウスや第五ハウスの人物、つまり、父親や子供を通してコミュニケーションをとるのが良いと読むことができます。

実際には、母親とうまくいかないときは自分から距離を置き、ほとぼりが冷めた頃に、母親から連絡が急に来るといったパターンになっているとのことでした。

そのため、連絡するにしても自分が矢面に立つのではなく、媒介者を通して連絡をすると、イライラせずにうまくやれるのではないか、とアドバイスしました。

なお、付け足しですが、この方の右大腿部には火傷の瘢痕がありました。

惑星の象意から考えれば、アセンダントやアセンダントの支配星に対して火星が近いアスペクトを形成している場合は目立つ傷を、土星の場合は目立つほくろやアザとなります。

その他の惑星も目立たないほくろを表すことがあるようですが、細かいものは検証不足ですので、私自身はなんともいえないと思っています。

ウィリアム・リリーによれば、男性性のサインで男性性の惑星であれば体の右側に、さらにその惑星のサインの度数が小さい場合はその上の方を、度数が大きい場合は下の方を示します。

この方の場合、土星が地平線下にあることから、見えにくいところにあることを示しています。更に射手サインは臀部を示しますが、29度25分で、ほとんどサインの端であるため、大腿との境にあることになります。

これらから考えると、射手サインの土星がアザを示していると考えるのが妥当です。

また、この傷を負ったとき、プロフェクションではちょうど金星がＬＯＹであり、ソーラー・リターンチャートでは、ネイタル・チャートの金星に対してソーラー・リターンの金星がとても近いスクエアを形成していました。

このことから、身体に何らかの影響を与える出来事がその歳に起こるであろうことも読み取れました。

ケース・スタディ⑤ 健康の質問

三十七歳の頃に自分では躁鬱気質なのか、若年性の更年期だと思っていた時期がありました。バセドウ病とわかって内服治療になったのですが、薬剤に敏感で、コントロールが大変でした。一番体調が悪かったのは、二〇〇五年で、ちょうど診断を受けた頃です。良くなったと思うのは二〇一七年くらいです。

調子を保つためのアドバイスをお願いします。

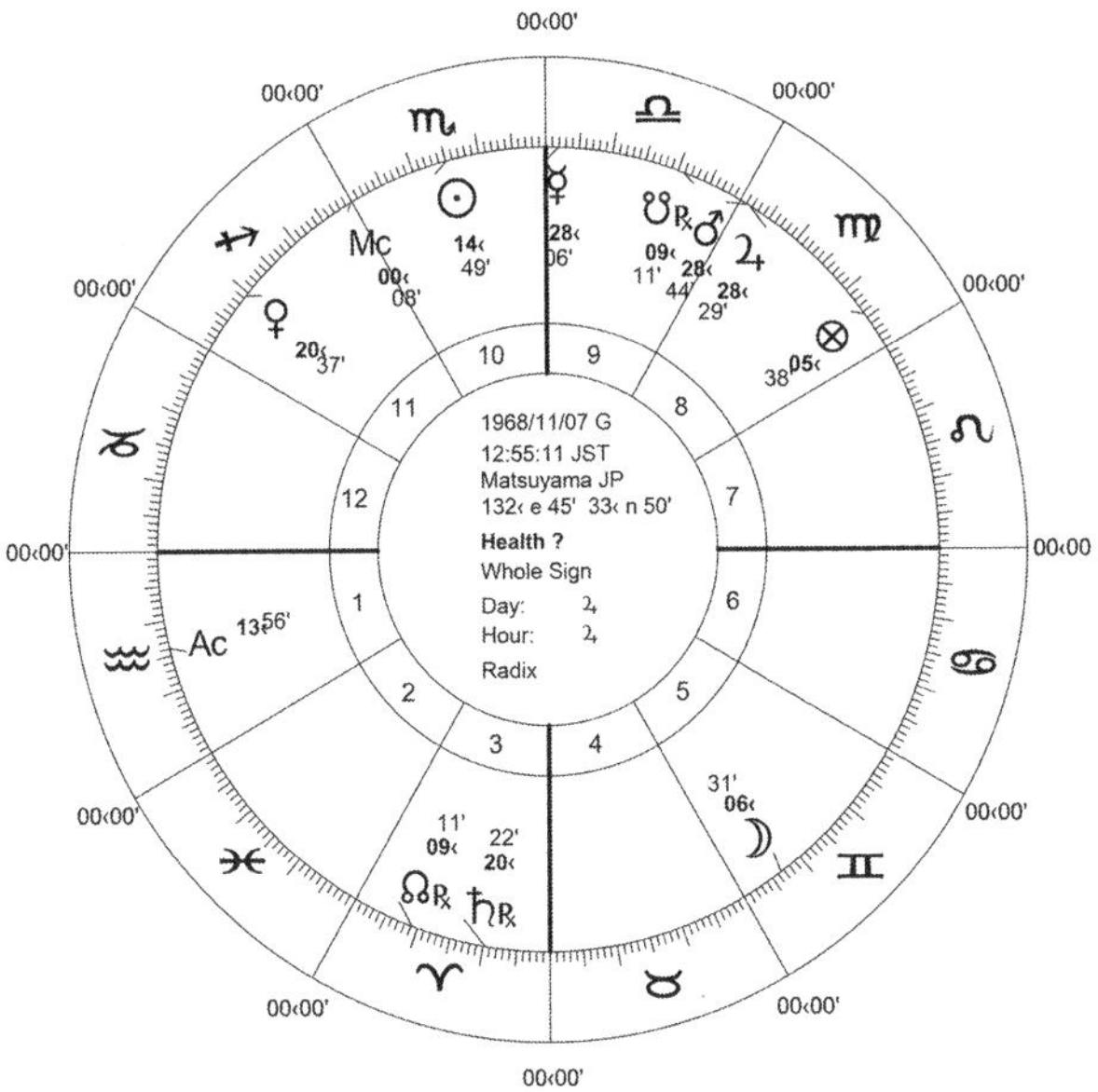

Fac	Pos	Sig	Do	Exa	Tri	Ter	Fac	Det	Fal	Per	Tot	Velocity
♄	20‹21'	♈	♂	☉	☉	☿	♀	♀	♄	-	-4	-00‹ 04'
♃	28‹28'	♍	☿	☿	♀	♂	☿	♃	♀	-	-5	+00‹ 11'
♂	28‹43'	♍	☿	☿	♀	♂	☿	♃	♀	-	2	+00‹ 37'
☉	14‹48'	♏	♂		♂	♀	☉	♀	☽	-	1	+01‹ 00'
♀	20‹37'	♐	♃	☋	☉	♄	♄	☿		Pere	0	+01‹ 13'
☿	28‹05'	♎	♀	♄	♄	♂	♃	♂	☉	Pere	0	+01‹ 27'
☽	06‹30'	♊	☿	☊	♄	☿	♃	♃		Pere	0	+11‹ 54'
☊	09‹10'	♈	♂	☉	☉	♀	♂	♀	♄	Pere	0	
☋	09‹10'	♎	♀	♄	♄	♀	☽	♂	☉	Pere	0	
⊗	05‹38'	♍	☿	☿	♀	☿	☉	♃	♀		-5	
Ac	13‹55'	♒	♄		♄	♀	☿	☉			0	
Mc	00‹08'	♐	♃	☋	☉	♃	☿	☿			0	

Mercurius 3.0 License: Motoi Fukumoto
Health ? 1

バセドウ病は甲状腺の炎症性疾患です。

ネイタル・チャートでは、太陽がアセンダントのカスプに近いアスペクトであり、もともと身体にHOTでDRYが付加されています。

そして当然ですが、体調についてもプロフェクションでみることができます。

この方の三十七歳はプロフェクションでは第二ハウス、魚サインとなります。

第二ハウスは身体では首を示し、甲状腺はまさにそこに当てはまります。

その第二ハウスの支配星は木星でデトリメントです。

火星がエンゲージメントでコンジャンクションしており、火星はセパレートですので、ストライキング・ウィズ・ア・レイとはならず、木星が主導権を持ちます。

昼生まれのHOTでDRYな火星が、木星に炎症という悪影響を付加しています。

つまり、この歳に体の不調をきたすなら、頸部の炎症がテーマになるであろうことを表しています。

このように、プロフェクションではLOYも重要ですが、それに近いアスペクトをしている星も重要となります。

二〇〇五年のソーラー・リターンでは、火星が牡牛サインにあり、ネイタル・

	☽	☿	♀	☉	♂	♃
♄	＊	☍	△			
♃	□		□	＊	☌	
♂	□		□	＊		
☉						
♀	☍	＊				
☿	△					

ケース・スタディ⑤　アスペクト

チャートのアセンダントのカスプに対して逆行でアプローチし、スクエアしています。

また、この場所はアセンダントのカスプに対してコントラ・アンティッションです。

エッセンシャル・ディグニティでは、牡牛サインの火星はデトリメントであり、昼生まれの人であるため、火星からの悪影響を受けることがわかります。

また、ソーラー・リターンの土星もデトリメントで、オポジションでネイタル・チャートのアセンダントにアスペクトしています。

この土星をトランジットで見ると、ずっと蟹サインか獅子サインに在住するため、デトリメントから抜け出せません。

これらのことから、この歳に甲状腺の病状が悪化したことがわかります。

次に、症状の落ち着いた二〇一七年に移ります。

プロフェクションは三十七歳と同じく第二ハウスとなります。

ソーラー・リターンの火星は天秤サインにあり、やはりデトリメントであるものの、ネイタル・チャートのアセンダントに対して角度差は広がっています。

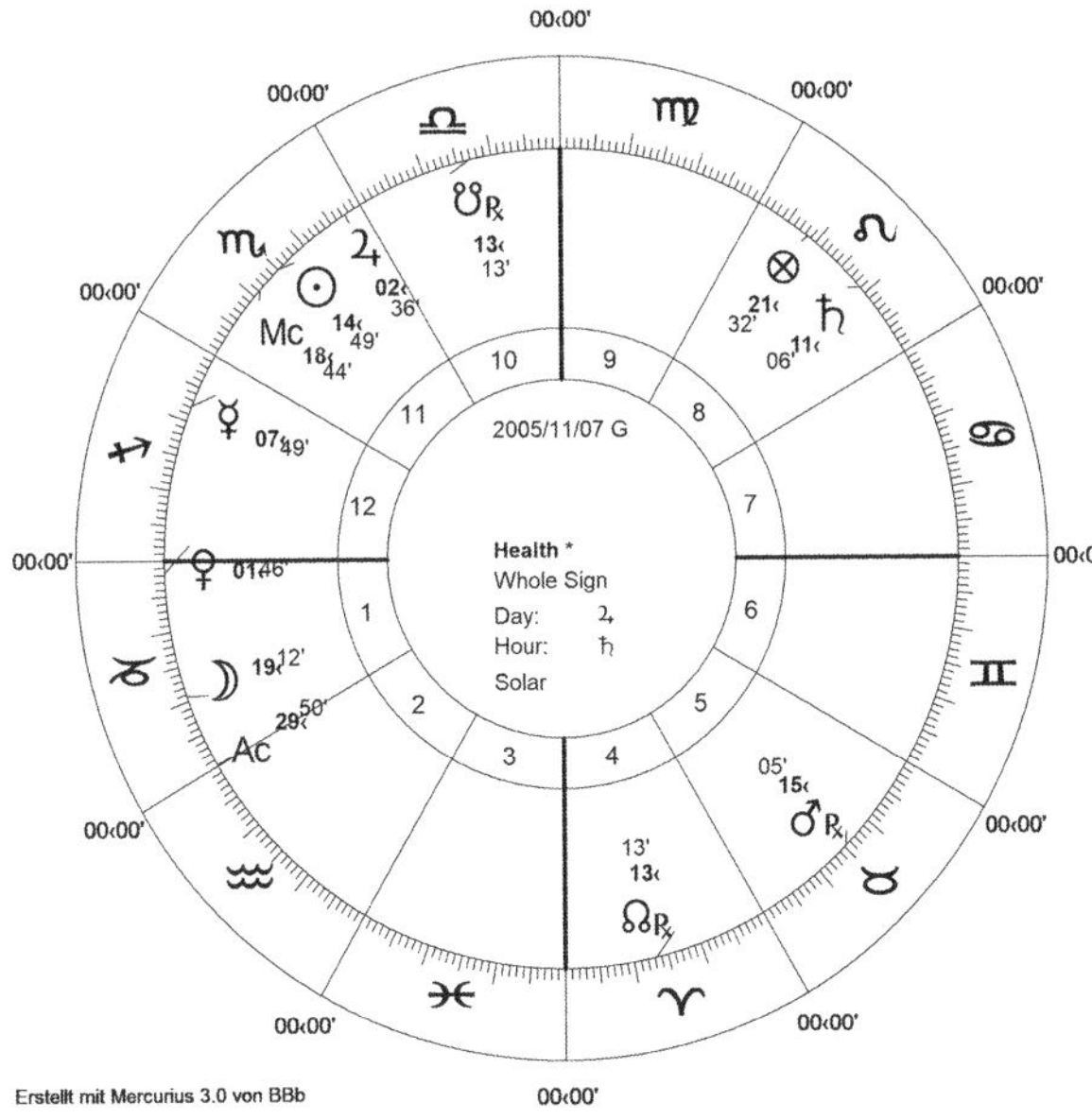

また、ソーラー・リターンの土星はソーラー・リターンのアセンダントとはコンジャンクションしているものの、ネイタル・チャートのアセンダントとはかなり離れており、ソフト・アスペクトに変わっています。

トランジットの土星は、射手サインに在住しペレグリンが長く続くものの、年末からは山羊サインでドミサイルとなり、その後は水瓶サインでもドミサイルが続くこととなり、悪影響が改善されることが分かります。

ですから、病気そのものは治っていないものの、総合的に考えて症状は十二年前よりも改善することが予想されます。

実際に、この歳には内服はされずに症状は比較的安定しており、動悸や体重の増減などで検査に行く程度に落ち着いていました。

このように、プロフェクションとソーラー・リターンの組み合わせでも、実際にどうなりやすいかという傾向を読み取ることが可能となります。

この方の体質改善のためにネイタル・チャートを見ます。

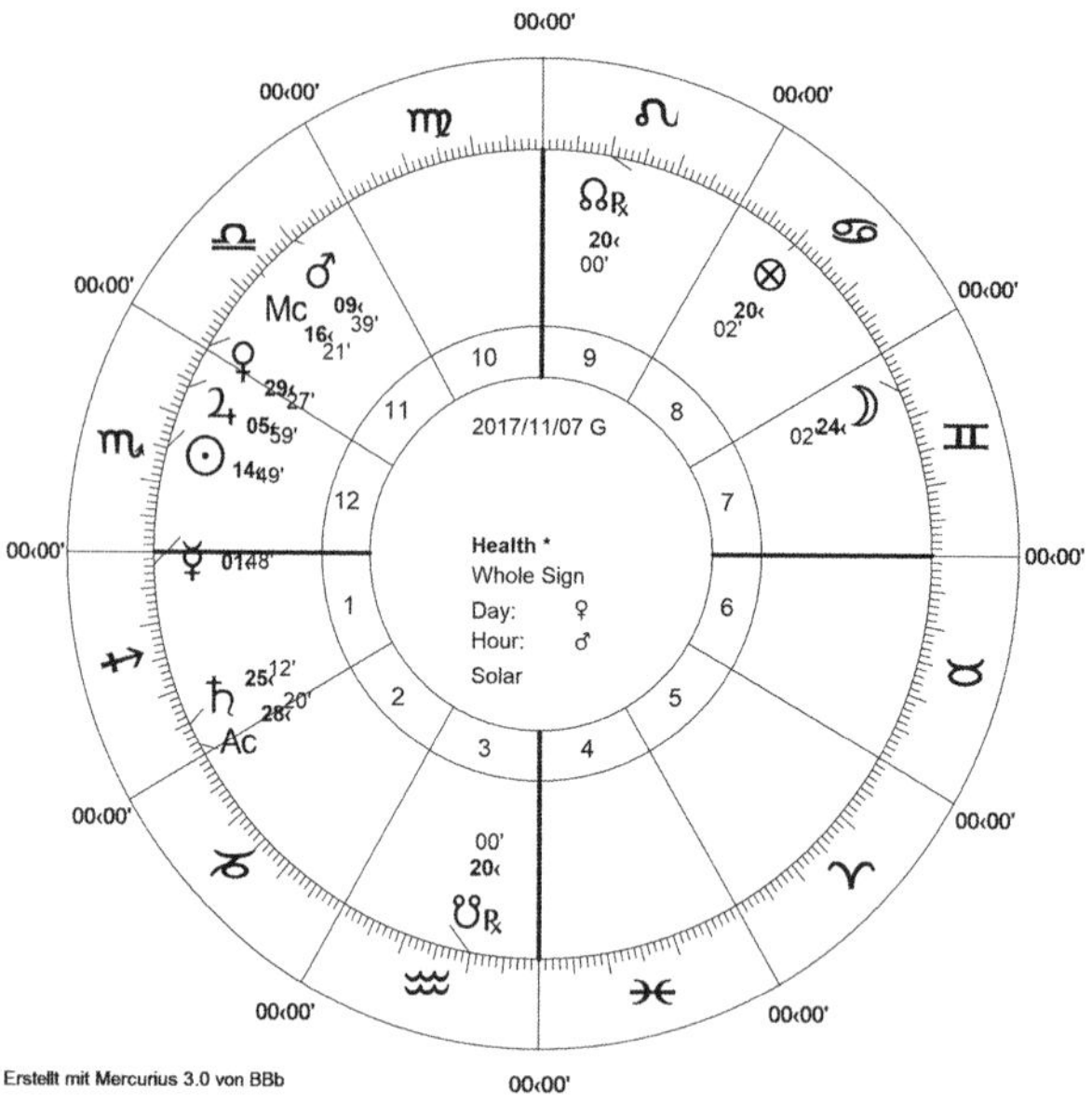

Erstellt mit Mercurius 3.0 von BBb

すると、火星が土星、太陽をレシーブしており、エッセンシャル・ディグニティは小さいながらもタームを持っています。

これらを考慮し現在の治療継続の上、体調改善のために火星の宝石であるガーネットを処方しました。

火星の宝石を身につけることにより、火星の悪さを正し、根本的な原因である炎症の緩和と周りで悪さをしている星々をコントロールするためです。

宝石は惑星の純粋なエネルギーの塊であり、生まれが弱い惑星をより強くし、体内の惑星のエネルギーを整えることが可能となります。

第二十三章　ゾディアカル・リリーシング

ここでは、ロッツを使用した未来予測のテクニックをご紹介します。

これまでにご説明したプロフェクションというテクニックも、西洋占星術だけをしてきた人には馴染みがなかったかもしれません。

しかし、逆に、インド占星術をされてきた方には、ごく当たり前のシステムに感じるかもしれません。

インド占星術には**ダシャー・システム**というものがあり、私が一時期インド占星術に熱中していたのも、この優れたシステムがあったからです。

その中でもヴィムショッタリ・ダシャーというものがよく使われていますが、このシステムを使用すれば、生まれた時の月の場所から、何月何日の何時何分は何にどのような惑星期になるかを知ることが出来ます。

この惑星期に入ると、その星のテーマのカルマが噴き出すことになります。

そして、伝統的占星術と同じくインド占星術でも、未来予測をするベースはあくまでもダシャー・システムであり、トランジットはきっかけを見るだけに過ぎません。

ダシャー・システムが火薬庫であり、トランジットがマッチの火のイメージです。

ダシャー・システムがインド占星術において重要なシステムとおわかり頂いたとして、実はダシャー・システムには色々なシステムがあります。

その中にはジャイミニという賢者が作ったチャラ・ダシャーというシステムがあります。

プロフェクションやヴィムショッタリ・ダシャーとは、ある時期にどの〝惑星〟が強調されるかを探し出すシステムです。

一方のチャラ・ダシャーは、ある時期にどの〝星座〟が強調されるかを探し出すシステムです。

そして実は、西洋占星術にも同じようなものがあります。

特定の時期に強調される〝惑星〟ではなく〝サイン〟を見つけ出すテクニック、それが、**ゾディアカル・リリーシング Zodiacal Releasing** です。

ゾディアック Zodiac とは黄道十二星座の意味ですから、まさにサイン期を探し出すテクニックです。

伝統的占星術をされている方でも、**ゾディアカル・リリーシング**と聞いて、それを知っているという方はあまり多くないでしょう。

その一つの理由は、これはヘレニズム時代の占星術であり、それを現代に伝えているのは、現存している中ではウェティウス・ウァレンスの著作のみだからです。

話を戻しますが、なぜ惑星期だけでなくサイン期も出すシステムが必要なのでしょうか。

その理由は、**コンポジット・システム Composite System** といって、二つの未来予測法で、両方のシステムで時期が重なっているのかを確認する方が、より確実であるということのようです。

そして、インド占星術よりも伝統的占星術の方がコンポジット・システムを使用するときに有利な点があります。

実はジャイミニのシステムは一般的なインド占星術のシステムとはアスペクトが別なのです。

つまりは、一枚のチャートで同時に、複数のシステムを使うことが難しいのです。

しかし、伝統的占星術は同時に別システムを使えるため、もっと簡便です。

ですから、少し難しいかもしれませんが、是非、身につけてみましょう。

どのようにサイン期を計算するのかという説明からしていきましょう。

まず基礎知識として必要なものがあります。

それは、惑星の説明でもあったように、それぞれの惑星には固有の年数というものがあるということです。

これは更に十二で割ることで、より小さな期間 Sub-period がわかります。

そして大きいものから、レベル1からレベル4までを算出できます。

例えば、火星を例に挙げますと、火星は15年（レベル1）です。

それを十二で割ると15ヶ月（レベル2）、更に十二で割ると1ヶ月7日12時間（レベル3）、もう一度割ると3日3時間（レベル4）となります。

つまり、火星で言えばこのようになります。

レベル1▼15年（年の単位）
レベル2▼15ヶ月（月の単位）
レベル3▼1ヶ月7日12時間（日の単位）
レベル4▼3日3時間（時間の単位）

この基礎知識を元に以下の図を見てください。

それぞれの星座の内側のところに、ドミサイルと数字が書いてあります。

例えば、一番目のところには牡羊サインですが、そこにドミサイルの火星があり、15年

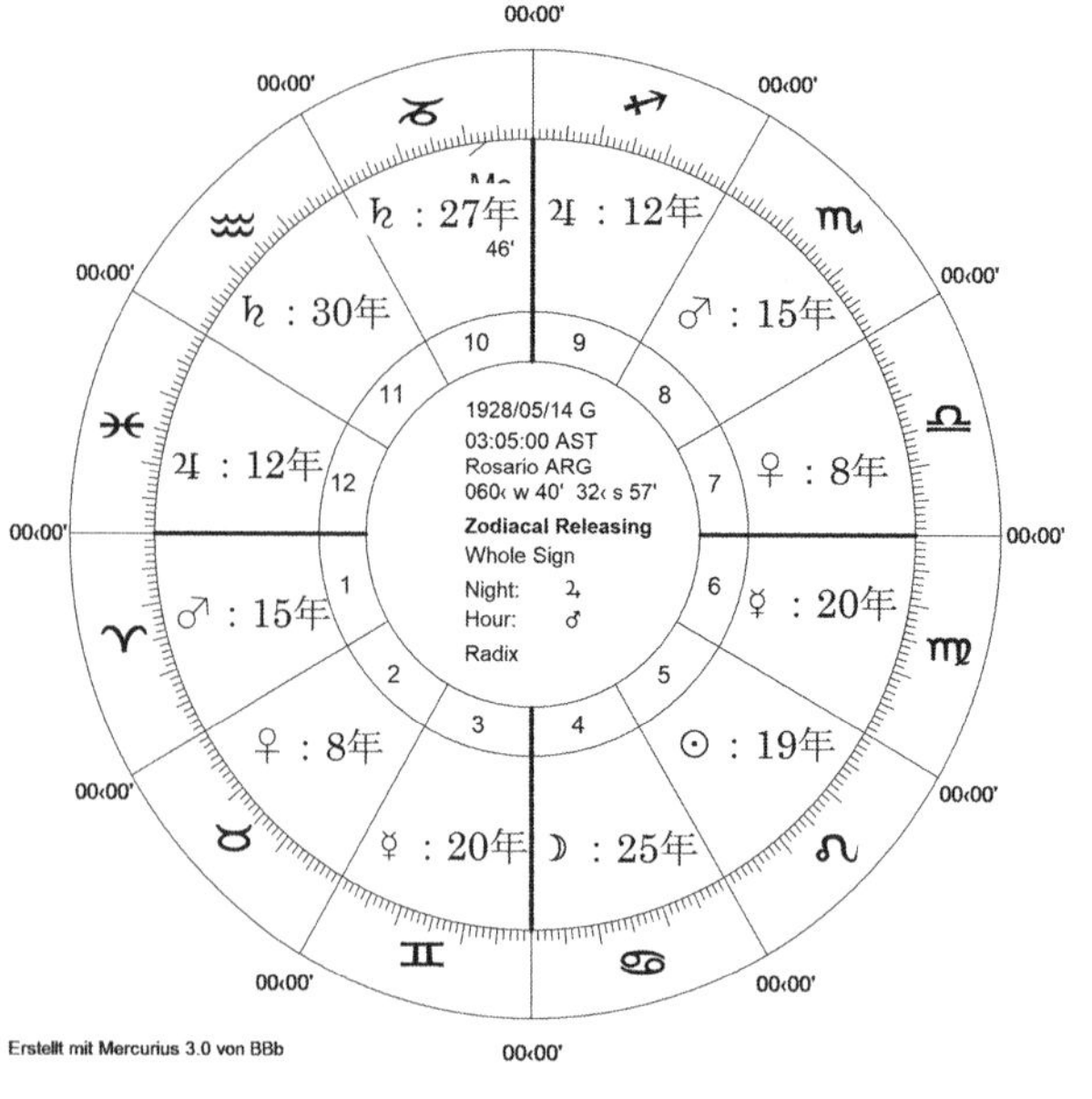

と書いてあります。

つまりこの図は、惑星の年数とドミサイルが書いてあるだけです。

ただし、一つだけ例外があって、それは土星です。

十番目と十一番目のところを見ると、十番目は山羊サインで土星27年、その隣の水瓶サインは30年です。

なぜ他のサインと異なり、土星支配のサインは年数が様々なのかという疑問があるかと思います。

ウェティウス・ヴァレンスによれば、土星の支配するサインは太陽及び月が支配するサインのオポジションであるため、太陽と月の影響を受けるということのようです。

つまり、太陽には120年という年数がありますが、それを半分にすると60年です。

そのため、太陽の支配する獅子サインのオポジションにあたる水瓶サインには、更に半分の30年を与えたわけです。

同様に、月は108年という年数を持っていますが、その半分は54年。

月の支配する蟹サインのオポジションの山羊サインには、その半分の27年を与えたということになります。


では、更に話を進め、ようやくどのようにサイン期を出すかを説明します。このゾディアカル・リリーシングというテクニックは**ロッツ**と深く関係しています。

その中でも、**ロッツ・オブ・フォーチュン**は特に重要なロッツです。

ですから、ロッツ・オブ・フォーチュンを使って、ゾディアカル・リリーシングを行ってみます。

まず、以下の図を見てください。

この人のロッツ・オブ・フォーチュンは天秤サインにあります。

ですから、ゾディアカル・リリーシングのスタートは天秤サイン期からとなります。

より正確に言えば、この方が生まれた瞬間のロッツ・オブ・フォーチュンのゾディアカル・リリーシングは、レベル1からレベル4まで全て天秤サインから始まります。

ここではわかりやすくレベル1の計算をしていきます。

この方の生まれのロッツ・オブ・フォーチュンのゾディアカル・リリーシングは天秤サイン期です。

その支配星は金星で8年ですから、天秤サイン期は8歳まで続くことになります。

その次は蠍サインですから、火星支配で蠍

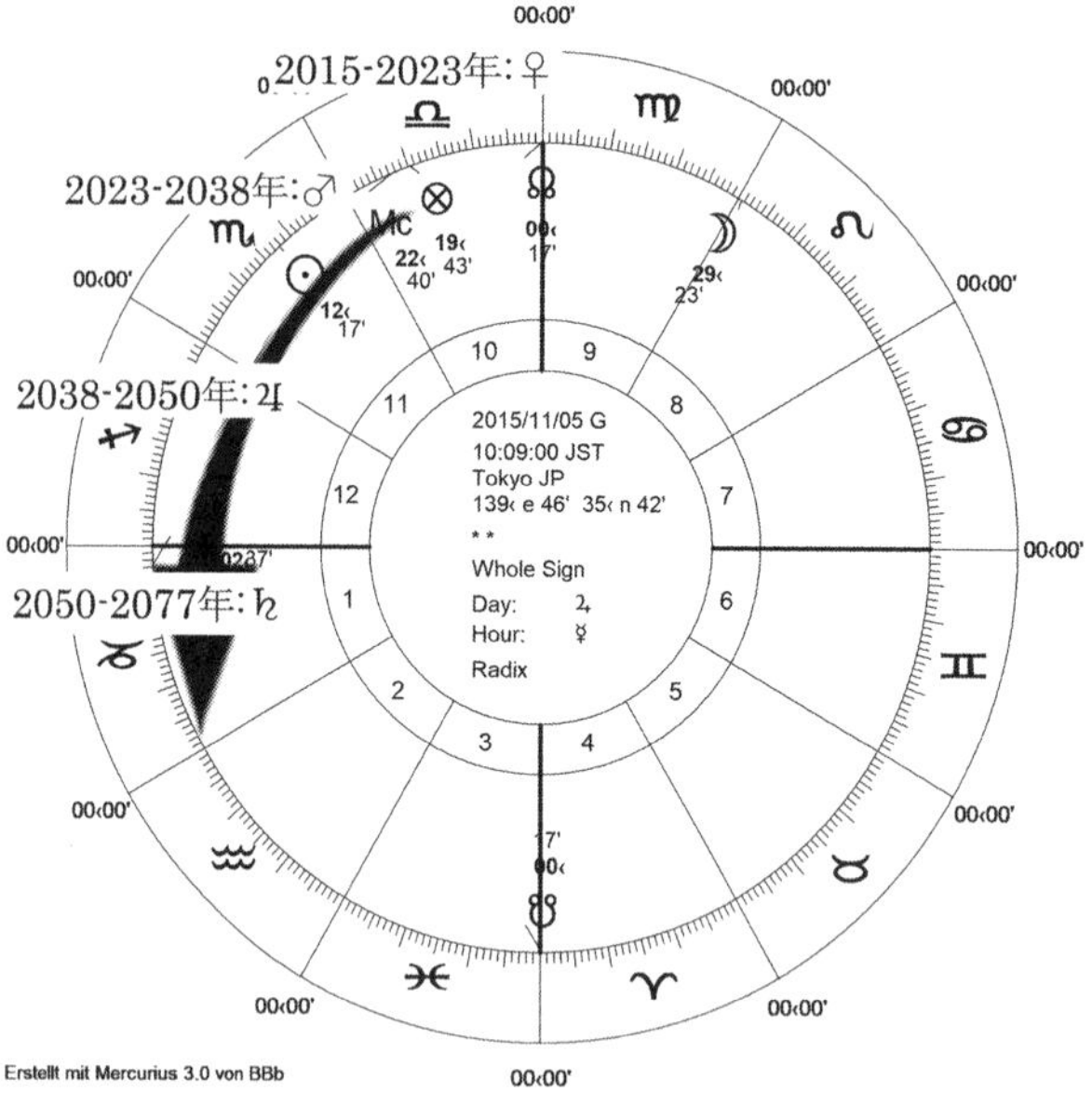

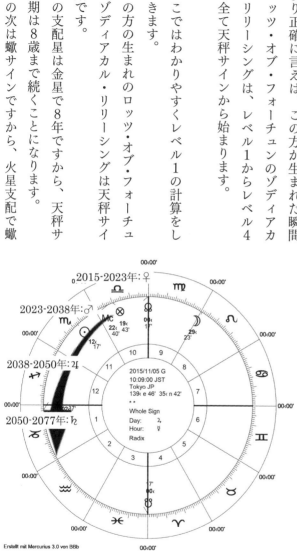

サイン期は15年続くわけです。

つまり、ここで23歳になるわけです。

その次は射手サインに入ります。

すると、木星支配で12年続くので、23＋12の35歳まで続くことになります。

これを延々繰り返していきます。

ですから、人生でレベル1の全てのサインを経験できるかと言えば、経験できません。

しかし、レベル2は一通り経験でき、レベル4は何度も経験できます。


では、そのレベル1以下はどういう計算をするのでしょうか。

それははじめの基礎知識で学んだ、レベル2の期間を使います。


例えば、この方はレベル1が天秤サイン期から始まったわけですから、レベル2も天秤サインからスタートすることになります。

その次は蠍サイン期、そのまた次は射手サイン期となります。

それを、それぞれのレベル2で担当している期間だけ担当します。

つまり、レベル1―2が天秤サイン期―天秤サイン期は八ヶ月しかありません。

八か月経ったらレベル2が蠍サイン期に移動することになります。

そして天秤サイン期―蠍サイン期は15年割る12の15ヶ月続くことになります。
それが終わった後は、天秤サイン期―射手サイン期となり、12ヶ月続きます。

このように、全てのレベルは同じスタートからなのですが、レベル1はレベル1の周期で回り、レベル2はレベル2の周期で回るといった、それぞれの周期で回ることになります。

そして、それぞれのレベルのサインがそれぞれの時間の単位で強調されます。

レベル1を見れば年単位の長いスパンのその人の強調されるサインが分かりますし、レベル4であれば毎日の占いくらいにまで細かくなります。

そして例えば、レベル1から4まで全てのサインが蟹サインであれば、かなり蟹サインが強調される瞬間になります。

もちろんそんな時ばかりではなく、1―2―3―4のレベルが蟹―双子―射手―天秤のようにサインの全く重ならないこともあるでしょう。

こういった場合に大事なのは、レベル1です。

なぜならば、航海にたとえれば、大きな進路がレベル1で、押し寄せる小波がレベル4だからです。大きな流れは小波程度では変わらないのです。

レベル1の場合の計算は、基本的には難しく考えなくても、次のサインに進めばよいのですが、レベル2よりも下の場合は、注意が必要です。

それが、**ザ・ルージング・オブ・ザ・ボンド** The Loosing of the Bond です。

このボンドとは境界という意味ですから、境界がなくなるという意味になります。


レベル2の期間を足せば分かるのですが、一周するのに211ヶ月かかります。

年にすると約18年です。

これでは困ったことが起きます。

レベル1が18年より小さい場合であれば良いのですが、例えば水瓶サイン期のように30年かかる場合は、レベル2が一周してもまだレベル1が続くことになります。

そういったときに、またスタートに戻るという方法も悪くはないかもしれませんが、もう一周、同じことを繰り返すというのも変な話です。

ですから、一周して終わるとき、ザ・ルージング・オブ・ザ・ボンドといってオポジションの場所にワープするというルールがあります。


文章だけでは分かりづらいので、図で説明しましょう（↓次頁を参照）。

レベル1が乙女サイン期から始まった場合で考えてみます。

通常であれば、黒矢印の要領で一周回り、獅子サイン期の次は乙女サイン期に入ると考えるでしょう。

しかし、ザ・ルージング・オブ・ザ・ボンドが起こるため、獅子サイン期の次は、乙女サイン期には入らず、白矢印のように乙女サイン期のオポジションの魚サイン期に入り、期間が終わるまで反時計回りに回っていくことになります。

ややこしいし、どうしてこんな面倒なことをするのかと思うかもしれませんが、ザ・ルージング・オブ・ザ・ボンドは〝人生の転機〟を表します。

特にロッツ・オブ・スピリッツのゾディアカル・リリーシングで、ザ・ルージング・オブ・ザ・ボンドが起こった場合は、職種が変わるくらいの転職などが起こります。

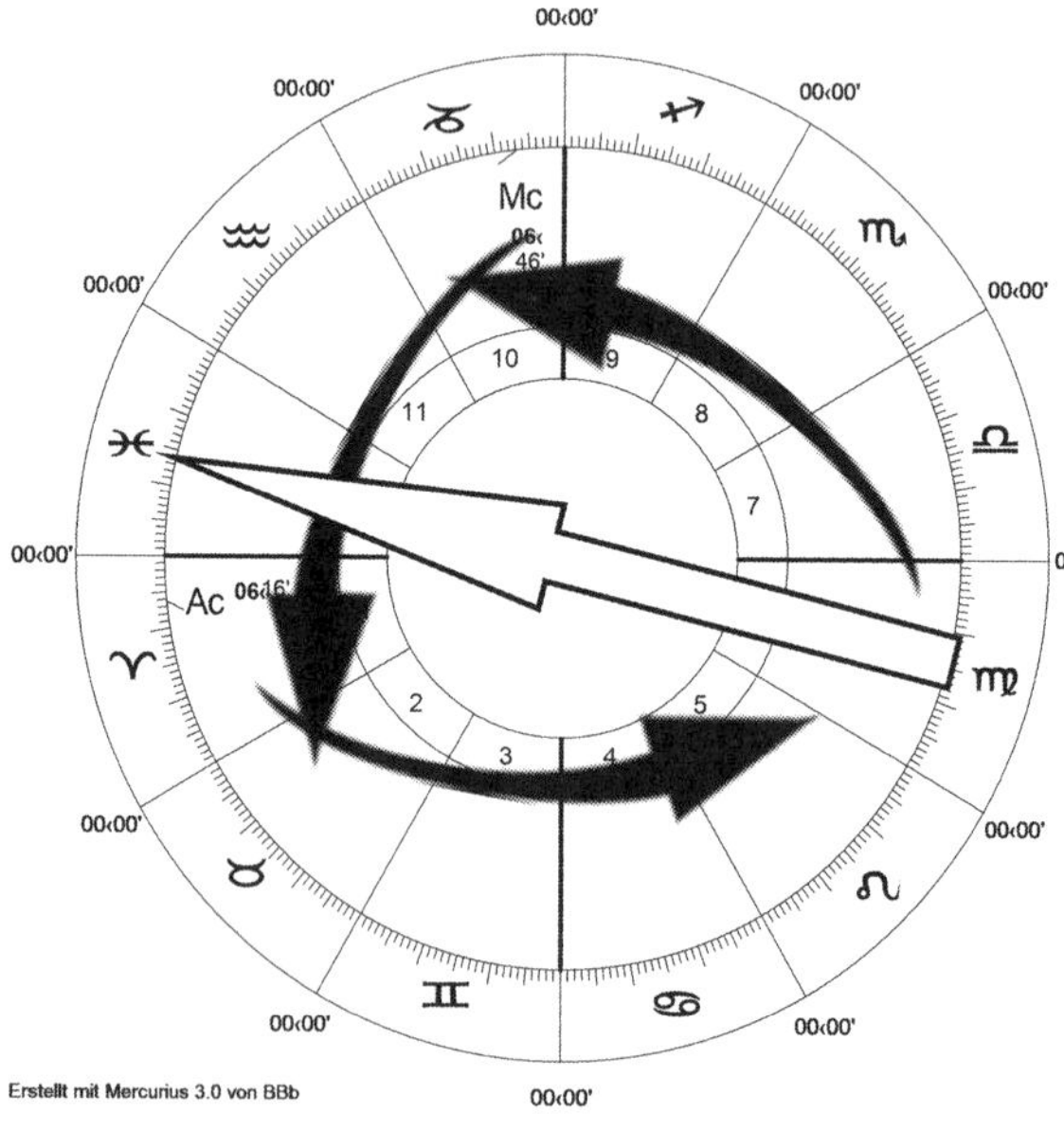

このゾディアカル・リリーシングというテクニックは、実はロッツとセットになっています。自分が気になるロッツを調べて、そこからゾディアカル・リリーシングを行い、その時期を探し出す、そういったテクニックです。

ロッツ・オブ・ファーザーやマザーなどを調べれば、両親の転機が分かりますし、ロッツ・オブ・

エロス[一]を見ればいわゆるモテ期が分かることになります。

とても便利だと感じたかもしれませんが、逆に計算が面倒とも思われたかもしれません。

これに関しては英語ですが、無料のソフトがありますので、ダウンロードして使用されると簡便で良いでしょう。[二]

生まれた日時とゾディアカル・リリーシングのスタートのサインを入力するだけです。

ただし、無料の場合はレベル1とレベル2までしか計算できません。

もし、もっと細かいレベルまで知りたい場合は、同じ開発者の Delphic Oracle という有料ソフトを購入されるとよいでしょう。[三]

さて、ここまでで、どの星座がテーマになるかというのが分かりました。

これだけでも、その時期にどのようなことが強調されるかが分かり、占断がより明確になります。

しかし、欲を言えばもう一歩踏み込んで、吉凶が気になります。

もちろん、それを見い出すテクニックがあります。

そして、これを知れば、ロッツ・オブ・フォーチュンが単純にラッキーなポイントでないことが

一　Lots of Eros は昼の場合、ロッツ・オブ・スピリッツから金星までの距離をアセンダントから回す。夜は逆となる。
Asc+♀-Lot of Spirit（昼）, Asc+Lots of Spirit-♀（夜）
二　Zodiacal Releasing, http://www.astrology-x-files.com/downloads.html
三　Delphic Oracle, http://www.astrology-x-files.com/software/delphicoracle-wl.html

よく分かるでしょう。

吉凶を読み解くポイント、それは**アングル**です。

サイン期が吉星（木星、金星）のアングルにある時期は吉意が、凶星（土星、火星）のアングルにある時期は凶意が強調されることになります。

そしてロッツ・オブ・フォーチュンからのアングルも重要です。

その時期はそのテーマがエネルギッシュになる時だからです。

では、吉星と凶星で両方とも見る必要があるのでしょうか。

これは必要がありません。

そうではなく昼夜（セクト）が重要になります。

昼生まれの人であれば木星が吉意を強調し、火星が凶意を増します。

夜生まれの人であれば金星が吉意を強調し、土星が凶意を増します。

残念ながら、夜生まれの方の木星は金星よりは吉意を与えにくいのです。

同様に、昼生まれの方の金星は木星よりは吉意を与えにくいです。

以上をまとめると、次のようになります。

・セクトの吉星からのアスペクト

物事が簡単に進む、好ましい出来事が起きる

・**セクトと逆の凶星からのアスペクト**
・**ロッツ・オブ・フォーチュンからのアスペクト**

チャレンジングな物事が起こる、不都合な出来事が起きる
名声を得たりリーダーシップを発揮したり、当該ハウスの示す事が顕著に現れる。

次に**アングル**についてですが、アングルにも四カ所あります。

ではどこが最も強調されるのでしょうか。

これは第一ハウス、第十ハウスが最も強く、次が第七ハウス、最後が第四ハウスとなります。

つまり、ロッツ・オブ・フォーチュンが牡羊サインにある方ならば、サイン期が牡羊サイン期や山羊サイン期に来たときに最も強調され、次に天秤サイン期、最後に蟹サイン期に来たときに強調されます。


少し実占例をご紹介しましょう。

このチャートは**ビル・ゲイツ**です。

彼は一九七四年十二月にＢＡＳＩＣを開発することになります。

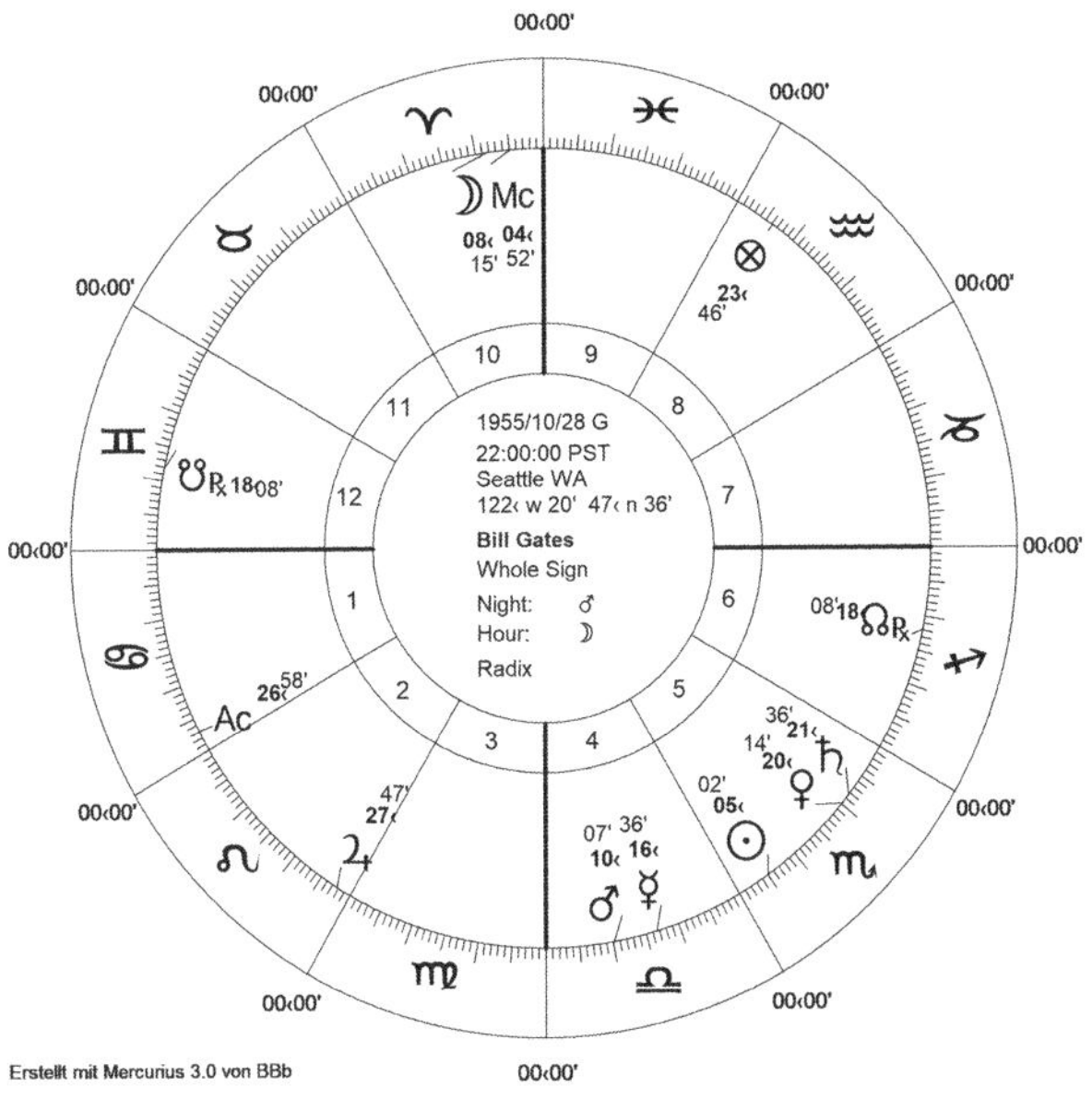

仕事について見ていきますので、ロッツ・オブ・スピリッツを見ます。彼の場合は山羊サインにあります。

ロッツ・オブ・スピリッツのゾディアカル・リリーシングでは、一九七二年三月三日からレベル二が射手サイン期だったのですが、一九七三年二月二十六日に蟹サイン期へ、ザ・ルージング・オブ・ザ・ボンドが起こっています。

また、二〇〇〇年一月にCEO職をやめ、ビル・アンド・メリンダ・ゲイツ財団の活動に注力します。

同様にロッツ・オブ・スピリッツのゾディアカル・リリーシングを見ると、一九九七年七月二十日からレベル2が山羊サイン期でしたが、一九九九年十月八日から獅子サイン期へ、ザ・ルージング・オブ・ザ・ボンドが起こっています。

チャートを見ると、獅子サインは夜の吉星である金星、夜の凶星である土星、ロッツ・オブ・フォーチュンのアングルで、吉凶併せてかなり強調されています。

また、ケース・スタディ①の例の場合、二〇一五年から独立で仕事をしていたのですが、保険業を始めることになります。

この方は、ロッツ・オブ・スピリッツは射手サインにあります。

すると、ゾディアカル・リリーシングでは、レベル1の山羊サイン期が一九八九年四月二日からスタートしていたのが、二〇一五年十一月十二日というまさに質問をする付近において水瓶サイン期に移動しています。

そこは質問者のロッツ・オブ・フォーチュンがあり、特に強調されることが分かります。

このように、転職の質問をされた場合、ロッツ・オブ・スピリッツのゾディアカル・リリーシングを見れば大きな変化かどうかが分かるのです。

もちろん、悪いことばかりを示すわけではありません。

次は**太宰治**を例に上げましょう。

太宰治は一九〇九年（明治四十二年）六月十九日の夕方生まれとはわかっています。

彼の生まれのホロスコープを仮に次のとおりとした場合、ロッツ・オブ・フォーチュンのゾディアカル・リリーシングはレベル1が山羊サイン期で、レベル2が蟹サイン期のときに起こります。

これは一九三八年八月十六日から一九四〇年九月四日です。

一九三九年一月八日に彼は師匠の井伏鱒二の協力により石原美知子と二回目の結婚をし、退廃的な生活がおさまります。

精神的にも安定し『女生徒』『富嶽百景』『走れメロス』などを発表し、川端康成などからも認められ、仕事が急増します。

また、プロフェクションで考えれば、ちょうど一九三九年六月十九日から第七ハウス、牡牛サインになります。

非常に面白いことに、ゾディアカル・リリーシングでもプロフェクションでも金星が強調されることになります。

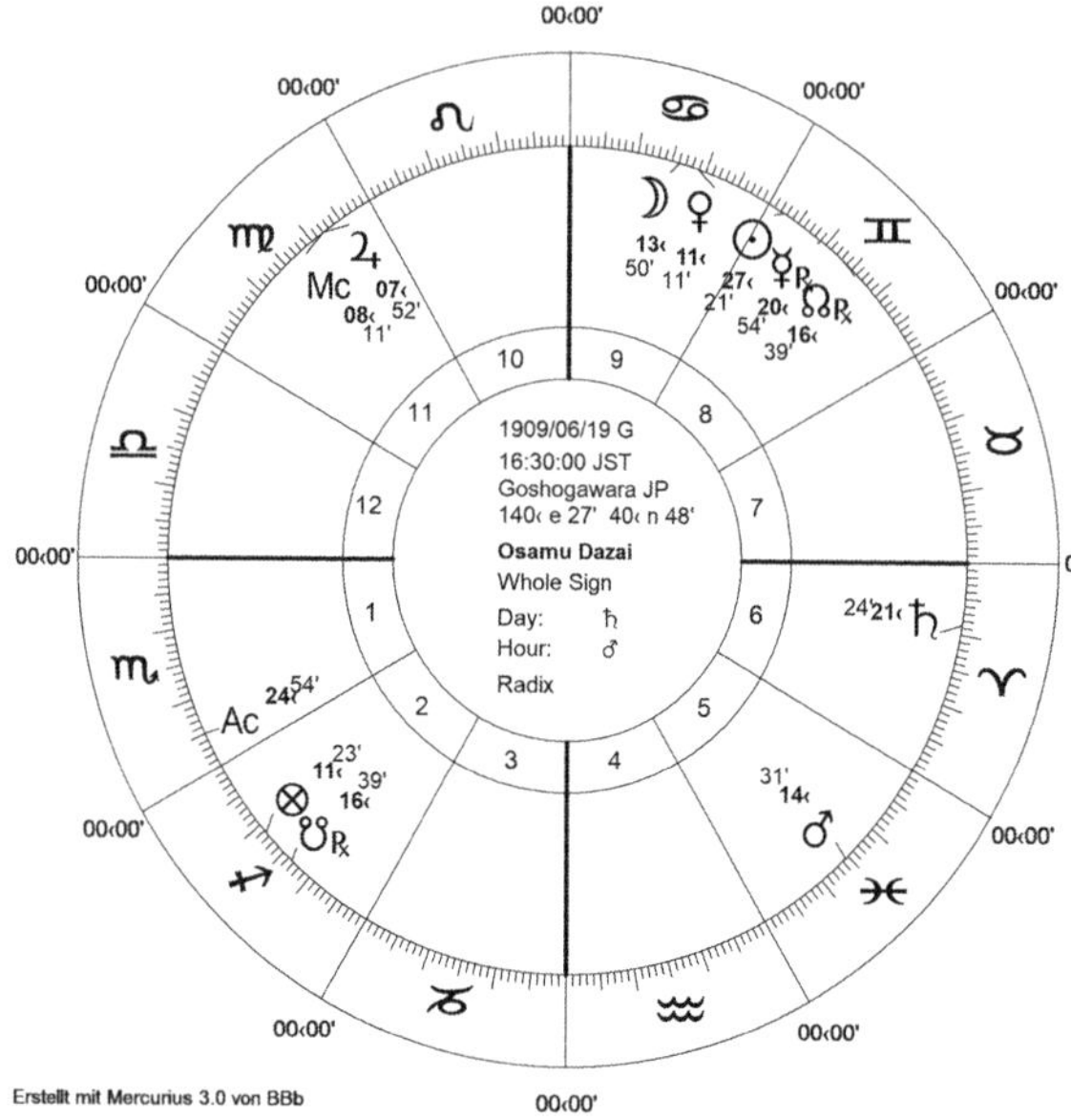

なぜなら、ゾディアカル・リリーシングではザ・ルージング・オブ・ザ・ボンドによって金星のある蟹サイン期が強調されます。

また、プロフェクションで牡牛サイン及びその支配星の金星も強調されるからです。

この時期の太宰治には特に金星が強調されます。

また、金星のそばには第九ハウスの支配星である質の高い月があります。

つまり、自分の師匠や巨匠（第九ハウスの象意）からの応援が期待されるわけです。

このように、ゾディアカル・リリーシングとプロフェクションを併用する（コンポジット・システム）ことで、何が強調されるのかを見ることもできますし、生まれた時間がわからない方の場合でも、時間を推定することが可能になります。

より正確な時間を出したい場合は、ディレクションというテクニックがありますが、その説明は本書ではなくまた別の機会でしていこうと思います。

第二十四章　マンデン占星術

最後に、少しマンデン占星術についてもお話ししておきましょう。

マンデン占星術では、先述のコラムのような土星と木星の会合周期の他にも大きな流れを把握するという手法は多数あります。

その中でもいくつかを紹介しましょう。

トレミーは、季節毎に起こる新月の瞬間を優先し、それぞれの季節毎に新月のチャートを作成しました。

つまり、春であれば牡羊サインに太陽がイングレスした後に起こる初めての新月のチャートを、夏であれば蟹サイン、秋であれば天秤サイン、冬であれば山羊サインの新月のチャートを作成しました。

はっきりとは書いていないのですが、恐らくこの手法は新月だけではなく、満月でも適用可能と考えられます。

ここでは**リーマン・ショック**の事例を見てみましょう。

リーマン・ショックは二〇〇八年九月十五日に、アメリカ合衆国の投資銀行であるリーマン・ブラザーズが経営破綻したことから世界不況になった事件です。

それに先行して二〇〇七年十月十二日に天井をつけてから下落を開始し、その年末からサブプライム住宅ローン危機が顕在化しました。

世界の株式の中心はニューヨークですので、ここではワシントンDCではなく、ニューヨークで作成します。

読み解いていくにはアセンダントとその支配星、月とその支配星を見ていきます。

アセンダントにはロッツ・オブ・フォーチュンがあり、何らかの生活に及ぼす事態になりそうであることが分かります。

しかし新月のチャートでは、必ずロッツ・オブ・フォーチュンがアセンダントにありますので、このハウス位置そのものには意味はありません。

その支配星である太陽は、エッセンシャル・ディグニティがフォールです。

すなわち下落を意味します。

一般的には、月が時間経過によるアスペクトによってどのような星に結びつくかを観察します。

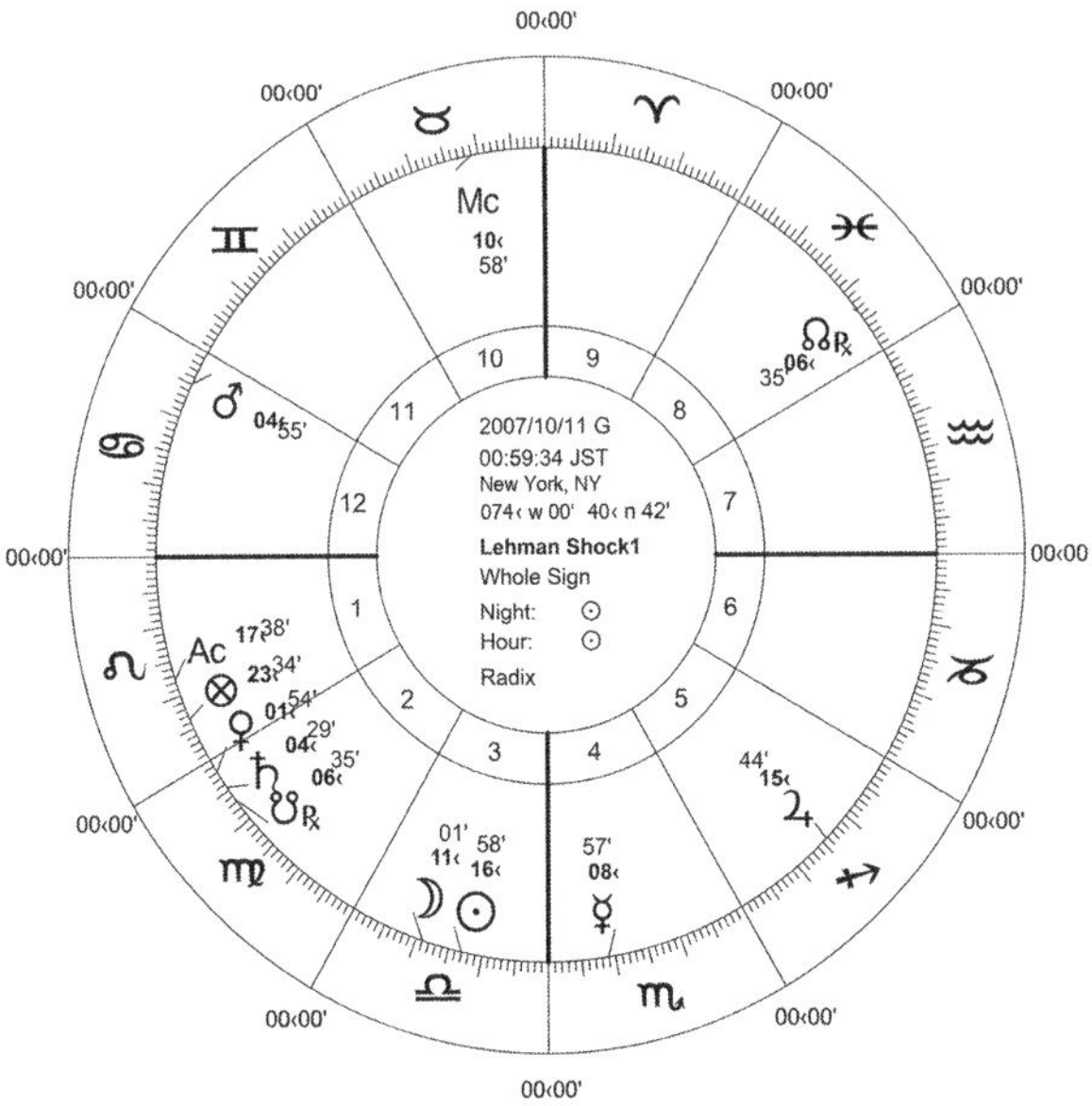

◐

Fac	Pos	Sig	Do	Exa	Tri	Ter	Fac	Det	Fal	Per	Tot	Velocity
♄	04‹29'	♍	☿	☿	☽	☿	☉	♃	♀	Pere	0	+00‹ 06'
♃	15‹43'	♐	♃	☋	♃	☿	☽	☿		-	8	+00‹ 10'
♂	04‹54'	♋	☽	♃	♂	♂	♀	♄	♂	-	1	+00‹ 23'
☉	16‹58'	♎	♀	♄	☿	♃	♄	♂	☉	-	-4	+00‹ 59'
♀	01‹53'	♍	☿	☿	☽	☿	☉	♃	♀	-	-4	+00‹ 49'
☿	08‹56'	♏	♂		♂	♃	♂	♀	☽	Pere	0	+00‹ 10'
☽	11‹01'	♎	♀	♄	☿	♃	♄	♂	☉	Pere	0	+11‹ 58'
☊	06‹35'	♓	♃	♀	♂	♀	♄	☿	☿	Pere	0	
☋	06‹35'	♍	☿	☿	☽	☿	☉	♃	♀	Pere	0	
⊗	23‹34'	♌	☉		♃	♃	♂	♄			6	
Ac	17‹37'	♌	☉		♃	♀	♃	♄			0	
Mc	10‹57'	♉	♀	☽	☽	☿	☽	♂			0	

Mercurius 3.0 License: Motoi Fukumoto
Lehman Shock1 1

この場合は、月はＶＯＩＤですので考慮する必要はありません。

しかし、月の支配星である金星に注目すると、これも太陽と同じくフォールです。

また、ＣＯＬＤでＤＲＹな土星とタイトなコンジャンクションをしているため、土星の象意である制限されることも予想されます。


総合的に考えて、株価が下落するであろうことが予測できます。


株価は二〇〇七年以降、弱気相場入りしましたが、商品相場はそうではありませんでした。

商品相場はその後も一貫して上がり続け、二〇〇八年七月十一日に天井をつけました。

世界の商品相場の中心はシカゴマーカンタイル取引所ですので、ここではワシントンＤＣでもニューヨークでもなく、シカゴで作成します。


同じくアセンダント、月を中心に見ていきます。

アセンダントには木星が在住しています。

木星はフォールですし、逆行しています。

そして本来、アセンダントのみならずアングルに吉星にあることは価値が上がる、豊作や大漁などの吉意を示します。

なぜなら吉星は物事の成長を促進するからです。

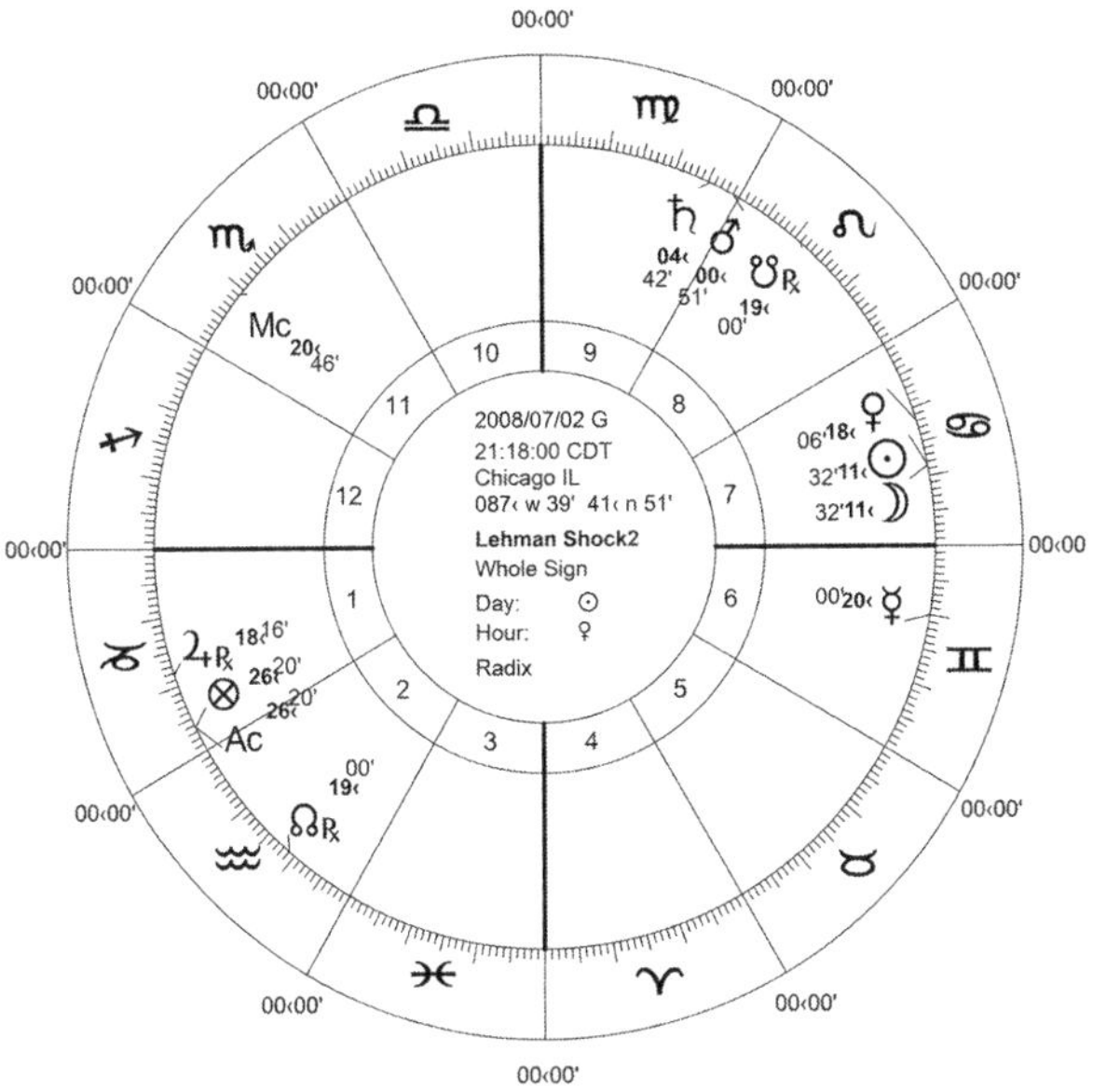

Fac	Pos	Sig	Do	Exa	Tri	Ter	Fac	Det	Fal	Per	Tot	Velocity
♄	04‹42'	♍	☿	☿	♀	☿	☉	♃	♀	Pere	0	+00‹ 06'
♃	18‹16'	♑	♄	♂	♀	♃	♂	☽	♃	-	-2	-00‹ 08'
♂	00‹50'	♍	☿	☿	♀	☿	☉	♃	♀	Pere	0	+00‹ 36'
☉	11‹32'	♋	☽	♃	♂	♃	☿	♄	♂	Pere	0	+00‹ 57'
♀	18‹05'	♋	☽	♃	♂	☿	☿	♄	♂	Pere	0	+01‹ 14'
☿	20‹00'	♊	☿	☊	♄	♀	☉	♃		-	5	+01‹ 02'
☽	11‹31'	♋	☽	♃	♂	♃	☿	♄	♂	-	5	+14‹ 58'
☊	18‹59'	♒	♄		♄	♀	☿	☉		Pere	0	
☋	18‹59'	♌	☉		☉	♀	♃	♄		Pere	0	
⊗	26‹20'	♑	♄	♂	♀	♄	☉	☽	♃		-7	
Ac	26‹20'	♑	♄	♂	♀	♄	☉	☽	♃		0	
Mc	20‹46'	♏	♂		♂	♀	♀	♀	☽		0	

Mercurius 3.0 License: Motoi Fukumoto
Lehman Shock2 1

しかし、木星の成長作用は収穫量が増えることになり、値段という意味では、下落の方向に向くことになります。


更に、物の値段にはペリジー、アポジーも重要です。

惑星が地球に一番近づいた時を、**ペリジー** perigee と言います。

ペリジーとは、もっとも近い点という意味です。

逆に、最も離れた時を**アポジー** apogee と言います。

アポジーとは、最も離れた点という意味です。


あまりしっくりこないかもしれませんが、スーパームーンという言葉を聞いたことはあるでしょう。

スーパームーンとは、地球に特に近づいたときの満月、あるいは新月のことです。

普通は満月のときにスーパームーンと呼ばれます。

ですから、一般的にはスーパームーンの時の満月は月がペリジーということです。


この日の木星はペリジーです。

なぜそれが分かるかというと、地球以遠の星（火星、木星、土星）が逆行していて、太陽とオポジションにあるからです。

逆に順行していて、太陽とコンジャンクションしていればアポジーとなります。[一]

ペリジーは地球に近いということですから、地球から見た高さが低くなっていると考えます。

そのため、値段は下がる方向に働きます。

逆にアポジーは値段が上がる方向に働きます。

ですから、スーパームーンは月が大きく見えるのはとても美しいのですが、月が値段の表示星であればネガティブに働きます。

また、アセンダントの支配星は土星です。

土星は火星からアフリクトされていますので、ネガティブな表示です。

一　水星、金星の場合は逆行していて太陽とインフェリア・コンジャンクション（inferior conjunction：惑星が地球と太陽の間にあること）していればペリジーとなり、逆に順行でスーペリア・コンジャンクション（superior conjunction：地球から見て太陽の裏側に惑星があるように見えること）していればアポジーとなる。

ステラナビゲーターという天体シュミレーションソフトウェア（https://www.astroarts.co.jp/products/stlnav11/index-j.shtml）を使用すれば、簡単に出すことが可能。「ツール」タブ→「天体グラフ」をクリックし、見たい天体をに設定し、「表示項目」の「地心距離」にチェックを入れるとグラフで見られる。正確な距離を知りたい場合は、「ツール」タブ→「天体情報パレットを開く」から見たい天体をチェックすれば、その時点の地心距離が分かる。無料で調べるには、国立天文台のホームページ（http://eco.mtk.nao.ac.jp/koyomi/cande/）から探すことも可能。目的の天体の地心座標のリンクから日時を入力すると一覧で見られる。ただし、過去・未来ともに十年までしか調べられないのが難点。

アセンダント及びその支配星からは値段が下がることが予想されます。


次に月に注目します。

月は蟹のサインに在住していますから、その支配星も月です。

月は金星にアプローチしており、時間経過によるアスペクトでは金星とのコンジャンクションが起こるように見えます。

しかし、金星は早い惑星ですので、月が金星を追いかける間にも金星はどんどん離れていき、結局、月は始めに木星と時間経過によるアスペクトを形成します。

先述の通り、木星から読み取れるのは価格の下落です。


月を見ても値段が下がることが分かります。

総合的に考えて、二〇〇八年の夏相場で商品相場の値段が下がることも予測できました。


そして、トレミーは新月だけでなく、皆既日食や皆既月食にも言及しています。

先述の新月のチャートを読むよりも煩雑になりますが、少し見ていきましょう。

まず大前提として、これらは実際にその地点で見られる必要があります。

つまり、地平線よりも上で食が起こっていた場合にのみ使用できます。

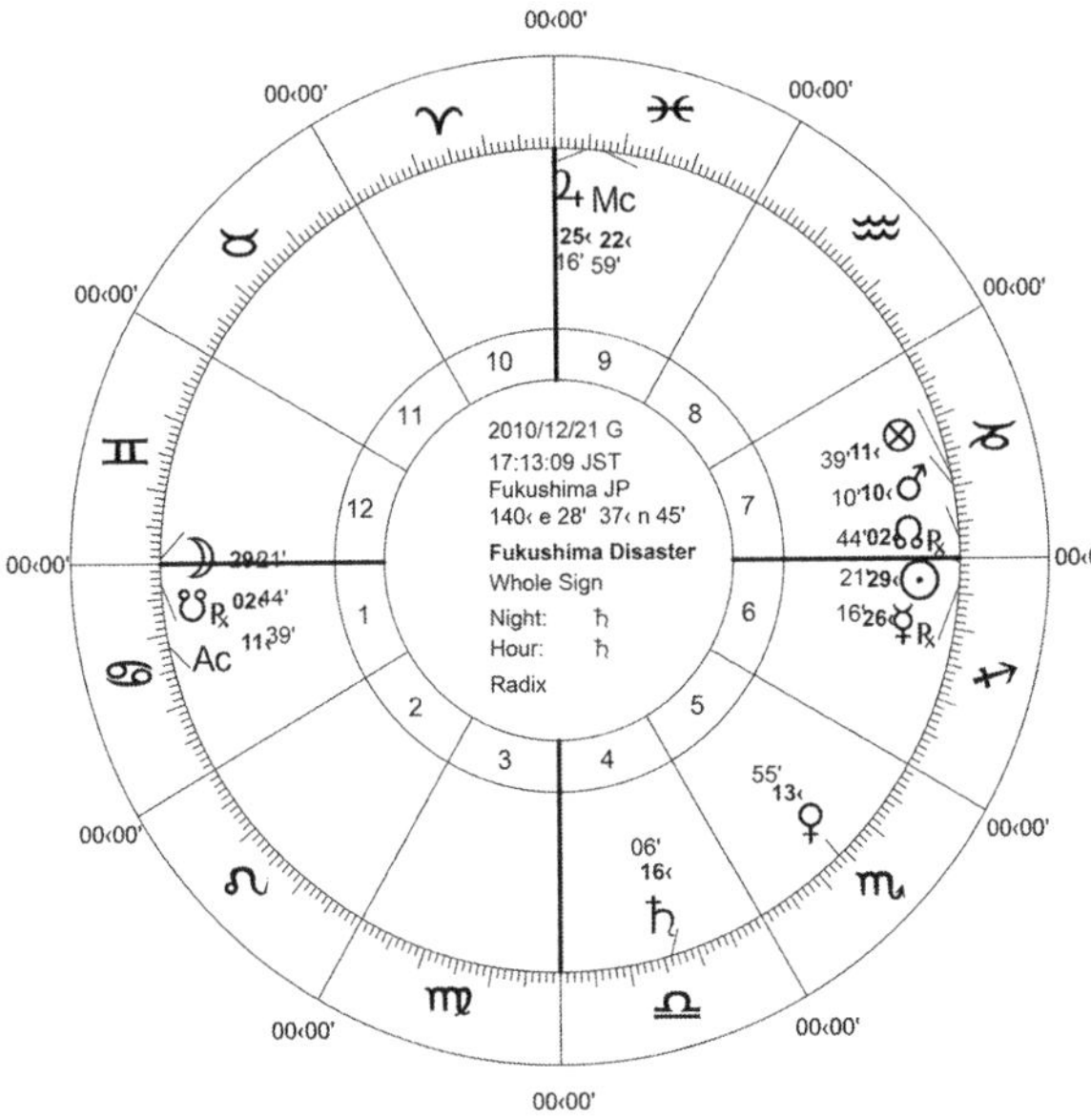

D

Fac	Pos	Sig	Do	Exa	Tri	Ter	Fac	Det	Fal	Per	Tot	Velocity
♄	16‹05'	♎	♀	♄	☿	♃	♄	♂	☉	-	5	+00‹ 04'
♃	25‹16'	♓	♃	♀	♂	♂	♂	☿	☿	-	5	+00‹ 06'
♂	10‹09'	♑	♄	♂	☽	☿	♂	☽	♃	-	5	+00‹ 46'
☉	29‹20'	♐	♃	☋	♃	♂	♄	☿		Pere	0	+01‹ 01'
♀	13‹54'	♏	♂		♂	♃	☉	♀	☽	-	-5	+00‹ 51'
☿	26‹16'	♐	♃	☋	♃	♂	♄	☿		-	-5	--01‹ 21'
☽	29‹20'	♊	☿	☊	☿	♂	☉	♃		Pere	0	+13‹ 43'
☊	02‹44'	♑	♄	♂	☽	♀	♃	☽	♃	Pere	0	
☋	02‹44'	♋	☽	♃	♂	♂	♀	♄	♂	Pere	0	
⊗	11‹39'	♑	♄	♂	☽	☿	♂	☽	♃		-5	
Ac	11‹39'	♋	☽	♃	♂	♃	☿	♄	♂		0	
Mc	22‹58'	♓	♃	♀	♂	♂	♂	☿	☿		0	

Mercurius 3.0 License: Motoi Fukumoto
Fukushima Disaster 1

まだ悲しみの傷は癒えておらず恐縮なのですが、**東日本大震災**での例を見てみましょう。

二〇一〇年十二月二十一日に皆既月食があり、東日本を中心に見られました。

十六時四十分に皆既食となりますが、例えば京都では月の出が十六時四十三分でしたので、影響を受けないこととなります。

一方、東京では十六時二十五分に月の出でしたので、影響を受けることが分かります。


これは震災の中心となった福島のチャートです。

影響自体は先ほどの皆既食が見られる地域なのですが、特に影響を受けるのは、アセンダントのサインと関係のある地域です。

地域とサインの関係は多くの占星術師が記述していますが、東洋での振り分けはまだはっきりとはなされていません。

ですから、この場合は月と関連の深い場所、つまり月の場所とアセンダントが重なる場所、月の支配している蟹サインがアセンダントとなる場所を見ることになります。

ちょうどこの皆既月食は双子サインで起こっていますので、同時刻にアセンダントが双子サインや蟹サインの場所が強く影響を受けることになります。

双子サインの意味として、都市機能の重要地が分断されている場所があります。これにふさわしい場所としては、県庁所在地が県内一の人口ではない県でしょう。

福島、群馬、静岡、三重、山口があります。また、福島のアセンダントは蟹サインでした。

次に、いつ頃からその影響が始まるかを見ます。

どの時期に起こるかは、日食及び月食がホロスコープのどこで起こるかが重要となります。

まず、アセンダントのカスプからディセンダントまでの半円を三つに分割します。

はじめの三分の一（アセンダントから時計回りに60度以内）にあれば、食の影響は1〜4ヶ月後に起こります。

次の三分の一〜三分の二（アセンダントから時計回りに60〜120度）にあれば、4〜8ヶ月後に起こります。

半円の最後の三分の一（120〜180度）にあれば、8〜12ヶ月後に起こります。


この皆既月食では、はじめの三分の一にありますから、1〜4ヶ月後から起こることが分かります。

つまり、二〇一一年一月末〜二〇一一年四月末から影響が始まることになります。


次に継続時間も重要です。

もしも日食が2分半であれば、最大2年半後までその影響が続くことが分かりますし、月食であればそれは最大2ヶ月半となります。

この場合は月食ですので月単位です。

皆既食の始めが16時40分で、皆既食の終わりが17時54分でしたから、約1時間15分。

差し引き1・25時間ですから、約1ヶ月と1週間がその影響時間となります。

つまり、二〇一一年一月末がスタートであれば三月上旬まで、二〇一一年四月末がスタートであれば五月上旬までに月食の影響が出ることになります。


最後にそれが強調されるのは、先ほどの影響期間を三分の一にしたものになります。

1・5ヶ月の三分の一は0・4ヶ月ですから、約2週間です。

2週間の間、強調されることになります。

1・25ヶ月のどこで強調されるのかは、影響が始まる期間と同じで、半球のどの場所にあるのかによります。

半球の始めの三分の一であれば始めの2週間に、次の三分の一半球にあれば次の2週間に、最後の三分の一半球にあれば最後の2週間に強調されます。

この場合は月が始めの三分の一にあるので、影響が始まって2週間のうちに強調されます。

この場合は、二〇一一年一月末〜三月上旬までの場合は、二〇一一年二月上旬〜三月中旬までにピークになります。

同様に、二〇一一年四月末〜五月上旬までの場合は、二〇一一年四月上旬〜五月中旬までがピークとなります。

これらのピークが重なるのは、二〇一一年二月上旬〜五月中旬までで、この期間に月食の影響が強く出ます。

どのような影響が出るかということですが、月は双子サインの端にあり、これからアスペクトやコンジャンクションをする惑星はありません。

月をアフリクトしている星を見ると、水星によるオポジションのアスペクトがあります。

月は双子サインに在住しており、水星からは本来はレシーブされる立場です。

しかし、この水星には色々と問題があります。

エッセンシャル・ディグニティではデトリメントであり、アクシデンタル・ディグニティではコンバスト、逆行しています。

また、オポジションということは助けようという気持ちはあるものの、最終的には余計なお世話という意味となります。

質の悪い水星が月を歓待しようとしているが、最終的には余計なお世話になっているということです。

では、水星はどのような影響を与えるのでしょうか。

水星は伝統的占星術では天気において、風、乱気流、地震のナチュラル・ルーラーです。

台風の季節ではありませんので、地震というのは読み取ることが可能です。

また、アセンダントに対して、火星がオポジション、土星はスクエアでアフリクトしています。

凶星によるアフリクトはアメリカ同時多発テロ[二]など、戦争や災害でも見られる表示です。

結果として、ご存じの通り東北地方太平洋沖地震は二〇一一年三月十一日に発生し、同月十二日、十四日、十五日には原発の水素爆発が発生しました。

原発事故までは読み取ることは出来ませんが、マンデン占星術では何がどの範囲で起こりそうということをある程度予測することは可能です。

トレミーは新月及び皆既日食・月食を重視しましたが、他にもマンデン占星術の手法があります。その中でも、広く一般的に行われているものとしては、ソーラー・リターン・チャートです。ソーラー・リターンと言っても、国家の誕生日に合わせるのではありません。その地点でその年の春分の日前後に、太陽が牡羊サインの0度になった瞬間のチャートを作成します。

このチャートを、マンデン占星術では特に**アリエス・イングレス・チャートAries Ingress Chart**とも言います。

日本語で言えば、牡羊サインに入った瞬間のチャートということですから、まさにその瞬間のソーラー・リターン・チャートのことです。

二　一九九九年八月十一日十一時三分。ハンブルクの日食チャート参照。月を土星と火星がスクエアでアフリクトしている。米国ではなくドイツで作成する理由はハンブルク在住のイスラム過激派の一団が中核メンバーであったため。メンバー達は二〇〇〇年に渡米。

これを観察することでその場所（特に国家）における一年の大きな流れ、例えば、天気、流行する病気、飢饉、戦争、国内状況がわかります。

注意点として、アセンダントがフィクスト・サインであればそれが一年間有効なのですが、ミュータブル・サインの場合は半年だけの効力なので、九月以降の半年については太陽が天秤サインに入ったチャートを作成する必要があります。

これがカージナル・サインの場合は三ヶ月だけの効力ですから、それぞれのカージナル・サイン（牡羊、蟹、天秤、山羊サイン）に太陽がイングレスした瞬間のチャートを作成する必要があります。

そしてこのアリエス・イングレス・チャートを読み解くには、その年を支配する星（ロード・オブ・ザ・イヤー＝ＬＯＹ）を見つける必要があります。

これはプロフェクションのように単純ではないのですが、エッセンシャル・ディグニティ、アクシデンタル・ディグニティ及び昼夜をみて総合的に考えて、一番強い星を見つける作業となります。

実際の例で見てみましょう。

この中でＬＯＹの候補としては、金星、土星、火星などどれも甲乙つけがたいものがありますし、占星術師達の間でも意見が分かれるでしょう。

このチャートの場合は、昼であるため、セクトの星である土星がＬＯＹと考えることにします。すると、火星が土星に対してパーチルでセクスタイルしています。火星はドミサイルであり、アクシデンタル・ディグニティも高いのですが、火星は極度に質が良くても、逆に極度に質が悪くても戦争を示唆します。第九ハウスにある土星に対して火星がアスペクトしていることから、外国との戦争が示唆されるわけです。

これが起こるもしくは強調されるタイミングは、ディレクション[三]を使用します。一般的な使用法であれば、プロミッサーの火星がシグニフィケーターの土星にセクスタイルでヒットするタイミングは、一九〇四年八月一日頃となります。

これはちょうど日露戦争において旅順艦隊を撃破した時期と重なります。

しかし、この年のアセンダントは双子サインでありミュータブル・サインです。そのため、このアリエス・イングレス・チャートは春から夏にかけては効力を持ちますが、それ

三　ドロセウスやトレミーの時代からある未来予測法。プライマリー・ディレクションとも呼ばれる。シグニフィケーターと呼ばれる不動点に対して、プロミッサーと呼ばれる動点がどれだけ赤道上を動くかによって計算する。最も一般的な手法は赤道における一度を一年とする。この場合、現時点で土星のいる赤道上の場所に地球の自転とともに火星が到達するまでの時間を計測し、それを４分で割り算している。地球の自転に伴い星は、４分で１度動くからである。この数に年数をかけることにより、実際にその出来事が起こる時期が分かる。

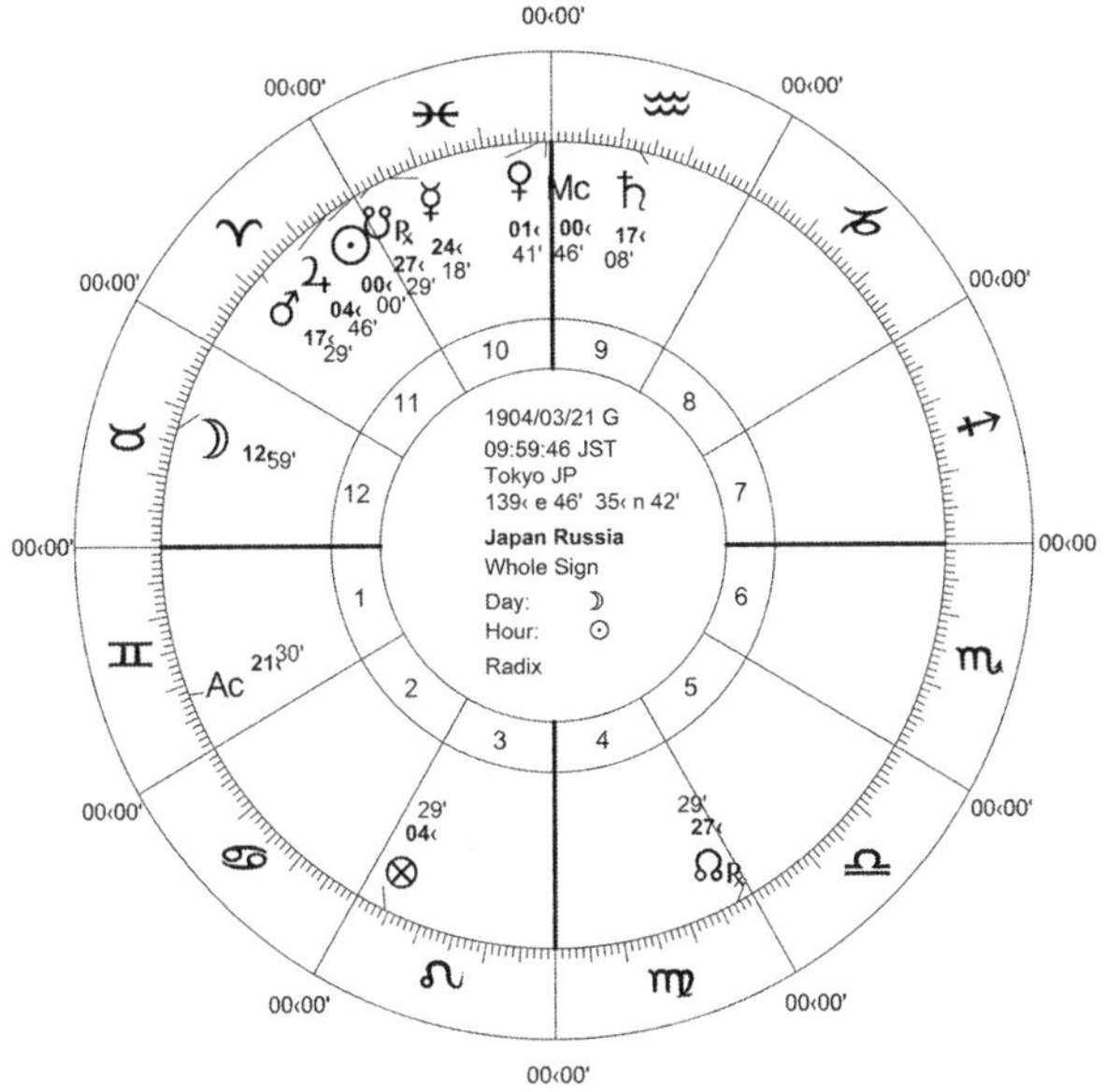

Fac	Pos	Sig	Do	Exa	Tri	Ter	Fac	Det	Fal	Per	Tot	Velocity
♄	17‹07'	♒	♄		♄	♀	☿	☉		-	8	+00‹ 06'
♃	04‹46'	♈	♂	☉	☉	♃	♂	♀	♄	-	2	+00‹ 15'
♂	17‹29'	♈	♂	☉	☉	☿	☉	♀	♄	-	5	+00‹ 45'
☉	00‹00'	♈	♂	☉	☉	♃	♂	♀	♄	-	7	+01‹ 00'
♀	01‹40'	♓	♃	♀	♂	♀	♄	☿	☿	-	6	+01‹ 14'
☿	24‹17'	♓	♃	♀	♂	♂	♂	☿	☿	-	-9	+01‹ 55'
☽	12‹58'	♉	♀	☽	♀	☿	☽	♂		-	5	+12‹ 39'
☊	27‹29'	♍	☿	☿	♀	♂	☿	♃	♀	Pere	0	
☋	27‹29'	♓	♃	♀	♂	♄	♂	☿	☿	Pere	0	
⊗	04‹28'	♌	☉		☉	♄	♄	♄			2	
Ac	21‹29'	♊	☿	☊	♄	♄	☉	♃			0	
Mc	00‹46'	♓	♃	♀	♂	♀	♄	☿	☿		0	

Mercurius 3.0 License: Motoi Fukumoto
Japan Russia 1

以降の半年は秋のイングレス・チャートが必要になります。

そのため、太陽が天秤サインへイングレスした瞬間である、リブラ・イングレス・チャートを作成します。


今後半年の予測でもＬＯＹが大事になります。

恐らく金星もしくは水星という意見が多くなると思いますが、ここでは戦争の行方、アリエス・イングレス・チャートで見ていた土星がどうなったかを見ていきます。

土星は第九ハウスに在住したままですが火星がそのオポジションに移動しました。

引き続き不安定な要素が残っています。

前回と同じく、ディレクションを見ますが、一年を赤道の一度とするディレクションではこれといったヒットはありません。

このチャート自体が半年だけの有効期限ですので、こういった場合は一日を赤道の一度で計算する手法を使用します。

それにより、その期間におけるイベントを予測することが出来ます。

すると、プロミッサーの火星がシグニフィケーターのアセンダントにヒットするタイミングは一九〇五年一月一日頃となります。

これは旅順攻略の時期と重なります。

Japan Russia2

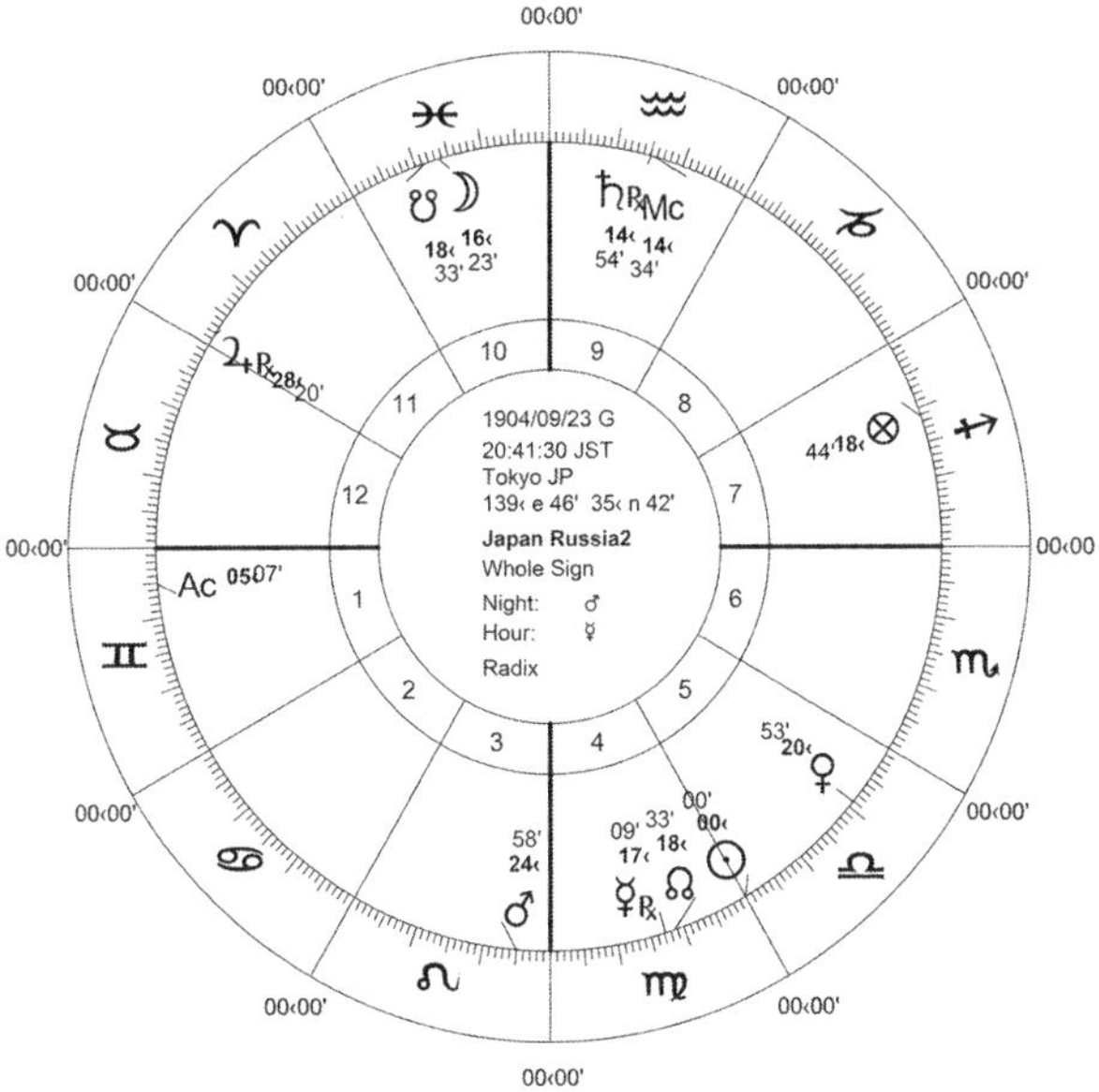

D

Fac	Pos	Sig	Do	Exa	Tri	Ter	Fac	Det	Fal	Per	Tot	Velocity
♄	14‹53'	♒	♄		☿	♀	☿	☉		-	5	-00‹ 02'
♃	28‹20'	♈	♂	☉	♃	♄	♀	♀	♄	-	3	-00‹ 06'
♂	24‹58'	♌	☉		♃	♃	♂	♄		-	1	+00‹ 37'
☉	00‹00'	♎	♀	♄	☿	♄	☽	♂	☉	-	-4	+00‹ 59'
♀	20‹52'	♎	♀	♄	☿	☿	♃	♂	☉	-	5	+01‹ 14'
☿	17‹09'	♍	☿	☿	☽	♃	♀	♃	♀	-	9	-00‹ 18'
☽	16‹23'	♓	♃	♀	♂	☿	♃	☿	☿	Pere	0	+11‹ 48'
☊	18‹33'	♍	☿	☿	☽	♄	♀	♃	♀	Pere	0	
☋	18‹33'	♓	♃	♀	♂	☿	♃	☿	☿	Pere	0	
⊗	18‹43'	♐	♃	☋	♃	☿	☽	☿			4	
Ac	05‹07'	♊	☿	☊	☿	☿	♃	♃			0	
Mc	14‹33'	♒	♄		☿	♀	☿	☉			0	

Mercurius 3.0 License: Motoi Fukumoto
Japan Russia2 1

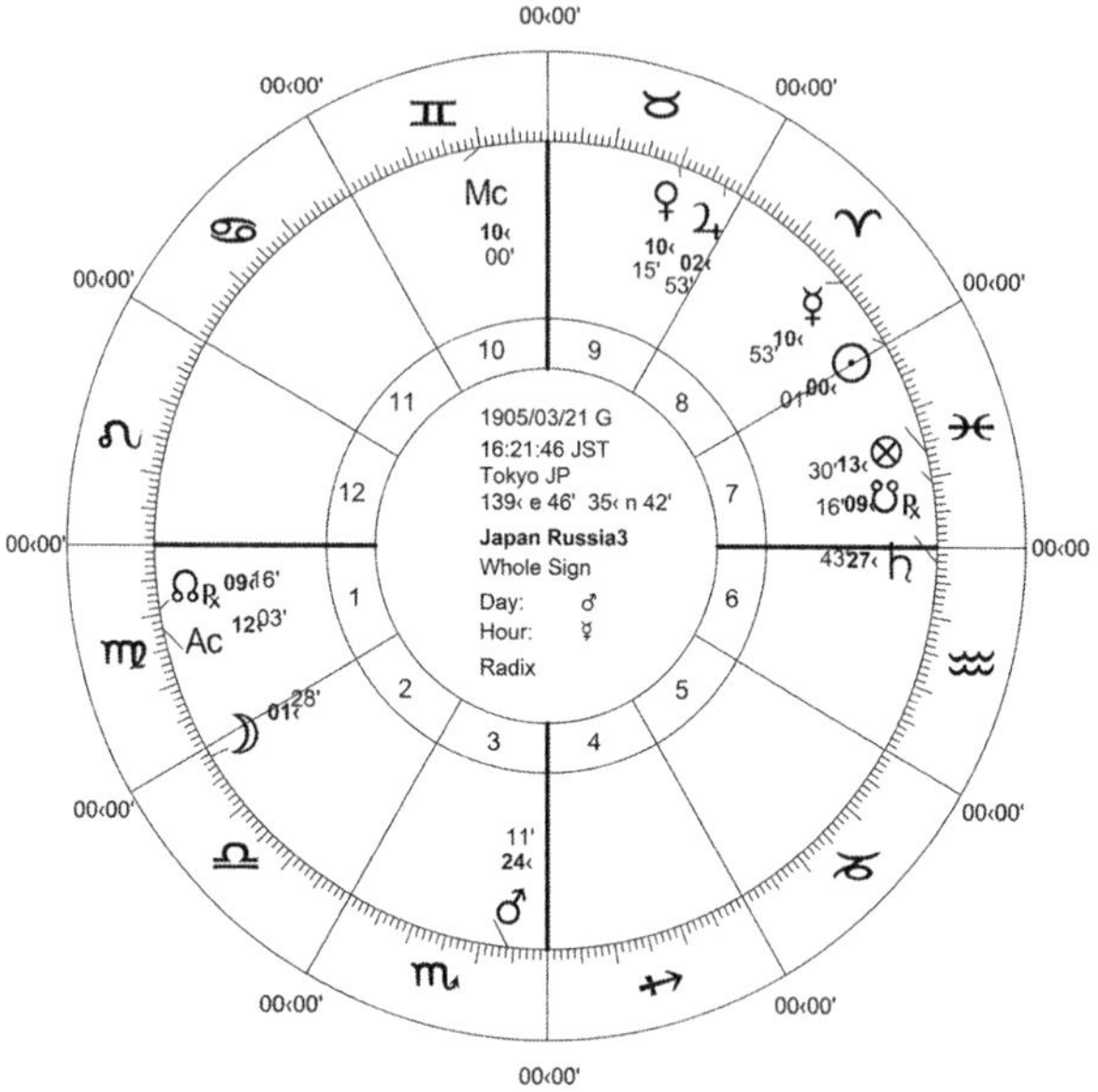

Fac	Pos	Sig	Do	Exa	Tri	Ter	Fac	Det	Fal	Per	Tot	Velocity
♄	27‹43'	♒	♄		♄	♂	☽	☉		-	8	+00‹ 07'
♃	02‹52'	♉	♀	☽	♀	♀	☿	♂		Pere	0	+00‹ 13'
♂	24‹11'	♏	♂		♂	☿	♀	♀	☽	-	8	+00‹ 09'
☉	00‹01'	♈	♂	☉	☉	♃	♂	♀	♄	-	7	+01‹ 00'
♀	10‹15'	♉	♀	☽	♀	☿	☽	♂		-	8	+00‹ 31'
☿	10‹52'	♈	♂	☉	☉	♀	☉	♀	♄	Pere	0	+01‹ 57'
☽	01‹27'	♎	♀	♄	♄	♄	☽	♂	☉	-	1	+15‹ 15'
☊	09‹16'	♍	☿	☿	♀	♀	☉	♃	♀	Pere	0	
☋	09‹16'	♓	♃	♀	♂	♃	♄	☿	☿	Pere	0	
⊗	13‹29'	♓	♃	♀	♂	♃	♃	☿	☿		7	
Ac	12‹02'	♍	☿	☿	♀	♀	♀	♃	♀		0	
Mc	09‹59'	♊	☿	☊	♄	♃	♃	♃			0	

Mercurius 3.0 License: Motoi Fukumoto
1

日露戦争は翌年の三月以降も継続したため、更に次の年のアリエス・イングレス・チャートを作成します。

引き続き土星と火星はスクエアでアスペクトしています。

日数のディレクションで見ると、シグニフィケーターの第十ハウスのカスプへプロミッサーの火星がとなるのが一九〇五年五月二十七日頃です。

これは日本海海戦のタイミングと重なります。


更に、この年のＬＯＹであろう金星に注目します。

金星は第九ハウスにあり、ディグニティの高い状態です。

日数のディレクションで見ると、シグニフィケーターのアセンダントに対してプロミッサーの金星がセクスタイルになるのが一九〇五年六月十二日頃であり、アメリカ（外国、第九ハウスの象意）の仲介でロシア帝国が講和勧告を正式に受諾した時期となります。


このようにアリエス・イングレス・チャートでどのような物事が起こるかを予想し、タイミングをディレクションで計ることが可能です。

ただし、ディレクションと一口に言っても、本当に色々な方法がありますし、過去のことを現在から遡って読むことは簡単ですが、未来を予測するのは難しいです。

全てのシグニフィケーターとプロミッターのヒットが意味のあることを示しているわけではないからです。

ディレクションの説明には、それこそ本が一冊書けるほどです。

この本ではこのテクニックを説明するだけのスペースが無いため、細かい内容は割愛しましたが、今後、ご説明する機会も作っていきたいですし、ご興味のある方は巻末の Glossary と参考文献をお読みいただければと思います。

それほどマンデン占星術には詳しくないにもかかわらず、少しでも読む方の知的好奇心を満たせればという一心でこの章を書きました。

今後、より正確に読むためには私自身も、もっと恒星についての研究も重ねていく必要があります。

あとがき

伝統的占星術を学んで沸き起こってくる疑問があると思います。

それは「運命とはすでに決まっているものなのか」ということです。

現代占星術の説明でお話ししましたが、その考えが嫌でアラン・レオは現代占星術を生み出しました。

しかしそうはいっても、伝統的占星術のテクニックを駆使すれば、未来予知は可能であることが分かります。

そして、やはり「人生とは何なのだろう」と考え込んでしまうことでしょう。

こういったことに対する答えとして、古代ギリシャの哲学者が考えたように、結婚せず子供を作らず人との交わりを避けて生きること（隠れて生きよ）、心が乱れないようにあえて判断を停止する（エポケー）、理性に従って生きることで不動心を磨く（アパテイア）などがあります。

こんな禁欲的なことは、これだけ情報があふれ、ボーダレス化した現代においてはかなり困難でしょう。

しかし、心配することはありません。

私も伝統的占星術、そしてインド占星術をかじったときに同じことを思いました。

そして、運命が決まっているのならば、何のために生きるのだろうかと思いました。

しかし、その答えは伝統的占星術を続けていくうちに気づきました。

私の得た答えは、運命がどう転ぶかは質問の質に左右されるということです。

きちんとした質問をすれば、天は選択肢を示して教えてくれます。

私が言う〝きちんとした〟というのは自由意志を伴った質問ということです。

もちろん自由意志を伴った質問でも、結果がどうなるかは占星術で指し示されます。

それを含めて運命が決まっているというならば、それはもちろんそうです。

しかし、どの結末を選択するのかはあなたの自由意志です。

ですから、物事が決まっているとしても、自分の意思で選び取ること、それが何よりも重要です。

あなたのネイタル・チャートは、あなたのＤＮＡのようなものです。

そして、ヒトのＤＮＡには遺伝情報のない無駄な部分（アミノ酸をコードしていない領域）が

98・5%あるとされています。

つまり、意味のある情報はたったの1・5%です。

しかし、これら無駄な部分に全く意味が無いわけではありません。

例えば、DNAに必要な遺伝情報しかなければ、ほんの少し変化するだけで死に至ることになります。

しかし、無駄な部分があれば、ちょっとしたDNAの変化は死に直結せず、むしろ進化につながる可能性だってあるわけです。


同じように、あなたのネイタル・チャートにのっている情報全てをあなたは人生において経験することは出来ません。

あなたの人生が終わりを告げたその先すらも占星術では読むことが可能だからです。

だからこそインド占星術では、人は輪廻転生した時は、ちょうど死んだときと同じ月の位置から、再び人生を経験すると考えられています。

つまり、運命がどうであろうと、あなたが経験すること、それそのものが重要な意味を持っているという考え方も出来るのです。


そしてその経験を人生の糧にするには、自らの自由意志が何よりも重要なのです。

さて、この本を読み終えたあなたへ、最後に一つ質問があります。

「暗黒のうちにあってあなたは何を最も希望しますか？」

暗闇の中では足元がおぼつかないため、何も見ることが出来ません。
もしかすると目の前は崖かもしれませんし、大きな川が流れている可能性だってあります。
こんな状況では一歩たりとも動くことは出来ません。

暗闇の中であなたが始めに希望するもの、それは〝光明〟ではないでしょうか。

あなたは今、西洋占星術を学ぶにあたり、伝統的占星術というまさに光明を得ました。
光明はあなたに視覚をもたらし、物事をハッキリ見る事が可能となります。

太陽が昼を治め、月が夜を司るが如く、著者である私自身も同様の法則によって、伝統的占星術についてなるべくわかりやすく解説するよう努力しました。
しかし、もしかすると、この本で逆に誤解を生んでしまった可能性はあります。
私が最も恐れる誤解、それは「伝統的占星術こそが〝正しい〟占星術である」という考えです。

あなたも伝統的占星術という光明を受ける前とその後では、西洋占星術に対する捉え方が変わったことでしょう。

光明はその反面、違和感を生み出します。

境界をくっきりさせ、違いを浮き立たせてしまうからです。


そのため、ついつい現代占星術に対して批判的な事を言いたくなるかもしれません。

伝統的占星術を知った直後の私がそうでした。

それこそ、「現代占星術という偽物に騙されていた」、「現代占星術は、運命から目を背けた占星術」とすら思い、批判的なことを言いがちでした。

例えば、占いをされている方と西洋占星術の話をするときも、「あなたのされている占星術は現代占星術と言って、古代の知識とは全く違うものです。」といちいち説明していました。

今でも批判でなくとも、愚痴のようなものはつい口から出がちです。

しかし、そのような態度は伝統的占星術の良さを伝えるのに逆効果でしょう。

誰が他者の批判をする人の事を好きになるでしょうか。

批判をするということは、妬みと同じく負のエネルギーがあるわけですから、そんな人間に好んで近づきたい人はいないはずです。

「伝統的占星術こそが〝正しい〟占星術である」という考え方はそれこそ〝正しく〟はありません。

伝統的占星術の方が現代占星術よりも理にかなっている事は事実ですが、正しいかどうかとは別の話だからです。

正しい正しくないという価値観から離れて、楽しい楽しくないという価値観で考えればどうでしょうか。

私は伝統的占星術がとても楽しいです。

もちろん、完璧に読めていたと思って蓋を開けたら、当たっていなかった時は、正直言って楽しくはありません。

しかし、読み間違ったものの問題点がわかったときは、やはり楽しいものです。

伝統的占星術はどれだけ勉強しても足りません。

一生をかけて挑む大きな山のようなものです。

その頂は遙か雲の上ですが、少しでも見える景色が広がればいいなと思います。

そしてこれを読んでいるあなたも私と同じ気持ちであればうれしいです。

もっとしっかり勉強したい！　とご興味をもたれた方は、是非、先生に師事して学ばれることをお勧めします。

参考書だけで勉強して成績の伸びる人は滅多にいません。

当然、勉強の仕方については学校や学習塾で学ばれるでしょう。

勉強法を理解してから、初めて参考書だけで成績を伸ばすことが可能です。

伝統的占星術も同じです。

伝統的占星術という学問は、自分一人で本を読んで身につくようなものではありません。


私自身も講座をしておりますので、ご興味があればホームページ（伝統的占星術.com → http://traditional-astrology.jp/）を御覧ください。

もちろん、私以外に良い先生はそれこそ星の数ほどいらっしゃるでしょうし、宗派と同様に、伝統的占星術にもそれぞれの得意不得意はありますし、教え方もまちまちです。


大事なことは、自分一人で勉強することでは不十分ということです。

まずは人から学び、更にその技術を用いて、常に自分を磨くことが大事なのです。

どのように磨いてきたかという経験は、人から学ばなければ身につくことはないでしょう。

Kuni Kawachi 先生、そして Oscar Hofman 先生との出会いがなければ、今の私はありません。

また、ヘレニズム期の崇高な占星術の知識を配信し続けている Chris Brennan 先生にも感謝しています。

The Hellenistic Astrology Course を受講することがなければ、私の興味は中世以降の占星術にしか興味を持たなかったであろうからです。

この本を出版するにあたって、お世話になりました編集の西尾厚様、太玄社の今井社長、メイソン・ブラザー達、そして私の生徒さん達に深く感謝いたします。

いずれにせよ、この本がきっかけとなり、「伝統的占星術って面白い！」とあなたが本格的に学ぶきっかけとなれば、これに勝る悦びはありません。

最後までお読みいただき、ありがとうございました。

あとがきに加えて

昨年八月十五日、終戦記念日に九十六歳で祖父が鬼籍に入りました。その年の五月までは、心不全を抱えながら元気で一本立ちできていましたが、六月七日に入院して、肉体が瞬くうちに衰えていきました。がんでもない、認知症でもない、卒中でもない、心筋梗塞でもない死に方、枯れるような死、これが生老病死の自然な死に方だとつくづく感じました。

亡き祖父と私の家系について少しお話ししたいと思います。

初代の福本（想右衛門）義勝は日夏（権左衛門）高正の次男として生まれましたが、母方の福本義致が亡くなり、家名断絶の危機となったため福本姓を継ぐこととなります。

福本家は元来、滋賀県近江あたりの出でしたが、丹羽家に与力として召し抱えられた後、丹羽家の二本松への転封に伴い、福島へ移ることになります。

その後、私の曾祖父にあたる、十代の福本義夫まで二本松藩の祐筆の家系として続いていました。本来であれば曾祖父は長男であったため、そのままであれば家督を継いで福島に留まることになったのですが、田舎暮らしに嫌気が差し、掛田（福島県伊達市）へ出奔し、叔父にあたる内科医院を開院していた福本濱治に預けられました。

内科医院での修行の後になぜか東京歯科医学専門学校（東京歯科大学の前身）に進み、歯科医となります。

この理由はよく分からないのですが、歯科医院は開業資金が少なくてすむからという理由だったようです。

そこで恩師の岡田先生の元で書生をしながら勉強をし、その後、恩師が飯田（長野県）に移ることになり、それについて行くことになります。

元善光寺界隈で歯科医として働いていたのですが、飯田市内の道路を酔っ払って倒れていたところを、それを見た西尾家の当主が「これは大物になるに違いない」と勘違いをし、娘をもらってくれるよう頼まれたそうです。

飯田において三人の子宝に恵まれ（計四人）、大正十一年七月九日に三男として誕生したのが祖父の博となります。

昭和初期に恩師が東京へ戻り、曾祖父も同じく東京に戻り、文京区関口にて歯科医院を開業しました。

その歯科医院の様子については都筑道夫の『推理作家の出来るまで』にも載っています。

祖父は三男坊でやんちゃに育った後に、昭和十八年九月に東京歯科専門学校を卒業しましたが、戦時中でもあったため、昭和十八年十一月に第百二十九連隊（若松）に応召入隊します。

そこで飛行部隊を志願したのですが、模擬飛行の運転が下手すぎたために失格となります。

そのため、歩兵として採用され、釜山（韓国）、山海関（中国河北省）経由で武義（中国浙江省）駐屯の歩兵第八十五連隊（会津若松）所属となります。

その道程は「一週間くらい万里の長城の景色と付き合った。峰もなく長かった」と述懐していました。

ところが、歯科医師であることから、軍医になることを勧められ、昭和十九年二月に衛生部幹部候補として採用、同年四月から戸山の陸軍軍医学校に入ることになります。

同年十二月には南方第十二陸軍病院所属となり、翌年七月二十二日にマニラへ行きます。佐世保からマニラ行きの本来乗船すべき輸送船が撃沈されたものの、寝坊して乗り遅れたために命拾いをしたとのことでしたから、祖父の寝坊がなければ、今の私もなかったということになります。

フィリピンでは敵兵よりもマラリアが敵でとかく悩まされたそうで、帰国後もマラリアの薬をずっと家においていました。

ピストルを撃ったのは一回きりで、それも人ではなく、豚を狙ったが当たらなかったということです。

終戦を迎え、捕虜収容所でも歯科に携わっていたのですが、米兵から「なぜ日本人はそんなに若くて資格が取れるのか」と言われたり、手先の器用さから「アメリカへ来ないか」と再三誘われたりしたそうです。

その後、フィリピンで終戦を迎え、昭和二十一年十二月に復員してからは、都立広尾病院に勤務し祖母と出会います。

昭和二十七年五月一日、結婚式を挙げて家へ帰る途中、皇居で血のメーデー事件に出くわし、「こんなに多くの人達が祝福してくれていると思った」というくらい二人とも脳天気だったことがよくわかります。

そのおかげか、三人の子宝にも恵まれました。

祖父は多彩な趣味を持っていましたが、その中でも競馬の予想は死ぬ間際まで行っており、「俺の言うことは間違いない」、「俺の買う馬券は当たる」と言って、他の人にはよく分からない自信はありました。

しかし、私も似たように、スポーツの結果をホラリー占星術でよく占うのは、似たような性分を持っているのかもしれません。

また性分と言えば、江戸っ子というか、とにかく一分でも待てない性分で、食事は待たない処でしか食べず、都電やバスに乗りはぐれると大声で罵っていました。

そういう祖父ですから、私がこの本を執筆していることを家族で初めて話をしたとき、「そりゃ凄い」と素直に喜んでくれたことは意外でした。

医療の家系としては私で四代目、医師でも大学院には進まず、そのまま専門医に進む人間がほとんどの時代に、わざわざ博士まで取得したのに、なぜわざわざそんなことをしているのか、「もっと真面目に研究しろ」と言われるのではないかと思っていました。

ですからその場において、逆に、自分の研究している伝統的占星術というものに確固たる自信を持てることになりました。

もちろん、決していい加減なことをしているのではないという思いは、それ以前からもありました。しかし、もっと他にやることがあるのではないのか、こんなことにかまけていてよいのか、という一分の後ろめたさがあったことは事実です。

事実、世の中を見回せば、本名で占いを堂々とやっている人は少数派で、多くは偽名であり、その理由は多少なりとも、自分を恥じながらやっているからかもしれません。

私自身も、父には偽名でやるよう心配されたこともあります。

しかし、私がこの本でも書きましたように、本来は占星術とはスピリチュアリズムとは無関係の学問であり、科学であり、武道と同じく真理へとつながる道です。

誰が何を言おうとも恐れることなく、天の導きに従えばよいのです。

死に際にあって、祖父が出版を心待ちにしていることを父からも聞きました。

祖父の存命中にこの本を手渡したかったのですが、それがかなわなかったのが、この出版に関わる点での、私にとっての唯一の心残りです。

我々は時の水平面を、その境界に入りて帰る旅人なき彼の未知の国へと旅しつつあるということを、常に忘れてはならないことを改めて気付かされます。

参考文献

『愛のホラリー占星術　リセプションについて』Kuni Kawachi
『図解 西洋占星術』羽仁 礼
『西洋占星術 星の階梯Ⅰ 天空の神秘 サイン・惑星・ハウス』Kuni Kawachi
『占星術または天の聖なる学』（アストロノミカ）マルクス・マニリウス
『ダ・ヴィンチ・コード』ダン・ブラウン
『伝統的占星術その１ その考え方とエッセンス』Motoy Fukumoto
『伝統的占星術　第２巻　気質診断と宝石処方』Motoy Fukumoto
『予言占星術Ⅰ・Ⅱ』（Primary Directions 1,2 & 3）Rumen K. Kolev 著、 星子 真理子 訳
"*Anthology*" Vettius Valens
"*Astrology of the World I: The Ptolemaic Inheritance*" Benjamin Dykes
"*Astrology of the World II: Revolutions & History*" Benjamin Dykes
"*The Arabic Parts in Astrology*" Robert Zoller
"*Bonatti on Horary*" Guido Bonatti, Benjamin Dykes
"*Christian Astrology*" William Lilly

“*Classical Medical Astrology*” Oscar Hofman

“*Introduction to Traditional Astrology*” Benjamin Dykes

“*Helenistic Astrology*” Chris Brenna

“*Introduction*” Porphyry 著、Demetra George 訳

“*Primary Directions: Astrology's Old Master Technique*” Martin Ganstenn

“*Rhetorius The Egyptian*” James H. Holden

“*Tetrabiblos* (Loeb Classical Library)” Ptolemy 著、F. E. Robbins（訳）

“*The Book Of Astronomy*” Guido Bonatti 著、Benjamin N. Dykes（訳）

“*The Fixed Stars And Constellations in Astrology*” Vivian E. Robson

“*The Horary Textbook*” John Frawley

“*The Houses: Temples of the Sky*” Deborah Houlding

“*The Real Astrology*” John Frawley

“*The Real Astrology Applied*” John Frawley

“*Traditional Astrology For Today*” Benjamin Dykes

Glossary ▶

Glossary

アクシデンタル・ディグニティ Accidental Dignity

惑星の活性度の指標。エッセンシャル・ディグニティがどのサインのどの度数にあるかのみで決まるのに対して、アクシデンタル・ディグニティはそれ以外の要素（どのハウスにあるのか、どの惑星に近いのか、どのような速さなのかなど）によって決まる。中世やルネサンス期から用いられるようになった概念。

エッセンシャル・ディグニティは、「エッセンス」という言葉が使われるように、同じ誕生日であれば、時間によって大きく変化しない本質的なものであるが、「アクシデンタル」は「偶発的な」という意味を持ち、生まれた時間が異なるだけで大きく変化する。

吉凶併せてディグニティと呼ばれることが多いが、本来ディグニティは良さのみを表し、悪い場合はディビリティ Debility と表現する。「ディビリティ」とは「弱さ」のこと。

アスペクト Aspect

地球を中心としたホロスコープ上での、サイン同士の角度のこと。

「アスペクト」は「見つめる」という意味で、本来は惑星同士がお互いを見ることが出来るかどうかを表していた。

伝統的占星術で用いられるアスペクトは、60度⚹のセクスタイル、90度□のスクエア Square もしくはクォータイル Quartile、120度△のトライン Trine、180度☍のオポジション Opposition の4つで、これらはいわゆるメジャー・アスペクト Major aspect と呼ばれるものである。別名トレミック・アスペクト Ptolemaic aspects とも呼ばれる。セクスタイル、トラインをソフト・アスペクト Soft Aspect と呼び、スクエア、オポジションをハード・アスペクト Hard Aspect と呼ぶ。

0度☌のコンジャンクション Conjunction は「接触すること」であり、「見つめる」とは異なるため、アスペクトとは本来別物である。しかし一般的にアスペクトとは、コンジャンクションを含む表現であることも多い。

それぞれのアスペクトの意味は、蟹サイン及び獅子サインから見たそれぞれの配置から派生している。太陽が支配星となる獅子サインから見た金

星が支配星となる天秤サイン、月が支配星の蟹サインから見た金星が支配星の牡牛サインは、セクスタイルである。それ故、セクスタイルは金星の性質を持つ。同様に、スクエアは火星の性質を、トラインは木星の性質を、オポジションは土星の性質を持つ。

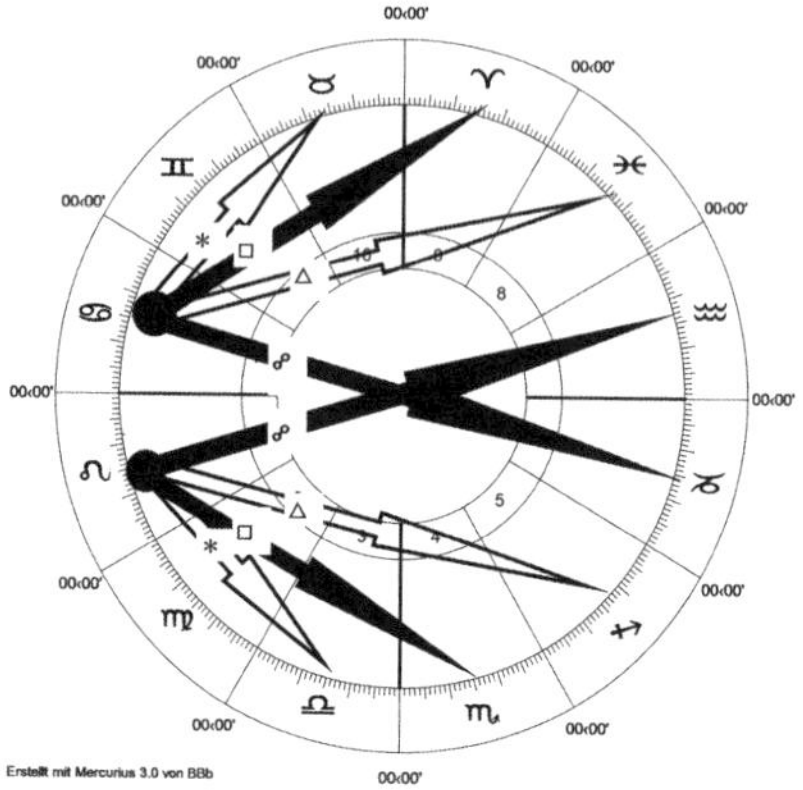

アセンダント Ascendant
ホロスコープにおける真東及び第１ハウス全体のこと。別名ライジング rising またはライジング・サイン rising sign。元々アセンダントは、ヘレニズム期の占星術師にはホロスコープ horoskopos と呼ばれ、時間の創造主 Hour-Marker と同義であった。

アバージョン Aversion
天体同士がアスペクトを形成できない場所のこと。「アバージョン」は「嫌悪」という意味。占星術では、アバージョンの場所同士は、二区分（男性宮・女性宮）、三区分（活動宮・不動宮・柔軟宮）、四区分（火・地・風・水）のどれもが一致しない場所である。お互いを見ることが出来ないため、お互いが何をしているか分からない状態となる。ネイタル占星術では、ある惑星が自分の支配するサインに対してアバージョンであれば、そのテーマに関して盲目的であることが示唆される。

Glossary

アプローチ Approach
天体が別の天体にコンジャンクションやアスペクトで「近づいて」誤差0度でコンタクトをとること。

アングル Angle
ハウスの区分の1つで、第1、4、7、10ハウスのこと。「アングル」は「角」という意味。別名アンギュラー Angular。アングルに惑星がある場合、その星はとても目立つ星となる。インド占星術の北インド方式のホロスコープでは、中心にアングルのハウスがひし形状に配置され、角のように外側に出っ張っている図版となっている。

アンダー・ザ・レイ Under the ray
ある惑星に対して太陽が、同サイン内で片側17度、隣のサインでも片側8.5度の範囲内に在住している状態のこと。別名アンダー・ザ・サン・ビームス Under the Sun beams とも呼ばれる。ギリシャ語の hupaugos が由来で、光の下にあるという意味。太陽の片側17度以内で、この範囲にある星は、太陽の強すぎる光の下にあるため、実際の天空でも見えない。コンバストほどは太陽に近くないため、その悪影響はマイルドな状態となる。コンバストを参照。

イングレス Ingress
惑星が隣のサイン又は隣のハウスに移動すること。「イングレス」は「侵入」という意味。ハウスのイングレスよりもサインのイングレスの方が意味を持つことが多いので、在住するサインの移動を主にイングレスと表現する。

エッセンシャル・ディグニティ Essential Dignities
惑星の持って生まれた良さの指標。「ディグニティ」とは「品位」という意味。エッセンシャル・ディグニティは、どのサインのどの度数に在住しているかによって決まり、ドミサイル Domicile5点、イグザルテーション Exaltation4点、トリプリシティ Triplicity3点、ターム Term2点、フェー

ス Face1 点がある。基本的に「ディグニティ」とは「良さ」のことであり、フォール Fall －4点やデトリメント Detriment －5点は「ディビリティ Debility」と呼ばれて区別されるが、これらを含めてエッセンシャル・ディグニティと呼ぶことも多い。点数化したエッセンシャル・ディグニティは合計して、惑星の良さを比較することが出来る。点数が高ければ高いほど、その星が持って生まれた能力が高いことになる。

オーブ Orb

2つの惑星同士が、アスペクトやコンジャンクションにより影響を与えられる範囲のこと。それぞれの惑星に違ったオーブが割り当てられており、アル・ビルニ Al Biruni によれば、太陽は15度、月は12度、水星と金星は7度、火星は8度、木星と土星は9度とされる。ただし、サインを超えてのアスペクトやコンジャンクションは出来ない。例えば、牡羊サイン1度の太陽と魚サイン28度の月は差が3度であるが在住するサインが違うので、この場合はアバージョンであり、コンジャンクションとは呼ばない。しかし太陽の影響力は皆無ではなく、その暑さはサインを超えても幾分は伝わり、月はアンダー・ザ・レイとなる。太陽以外の星がサインを超えて影響を与えるかどうかは、質問内容に依存する。

ちなみに現代占星術ではアスペクトに対してオーブが設定されているし、サインを超えてアスペクト出来ると考えることが多いようである。

カージナル・サイン Cardinal Signs

牡羊サイン ♈、蟹サイン ♋、天秤サイン ♎、山羊サイン ♑ のこと。別名 活動宮。トロピカル式 Tropical Zodiac では、太陽がカージナル・サインに在住する場合、夏、秋、冬、それぞれの季節の始まりに位置し、占断では新しい物事の始まりに関係する。特に魚サイン ♓ から牡羊サインに惑星がイングレス Ingress する場合は、新しい始まりの表示となることがある。

カジミ Cazimi
太陽ととても近いコンジャンクションをしている状態のこと。現在までに知られている中では、6～7世紀の占星術師であるレトリウス Rhetorius of Egypt がこの概念について初めて言及している。この用語自体は中世の占星術用語であり、アラビア語の〈kaşmīmī〉のラテン語訳に由来している。「(太陽の)心臓の中」という意味。本来、惑星が太陽に近い場合はコンバストとなり、非常に弱くなるが、カジミにある惑星は例外的に高いアクシデンタル・ディグニティを持つ。ただし、カジミの範囲は占星術師によって異なる。レトリウスとサフル Abū Sahl Wayjan ibn Rustam al-Qūhī は片側1度未満、アル・カビタス al-Qabisi とボナタス Guido Bonatti は片側17分未満と記述している。肉眼的に見て太陽の本体にあることが重要であると考えられるので、片側17分未満を採用するのが良いだろう。

カスプ Cusp
四分円方式で用いられるハウスの境界線のこと。家（ハウス）で例えれば、玄関のドアのようなもの。四分円方式にはマイナス5度ルールがあり、カスプより5度前まではそのハウスの範囲内とみなされる。例えば、牡羊サインの10度にアセンダントのカスプがあった場合、牡羊サインの5度からアセンダントが始まることになる。日常生活において家（ハウス）は玄関のドアの内側のことであるが、敷地全体のことも家という。これを占星術に置き換えて考えると、マイナス5度の範囲は、家屋以外の敷地と言えるだろう。ただし、マイナス5度ルールはサインを超えられないこと(例えば、牡羊サインの3度にカスプがあれば、牡羊サインの0度までしかそのハウスにはならない)、ホール・サイン・ハウス・システムでは採用されないことは重要である。

カレント Querent
ホラリー占星術において質問者のこと。ラテン語の quaerens に由来しており、「探す」「尋ねる」「質問する」という意味。ホラリー占星術では、カレントの表示星は第1ハウスの支配星であるが、月も共同表示星として

採用される。ただし、月が常にカレントの共同表示星になるかどうかは質問内容による。

カレントに似た言葉に「クエサイティド quesited」があるが、これはカレントが質問したいテーマのことを指す。例えば恋人についての質問であれば、カレントは第1ハウスの支配星であるが、クエサイティドは第7ハウスの支配星になる。

逆行 Retrograde

惑星は太陽の周りを周遊しているが、地球とそれぞれの天体との位置関係によって、地球からの見かけ上の動きが速くなったり遅くなったりする。地球から見たそれぞれの天体の進む方向とスピードは、占断において重要になることがある。例えば病気の質問で心臓を示す星のスピードが速ければ、頻脈を示していることになる。

逆行に気づくポイントは以下の通りである。

1. 水星が太陽から30度（1サイン）程度離れている
2. 金星が太陽から45度（1.5サイン）程度離れている
3. その他の惑星は、太陽から120度（4サイン）程度離れている。

【補足】水星と金星以外の星は、太陽とコンジャンクションするときは必ず順行しており、オポジションとなるときは必ず逆行している。

グリフ Glyph

象形文字の意味であるが、占星術では天体やサイン以外に占星術上の感受点を表す記号のこと。

天体

☉ 太陽、☽ 月、☿ 水星、♀ 金星、♂ 火星、♃ 木星、♄ 土星

サイン

♈ 牡羊サイン、♉ 牡牛サイン、♊ 双子サイン、♋ 蟹サイン

♌ 獅子サイン、♍ 乙女サイン、♎ 天秤サイン、♏ 蠍サイン

♐ 射手サイン、♑ 山羊サイン、♒ 水瓶サイン、♓ 魚サイン

天文学的計算で導かれた感受点

☊ドラゴンヘッド、☋ドラゴンテイル、⊗ロッツ・オブ・フォーチュン

ケーダント Cadent

ハウスの区分の1つで、第3、6、9、12ハウスのこと。ケーダントはラテン語のcadoから由来しており「落っこちる」という意味。アングルから落ちた場所であるため、弱い場所となる。サインの理解で考えれば、アングルの次にケーダントそしてサクシダント（アングル→ケーダント→サクシダント）が来る理由が分かりづらいかもしれない。しかし、ハウスは地球の自転（東→南→西→北の動き）と関連しており、サインとは逆に、ハウスはホロスコープの右回りに理解するものである。

第6及び第12ハウスはアセンダントとアスペクト出来ないため（アバージョン）、更に弱い場所となる。

恒星 Fixed Star

占断に使用される7天体以外の星のこと。惑星は地球上からみてあちこち動き回っているように見えるが、恒星は固定されて見えるため、「固定された星 Fixed Star」と呼ぶ。

恒星は等級が高いものほど占断での重要度は高まり、そのオーブも広くなる（最大片側2度）。そのため、レグルス Regulus、スピカ Spica、シリウス Sirius などは特に重視される。恒星の重要性はホラリー占星術よりもネイタル占星術で、ネイタル占星術よりもマンデン占星術で高まる。

恒星以外にも星雲も重要である。星雲はその広がりから、オーブは恒星よりも少し広く考慮できる。医療占星術において、星雲は眼病（星雲はもやもやして見えにくいため）に関係がある。

恒星も星雲も、その場所で見えるものだけが影響力を及ぼす。例えば、北半球だけで見える星は南半球では影響はないし、南半球だけで見える星は北半球で影響を与えない。占星術では実際に見えるということが重要である。

コンバスト Combust

同じサインで太陽の片側 8.5 度以内でコンジャンクションをしている状態のこと。「コンバスト」とは「燃え尽きる」という意味。コンバストだと惑星は太陽の光に焼かれてしまい、本来の力を発揮できなくなる。8.5度以上離れていても、同じサインで 17 度以内であればアンダー・ザ・レイと言って、やはり太陽に焼かれることになる。隣のサインにあれば、コンバストの影響を受けないが、幾分かの熱を伝えることによりアンダー・ザ・レイとなる。サインを超えてアンダー・ザ・レイとなるのは 17 度の半分の8.5度までが目安となる。一般的に、コンバストに向かうときよりも、コンバストから離れていくときの方が良い意味を持つ。コンバストに向かうときは物事の終焉を表すからである。また、牡羊サイン、獅子サインではコンバストは起こらないことに注意が必要である。その他のサインでもコンバストが起こらないこともあるが、それは歓待されているかどうかのレセプションに左右される。

サイン Sign

黄道を、春分点（春分の日に太陽がある場所）を基点として 30 度ずつ 12 等分に区切り、黄道十二星座から名前を借りて割り当てた領域のこと。実際に目に見える星座とは別物で、トロピカル Tropical 方式と呼ぶ（回帰線方式の意）。インド占星術では、実際の天空に合わせてサインが移動する方式を広く採用しており、これをサイデリアル Siderial 方式と呼ぶ（恒星方式の意）。

西洋占星術でもサイデリアル方式を使用したテクニックは存在し、インド占星術でもトロピカル方式を使用したテクニックは存在するが、どちらがメインかというと、西洋占星術ではトロピカル方式が、インド占星術ではサイデリアル方式が圧倒的多数である。

トロピカル方式では春分点を基準にすることにより、季節の回帰とサインが一致するので、季節とサインのずれは生じない。一方サイデリアル方式は、サインと実際の天空に位置のずれが生じない。どちらも一長一短あり、どちらが優れているということはない。むしろ、どちらが馴染みやす

いかということに尽きるだろう。

サクシダント Succeedent

ハウスの区分の１つで、第2､5､8､11ハウスのこと。Succeedとは「次に続く」という意味。アングル→ケーダント→サクシダントの循環を考えれば、サクシダントの次はアングルとなる。そのため、アングルに向かって駆け上るという意味で、ケーダントよりも強い場所となる。

支配星

そのサインにおいてドミサイルDomicileとなる星のこと。ディスポジターDispositorや守護星と呼ばれることもある。例えば牡羊サインであれば、火星が支配星となるし、牡牛サインでは金星が支配星となる。

セパレート Separate

天体が別の天体にコンジャンクションやアスペクトで誤差０度のコンタクトをとっていたが、その状態から「離れていく」こと。

ジョイ Joy

各惑星は12ハウスのうち、それぞれ１カ所ずつ喜びを得る場所を持ち、その場所に在住している状態をジョイと呼ぶ。「ジョイ」は「喜ぶ」という意味。水星は第１ハウス、月は第３ハウス、金星は第５ハウス、火星は第６ハウス、太陽は第９ハウス、木星は第11ハウス、土星は第12ハウスでジョイとなる。第2、4、7、8、10の５つのハウスはジョイを持たない。

惑星がジョイのハウスにあった場合、「リジョイスrejoice」と呼び、惑星は嬉しがっている。現代占星術ではハウスの意味を理解するとき、第１ハウスは牡羊サイン、第２ハウスは牡牛サインというように、ハウスとサインを結びつけて考えるが、伝統的占星術ではジョイの概念を元に理解を進める。

西洋占星術の分野

西洋占星術は伝統的に中世あたりから、以下の４つの分野に分かれている。

・マンデン占星術 Mundane Astrology

特定のグループ（国や団体）を占うもの

・イレクショナル占星術 Electional Astrology

物事が上手くいく日取りを占うもの

・ネイタル占星術 Natal Astrology

個人を誕生日で占うもの

・ホラリー占星術 Horary Astrology

単一の質問を、質問された時点のホロスコープで占うもの

開発された時代はおおよそ上から下の順となっており、マンデン占星術が最も初期の頃からあり、最後に開発されたのがホラリー占星術である。

時間経過によるアスペクト Degree by Degree Aspect

２つの天体が、ホロスコープに表されている時点では正確なアスペクトやコンジャンクションを形成していないが、時間経過によって将来的には誤差なしでアスペクトやコンジャンクションを形成すること。

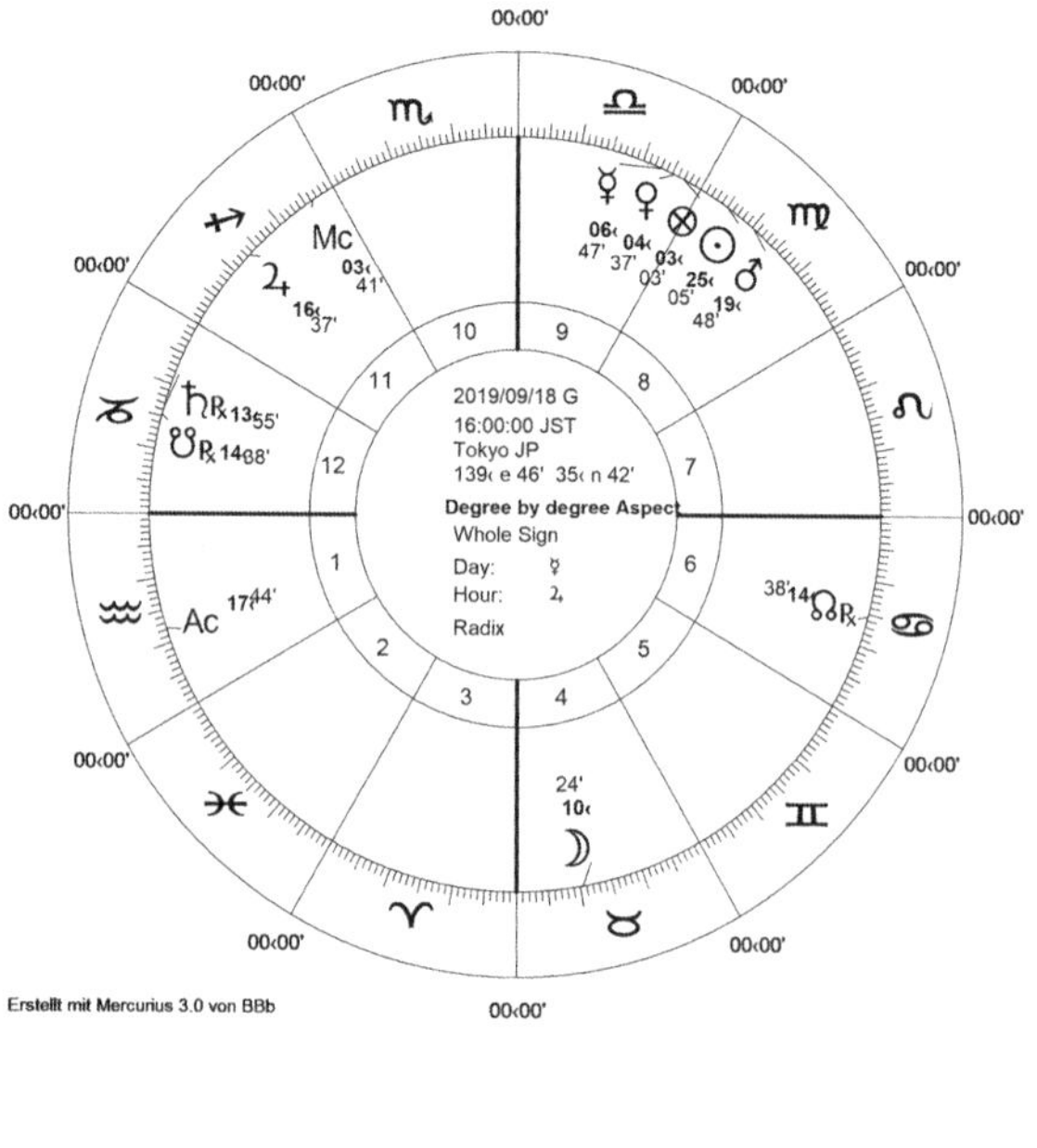

例えば右の図では月は誤差なしのアスペクトを他の天体とはしていない。しかし、時間経過によっていずれ土星と誤差なしのトラインとな

る。これを時間経過によるアスペクトと呼ぶ。ホラリー占星術で特に重要となる。

セクト Sect

昼夜の区別のこと。ギリシャ語の hairesis が由来で、「派閥」「学派」の意味。惑星には昼の星と夜の星があり、太陽、木星、土星は昼の惑星、月、金星、火星は夜の惑星である。それぞれセクトのルミナリー Sect Light と吉星、凶星を各１つずつ持つ。水星は太陽との位置関係によって昼夜が変化する。

サインにも昼夜があり、男性性のサイン（牡羊サイン、双子サイン、獅子サイン、天秤サイン、射手サイン、水瓶サイン）は昼のサイン、女性性のサイン（牡牛サイン、蟹サイン、乙女サイン、蠍サイン、山羊サイン、魚サイン）は夜のサインである。

セクトによって惑星の吉凶が変化するという考え方は初期の頃の占星術からあり、中世くらいまでは盛んに用いられていたが、それ以降徐々に使用されなくなった。現代占星術が興った頃には完全に廃れていたが、現在に至り再び脚光を浴び始めている。

ソーラー・リターン Solar Return

太陽が、出生時のホロスコープ（ネイタル・チャート）と正確に同じ場所に戻ってきたときのホロスコープを用いるテクニックのこと（同じ日時のホロスコープではないことに注意）。別名ソーラー・レボリューション Solar Revolution。１年に１回、太陽はサイン上の同じ場所に戻るが、このホロスコープのことを「ソーラー・リターン・チャート」または「太陽回帰図」と呼ぶ。問題となるのは、生まれた場所のホロスコープを採用するのか、その時点でその人がいる場所でのホロスコープを採用するのかであるが、これについては結論を得ない。

チャート Chart

図表の意味で、占星術ではホロスコープに同じ。例えばネイタル・

チャートと言えば、質問者の出生時のホロスコープのこととなる。

ディスポジター Dispositor

ある天体Aが在住している場所において、その天体Aをもてなす別の天体のこと。つまりその場所においてエッセンシャル・ディグニティを持つ天体のことである。「ディスポジション」とは、「その場を取り仕切る」という意味。ロード Lord やルーラー Ruler と非常に似た概念であるが、ディスポジターは主にドミサイルでレシーブしている場合に使われることが多い傾向がある。

現代占星術ではディスポジター・ツリー Dispositor Tree を用いてファイナル・ディスポジター Final Dispositor を探っていくテクニックがある。ファイナル・ディスポジターとは、その他の天体を根っこで支配し、逆にその天体自身は自分自身のサインにいるため、大きな影響力を持つ天体である。

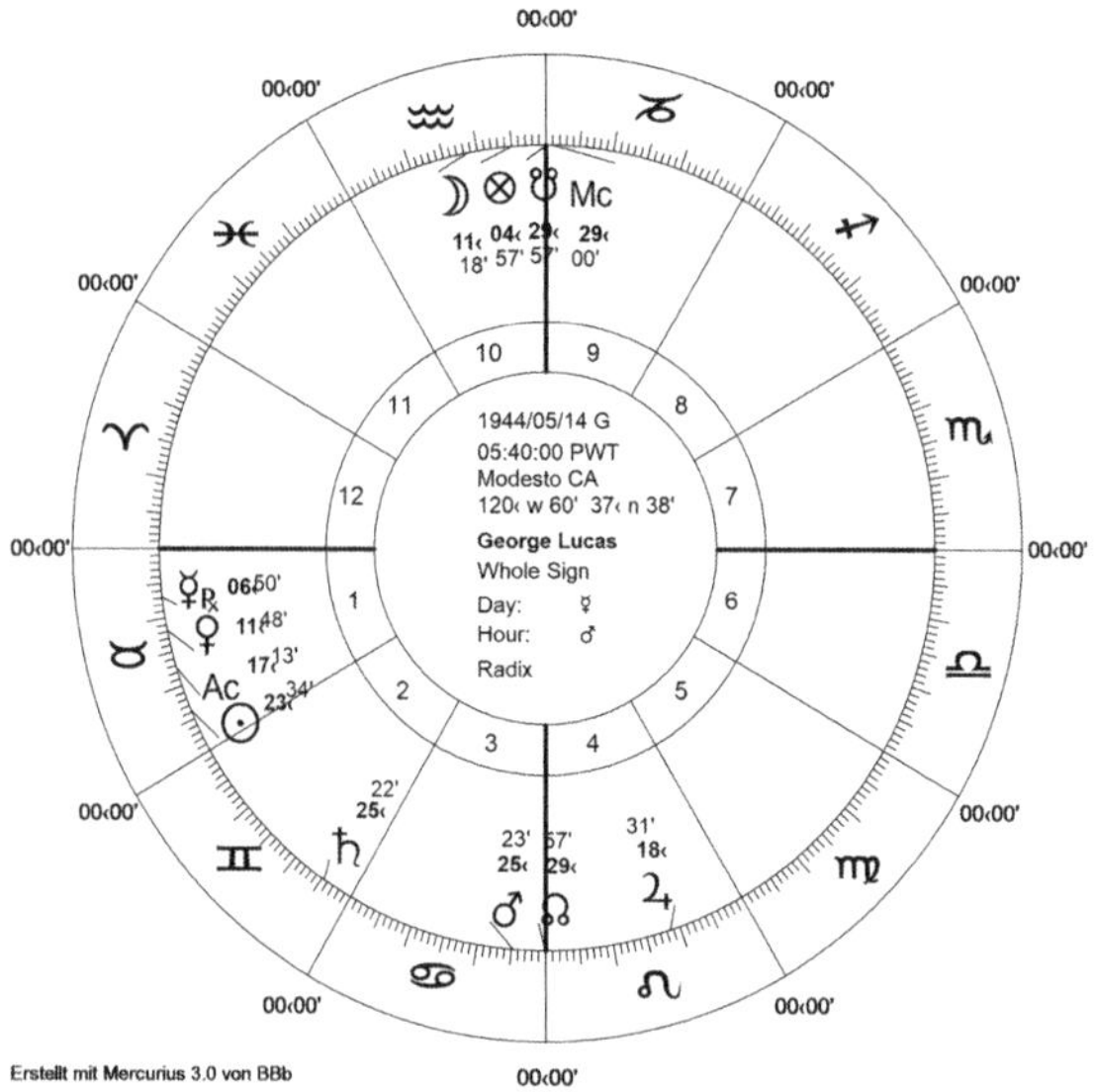

【例】スターウォーズ・シリーズやインディ・ジョーンズ・シリーズの監督であるジョージ・ルーカス。火星のディスポジターは月であり、月のディスポジターは水星、水星のディスポジターは金星。金星は自分の支配しているサインにいるため、ディスポジターは自分自身である。同様に、木星のディスポジターは太陽であり、太陽のディスポジターは金星である。そのため、ジョージ・ルーカスのファイナル・ディスポジターは金星となる。これを表現した図がディスポジター・ツリーであり、以下

のものとなる。

火星→月→土星→水星→金星
木星→太陽↑

このテクニックを端的に言えば、ネイタル・チャートでその人がドミサイルの星をもっており、更にはそのドミサイルの支配するサインに他の天体がたくさん入っていれば、そのドミサイルの星が重要であるという当たり前のことである。

伝統的占星術ではこのようなことは行わず、別の手法で探ることになる。その手法は一概には言えないが、チャートの昼夜、ディグニティの強さなどを参考に特定する。その星のことをロード・オブ・ザ・ジェニチャー Lord of the Geniture と呼び、寿命も決定する力を持つ。Geniture はラテン語の genitivus から由来し、「持って生まれた」という意味。生まれを支配する星と言える。ちなみに単純に「ジェニチャー」と言えば、ネイタル・チャートのことを示す。

ディレクション Direction

ドロセウスやトレミーの時代からある未来予測法。プライマリー・ディレクションとも呼ばれる。シグニフィケーター Significator と呼ばれる不動点に対して、プロミッサー Promissor、プロミッター Promittor とも呼ばれる動点がどれだけ赤道上を動くかによって計算する。最も一般的な手法は赤道の動き１度を１年とする。実際にホロスコープで赤道の１度を測るには複雑な計算が必要であるが、シグニフィケーターが現在ある赤道上のポイントまで、地球の自転とともにプロミッサーが到達するまでの時間を計測し、それを４分で割り算することで算出できる。地球の自転に伴い星は、４分で赤道上を１度動くからである。この数に年数をかけることにより、実際にその出来事が起こる時期が分かる。

シグニフィケーターとなり得るのは、アングルのカスプ、惑星そのもの、ロッツでありアスペクトするポイントは不可である。逆にプロミッサーに

なり得るのは、惑星そのもの、惑星がアスペクトを投げかけているポイントである。ロッツもプロミッサーとなり得る可能性はあるが、アングルのカスプは不可である。基本的には、シグニフィケーターに対してプロミッサーが実体をもたらすと考える。例えば、第10ハウスのカスプに金星がヒットした場合、社会的なことに愛情が結びつき結婚をというイベントをもたらすかもしれない。

基本的には先にも述べたように赤道の動き1度を1年とするが、マンデン占星術では1度を1日として、もしくは、1度を1/4日として予測する手法もある。

プライマリー・ディレクションとはその名の通り、地球の自転方向（ホロスコープを時計回り）にヒットするまでの時間を計測するが、17世紀のイタリアの占星術師プラシーダス Placidus が逆回りでも未来予測を行うように体系づけた。この手法を逆向きのディレクション Counterclockwise Direction, Counter-parallels Direction と呼ぶ。この手法でも予測可能ではあるが、昔からの手法を踏襲するならば時計回りを使用する。

サインの円周と天の赤道の円周は形も傾きも異なる。その整合性を保つために数多くの占星術師達が切磋琢磨し、ディレクションでより正確な時期を出そうと努力した。その結果、現在にも残るハウス・システムが数多く開発されたのである。

ディレクションを行うために以下のソフトが有用。

Morinus（無料）：http://sites.google.com/site/pymorinus/

Placidus（有料）：http://www.babylonianastrology.com/

伝統的占星術 Traditional Astrology

20世紀より前に広く行われていた占星術のこと。それに対し、20世紀終わりから21世紀初めにかけて広く行われていたものを現代占星術 Modern Astrology と呼ぶ。その違いは多岐にわたるが、例えば伝統的占星術では太陽・月・水星・金星・火星・木星・土星の7天体のみを惑星として採用するが、現代占星術ではその7天体に加え、天王星、海王星、冥王星も惑星として採用する。また、伝統的占星術では運命学や具体的事象を

当てることを主眼に行われているが、現代占星術では心理学や性格分析を主眼に行われている。伝統的占星術の手法は、どちらかというと現代占星術よりも、インド占星術と重なる部分の方が多い。

トランジット Transit
ホロスコープ上を、天体がある日時において実際にどのように動きをするかということ。「通過」という意味。それを使った未来予測法も含まれる。現代占星術では、出生時のホロスコープの惑星に対して吉星がソフト・アスペクトをしていた場合は良いことが起こり、凶星がハード・アスペクトしていたときは悪いことが起きると考えることが多い。また、ベースとなる天体配置抜きで、トランジットの天体配置だけで未来の吉凶を占うこともある。しかし伝統的占星術では、トランジットはあくまでも物事が顕在化するタイミングを計るためのスパイスであり、それ単独で未来予測することはない。

トランスファー・オブ・ライト Transfer of Light
軽い（スピードの速い）惑星が、その他の２つの惑星の間を、一方の惑星からセパレートし、一方の惑星へアプローチすることによって、２つの星の間を結びつける（光を運ぶ）こと。トランスレーション・オブ・ライト Translation of Light もしくはトランスファーと呼ぶ。17 世紀初頭の英語による占星術の本では、トランスレーションと書かれていることが多いため、どちらかというとトランスレーションの方が一般的である。

ホラリー占星術で主に用いられ、物事の成否に大きく左右する。例えば、次頁の図では、水星という軽い惑星が太陽からセパレートして金星にアプローチすることによって太陽と金星を結びつけている。

トランスファーには受け渡しの段階で（セパレートする際に）何らかのレセプション（惑星の歓待）が必要であるという意見もあれば、レセプションは必要ではないがあった方が上手くいきやすくなるという意見もあり、意見の一致はまだみられていない。

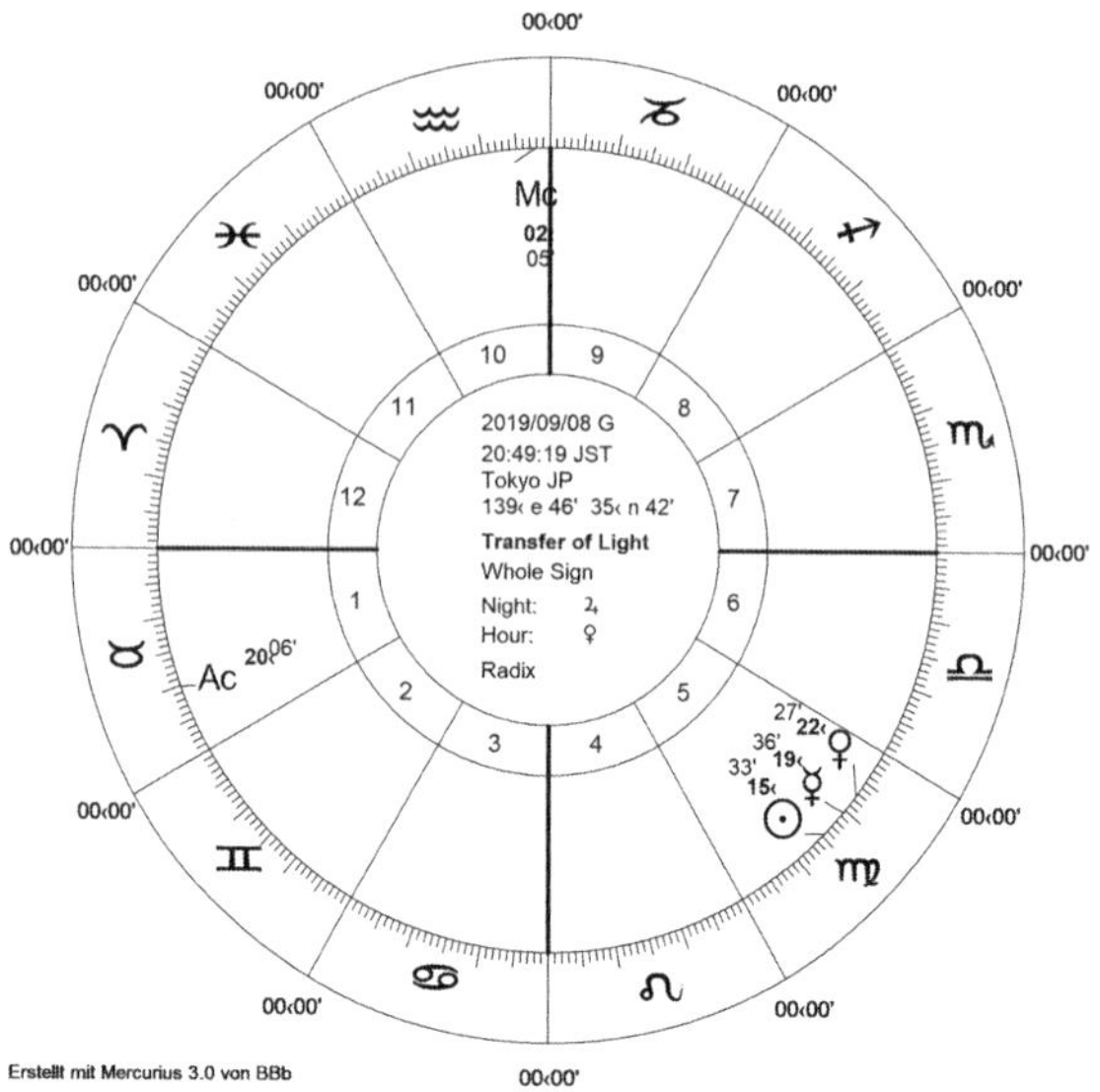

バイア・コンバスタ Via Combusta

天秤サインの15°から､蠍サインの15°までのこと。ラテン語の「炎の道」という意味。ここに月があると、物事の成否を決定することは無いが、傷つく結果となる。ただし、天秤サインの24度6分にあるスピカとのコンジャンクションがあれば、それほど悪い結果にはならないのではないかと思われる。これは月しか影響せず、他の天体やアセンダントあったとしても無関係となる。

バイア・コンバスタがどうしてこの場所なのかということに関しては色々な説がある。ジョン・フローリー John Frawley は、女性の月経周期と関係するから、また、バイア・コンバスタの始まる天秤サインが牡羊サインの正反対であり､牡羊サインのイグザルテーションは太陽（男性性原理）であるからと説明している。また恒星の影響や、土星（天秤サインのイグザルテーション）と火星（蠍サインのドミサイル）の影響という説明は明らかな間違いであるとも述べている。

ハウス House

サインとは別の方式でサインを主に12に分けるもののこと。初期の占星術には8つに分ける方式もあった。サインは地球の「公転」を基に分けているが、ハウスは地球の「自転」を基に分けている。ハウスの分け方はハウス・システムと呼ばれる色々な手法がある。

最も初期のハウス・システムはホール・サイン・ハウス・システム Whole Sign House System と呼ばれ、サインを基準に黄道を30度ずつで分けたものである。中世に入り、四分円方式と呼ばれるハウス・システムが考案され、現在ではプラシーダス Placidus やレギオモンタヌス Regiomantanus の開発したシステムが広く使われているが、1982年にジェームス・ホールデン James Holden がホール・サイン・ハウス・システムについての発表を行い、脚光を浴び始めている。

色々なハウス・システムが存在しており、初めて占星術を学ぶ人にとって混乱の元になっているが、どのようなハウス・システムであっても、アセンダント（第1ハウス）とディセンダント（第7ハウス）は同じであるなどの共通点はあるため、ハウス・システムが異なっても占断が大きく外れることはない点は安心して頂きたい。

フィクスド・サイン Fixed Signs

牡牛サイン ♉、獅子サイン ♌、蠍サイン ♏、水瓶サイン ♒ のこと。別名で固定宮とも呼ばれる。トロピカル式 Tropical Zodiac であれば、太陽がこれらのサインにある場合は四季の真ん中に位置し、最もその季節らしい時期となる。そのため、安定や持続に関係する。

ベネフィック Benefic

吉星のこと。占星術的に正の作用を持つ星をこう呼ぶが、一般的には木星と金星のこと。

木星は大きな吉星、金星は小さな吉星とされるが、これは生まれの昼夜によって大きく異なる。昼生まれの人であれば木星の吉意が増し、夜生まれであれば金星の吉意が強くなることになる。

ボイド・オブ・コース Void of Course

ある天体が時間経過をしても、他の天体とコンジャンクションやアスペクトを形成することなく次のサインにイングレス（移行）すること。略してボイドと呼ぶこともある。ギリシャ語の kenodromia が語源で、「虚無に陥る」という意味。元来そして現在も月のみに適用されることが多いが、他の惑星でも適用されるという意見もある。

1世紀頃の占星術では月のみに適用されており、テュロスのポルピュリオスによる『テトラビブロスの入門書 *Introduction to the Tetrabiblos*』によれば、月がサインの境界とは無関係に30度を超えても、時間経過によるアスペクトを他の惑星と形成できない場合のことであった。

そして中世においてボイドはサインを超えられないというルールが付け加えられた。つまり、今いるサインの隣のサインに月がイングレスするまでに、時間経過によるアスペクトを形成しなければ、ボイドと呼ぶという現代占星術でも広く採用されているルールである。しかし、これは逆に言うならば、月はイングレスする際は必ずボイドになるということになる。中世においてルールが大幅に変更された理由は不明であるが、ホラリー占星術と深く関係していると推察される。ウィリアム・リリーははっきりとは書いていないが、占断ではオーブの範囲内で時間経過によるアスペクトが出来る場合はボイドとはしておらず、初期の頃の占星術のルールをアレンジしたものを採用していたと考えられる。

ホロスコープ Horoscope

特定の時間と場所における天体配置を示した図のこと。別名 チャート。元々はアセンダントのことを horoskopos と呼んでいた。これはギリシャ語で hour-marker から由来し、「時の創造主」という意味であった。

マレフィック Malefic

凶星のこと。占星術では負の作用を持つ星をこう呼ぶが、一般的には土星と火星のこと。土星は大きな凶星、火星は小さな凶星とされる。生

まれの昼夜によってその凶意は大きく異なる。例えば、昼生まれの人であれば火星の凶意が強調され、夜生まれの人であれば土星の凶意が強調される。

ミュータブル・サイン Mutable Signs
双子サイン ♊、乙女サイン ♍、射手サイン ♐、魚サイン ♓ のこと。別名柔軟宮。トロピカル式 Tropical Zodiac では、太陽がこれらのサインにある場合は春、夏、秋、冬、それぞれの季節の終わりに位置し、占断では物事の終わりや変化に関係する。

留 Station
地球から見た惑星の動きが見かけ上、ゼロとなること。順行から逆行へ向かうときと、逆行から順行に向かうときに起こる現象。占断上これが重要な意味を持つことも多い。ただし質問内容に左右される。例えばマラソン大会の予想で留は負けることを表すが、サッカーの試合予想では勝敗には無関係である。なぜなら、足が遅いことはマラソン大会では即座に負けにつながるが、サッカーではそれ以外の要素も重要だからである。また、順行から逆行に向かうときよりも、逆行から順行に向かうときの方が良い意味を持つ。

留の有効な期間は惑星によって違い、水星は前後１日（計２日)、金星は 1.5 日（計３日)、火星は３日（計６日)、木星と土星は５日（計 10 日）である。太陽・月に留はない。

ルーラー Ruler
そのサインを支配する星のこと。別名はロードまたは支配星。ディスポジターに同じ。主にその場所のドミサイル Domicile。

ルミナリー Luminary
他の星を照らし出すことが出来る太陽と月のこと。正確には２つ合わせればルミナリーズ luminaries である。ラテン語の lumi が由来で、「光」

という意味。

レシーブ Receive
何かしらのエッセンシャル・ディグニティでそこにいる星を歓待すること。ディスポーズ Dispose とも言う。例えば、牡羊サインではドミサイルが火星で、イグザルテーションが太陽である。そのため、牡羊サインに在住するどのような星に対しても、火星はドミサイルでレシーブし、太陽はイグザルテーションでレシーブすることになる。

レセプション Reception
ある星が別の星の手助けをしている状態。「歓待」という意味。レセプションになるためには、手助けをする側の星が、何らかのエッセンシャル・ディグニティ（ドミサイル、イグザルテーションなど）でその星をレシーブしており、更に何らかのアスペクトを形成していることが必要となる。

ロード Lord
そのサインを支配する星のこと。別名 ルーラーまたは支配星。ディスポジターに同じ。主にその場所のドミサイル Domicile のこと。

惑星 Planet
天文学上は、惑星には太陽（恒星）と月（衛星）は含まれないが、占星術上は太陽、月、水星、金星、火星、木星、土星の 7 天体のことを惑星という。現代占星術では 7 天体に加えて、天王星、海王星、冥王星（準惑星）の 10 天体のことを惑星という。

〈著者略歴〉
福本　基 Motoy Fukumoto
M.D., Ph.D.
1979年東京生まれの京都育ち。
信州大学医学部医学科卒（M.D.)、東北大学医学部博士課程修了（医学博士 Ph.D.)、精神保健指定医。
Medical Astrology Anima Astrologiae
Master Mason, 32nd degree Master of the Royal Secret
プライマリ・ケア医として勤務中。伝統的占星術による、医療占星術を専門にしている。Kuni Kawachi 氏 *1 に伝統的占星術の手ほどきを受けた後、Oscar Hofman 氏 *2 の Medical Astrology Correspondence Course を修了。

伝統的占星術.com → http://traditional-astrology.jp/
無料メールマガジン→http://bit.do/traditional-astrology

*1　日本人初の Horary Craftsman by John Frawley
http://www.horary.jp/astro/craftsman.htm

*2　Horary Craftsman; Craftsman Astrologer by John Frawley
http://www.pegasus-advies.com

本書のホロスコープは Brenhard Bergbauers 氏の開発した Mercurius version 3.0.89 により作成しました。
料金は 500 ユーロ（令和元年時点）ですが、伝統的占星術を行うにあたっては、様々な計算を簡単に行ってくれる便利なソフトです。
是非、ご購入されることをお勧めします。
なお、英語、オランダ語、ドイツ語、ポルトガル語に対応していますが、日本語には対応していません。
http://www.mercurius-software.info/3.html

基礎からわかる **伝統的占星術**

2020 年 3 月 28 日　初　版発行
2022 年 2 月 25 日　第二刷発行

著　者——福本基
装　幀——長澤均［papier collé］
編　集
本文DTP——西尾厚

発行者——今井博揮
発行所——株式会社太玄社
TEL：03－6427－9268　FAX：03－6450－5978
E-mail：info@taigensha.com　HP：https://www.taigensha.com/

発売所——株式会社ナチュラルスピリット
〒101-0051　東京都千代田区神田神保町 3-2 高橋ビル 2 階
TEL：03－6450－5938　FAX：03－6450－5978

印　刷——中央精版印刷株式会社

ISBN 978-4-906724-51-2 C0011

●陰陽五行と玄学を極める本格的出版社、太玄社の本

現代占星術家のための 伝統占星術入門

ベンジャミン・ダイクス 著
田中要一郎 訳

本書は伝統占星術から数多くの技法と考え方を用いることによって、ホロスコープの読み解きが如何に豊かで正確なものになるのかを示します。

定価 本体二五五〇円＋税

クリスチャン・アストロロジー 第1書&第2書

ウィリアム・リリー 著
田中要一郎 監訳
田中紀久子 訳

鏡リュウジ氏推薦！　西洋占星術の超古典の完訳です。第1書は占星術の基本的な概念、定義、用語の解説。第2書はホラリーの伝統的技法を集大成！

定価 本体四七〇〇円＋税

クリスチャン・アストロロジー 第3書

ウィリアム・リリー 著
田中要一郎 監訳
田中紀久子 訳

古代から近世にかけての占星術を集大成し、リリーの研究結果をまとめた書。現代の占星術はこの本から始まっています。研究者は必携の本です！

定価 本体三五〇〇円＋税

あなたの運命を開く場所はここだ！ 場所による開運占星学

真弓 香 著

生まれ年月日、時間の星に導かれてあなただけの開運場所を見つける開運方法。その場所に移動することで開運する実践法をご紹介します。

定価 本体一六〇〇円＋税

ツキをよぶ フォーチュンサイクル占い

イヴルルド遙華 著

幸せを導く24の運勢サイクル。自分の周期を知り、新たな扉を開くフォーチュンサイクル占いです。アクションを起こす時期を前もって知ることで、本来の魅力を発揮。

定価 本体一五〇〇円＋税

皇伝相性占術

林 巨征 著

運命の人を見つける秘法！　パートナーとの相性も改善できる！　皇帝宮中に伝承された相性占いを公開。

定価 本体一九八〇円＋税

風水と住まいの精霊開運法

塩田久佳 著

風水のヒケツは、「住まいの精霊さん」にあった！　著者が「住まいの精霊さん」から学んだ秘伝満載！　さまざまな風水を学んできた著者がたどり着いた開運風水法。

定価 本体一三〇〇円＋税

お近くの書店、インターネット書店、および小社でお求めになれます。

●陰陽五行と玄学を極める本格的出版社、太玄社の本

あなたには素敵な天命がある
命理学四柱推命でわかる運の活かし方

塚本真山 著

あなたは旺命ですか？　柔命ですか？　玉女ですか？　旺女ですか？　旺命の人は独立自営向き、柔命の人は組織向き……天命をいかに活用するかで、運命の扉が変わります！

定価 本体一六〇〇円＋税

ある吉 たった5分歩くだけ！
奇門遁甲開運法２０２２年版

アーロン千生 著

５００ｍ歩いて5分滞在で効く！　この一冊で毎日毎時の吉方位が全てわかります。本書は古代中国の占術「奇門遁甲」を「吉方位」として使う開運法です。

定価 本体一八〇〇円＋税

最初からていねいに学ぶ
1分間九星気学入門

石井貴士 著

著者累計２００万部突破!!　理解するから忘れない「九星暗記法」や詳しい運勢がわかる「気学傾斜法」など、石井流九星気学の極意が満載です。

定価 本体一四〇〇円＋税

風水住宅図鑑
風水で住宅をみるための基礎知識

山道帰一 著

住んではいけない場所・間取りを知ることが、凶を避ける知恵である！　風水で住宅をみるための基礎知識。

定価 本体三八〇〇円＋税

玄空飛星派風水大全【改訂版】

山道帰一 著

オールカラー！　台湾風水界の重鎮鍾進添老師・徐芹庭博士も大絶賛！　日本の風水界の虚実を糺す「玄空飛星学」の唯一無二の本格的教科書！

定価 本体六八〇〇円＋税

風水・擇日・奇門 万年暦【増補改訂版】
１９２４～２０６４

山道帰一 著

全頁フルカラーで持ち運びしやすいビニール表紙！この一冊で「暦」を自在に使いこなせます。奇門遁甲を加えより広く使える増補改訂版です。

定価 本体五〇〇〇円＋税

フライング・スター 風水鑑定術

福田英嗣 著

世界のセレブ御用達！　人気ナンバーワン鑑定マニュアル。〈飛星チャート〉１４４パターンを一挙全解！家運を安定させ、人生を大きく改善する優秀なコンパス。

定価 本体二四〇〇円＋税

お近くの書店、インターネット書店、および小社でお求めになれます。

誰でもできる かんたん風水！
バグアチャート風水

伊庭野れい子 著

9つのコーナーとエリアでかんたん運気アップ！入り口から見た位置で、「恋愛運」も「金運」も「健康運」も決まります！

定価 本体一五〇〇円＋税

六壬神課 金口訣入門

池本正玄 著

安倍晴明をはじめ陰陽師がこぞって学んだという占術で、奇門・六壬・太乙を融合させ、他に類を見ないほどの的中率を誇る。物事の吉凶成敗の判断を即座に占う、金口訣入門書決定版！ 定価 本体二四〇〇円＋税

黄帝暦 八字占術

池本正玄 著

五千年をさかのぼる古への暦法、黄帝暦を使った画期的な四柱推命！ 自らの大運の流れをつかみ、運気を高める手法を公開。

定価 本体二三〇〇円＋税

子育てママの四柱推命
星を味方にすれば運命は変わる［正玄流意識編］

やなかえつこ 著
池本正玄 監修

子育てに奮闘しているすべての方へ！ 子育てにイライラしてしまうときあなたはどうしていますか？ 命式がわかれば子どもとのつきあい方が変わります！

定価 本体一五〇〇円＋税

【詳解】真伝 子平三命通變淵源

阿藤大昇 著

四柱推命（子平）を学ぶための最高の教科書！ 幻の原典から子平推命の真髄を解き明かす。30年に及ぶ研究から導いた真実が、今、明らかに。

定価 本体二九八〇円＋税

玄空風水暦――その使い方と開運法
令和四年 2022年版

玄空學風水研究所 編集

風水師必携。一般の高島暦にプラスして、烏兎《うと》や日家《にっか》八門《はちもん》、玄空大卦《げんくうたいか》等を入れた玄空風水の暦とそれについての解説本。

定価 本体一三五〇円＋税

【実践】四柱推命鑑定術

盧恆立（レイモンド・ロー）著
山道帰一 監訳
アマーティ正子 翻訳

世界最高峰のグランド・マスターのロー先生が鑑定の秘技を惜しみなく伝授！ 人生に何が起こり、何が改善できるのかを200を超える命式から縦横無尽に読み解く！

定価 本体三八〇〇円＋税

お近くの書店、インターネット書店、および小社でお求めになれます。

●陰陽五行と玄学を極める本格的出版社、太玄社の本

実証！ 風水開祖・楊救貧の帝王風水

張 玉正 編著
林 秀静 訳

プロの風水師待望の秘伝！ 風水の奥義が「生きた教材」「一目でわかる好山好水画像」で学べる！ 400点にも及ぶ中国・台湾の名山名穴地理風水の足跡がオールカラー紹介！

定価 本体四八〇〇円＋税

【実証】中国歴代 帝王・王妃の帝陵風水

張 玉正 著
林 秀静 訳

中国数千年の歴史と経験値を経て、風水の極みを総合的かつ具体的に実現したものが歴代帝王・王妃の陵寝です。オールカラーでその秘儀を解説します。

定価 本体六五〇〇円＋税

五行易奥義 卜筮正宗《ぼくぜいせいそう》

王 洪緒 著
藤田善三郎 訳

五行易（断易）を学ぶ者、必読。この書を読まずに断易（六爻で占う易）は語れない。藤田善三郎氏の名訳、待望の完全復刻！

定価 本体 九〇〇〇円＋税

諸口流奥義 五行易師弟問答

藤田善三郎 著

藤田善三郎氏による幻の名著、完全復刻！ 諸口流の占断316例を紹介。理論と実際の活用法を惜しみなく披露している渾身の一冊。

定価 本体四八〇〇円＋税

五行易奥義 増刪卜易《ぞうさんぼくえき》

藤田善三郎 訳

『卜筮正宗』『易冒』と並ぶ五行易（断易）の不朽の名著にして必携書。他書に類を見ない460余に及ぶ豊富な占断例を掲載！

定価 本体九五〇〇円＋税

画相で透視する方法
【復刻】量亀流透視観相鑑

亀田壱弘 著

現代の人相学の大家・天道春樹氏、絶賛の書。あなたの感性を磨くと見えてくる画相術革命！ 150の実例を挙げて解説。97％の的中率。

定価 本体 三〇〇〇円＋税

密教姓名学《音声篇》
奇門遁甲に基づく音声による名前の吉凶

掛川東海金 著

「なまえ」の音声から吉凶がカンタンにわかる！ 密教と中国古来の占学が融合した密教姓名学を紹介する一冊。音声の吉凶〝五十音《音声別》名づけ辞典〟を収録。

定価 本体二五〇〇円＋税

お近くの書店、インターネット書店、および小社でお求めになれます。